深圳律师实务丛书

著作权纠纷
实务要点与案例评析

组　编　深圳市律师协会著作权法律专业委员会
主　编　张　勇
副主编　刘　榕　谢　涛

COPYRIGHT IN PRACTICE
KEY ISSUES AND CASE ANALYSIS

法律出版社
LAW PRESS · CHINA
北京

图书在版编目（CIP）数据

著作权纠纷实务要点与案例评析 / 深圳市律师协会著作权法律专业委员会组编 ; 张勇主编 ; 刘榕, 谢涛副主编. -- 北京 : 法律出版社, 2025. -- (深圳律师实务丛书). -- ISBN 978 -7 -5244 -0329 -6

Ⅰ. D923.415

中国国家版本馆 CIP 数据核字第 2025N8Z777 号

著作权纠纷实务要点与案例评析
ZHUZUOQUAN JIUFEN SHIWU YAODIAN YU ANLI PINGXI

深圳市律师协会著作权法律专业委员会 组编
张勇 主编
刘榕 谢涛 副主编

策划编辑 朱轶佳
责任编辑 朱轶佳 周恩惠
装帧设计 鲍龙卉

出版发行 法律出版社
编辑统筹 司法实务出版分社
责任校对 张翼羽
责任印制 胡晓雅
经　　销 新华书店

开本 710 毫米×1000 毫米 1/16
印张 28.25 **字数** 448 千
版本 2025 年 8 月第 1 版
印次 2025 年 8 月第 1 次印刷
印刷 三河市龙大印装有限公司

地址:北京市丰台区莲花池西里 7 号(100073)
网址:www.lawpress.com.cn
投稿邮箱:info@lawpress.com.cn
举报盗版邮箱:jbwq@lawpress.com.cn
销售电话:010 -83938349
客服电话:010 -83938350
咨询电话:010 -63939796

书号:ISBN 978 -7 -5244 -0329 -6
定价:108.00 元

凡购买本社图书,如有印装错误,我社负责退换。电话:010 -83938349

深圳律师实务丛书
编 委 会

本书编委会

主　　编：张　勇

副 主 编：刘　榕　谢　涛

编写组成员：张　韵　王琼花　屈文静　何美华　韩岳峰

回归专业　潜心钻研
促进高质量发展

斗转星移，继往开来。深圳市律师协会自2012年启动“深圳律师实务丛书”（以下简称丛书）出版工作以来，至今已出版实务专著48部，内容涵盖诸多专业领域，全面展现了深圳律师业务的研究成果和实务经验，已成为深圳市律师协会推进行业专业化建设的品牌项目。

鼓励和引导律师著书立说是深圳市律师协会推动律师专业化的一项长期性的重点工作。丛书旨在充分发挥深圳市律师协会的业务指导作用，通过鼓励深圳律师和深圳市律师协会各专业委员会撰写实务专著，可以有效提升律师业务水平，增强律师业务能力，保证律师服务质量，以专业引领和成果共享助推深圳律师行业高质量发展。

本套丛书凝集着深圳律师的心血与经验，展现了深圳律师的专业水平。本套丛书在律师业务的众多领域，汇集了深圳律师的业务成果，总结了深圳律师的执业经验，体现了深圳律师的专业能力，彰显了深圳律师的职业精神。这一本本专著必将成为深圳律师专业化发展史上一颗颗璀璨的明珠，永远镶嵌在深圳律师专业化发展的史册上。

2023年是全面贯彻落实党的二十大精神的开局之年，深圳律师要深学细悟笃行党的二十大精神，让党的二十大精神在深圳律师行业落地生花，要以习近平法治思想为指引，大兴专业研究之风，切实回归专业，潜心研究，深挖专业和实务问题，以高品质的法律服务保障行业的高质量发展。开展业务和实务研究不能脱离实际，必须密切关注经济社会发展和法治建设，聚焦其中的热点、难点、堵点问题，深入开展有针对性的研究，进而提出应用对策与实践指引，也期待深圳律师能输出更多的法律实务研究成果，并能形成专著与同行共享，这本身也是律师业务领域的一种先行示范。

希望本套丛书成为广大实习人员、执业律师期待、必备的好工具，也希望未来能够出版更多、更好的供律师们学习提高、掌握律师实务知识与技能的好专著！

张　斌

深圳市律师协会会长

2023 年 1 月 9 日

本书序

本届深圳市律师协会将原来的知识产权专业委员会拆分为专利、商标、著作权、商业秘密四个专业委员会。作为新成立的著作权法律专业委员会首任主任，我深感机遇与挑战并存。拆分成四个专业委员会的目的是让更多的律师，尤其是年轻律师有机会加入各个专业委员会，展示他们的才华，为行业作出贡献。原来知识产权专业委员会的律师，则分散流向了新成立的四个专业委员会。从表面上看，此次调整使专业力量有所分散，但通过与诸位同仁共事的经历，我们著作权法律专业委员会以20余人的精干团队，在80个专业委员会中排名一直保持在第十名左右，充分体现了每位成员的专业素养与协作精神。

本书是著作权法律专业委员会成立以来出版的第一本专著，回望创作历程，感慨颇多。律师实务工作繁重，抽出时间进行理论研究并非易事，而写作又需要较强的理论知识做基础。从每年深圳市律师协会举办的知识产权十大案例的评选来看，投稿参与评选的案例中，著作权案件的数量相对较少，有些参选案例的典型性也略显不足，也侧面反映了深圳律师同仁对相关典型案例的实践经验尚不充足。令人欣慰的是，著作权法律专业委员会的同仁还是决定迎难而上。其间，编委会召开了七八次全体会议，讨论本书的大纲、文章的体例。考虑到成员理论功底和写作能力的差异，我们要求大家从律师最擅长的案例入手，讨论法律问题，解决实际问题，避免讨论过于理论性的问题。提交初稿后,又对每篇文章逐一讨论修改。历经数轮统稿修订,终将零散经验凝练成体系化的专业成果。

本书按照作品类型分类,既涵盖文字、口述、计算机软件、美术、视听等传统领域,亦前瞻性探讨 NFT、人工智能生成物等新兴议题。希望这些探讨能够给读者朋友启发和帮助。

在此,再次感谢何美华律师、韩岳峰律师、张韵律师、王琼花律师、屈文静律师五位班子成员,无论是在委员会的平时工作中,还是在本书的撰写过程中,大家精诚团结、十分默契,出色地完成了工作。也非常感谢本书的两位副主编——刘榕律师、谢涛律师,刘榕律师负责整本书的统稿,投入了相当多的精力;谢涛律师不仅自己认真撰稿,提供优质文章,还请其团队同事帮忙做了相当多的辅助工作。也要特别鸣谢丁君影律师,虽未担任委员会正式职务,但承担了很多组织协调的工作。限于篇幅,不再逐一致谢。最后,我只想说,遇到大家真好。

张　勇

2025 年 4 月 24 日

目 录

第一章 文字作品、口述作品实务要点与案例评析

本章九篇文章从不同角度深入剖析了文字作品、口述作品的著作权保护和侵权认定的关键问题。首先,探讨了作品情节的著作权保护问题,提出了有效的独创性认定标准以及侵权比对方法。其次,对实用性文字作品的保护范围进行了界定,并阐述了侵权判断的标准。同时,对拆书行为的合法性进行了详尽论述。在作品类型方面,探讨了"文×图"作品的界定问题。对于口述作品,深入分析了信息网络传播权的侵权认定,并对"微信语音"是否构成口述作品及其侵权行为类型进行了探讨。此外,还对有声读物的侵权认定标准进行了清晰阐述。针对新兴的"剧本杀"游戏行业,提出了切实可行的著作权保护路径。最后,通过"金庸诉江南"案,对同人作品的合法性进行了深入探讨。这些文章集中地为创作者和从业者提供了详尽的指导,涵盖了口述作品和文字作品侵权认定的各个方面,以及著作权保护的核心要素。它们不仅有助于创作者和从业者明确自身的权益,更能够为创作者和从业者提供防范侵权风险的有效策略。

作品情节的著作权保护及比对方法

薛嘉兴*

作品情节的巧妙构思，能够快速吸引读者的注意、引起读者的兴趣和好奇，并引发读者的感情共鸣，因此在作品创作中有极其重要的地位。而文学作品的侵权行为已发生了深刻的变化，从过去显而易见的“字面侵权”，也就是对原作品的照搬照抄，逐步转向了一种更为隐蔽的“非字面侵权”，即情节侵权。侵权行为人通过模仿的手段，通过更换个别字、词、语句，巧妙地复制他人的作品情节。这类侵权纠纷往往涉及思想与表达之间的微妙边界。本文将结合相关案例就作品情节能否作为著作权保护的对象、作品情节思想与表达的判断及侵权行为认定问题进行探讨，以期对实践有所裨益。

一、作品情节的著作权属性

我国《著作权法》所称作品，是指文学、艺术和科学领域内具有独创性并能以一定形式表现的智力成果。构成著作权法上的作品，应当具有如下特征：具有独创性；具有一定物质表现形式；属于智力创造成果。其中，《著作权法》规定的独创性仅指作品表达形式的独创性，而不包括思想的独创性。这是因为，对于相同的主题，法律从不限制不同的作者进行自己的创造，只

---

* 薛嘉兴：上海中联（深圳）律师事务所律师，深圳市律师协会第十一届著作权法律专业委员会委员，曾在深圳某法院知识产权庭工作4年；有丰富的征收整备业务经验，善于从政策角度切入解决问题。

要最终成果符合独创性要求，即便不同的作者最终基于某种巧合而创作出了相同的作品，都可以构成著作权法上的作品，这也是著作权法保护作品的目的和价值所在。

作品情节作为作品三要素之一，是指作品中表现人物活动及由此产生的事件的发展过程，其往往由一系列展示人物性格、表现人物关系的具体事件构成。好的作品情节，能够带给读者画面感和故事感，快速吸引读者的注意、引起读者的兴趣和好奇，并引发读者的感情共鸣，因此作品情节在作品创作过程中极为重要。作者在创作过程中，往往会构思众多情节，最终基于其自身个性、喜好、能力创作并呈现出来的、符合独创性要求的作品情节，应当纳入《著作权法》保护的范畴。

然而，作品情节究竟属于思想还是表达，并没有一条清晰的分界线，一部作品中停留于思想的情节和构成表达的情节往往共存并相互交织，故作品情节能否成为《著作权法》保护的对象，关键在于该情节是否已经达到表达的程度。

二、作品情节构成表达的认定

如前所述，作品情节属于思想还是表达，尚无清晰的分界线，难以一概而论，作品情节能否得到保护，仍需要结合案件情况进行具体判断，金字塔理论[1]在作品情节是否属于表达的判断中，具有较大的参考价值。

在文字作品中，思想和表达通常是混杂在一起的，形成一个金字塔结构，底端是最为具体的文字表达，这些表达体现着作品的内容，尤其是故事情节，对这些表达可以不断地抽象和概括，逐步形成一句话、一个段落、一个章节、整部作品体现的故事情节，当这种概括抽象到一定程度时，就脱离了表达的范畴，成为作品所表达的抽象内容——思想，最终可到达金字塔顶端——最为概括的主题思想。因此，在金字塔的顶端和底层之间，会存在一

---

〔1〕 金字塔理论将文学作品比作一个金字塔，金字塔的底端由最为具体的表达构成，金字塔的顶端则由最为概括抽象的思想构成。

条分界线，分界线之上是不受保护的思想，分界线之下是受保护的表达。

在光亚公司、黄某某与刘某某、叶某某等著作权权属、侵权纠纷案[1]中，法院结合案情对金字塔理论做了较为详细的剖析：(1)金字塔顶端。“恋爱、分手、错过、重逢……再也回不到从前”属于高度抽象概括的情节，读者或者观众根本无法从中产生明确的欣赏体验，系最为抽象的思想范畴。基于该种思想或主题，可以创作无数的作品，实际上也确实有无数作品中包含该类故事核，因而无法被垄断，不受《著作权法》保护。(2)金字塔中端。对思想进行具体化，加入题材，如校园爱情故事、“北漂”生活故事，相对于前述主题思想更为具体。不过，此时读者或观众无法产生更多的欣赏体验，对可能的表达只是模糊不清的认识，仍属于思想范畴。(3)金字塔底端。进行多层次的具体化，加入人物设置、人物关系、矛盾冲突、情节发展串联等元素，当设定逐步深入、足够细化，人物设置、人物关系、情节事件、情节发展串联、人物与情节的交互关系、矛盾冲突等交织在一起，达到足够细致具体的程度，就会来到金字塔更为底层的位置，直到进入表达层面，读者或观众才可以产生明确的欣赏体验。

在玄霆娱乐公司与先锋文化公司、先锋出版公司等著作权权属、侵权纠纷案[2]中，法院也运用了金字塔理论，认为文字作品中的人物形象等要素往往只是作品情节展开的媒介和作者叙述故事的工具，难以构成表达本身。只有当人物形象等要素在作品情节展开过程中获得充分而独特的描述，并由此成为作品故事内容本身时，才有可能获得《著作权法》的保护。

可见，《著作权法》仅保护具有独创性的表达，作品情节能否成为《著作权法》保护的对象，关键在于作品情节能否构成表达。根据金字塔理论，对于金字塔底端，只有通过明确人物关系、特定情节、矛盾冲突、故事推进等作品内容构成的、具备独创性的作品情节，才能够构成表达，受著作权法保护；而简单的人物名称、人物关系、故事背景等要素，仍属于思想的范畴，一般不

---

〔1〕 参见湖北省武汉市中级人民法院民事判决书，(2018)鄂01民初5015号。

〔2〕 参见上海市浦东新区人民法院民事判决书，(2015)浦民三(知)初字第838号。

能作为表达进行保护。

三、作品情节的侵权对比方法

文字作品是否构成侵权，实践中公认的判断标准为：接触＋实质性相似。在作品情节侵权纠纷案件中，由于具体作品中思想和表达的界限较为模糊，且作品情节侵权不同于传统的字面侵权，往往两种作品的表达方式，甚至表达形式都不一样，对司法实践中"实质性相似"的判断提出了巨大挑战。

作品情节的展现离不开具体文字、语句的描述，但是作品情节所对应的文字、语句并非固定的，中国语言博大精深，相同文字、语句的不同组合能够描述出不同的作品情节，反之，使用不同的文字、语句也可能描述出相同的作品情节。因此，在进行实质性相似对比时，不能拘泥于文字、语句的比对，必须透过现象看到作品情节的本质。如在左某与周某、当当公司侵害著作权纠纷系列案〔1〕中，在对被诉侵权作品和诉请保护作品进行比对时，如果细抠相关文字、词句的使用，则两者的人物设定、人物关系以及文字、词句组合而成的语句均不完全相似，且个别可能属于常用表达，但就最终组合后所展示的情节而言，两者都塑造了"茶技惊人的女主角""掩盖愤怒的夫人"等非常具体的人物，设计了"茶艺盛行"的背景，以及"茶汤中开出花朵""当众送女主角钗子"等具体的矛盾冲突和细节，故法院最终认定构成侵权。

与文字表达方式差异不同，现在许多文字作品都被改编成漫画、电影、电视剧等，作品情节的侵权也可能发生在表现形式不同的两个作品中。如快看公司、金某某与田宥盈公司、天成合公司等著作权权属、侵权纠纷案〔2〕中的权利作品是漫画，主要通过"文字＋图画"的形式来展示作品情节；被诉侵权作品则是剧本及网剧，通过文字及视听作品的形式来展示作品情节。一审法院将两作品的人物设置、人物关系及相关情节进行独立、分别对比后

〔1〕 参见北京市朝阳区人民法院民事判决书，(2017)京 0105 民初 959、970、987、989 号。
〔2〕 参见上海知识产权法院民事判决书，(2020)沪 73 民终 57 号。

认为，两作品在故事题材、主线以及部分具体情节上确有相似性，部分受众会产生两个作品相似的认知符合常理，但从著作权法角度判断两个作品是否构成实质性相似时，应剔除思想范畴的内容以及属于公共领域的素材。在此情况下，权利作品与被诉侵权作品构成实质性相似的内容仅系其中的部分具体情节，而该部分的具体情节在整体故事中所占比重较小，权利作品与被诉侵权作品无论是人物设置、人物关系还是具体情节的设计，以及情节排布及推演过程均存在较大差异。

与之相反的是，该案的二审法院并不认可一审法院的对比方法。其认为两作品的故事主线和核心情节是相同的，均系由整容游戏软件的特殊功能及该整容游戏软件引发的相应剧情；两作品在基本的人物、人物关系的设置以及由整容游戏软件引发的主要情节的推动上均有一致性；权利作品的核心情节在权利作品之前的小说、戏剧或其他文学作品中都没有出现过，系原告的独创；原告的核心情节并非简单的构思，而是由特定人物、事件及其发展等具体要素组成，形成了一个要素齐备的故事主线的表达；两作品在上述具有高度独创性的核心情节上构成实质性相似。据此，二审法院认定被告在被诉侵权作品中擅自使用了权利作品故事核心情节的表达，构成侵权。

四、结语

在文学作品中，我国《著作权法》保护的表达不仅仅指文字符号的最终形式，更指作者通过文字、语句等所创作的作品情节，如果作品情节呈现得足够具体，达到“表达”的范畴，也可以作为《著作权法》保护的对象。在对作品情节属于“思想”或是“表达”进行分析论证时，可以参考金字塔理论来确定作品表达和思想之间的分界线。在对比作品情节是否侵权的案件中，不能仅抠文字表达，停留于某一段落或片段的对比分析，而需要透过现象看本质，从整体上对作品进行分析，去感受不同作品向读者呈现出来的具体情节是否构成相同或相似。

实用性文字作品的保护范围及侵权判断

何美华*

在“钢笔行书速成法”著作权侵权案[1]中，大连的张某发明了一种钢笔书法速成法。张某从构成汉字的结构、部位两大要素入手，归纳出诸如“比例排列法”“合并同类法”等最基本的书写规律，通过举一反三的方法，进行科学拼合，还借助字体变异、笔顺倒置等辅助方法，增强行书体的韵味和层次变化，从而达到快速学会钢笔书法的成效。该钢笔书法速成法被总结成文字，发表在《大连日报》上。新冠疫情期间，张某的学生王某在抖音上发布讲述该钢笔书法速成法的视频，被诉侵犯著作权。2023 年 5 月 15 日，大连市中级人民法院对该案作出终审判决。在判决书中，法院认定王某发布在抖音上的视频课程侵害了前述钢笔书法速成法文字作品的复制权和信息网络传播权，并判决王某赔偿张某经济损失 20 余万元。该案虽涉及金额不大，但反映的法律问题值得关注，笔者认为主要有两个方面值得讨论：首先是实用性文字作品的独创性判断，其次是作品改换形式涉及的著作权具体权能的保护。

---

* 何美华：广东卓建律师事务所合伙人，深圳市律师协会第十一届著作权法律专业委员会副主任，专利代理师。2006 年起专注知识产权法律事务，秉持“法律驱动创造”理念，助力客户成长、推动社会创新。熟悉动漫、电子、通信等多行业，服务多家世界 500 强企业及 A 股上市公司。

[1] 参见辽宁省大连市中级人民法院民事判决书，(2023)辽 02 民终 2134 号。

一、实用性文字作品中思想与表达的区分

在著作权法中,“思想与表达二分法”是一项重要原则。具体地说,《著作权法》不保护抽象的思想、思路、观念、理论、构思、创意、概念、工艺系统、操作方法、技术方案,而保护以文字、音乐、美术等各种有形的方式对思想的具体表达。

美国在1976年的《版权法》中,首次将“思想与表达二分法”引入本国法典。美国《版权法》第102条第2款规定:“在任何情况下,对于作者原创性作品的版权保护,并不延及思想观念、程序、工艺、系统、操作方法、概念、原则和发现,不论它们在该作品中是以何种形式被描述、解释、说明或体现的。”《与贸易有关的知识产权协定》第9条第2款也规定:“版权法对思想、工艺、操作方法或数学概念等不提供保护。”

我国《著作权法》的立法本意是鼓励创作、促进文化艺术的繁荣,而不是限制和阻碍人类文明的进步。著作权的客体是作品,但并非作品中的任何要素都受到《著作权法》的保护。思想外显的方式是表达,“思想与表达二分法”是区分作品中受保护的要素和不受保护的要素的基本原则,其内涵是《著作权法》保护思想的表达而不保护思想本身。在司法实践中,主题、思想、题材、作者构思、叙述方法、写作风格等属于公共领域,不能由著作权人垄断。

文字作品作为法定作品类型之一,自然也受“思想与表达二分法”原则的约束,但不同类型的文字作品的可表达空间不同。以散文、诗歌、小说等为代表的艺术类文字作品,其表达空间较大,保护范围既可以包括表达的形式,也可以包括表达的对象,例如虚构的故事情节、具体人物关系等。而以产品说明书、专利说明书、技术规格书等为代表的实用性文字作品,其目的在于对表达对象的准确描述,该类作品的表达对象往往是不受著作权法保护的工艺、操作方法或数学概念等,因此保护范围往往只包括表达的形式而不包括表达的对象本身。如在江某与孙某、燕山出版社、新腾公司著作权权

属、侵权纠纷案[1]中,法院认为,“案涉作品的前提不仅有英文原著,还有包括台湾地区其他作者的译作在内的多种译作出版在先,因限于原著的文字表达以及逻辑结构等,译者难以进行个性化地发挥”,即翻译作品受到表达对象——原著的限制,表达空间很小。在郑某某与党建出版社、新华传媒公司著作权权属、侵权纠纷案[2]中,法院认为,案涉作品的问答部分系根据党章、党内条例的规定及在先期刊中的问答内容编写的,属于相关党务工作的一般性知识和通常表达,必须符合党章、党内条例等的规定,且其语言表达又较为简练,导致其表达较为有限,未形成具有独创性的表达,因此,认定原告对该部分内容不享有著作权,仅对内容的选择和编排享有著作权。

回到前述的“钢笔行书速成法”著作权侵权案中,法院认为,《著作权法实施条例》第2条规定,《著作权法》所称作品,是指文学、艺术和科学领域内具有独创性并能以某种有形形式复制的智力成果。该智力成果内含的思想、方法、原理因不能通过有形形式予以展现,更无从谈及“复制”,因此并不构成“作品”。该案原告请求保护的并非作者总结的快速写好钢笔行书的方法,而是对这些方法的文字表述,是以文字形式表现的作品,该文字作品系著作权法保护的作品。笔者认为,该法院的论述值得商榷。一方面,其论证逻辑在于思想、方法、原理是不能通过有形形式予以展现的,只要能够通过有形形式展现的就不再是思想、方法、原理,而是具体的表达,这一观点实质上与“思想与表达二分法”原则相悖。另一方面,当表述某一思想使用的表达方式有限,存在表达与思想的混同时,《著作权法》不仅不保护该思想,也不保护对该思想的表达,能够通过有形形式展现的仍有可能是思想、方法、原理本身,而不是受《著作权法》保护的表达。

就该案而言,钢笔行书速成法的文字作品系对如何快速学会钢笔行书的书写规律、汉字结构规律、书写方法以及学习该速成法应遵守的流程或重

---

[1] 参见安徽省合肥高新技术产业开发区人民法院民事判决书,(2015)合高新民三初字第00550号。

[2] 参见上海知识产权法院民事判决书,(2020)沪73民终5号。

要程度排序的文字总结，根据“思想与表达二分法”原则，运用金字塔理论的分析框架，通过由下至上地逐步抽象，首先将不受《著作权法》保护的书写规律、汉字结构规律、书写方法以及学习该速成法应遵守的流程或重要程度排序予以排除，其次将高度概括前述规律、方法、流程的标题性短语予以排除，最终呈现可受《著作权法》保护的创作元素为具体的篇章结构和遣词造句。

二、实用性文字作品的独创性判断标准

业界对作品独创性究竟应坚持有无标准还是高低标准尚存争议。独创性有无标准说认为，作品只要具备独创性，不管其高低，都满足《著作权法》的要求。按照该标准，文学、艺术、科学领域内的表达，只要与他人的表达不同，且不属于司空见惯的表达，即不能否定其独创性。[1] 独创性高低标准说则认为，受《著作权法》保护的作品，不仅需要具备独创性，而且其独创性应该达到一定高度，才能满足《著作权法》要求。笔者认为，有无独创性与一定高度独创性的本质是相同的，原因在于，表达的独创性并无明确的分界线，与他人的表达不同也不存在断崖式的区分标准，而是缓坡式的渐进状态。例如，“我爱你”没有独创性，“我爱你，就像我爱她”虽然与他人的表达不同，且不属于司空见惯的表达，但仍不具有独创性，而“我爱你，就像老鼠爱大米”的表达方式虽然并无明显变化，但由于其表达的内容（比喻的对象）突破了常规思维，则产生独创性，所以，独创性有无的判断内在地包含了对高低的衡量。回到文字作品，艺术类文字作品由于存在表达对象方面的独创空间，即使采取的是常规表达方式，其整体表达仍具有独创性，对具体表达方式的要求不高。反之，实用性文字作品对于具体表达方式的独创性要求显然相对更高，否则其不应受到《著作权法》的保护。

以“钢笔行书速成法”中对“结构对比法”的表达为例，其原文为：“这一讲是‘速成十法’的第一种方法的关键部分。汉字的构成所涉及的结构、字

---

〔1〕 参见李杨：《浅析作品独创性的几个常见争议》，载《中国版权》2020 年第 6 期。

形、偏旁、部首及笔画等是极为繁多而复杂的，但归根结底是由两大要素——结构和部位构成，而结构是最为主要的。今天讲的这种简易方法就是用来解决上下结构以及部分单字结构、左右结构的行书汉字的，其范围约占所有汉字的70%以上。”该段文字从表达方式来看，语言表述相当简洁，句式结构简单，与日常语言表达相当接近，若要更换表达方式，只能朝繁复的方向，如果认定其具有独创性，显然容易将表达对象——钢笔速成方法本身一并纳入保护范围，违背了《著作权法》的立法本义，故有必要适当拔高其独创性的标准。

三、实用性文字作品的实质性相似比对方法

对著作权中的实质性相似进行判断的模式一般有如下三种：第一种是整体观感法，在整体抄袭或较为明显抄袭的情形下，适用整体观感法的情况较为普遍，这种比对方法简便和直接，不需要太多的技巧和技术的分析，从整体上判断作品抄袭的痕迹明显，很容易做出构成实质性相似的结论。第二种是抽象测试法，在一些作品本身相似度很难判断的情况下，仅靠整体观感法难以做出准确的结论，需要对作品的独创性元素进行划分，并作细致的比对分析。第三种是内外部测试法，即抽象测试法与整体观感法相结合。由此可见，在仅主张复制权、发行权、信息网络传播权、修改权等对作品改变程度要求不多的权能的案件中，整体观感法是较为合适的，而在主张改编权及对改编作品后续利用侵犯著作权的案件中，抽象测试法及内外部测试法更为有效。故在进行实质性相似比对前，首先应当通过“思想与表达二分法”抽象出权利作品受著作权法保护的独创性表达，其次明确权利人所主张的权能，然后选择合适的比对方法，提取被诉侵权作品与权利作品相同的独创性表达，最后判断该相同的独创性表达是否满足相应的实质性相似的判断标准。

在“钢笔行书速成法”著作权侵权案中，被诉侵权人王某在抖音上发布的视频所呈现的板书方法名称和字例以及通过口述的形式讲授“钢笔行书

速成法”,与“钢笔行书速成法”的文字作品相比,字例与口述的表达差异较大,表达形式已完全不同。对此,法院适用整体观感法进行判断,并认为,从整体上看,被控侵权视频的整体结构除个别章节与《张某钢笔行书速成法》存在不同外,整体内容和名称基本一致,只是顺序进行了调整;从细节上看,被控侵权视频与权利作品存在诸多表述相同之处。被控侵权视频中主要授课内容的表述与权利作品中的相应内容存在大量相似之处。结合以上两点,能够认定被控侵权视频侵犯了案涉权利作品的复制权和信息网络传播权。

如前所述,如果在抽象出权利作品的独创性表达之前进行比对,那么很可能将非独创性的内容纳入著作权法保护的范围;如果在明确权能前进行比对,那么被诉作品中的独创性部分可能对比对过程造成干扰,又或者可能将权利作品中不属于基本表达的部分作为比对依据。这两种情况均会影响比对的准确性。因此,笔者认为,该案的比对过程未遵循“抽象—明确权能—选用比对方法—比对—判断”的步骤,比对过程和比对结论呈现出混沌的状态,难以得出准确、公正的判决结果。

四、结语

实用性文字作品因其表达空间的有限性,更需关注其创作高度,准确界定其受著作权法保护的范围。同时,在侵权比对时应当遵循科学合理的逻辑、方法和步骤,公正评判被诉侵权行为,从而实现鼓励创作、促进文化艺术繁荣的目的。总而言之,实用性文字作品的著作权保护是一个复杂而微妙的领域,其核心在于如何平衡创作者的权利与社会公众的利益。这需要综合考虑作品的独创性、保护范围和侵权比对方法等多个因素,通过科学合理的判断,有效保护创作者的合法权益,维护社会公共利益,实现《著作权法》的立法宗旨。

拆书行为的著作权法律风险

刘　榕[*]　严文禧[**]

随着互联网技术的发展，以及人们生活、工作节奏的加快，不少人已经没有闲暇时间完整地读完一本书、做笔记并从中获取所需信息。在此环境下，拆书服务市场应运而生。本文所称的拆书，即指读书博主等人采用文字概括（或兼采音频录制）或视频解说的形式，对一整本或一整套图书的主要内容和精华进行概要介绍、提炼总结、拆解评析，以减少读者自行学习的时间。该行为是否会侵犯《著作权法》赋予著作权人的权利？在什么情况下能够主张"合理使用"抗辩，不构成侵权？本文将从这几个方面展开，对拆书行为进行论述。

一、拆书行为的主要类型

拆书与撰写书评不同。出版社的行规是"好书评不拆书，好影评不剧透；书评为了吸引来看书，影评为了吸引来观影"[1]。书评，即评论并介绍书

---

* 刘榕：北京大成（深圳）律师事务所律师，深圳市律师协会第十一届著作权法律专业委员会干事、软件与信息服务产业法律服务团团员。华东政法大学知识产权法学硕士，专注知识产权法律服务。

** 严文禧：广东广和律师事务所律师，深圳市律师协会第十一届著作权法律专业委员会委员，珠海市知识产权专家人才库专家，深圳市版权纠纷人民调解委员会特邀调解员。承办知识产权纠纷千余件。

〔1〕 秋叶大叔：《为啥你写的书评，只能叫自嗨，出版社都不会用！》，载微信公众号"秋叶大叔"2019年3月29日，https://mp.weixin.qq.com/s/dsxqMF91rZGwgAhrZUlfvw。

籍的文章，提供书籍的信息供读者参考，只点明图书的精要部分，能够帮助读者在选书时对图书进行价值判断。因此，拆书行为与撰写书评在目的和功能上存在明显的不同。从内容组成上看，拆书行为可分为两大类：

一类是解读类，一般针对的是工具书、心理学书籍和干货类书籍等。拆书人围绕书中的核心观点进行讲解和分析，通过制作思维导图梳理篇章结构，或者采用罗列要点的形式直接给出“干货”，即理论和实践方式。这类方式拆解后的书稿占用的原文内容不超过10%，如将《金雀花王朝》这本近700页的“砖头”巨著，拆成几页A4纸内容的“干货”。

另一类是对原文内容的提炼，一般针对的是文学名著、小说故事、名人生平等，拆解后的书稿占用的原文内容不超过30%。之后，再由主播对拆解完成的书稿进行人声录制，并在音频类软件中进行出售。

二、拆书行为是否构成著作权侵权

如前所述，可以看出，无论是何种类型的书籍，拆书的特点在于，将书的精华内容进行提取，进行高度概括、浓缩。需要明确指出的是，虽然拆书所提取的内容大概仅占原文的10%～30%，从比例上说不构成“完全复制”行为，但是，如何对提取的内容进行使用，才是需要判断是否构成著作权侵权的重点内容。

（一）复制权侵权

鉴于书籍类的作品属于文字作品，在比对被控侵权的文字作品与涉案文字作品时，需要从二者的整体框架结构，具体内容的文字表达，使用部分对涉案作品的删减、增添等不同方面进行综合判断。以河北大学、金某某著作权权属、侵权纠纷案[1]为例，行为人虽然将作品《金雀花王朝》的内容浓缩为了几页A4纸，但是其提取的内容100%源于原文内容，形成的“拆书文

---

〔1〕 参见浙江省杭州市中级人民法院民事判决书，(2018)浙01民终215号。

稿”与原作品内容完全相同，构成对原作品复制权的侵权。

需要注意的是，在对内容进行比对时，并不会判断是否为整段使用。即便不同句子拼合后的内容与原文逻辑不一致，但只要文本内容与原文内容相同或构成实质性相似，就落入了复制权的规制范围，构成复制权侵权。当然，在搬运句子进行拼凑时，如果形成的内容与原文中心思想不同，甚至造成曲解，那么则可能涉及保护作品完整权侵权。

（二）保护作品完整权侵权

尽管在拆书过程中对内容进行了重新梳理，但很难保证拆书人能够准确理解作者的真实意图。如在拆书市场中，拆书人主体多样：首先，以在校大学生为主，尤其是大一大二空闲时间较多的大学生；其次，多以团队形式开展，团队中常吸纳实习生；最后是兼职、业余选手等其他人员（非专业人士，对于该领域的情况不熟知，在拆书时花费的时间较少）。以《金雀花王朝》这本书为例，拆书人某大学生在网上分享了自己的经验，即先将全文进行泛读，再整合成几页 A4 纸文稿，可以通过知识付费平台进行加工，如将文稿录制成音频，按份售卖。而实际上，《金雀花王朝》这本书并不容易理解，非专业人士短时间内套模板的解读方式，不仅没办法将晦涩难懂的英国宪章叙述及国王与贵族之间的博弈分析到位，也容易因为拆书人的错误理解导致形成的内容与作者思想大相径庭。在这种情况下，此行为可能会构成保护作品完整权侵权。“图书也是典型的知识‘半成品’，它需要消费者阅读、理解、吸收才能成为知识‘完成品’。”[1]如果真的要读懂一本书或许还需要有足够的知识储备和做充分的背景信息检索才能全面读懂实际内容。

保护作品完整权作为一种人身权利，在认定某一行为是否侵犯保护作品完整权时，需要判断该歪曲或篡改行为是否已实质性改变了作者在作品中原本要表达的思想、感情。以樊某某与张某、富某、电视台等著作权纠纷

---

〔1〕 马瑞洁、韩欣媛：《出版产业生态视域下“拆书视频”的著作权探析》，载《编辑学刊》2023 年第 5 期。

案[1]为例，被告对书中关键人物和关键情节的改动，已达到改变原作者想要表达的思想、感情的程度，尤其是改变了原作者原本要批评的对象，从而导致原作者的声誉受损，故该行为构成保护作品完整权侵权。

（三）改编权侵权

改编行为是在原作品基本表达的基础上添加了改编者个性化的表达，通常涉及作品类型的转换，以实现在新的表现形式中更好地表达原作品。我国《著作权法》对作品的保护要求具备“独创性”，笔者认为在对“独创性”进行认定时，应当从“程度的高低”角度切入。不过，我国《著作权法》对于“创”的要求只是体现一定程度的“智力创造性”，只要能够体现作者独特的智力判断与选择，展示作者的个性并达到最基本的创造性要求即可。[2] 正如美国著名的霍姆斯法官曾言：“由那些只受过法律训练的人来判断美术作品的价值是危险的。一方面，有些极具天才的绘画一开始不被人们所欣赏。另一方面，有些在法官看来缺乏美学价值和教育意义的作品却能够被一些民众所接受。不能因为这些民众的口味低就认为这幅绘画不受版权保护。”[3]无论是“阳春白雪”还是“下里巴人”，都足以构成作品。

相对于创作行为来说，对原作品进行改编的行为投入的独创性程度较低。因此，改编者哪怕只是基于作品加入了少量的改编者自身独特的智力判断与选择，只要有能实质区别于原作品的部分，便可以就该部分内容享有著作权。只是在这种情况下，留有与原作品实质性相似的部分，而著作权作为一种排他性权利，原作品著作权人拥有改编权，有权对改编者未经许可的改编行为进行规制。以濮某某与曹某某著作权权属、侵权纠纷案[4]为例，苏绣和绘画是两种不同领域不同载体的表达方式，在苏绣中呈现原绘画图

---

[1] 参见上海市第二中级人民法院行政判决书，(1996)沪二中民初(知)字第28号。
[2] 参见王迁：《知识产权法教程》(第6版)，中国人民大学出版社2019年版，第34页。
[3] 王迁：《知识产权法教程》(第6版)，中国人民大学出版社2019年版，第37页。
[4] 参见江苏省高级人民法院民事判决书，(2019)苏民终1410号。

稿，需要对画稿、图案、造型、针法、绣工、色彩、技艺、装裱等多方面进行综合改编，在此种情形下，改编者对人物的加工、细化，以及对画作中人物形象的刻画、物品色彩的搭配、针法的选择等因素进行了多样化的选择和创作。在此过程中，改编者濮某某添加了一定程度的、具有独创性的表达要素、表达方式、表达效果，即便是与原作品存有实质性相似的情形，但基于改编作品给公众不同于原作品的欣赏体验和感受，也构成非"再现"（复制）行为，基于此形成的苏绣作品，构成新作品的艺术再创作，是对曹某某《华清浴妃图》工笔画作品的改编，在没有获得许可的情况下，侵犯了曹某某依法享有的改编权。

当然，《著作权法》的立法目的在于鼓励创作，若拆书人基于书中的核心观点进行延伸、分析、讲解，或融入自身对这一内容的理解、其他书籍的相关内容，最终得出的内容已实质有别于原作品，则构成新作品，其可以对此享有完整的著作权。通过语人公司与梁某委托创作合同纠纷案〔1〕、神鱼公司与上海所思之初公司委托创作合同纠纷案〔2〕等案例可以看出，实践中存有采用达成委托创作合同的模式，一方基于改编成剧本形式等再创作的需要，委托另一方（包括自然人或法人）对原作品内容进行阅读、拆书，再根据整理出来的内容提方案，完成剧本改写等步骤。若拆书提炼出来的内容占最终表达部分较低，或只作为"思想"，根据商业卖点设置新的人物关系、编设新的情节，最终形成的演绎作品已与原作品完全不同或不足以构成实质性相似的表达，则属于新作品，不侵犯原作品著作权人的改编权。

（四）汇编权侵权

汇编行为，是指将作品或作品的片段通过选择或编排汇集成新作品，当然，前提是在选择或编排作品方面体现出独创性。如基于某一个主题，汇编者将过往的诗词内容根据自己过往的经验、理解进行取舍，形成文字作品

〔1〕 参见北京知识产权法院民事判决书，（2020）京73民终2096号。

〔2〕 参见上海市松江区人民法院民事判决书，（2022）沪0117民初9109号。

（汇编作品），或对文字内容进行简单的串述，录制成音频、视频。在形式上，汇编者对相应的要素和结构都有进行转换，其实质目的在于盘点分类，有别于原作品，可以构成汇编作品[1]。同理，在这个情况下，对于汇编作品内含直接原文搬运原作品的部分，著作权作为一种排他性权利，原作品著作权人拥有汇编权，未经著作权人同意进行使用，可能侵犯汇编权。

三、拆书行为是否构成合理使用

如前文所述，如何对提取的内容进行使用，才是需要判断是否构成著作权侵权的重点内容，在这一过程中可能会存在对著作权人权利的侵犯，但是在当前的社会背景下，鉴于部分用户的实际需求，是否可以基于公共利益的考量，主张拆书行为构成合理使用呢？

我国《著作权法》第 24 条第 2 项规定的第二种合理使用情形："为介绍、评论某一作品或者说明某一问题，在作品中适当引用他人已经发表的作品"。其中，"适当引用"是指使用者在创作过程中对原作品引用长度是需要受到限制的，且不允许完全或主要以他人作品替代自己的创作；此外，该项合理使用的情形存在使用前提，是出于"介绍、评论或说明"的需要。在判断时可以参考最高人民法院《关于充分发挥知识产权审判职能作用推动社会主义文化大发展大繁荣和促进经济自主协调发展若干问题的意见》第 8 条的规定，[2]从作品使用行为的性质和目的、被使用作品的性质、被使用部分的数量和质量、使用对作品潜在市场或价值的影响等因素进行判断，如果该

[1] 参见张立新：《二次创作短视频授权规则的法经济学分析》，载《甘肃政法大学学报》2023 年第 5 期。

[2] 具体规定如下："妥当运用著作权的限制和例外规定，正确判定被诉侵权行为的合法性，促进商业和技术创新，充分保障人民基本文化权益。正确认定合理使用和法定许可行为，依法保护作品的正当利用和传播。在促进技术创新和商业发展确有必要的特殊情形下，考虑作品使用行为的性质和目的、被使用作品的性质、被使用部分的数量和质量、使用对作品潜在市场或价值的影响等因素，如果该使用行为既不与作品的正常使用相冲突，也不至于不合理地损害作者的正当利益，可以认定为合理使用。对设置或者陈列在室外社会公共场所的艺术作品进行临摹、绘画、摄影或者录像，并对其成果以合理的方式和范围再行使用，无论该使用行为是否具有商业目的，均可认定为合理使用。"

使用行为既不与作品的正常使用相冲突，也不至于不合理地损害作者的正当利益，则可以认定为合理使用。

笔者在分享本篇文章初稿到朋友圈的时候，正好收到同行的提问，“对于‘樊登读书’，根据内容呈现的不同的方式，是不是也可能会涉及侵犯著作权？”对此，笔者专门找了一期限时免费的《非暴力沟通》音频节目，就该期内容来说，不构成侵权。原因在于著作权侵权的判断要素是“表达”，不涉及“思想”或“操作方法”。拆书人阅读文章后提炼了中心思想和非暴力沟通的步骤，结合自己的生活经验来表述，相当于对同一个观点，用别的论据完成了论证，表达的重合性并不多。音频内容的编排并不遵循原文，而是做了自己的选择和判断，对于内容的详略也有自己的安排，具有个性化。在少部分处有引用原文，说明了原作者在进行非暴力沟通时的原话是怎样的，但这部分内容并不多，只有三处左右，照搬的原文不长，还明确指示了在书的第几页，类似于文字作品的脚注。在音频的最后建议大家回到书籍原文，未造成替代原作品的效果，可以构成合理使用。

四、结语

在如今有拆书需求的市场环境下，如何在不侵权的情况下合理使用原作品，同时保证输出的内容足以吸引消费者注意，且不磨灭消费者阅读原作品的热情，是当下拆书者需要重点关注和把握的问题。拆书者应当充当“分解者”的角色，对原作品完成度的提高做一部分的贡献，使拆书行为成为原作品的“共生品”。

“文×图”作品类型的界定

屈文静[*]

2022年9月13日，北京知识产权法院就复旦大学出版社与阿凡提公司、当当公司等著作权权属、侵权纠纷案[1]作出终审判决。美国作家、插画家莫·威廉斯的绘本《开心小猪和大象哥哥》以小猪和大象作为故事主角，通过二者的对话、表情、动作等形式讲述不同的故事情节，该绘本于2009年引入我国，获得了读者的广泛好评。绘本《阿凡提和小毛驴》于2015年出版，其以阿凡提和小毛驴为主角，角色的表情、动作、对话以及通过角色形象对话所表达的故事情节与《开心小猪和大象哥哥》几乎完全一致。有观点认为，《开心小猪和大象哥哥》应归类于文字作品或者美术作品，应当将二者进行分离审查，理由是如果将《开心小猪和大象哥哥》界定为美术作品或文字作品，《阿凡提和小毛驴》则可能不构成侵权。绘本作为一种独特的创作形式，其“文×图”的特点在该案中发挥了重要作用。绘本属于《著作权法》规定的何种作品类型，如何对其进行保护，值得继续探讨与追问。

---

* 屈文静：广东邦桑律师事务所负责人，深圳市律师协会第十一届著作权法律专业委员会委员，广东省律师协会第十二届法律专业委员会委员，中国电视剧制作产业协会娱乐法研究基地研究员、北京市文化娱乐法学会理事。在《版权维权研究与实务》等期刊、微信公众号发表专业文章近30篇。

〔1〕 参见北京知识产权法院民事判决书，(2021)京73民终938号。

一、作品类型法定与作品类型开放

作品,既是《著作权法》保护的客体,也是《著作权法》的基础概念之一。研究著作权法,必须先研究什么是受到保护的智力成果,然后衡量给予作者的权利范围。[1] 根据作品表现形式或媒介的不同,我国《著作权法》第3条明确了文字作品、美术作品、音乐作品等八种作品类型,同时以“符合作品特征的其他智力成果”作为兜底条款。在《著作权法》2020年修订前,作品类型是封闭的立法模式,兜底条款为“法律、行政法规规定的其他作品”,某客体欲成为《著作权法》保护的智力成果,应同时满足作品及某作品类型的规定内容,否则其将无法受到《著作权法》的保护。2020年修订后,《著作权法》确定了作品类型开放的立法模式,凡符合作品特征的智力成果均受《著作权法》保护。

虽然《著作权法》已确定了作品类型开放的立法模式,但认定新的作品类型,应持审慎的立场和态度。[2] 司法实践中,法院仍会审查权利人主张的作品类型、专有权利等案件所涉基本内容,作品类型仍是法院审理的基础问题之一。

二、绘本构成美术作品、文字作品的认定

打开绘本,看到的内容基本是绘图,文字非常之少。根据作品类型的分类,绘本中的绘图属于美术作品。美术作品,是指绘画、书法、雕塑等以线条、色彩或者其他方式构成的有审美意义的平面或者立体的造型艺术作品。美术作品通过线条、色彩体现具有审美意义的内容。然而,《阿凡提和小毛驴》已将《开心小猪和大象哥哥》的猪和象替换为阿凡提和小毛驴,线条与色

---

〔1〕 参见[法]克洛德·科隆贝:《世界各国著作权和邻接权的基本原则》,高凌瀚译,上海外语教育出版社1995年版,第1页。

〔2〕 参见陈锦川:《适用新修〈著作权法〉作品类型开放规定的几点建议》,载《中国版权》2020年第6期;王迁:《〈著作权法〉修改:关键条款的解读与分析(上)》,载《知识产权》2021年第1期。

彩已经完全不同。如从美术作品的特点来审查,《阿凡提和小毛驴》因其体现的线条、色彩与《开心小猪和大象哥哥》不同而很难构成侵权。《开心小猪和大象哥哥》尚有零星文字,如“有只鸟站在我头上”“我头上有东西吗”(见图1.1~图1.3),但这些文字都非常简短且是日常用语,无法体现独创性,一般很难构成作品。若权利人主张《开心小猪和大象哥哥》是文字作品,则可能因为这些文字没有独创性而无法受到《著作权法》的保护,《阿凡提和小毛驴》亦不构成侵权。

图1.1 《阿凡提和小毛驴》和《开心小猪和大象哥哥》对比

注:《阿凡提和小毛驴》将《开心小猪和大象哥哥》中象依靠猪,一只小鸟飞来落在象头上的图画,更改为阿凡提依靠小毛驴,一只小鸟飞来落在阿凡提的头上。

图 1.2 《阿凡提和小毛驴》和《开心小猪和大象哥哥》对比

注:《阿凡提和小毛驴》将《开心小猪和大象哥哥》中象惊吓得把猪弹开并问道“Piggie!”“ls something on my head?”更改为阿凡提惊吓得把小毛驴弹开并问道“小毛驴!”“我头上有东西吗?”

图 1.3　《阿凡提和小毛驴》和《开心小猪和大象哥哥》对比

注:《阿凡提和小毛驴》将《开心小猪和大象哥哥》中象看着微笑的猪问道:“There is a bird on my head?”然后慌张喊道“Aaaaaaaaaggghhh!!!”跑走的图画,更改为阿凡提看着微笑的小毛驴问道:“一只鸟站在我头上?”然后慌张喊道“啊呀呀呀呀呀呀呀呀呀呀呀呀呀!!!”跑走。

绘本又被称为“图画书”。松居直先生认为,“图画书 = 文 × 图,有插图的书 = 文 + 图”。绘本并非简单的带插图的书,绘本的核心在于图画,图画不是用来诠释文字,而是在讲述故事,图画具有很强的叙事能力。对于绘本而言,重要的不是色彩的丰富,而是充分表达故事内容的表现力,绘本不仅是用来欣赏的读物,插图的作用在于帮助孩子构建想象的故事世界。[1] 绘

〔1〕 参见[日]松居直:《我的图画书论》,郭雯霞、徐小洁译,新疆青少年出版社 2017 年版,第 19 页。

本通过一系列的图画，结合较少的文字或完全没有文字，来传达信息或讲故事。[1] 绘本里有两个系统，一个是用文字标记的文章，另一个是图画。所有的图画都能作为语言被阅读。故事的舞台和背景不是用语言讲述，而是用一目了然的画让读者领会。[2] 既然绘本是通过图画来讲述故事，那这些图画是否可以认定为文字作品？

我国《著作权法实施条例》第 4 条第 1 项规定，文字作品，是指小说、诗词、散文、论文等以文字形式表现的作品。文字作品显然需要以文字形式来表现。文字作品最大的特点是通过文字的组合、排列顺序来表达特定的思想内容，不具备这一特征则不能被称为文字作品。[3] 但在一些国家，计算机软件会通过文字作品的形式来获得保护。在我国，文字作品亦包括以数字呈现的特定时间的工农业生产发展和国民收入比较表，以符号形式呈现的盲文读物，等等。[4] 凡用暗号、符号、记号而得以文字转换者，如点字、速记符号、电信符号等，亦属文字作品。[5] 如前所述，绘本通过图画讲述故事，图画可以理解为一种符号，因此图画可以成为文字作品。

当然，将图画认定为文字作品可能超出了"文字"的字面意思，亦可能影响文字作品与其他作品类型的关系。然而，文字作品本身就包括符号等可以转化为文字的作品，与日常用语存在区别。作品类型是作品的表现形式，一个客体因存在不同的表现形式可以构成不同的作品类型。图画虽然是美术作品，但并不妨碍将其认定为文字作品，而且，将其认定为美术作品反而无法体现其叙事特点，按照美术作品的规则确定侵权与否可能会失之偏颇。

---

〔1〕 参见[加]佩里·诺德曼：《说说图画——儿童图画书的叙事艺术》，陈中美译，贵州人民出版社 2018 年版，第 8 页。

〔2〕 参见[日]河合隼雄、松居直、柳田邦男：《绘本之力》，朱自强译，贵州人民出版社 2011 年版，第 10、63 页。

〔3〕 参见董涛，国家知识产权局知识产权发展研究中心组织编写：《中华人民共和国著作权法实施条例释义》，法律出版社 2003 年版，第 13 页。

〔4〕 参见黄薇、王雷鸣主编：《〈中华人民共和国著作权法〉导读与释义》，中国民主法制出版社 2021 年版，第 53 页。

〔5〕 参见[日]加户守行：《著作权法逐条讲义》。转引自萧雄淋：《著作权法论》，台北，五南图书出版股份有限公司 2001 年版，第 89 页。

因此，结合绘本通过图画叙事以及其存在部分文字的特点，将其整体解释为文字作品存在一定可能性。

三、适用兜底条款的绘本整体保护

在前述复旦大学出版社与阿凡提公司、当当公司等著作权权属、侵权纠纷案中，法院没有认定绘本属于美术作品或文字作品。法院认为，绘本中既包含绘画部分又包含文字部分，而且二者相辅相成、不可分割，通过相互作用来共同表达故事情节和主题思想。因此，不宜将绘本简单割裂地归类于美术作品或者文字作品，而应当从作品的法律定义以及绘本的具体内容出发，考察其是否通过绘画和文字共同讲述相对完整的故事情节，构成具有独创性的表达方式，进而认定其是否构成著作权法意义上的作品。

适用兜底条款，法院应先排除《著作权法》已明确的作品类型的适用。在该案中，法院充分理解绘本"文×图"的特殊性，认为将绘本界定为美术作品或文字作品均不妥当，并未认定绘本属于何种作品类型，事实上适用了《著作权法》第3条规定的兜底条款。作品类型的认定，关键在于对作品类型作用的理解。关于作品类型的作用，存在不同意见。一种意见认为，作品类型系著作权法定的必然要求，以此实现著作权保护范围的可预见性和法律关系的确定性；[1]另一种意见则认为，作品的类型化具有找法便利、减轻解释负担、区分权利内容等作用。[2] 如果作品类型的规定仅是一种较为便利的工具或手段，法院仅需重点审查涉案客体是否构成作品。对于绘本而言，法院应意识到绘本"文×图"的特殊性，从绘本的整体去考量作品类型，将绘本认定为某项有名作品或适用兜底条款。

四、结语

绘本≠文字，绘本≠图画，绘本＝文×图。如不能充分理解绘本"文×

---

〔1〕 参见王迁：《论作品类型法定——兼评"音乐喷泉案"》，载《法学评论》2019年第3期。

〔2〕 参见李琛：《论作品类型化的法律意义》，载《知识产权》2018年第8期。

图”的特点,则无法准确确定绘本的独创性、作品类型等内容,绘本的“换皮”行为可能会逍遥法外。一方面,要清楚地认识到绘本的“文 × 图”是其独特的魅力所在,也是判断其独创性的重要标准。因此,在判断绘本的独创性时,不能只看文字或只看图画,而是要将两者结合起来,全面考虑。另一方面,对于绘本的作品类型,也需要根据“文 × 图”的特点来确定。绘本既有文字的叙述,又有图画的描绘,这使它在作品类型上具有一定的独特性。因此,很多时候我们不能简单地将绘本归类为纯文字作品或纯美术作品,而应根据其“文 × 图”的特点,将其视为一种独特的作品类型,从而适用兜底条款进行保护。

口述作品信息网络传播权侵权的认定

薛嘉兴[*]　高秀敏[**]

口述作品是我国《著作权法》明文规定的一种作品类型，是指即兴的演说、授课、法庭辩论等以口头语言形式表现的作品。口述作品的特点在于通过口头语言的方式表达，在没有通过特定方式加以固定的情况下，其会随着口述行为的结束而消失，因而发生被侵权事件时，权利人经常陷入无法自证为作品权利人的窘境。不过，随着网络科技的高速发展，口述作品得以固定的方式愈加多样，作品的传播也愈加便捷、广泛，公众获得和使用作品的方式也更加便利。但与此同时，口述作品信息网络传播权的侵权问题日益突出。侵权行为人的侵权形式较为隐蔽，多依托电商、网盘等各类平台有偿提供教学教材、视频、音频等。这给在网络环境中有效保护权利人的信息网络传播权带来极大挑战。本文将从口述作品的定性出发，结合司法实践案件，深入探讨口述作品信息网络传播权的保护，以期为实务人员提供一定参考。

---

* 薛嘉兴：上海中联（深圳）律师事务所律师，深圳市律师协会第十一届著作权法律专业委员会委员，曾在深圳某法院知识产权庭工作4年；有丰富的征收整备业务经验，善于从政策角度切入解决问题。

** 高秀敏：毕业于山东大学，曾荣获“大鹏新区政法办公室优秀工作人员”称号，擅长处理劳动法和民法领域的法律事务。

一、口述作品的概念界定

我国《著作权法实施条例》第 4 条第 2 项规定，口述作品，是指即兴的演说、授课、法庭辩论等以口头语言形式表现的作品。《著作权法实施条例》列举的“即兴的演说、授课、法庭辩论”是三种典型的口述作品，意味着日常交流所表述的言语一般不在口述作品的范畴中，只有作者口述的所有内容关联起来能构成一个整体，并表现出专属于作者的表达特性、体现出作者的精神劳动和智力判断的，才有可能构成口述作品。另外，口述作品应当是以口述方式创作产生的作品。像非即兴的诗词歌赋朗诵、演讲稿宣讲、小品及相声等演出，虽然存在口述过程，但其对应的作品在口述之前已经创作完成，这里的口述仅系一种表演方式，并非创作，因此不属于口述作品的范畴。结合著作权法关于作品的定义，口述作品应包括以下特点：

(1)即兴口述。即兴，即没有拟稿或者只是简单地拟个提纲，在公开场合做出的演说、授课、法庭辩论等作品，这是构成口述作品的一个重要条件，也是口述作品区别于其他作品的一个重要标志。

(2)通过口头语言表现。这是口述作品最直观的特点，一个作品被认定为口述作品还是其他表演作品，具体要结合作品中口头表达和其他表现方式的占比，来分析其他表现方式是否只是口头表达的一种辅助性表达方式，即便在口头表达的过程中辅助以手势、动作等，也不影响其被认定为口述作品。

(3)独创性，要求作者是独立创作完成的作品。作品本身就蕴含着对作者思想情感的独创性表达，在判定口述作品时，要根据口述的内容、篇幅，将其与思想、事实性表达以及日常生活中的交谈区分开来，单纯的日常会话和交谈，不能构成口述作品，事实性消息也不能构成口述作品。另外，口述作品与以口头方式提供素材也颇有不同，例如，一位抗战老兵口述自己的抗战经历，被小说家整理编辑成为一部小说，这个小说的著作权就不属于老兵，老兵所叙述的内容也不构成口述作品，因为单纯的经验、经历并不能成为作品。

二、口述作品独创性的认定

《保护文学和艺术作品伯尔尼公约》第2条第2项规定:"本同盟各成员国得通过国内立法规定所有作品或任何特定种类的作品如果未以某种物质形式固定下来便不受保护。"因此,在有些国家,由于以口头语言形式表现的作品未以某种物质形式固定下来故而不受保护,但该规定并不影响我国《著作权法》对口述作品的保护,只要其符合作品的一般性规定即可获得保护。在互联网高速发展的现在,各种录音录像设备使对口述作品的固定变得非常方便,对于权利人认定、权利人侵权与否的争议比以往少了很多,而对于诉求保护的作品是否属于口述作品的争议更日益凸显。

前文提及,口述作品应当是以口述方式创作产生的作品,故口述作品的认定关键还是在于作品独创性的认定。具体而言,需要判断作品是否为作者依靠自己的智力劳动创作完成的,且是否表现出专属于作者的表达特性,体现了作者的精神劳动和智力判断。如此,即便是日常微信语音聊天记录,在符合独创性认定标准的情况下,也有构成作品、受著作权法保护的可能。

例如,在西得公司、康某某与璐瑶工作室、费某某著作权权属、侵权纠纷案[1]中,原告投资人发布的语音内容"那么群里面众多孩子,三个月成为身边的英语牛娃……听接下来分享的方法,今天呢,分享英语在我这里重要的两个系统的方法,一个叫情景法,另一个叫作汉堡法,就是这两招让孩子英语乐不停""可是这真是语言学习的正确打开方式吗?绝对不是,我们想一想中文,孩子一出生,我们不需要跟孩子认字,识字认偏旁部首……那老外,英国人、美国人也是这样跟孩子说话的……从英文故事着手"等,是原告投资人讲述其教育子女学习的经历、教授父母在教育子女英语学习、大语文、历史、思维方式训练等方面的方式、方法,讲述者在词语选用、语言组织、逻辑结构、内容编排等方面对上述内容作出口语化的表达,并以口述方式通过

---

〔1〕 参见上海市杨浦区人民法院民事判决书,(2019)沪0110民初17778号。

微信语音将上述内容的表达予以展现，整体而言，具有一定的独创性，应受《著作权法》保护。

随着网络科技的高速发展，口头语言表现形式愈加多样，微信语音聊天在日常生活中更多为日常交流，虽难以构成口述作品，但是通过微信语音渠道、结合自身经验所进行的具有独创性的陈述，其实与即兴的演说、授课等口头语言表达高度一致，只不过是有微信软件作为载体而已，关键在于口述的内容是否具有独创性，这就要求作品能够展现作者独特的智力创作，并且该创作应当达到一定的高度。既然作品的独创性在于展示专属于作者的表达特性，体现作者的精神劳动和智力判断，那么客观限制因素越多，则其专属表达空间就越少，独创性程度也就越低。

如在南京广电公司与米度公司侵害广播组织权及不正当竞争纠纷案〔1〕中，某广播频道主持的节目是回答听众有关汽车修理的问题，中间穿插广告内容，其中存在的客观因素即听众的提问、修车惯用的技术手段以及广告内容等，主持人在回答问题的时候，虽然也存在部分个人观点，但由于节目整体所包含的客观因素较多，如交通的实时情况、他人的留言、政策的发布等，使主持人最终口述的内容中专属于其个人的表达特性占比较小，难以达到《著作权法》要求的独创性程度。

三、口述作品信息网络传播权侵权的判定

信息网络传播权是我国《著作权法》2001 年修正时增加的一项权能，也是依时代发展的要求，即以有线或者无线方式向公众提供，使公众可以在其选定的时间和地点获得作品的权利。最高人民法院《关于审理侵害信息网络传播权民事纠纷案件适用法律若干问题的规定》第 2 条规定："本规定所称信息网络，包括以计算机、电视机、固定电话机、移动电话机等电子设备为终端的计算机互联网、广播电视网、固定通信网、移动通信网等信息网络，以

---

〔1〕 参见广州知识产权法院民事判决书，(2021)粤 73 民终 6293 号。

及向公众开放的局域网络。”可见，信息网络并不仅局限于计算机互联网等信息网络，还包括向公众开放的局域网络，比如网咖、公共服务大厅、图书馆等。

结合司法实践，对于口述作品信息网络传播权的侵权判定问题，可以从以下两个方面着重把握：

一方面，公众应指不特定的多数人，不能局限地解释为全部公众，除对全部公众开放的网络之外，超出正常社交关系（家庭、亲友）、具有相当数量的人群可接触的网络亦具有公开性。如前文所述的西得公司、康某某与璐瑶工作室、费某某著作权权属、侵权纠纷案中，被告系在微信群中发布原告诉请保护的口述作品，使公众可以在个人选定的时间和地点获得上述作品的行为，虽然微信群一般需要群内成员邀约或者获得入群链接、二维码才能加入，且微信群人数通常有一定限制，但是其公开针对的仍是不特定的公众，群内人员可以在自己选定的时间和地点获得被告发布的语音，故侵犯了原告口述作品的信息网络传播权。

另一方面，在公众选定的时间和地点也不能理解为任意公众选择任意时候、任意地点都能够获得作品，而应理解为公众可以在选定的时间和地点去获得作品，这也是为什么信息网络并不仅局限于计算机互联网等信息网络，还包括向公众开放的局域网络。在捷成公司与盛影影咖侵害作品信息网络传播权纠纷案[1]中，被告在其经营场所提供诉请保护作品的在线播放服务，其播放涉案影片的方式并非通过 CD 光盘或本地存储介质供消费者点播等单纯以技术设备公开再现案涉影片，而是由消费者通过点播系统进行点播、系统连接互联网将相关影片下载在服务器内再进行电影播放，其行为属于通过局域网向不特定公众提供涉案影片的观看服务，使消费者能够在选定的时间和地点获得涉案作品，侵害了原告的信息网络传播权。

---

〔1〕 参见湖北省十堰市张湾区人民法院民事判决书，(2022)鄂 0303 知民初 173 号。

四、结语

口述作品因其是以口头的方式呈现出来的，如果没有一个载体将其固定下来，往往会出现因记忆模糊造成和作品本身的出入，且在侵权案件中，虽然不影响其纳入我国《著作权法》的保护范畴，但作者往往会面临举证难的问题。因此，对口述作品加以固定、记录对口述作品权利的保护依旧具有非常重要的地位，而录音录像就是最常使用的方式，微信语音实质也是一种录音行为。具备独创性、满足《著作权法》要求的口述作品可以依法行使自己的排他性权利。

微信语音构成口述作品的可能性及其侵权行为认定

李良芳*

微信语音以移动智能终端设备为主要载体，借助微信软件，用语音的形式表达语言内容，在形式上更接近于一种口头表达。微信语音因其省时省力、方便快捷的特点已经成为一种常见的、使用频繁的聊天方式。在很多场合下，微信语音还作为工作场合的工具被广泛使用，包括但不限于用微信语音进行授课、分享研究成果、发表观点看法等商业性质的使用。然而，这也引发了关于微信语音内容应受何种法律保护，以及哪些行为可能构成侵权等问题的争议。鉴于此，本文将从著作权法的角度出发，探讨微信语音是否构成口述作品，并进一步研究与之相关的侵权行为的界定问题，以期为实务工作者提供一定裨益。

一、微信语音的作品属性

微信语音是一种长度以秒（目前最长 60 秒）计数，主要依托于移动智能终端实现，可在微信好友、微信群上实时分享和无缝对接的一种新型音频形

---

* 李良芳：广东广和（坪山）律师事务所律师，深圳市律师协会第十一届著作权法律专业委员会委员，中国法学会会员，深圳市“八五”普法讲师团讲师，2022 年 5 月获评深圳市律师协会“优秀青年律师”。从业逾 17 年，擅长企业知识产权合规、纠纷处理及民商事争议解决等法律服务。

式,相较于传统音频,微信语音长度虽短但能实现即录即传、即传即听的作用,使它在日常聊天以外的商务场景中,如工作接洽和商务分享等,也获得了广泛应用。《著作权法》第 3 条规定,作品是指文学、艺术和科学领域内具有独创性并能以一定形式表现的智力成果。因此,能否构成著作权法意义上的作品首先要看是否由作者独自创作完成,其次要看是否具有作者的个性因素,即所谓的独创性,最后要求必须由人类创作者完成。从现有的法律规定来看,由表述者独立表述的微信语音能否构成作品,受《著作权法》保护,最重要的是其能否通过独创性的检验。

内容为日常聊天对话或对客观事实的直接描述等的微信语音往往因没有一定深度和长度的思想表达,既不能称为创作,更无法达到一定的创作高度,很难具有著作权法所要求的独创性。只有具备一定长度,融合了表述者的个人思想内容和观点,并以其特有的语言组织、逻辑思维、知识选择与知识结构组织等特点展现出来的微信语音内容才具有独创性,能够成为著作权法上的作品,受著作权法保护。

二、微信语音构成口述作品的可能性

我国《著作权法实施条例》第 4 条第 2 项将口述作品定义为即兴的演说、授课、法庭辩论等以口头语言形式表现的作品。根据《著作权法》第 3 条第 9 项对作品类型的表述,其采用“符合作品特征的其他智力成果”作为兜底条款,同时《著作权法实施条例》在定义口述作品时,虽仅列举了即兴“演说、授课、法庭辩论”等典型形式,但最后使用了“等”字,表明著作权法及实施条例属于开放性立法,以适应和保护不断变化发展的市场中涌现的新的作品形式。

根据《著作权法》及《著作权法实施条例》的规定,口述作品的构成要件主要包括:即兴创作、以口头形式表达,以及符合《著作权法》规定的作品要素。微信语音作为一种人们频繁使用的口头表达“语言”,包含了话语形式(怎么说)和话语内容(说什么)两个方面,通常都是以口头形式表达的“即兴创作”。因此，在微信语音构成著作权法意义上的作品的情况下，微信语音更符合口述作品的作品特征。[1]

在西得公司、康某某与璐瑶工作室、费某某著作权权属、侵权纠纷案[2]中，原告璐瑶工作室主张保护的微信语音是原告法定代表人马某某“璐瑶妈妈”在没有任何底稿的情况下，通过微信群以微信语音形式，经过巧妙构思后即兴讲述的自身教育子女学习的经历，教授父母在教育子女英语学习、大语文、历史、思维方式训练等方面的方式、方法。法院认为，一方面，该微信语音属于没有任何底稿的“现场”即兴创作；另一方面，对于通过微信群里的微信语音进行的口头形式表达而言，关键在于判断其是否融合了讲述者在词语选用、语言组织、逻辑结构、内容编排等方面的个性化语言组织和表达特点。因此，该微信语音属于原告的个人智力成果，具有独创性，构成著作权法上的口述作品。上述案例为微信语音在满足著作权法对口述作品的特定要求与特征时能够受到著作权法的保护，提供了具有实际指导意义的参考依据。

三、微信语音口述作品的侵权行为认定

微信语音因其载体特性，无法直接转发。然而，这也导致部分行为人利用此特点，擅自将构成口述作品的微信语音内容进行再口述或录音。针对此类非合理使用行为，必须深入探讨其是否构成对微信语音口述作品的侵权。

首先，对微信语音口述作品的再口述行为可能侵犯该作品的表演权、信息网络传播权。一方面，对微信语音口述作品的再口述，实质上是通过朗读的方式将该作品进行公开再现，其仍然属于对作品的“表演”行为。另一方面，他人未经许可对微信语音口述作品进行再口述，使相关公众可以在其个人选定的时间与地点获取该微信语音。因此，再口述行为可能构成对微信

---

〔1〕 参见倪文锦：《语文课堂教学评价——评什么》，载《语文建设》2015 年第 28 期。

〔2〕 参见上海市杨浦区人民法院民事判决书，(2019) 沪 0110 民初 17778 号。

语音口述作品表演权、信息网络传播权的侵犯。

前述西得公司、康某某与璐瑶工作室、费某某著作权权属、侵权纠纷案中，被告公司的法定代表人，通过获取原告在微信群内发布的微信语音内容，未经原告许可，在其所经营的公司微信群内，以相似的微信语音方式进行了与原告口述作品实质内容高度相似的语音授课。被告在微信群内以再口述的形式公开“表演”了原告的口述作品，该行为构成了对原告口述作品表演权的侵害。同时，被告通过网络传播语音授课，使相关公众可以在其个人选定的时间与地点获取该微信语音，亦构成了对原告口述作品信息网络传播权的侵犯。

其次，对微信语音口述作品进行录音、速录等行为可能构成对微信语音口述作品复制权的侵犯。对微信语音口述作品的录音、速录等行为，虽未直接使用原口述作品，但其形成的录音或书面文件，实质上仍承载了微信语音口述作品的核心内容。因此，未经许可的录音、速录等行为将构成对微信语音口述作品复制权的侵犯。即使对录音或速录内容进行重新编辑、演绎，也仍应得到原微信语音口述作品作者的许可。

因此，无论以何种原始形式记录口述作品，所形成的书面或录音等文件最终承载的依然是口述作品本身，并不会因为载体不同而演变成文字作品或录音制品。因此，在使用这些文件时，必须获得原口述作品著作权人的许可，否则可能构成侵权。

最后，未经许可使用微信语音口述作品也可能构成对“声音权”的侵犯。目前，我国法律尚未对“声音权”的概念作出明确定义。在学术界，有部分学者将声音权益的保护界定为“声音语言权”，认为声音与语言紧密相连，构成个人独特标识，应纳入其他人格权益范畴。根据这一观点，微信语音可视为个人声音与语言通过微信平台及其语音即时录制与发送功能所形成的声音权益，即“声音权”。微信语音仅是录音、录像、口述等不同形式中的一种，其载体包括录音笔、电视剧、微信、电影、唱片、短视频等。“声音权”的核心在于保护个人的声音，而非特定载体。无论声音载体如何演变，均不影响自然人对自身声音所享有的权益。

由此观之，微信语音在《著作权法》的框架下，或可作为口述作品受到相应保护。同时，微信语音中的声音，因其具备识别特定自然人（语音者）身份的功能，根据《民法典》的相关规定，微信语音亦可能受到人格权中“声音权”的相应保护。[1] 尤其是当微信语音片段成为网络热门语音片段或流行语时，其所引发的社会关注度、知名度及市场利益均十分显著。因此，在这些微信语音片段无法构成著作权法意义上的作品时，通过《民法典》对此类声音权益加以保护显得尤为重要。

四、结语

微信语音，作为一种新兴的沟通方式，虽然《著作权法》并未明确界定其所属作品类型，但其在满足《著作权法》对作品的基本特征和要求的前提下，仍应受到该法的保护。任何形式的智力成果，只要其体现了作者的个性化创作，均应受到法律的保护。同样，任何形式的投机行为也将受到法律的严格约束。表达方式的千变万化，并不意味着我们可以肆意侵犯他人权益。因此，在微信语音的创作与使用中，我们应时刻保持理性和克制，以确保维护法律秩序和尊重个人权益。

---

〔1〕 参见王绍喜：《〈民法典〉时代声音保护的解释与适用》，载微信公众号“法律适用”2023 年 6 月 7 日，https://mp.weixin.qq.com/s/OhxQPJgIsmFAt4bB8EkCKA。

有声读物的侵权认定标准研究

雷　周*

近年来,有声读物发展迅速,我国的"耳朵经济"正快速步入发展红利期,并深刻影响着用户的生活方式。事实上,数字有声读物本应成为融媒体时代给读者带来的福利性产物,但因为各关联主体间利益分配不均所导致的冲突和隔阂,使数字化产业链条的运作充满了不确定性,数字有声读物产业一直深陷诉讼旋涡,无法有效突破困局。本文将通过对有声读物具体类型的梳理,并结合相关司法案例,对实践中有声读物的侵权认定标准进行分析探讨。

一、有声读物的概念与类型

(一)有声读物的法律概念

关于有声读物的法律概念,目前立法尚未作出明确界定。通过对其性质的剖析,我们可以认为有声读物是以手持移动数字终端、磁带、光盘或其他音频方式为载体,以听为主要阅读方式,以图书内容为主要阅读对象或独立策划制作,且能够通过播放器收听、在线收听或下载收听的录音制品。常

* 雷周:广东联建(盐田)律师事务所负责人,深圳市律师协会第十一届著作权法律专业委员会委员,深圳市盐田区先行知识产权法律保护中心负责人。曾任职全球500强科技企业、咨询公司,从事技术与市场研究,深耕品牌保护及互联网等新型知识产权与竞争纠纷领域。

见有声读物平台包括“懒人听书”“喜马拉雅”“蜻蜓 FM”等。

(二)有声读物的具体类型

根据制作方式的不同,我们可以将有声读物分为以下两种。

第一种为人工朗读型,如“喜马拉雅”软件中的大部分有声读物均为对原文的直接朗读,此过程并不涉及创作行为。尽管不同朗读者存在音调、音量及语速等的差别,甚至会配有个性化背景音乐,但其实质上仍属于对原文字作品的复制,而非对原文字作品进行演绎后产生的新作品。

在谢某、懒人公司、创策公司、思变公司、朝花夕拾公司侵害作品信息网络传播权纠纷案[1]中,杭州市中级人民法院认为,将朗读的声音进行录制构成录音制品的制作行为,无论后续是否添加背景音乐、音效等元素,将朗读声音进行录制构成录音制品的制作行为均未对原作品内容进行实质性改动,从而仍然属于对文字作品的复制行为。

人工朗读类型中还包括一种特殊情况,即广播剧型有声读物。在广播剧创作过程中,需要众多演员共同施展声音的表现力,运用声音塑造人物形象、体现典型环境、促进戏剧发展。此类作品往往涉及多位创作者的参与,同时,广播剧编剧需对原著内容进行多处调整,如将文字作品中的叙述通过音效进行传达等。这类作品凝聚了创作者大量的智力投入,进而形成了一种新的艺术表现形式,具有较高的独创性,足以构成著作权法意义上的作品。

第二种为机械转换型,是指通过预先录制语音素材,并借助系统的语音合成拼接技术,实现文本向语音的智能转换。该技术手段通过利用预先录制的“语音包”,将文字内容转化为声音形式,整个过程中不涉及任何创作行为,因此不构成改编或演绎行为。

---

〔1〕 参见浙江省杭州市中级人民法院民事判决书,(2017)浙01民终5390号。

二、有声读物的侵权行为类型

(一)未经许可将文字作品改编为有声读物

若行为主体未经权利人授权或许可,擅自将权利人的文字作品改编为有声读物,无疑构成著作权侵权行为。然而,若行为主体获得了权利人的授权,但该授权范围仅限于复制、出版、发行作品,并不包括对作品进行演绎的权利,此时将文字作品改编为有声读物是否超出了授权范围并构成侵权,应当视具体情况而论。

将文字作品改编为有声读物是否构成侵权,应当重点考虑如下因素。一是授权的范围,行为人是否具有文字作品的合法授权在很大程度上决定了其行为是否构成侵权。若行为人未经授权或超越授权范围使用作品,则其行为更易被认定为《著作权法》第 48 条明确规定的侵权行为。二是该改编行为是否具有独创性,对原作品的简单朗读、机械转换往往难以达到《著作权法》规定的独创性标准,实质上仍属于对原作品的复制行为。三是界定权利人进行授权的真实目的。如在前述案例中,原告与被告公司签订了《数字出版协议》,根据该协议的规定,原告向被告公司出具的授权中仅包含"制作、复制和销售电子出版物的权利",从权利人的真实授权目的来看,其授权仅限于对以电子出版物形式存在的涉案作品复制件进行数字出版,并不包括将文字作品转化为其他形式的作品进行出版和发行的权利。对这一前提的明确,更有利于充分尊重和保护权利人的相关著作权利,同时避免对作品的不当利用和侵权行为的发生。

(二)未经许可复制、发行有声读物

在有声读物与文字作品的侵权判定上,同样适用"接触 + 实质性相似"规则。当有声读物与原作品存在大范围的相似甚至完全相同,且原作品早于案涉有声读物在公有领域发布时,可合理推断侵权人具有接触原作品的可能性。此种接触并非实质意义上的接触,而是指存在潜在的接触可能性。

以李某某与张某某、大春公司、百花洲公司、当当公司、浙江出版公司著作权权属纠纷案〔1〕为例，被告将原告文字作品《司马懿吃三国》改名为《正说司马家1：老子司马懿》，并通过录制有声书的形式在"喜马拉雅""懒人听书""蜻蜓FM"等平台销售、传播涉案书籍。该案中，被告虽辩称其制作的有声读物与原告的权利作品并不相同，但法院认为，一方面，被告完成涉案书籍《正说司马家1：老子司马懿》的时间晚于《司马懿吃三国》系列书籍的完成时间，被告具备接触原告作品的现实可能性；另一方面，被告上传的有声读物用于销售，不符合"不以营利为目的"的使用条件，不具备正当性，进而认定被告的"接触"行为属于非法接触。

平台侵权也是该类侵权行为所涉的典型情形之一。在某些特定情境下，尽管平台主观上并无直接故意，但其仍可能构成著作权侵权行为。笔者曾代理喜马拉雅公司、懒人公司等侵害作品信息网络传播权纠纷案〔2〕。该案中，天津自由贸易试验区人民法院认为，尽管涉案的有声读物是由被告的平台用户上传的，但被告为用户提供了信息储存空间，并利用其技术和设备为音频文件提供了多种发行和传播的方式。被告作为中介服务提供者，为其服务对象在网络上传播作品内容提供了便利。虽然被告平台并未从用户上传、传播的作品中获取直接经济利益，但作为专业的有声读物平台，被告理应对其运营模式下的潜在风险有充分的认识和预见。在此类平台模式下，由于用户自主上传内容的特性，作品侵权的风险明显较高。被告作为平台方，不仅应当时刻保持警惕，还应当采取必要的措施来防止和减少侵权行为的发生。

根据《民法典》第1195条第1、2款的规定，网络用户利用网络服务实施侵权行为的，权利人有权通知网络服务提供者采取删除、屏蔽、断开链接等必要措施。网络服务提供者接到通知后，应当及时将该通知转送相关网络

---

〔1〕 参见重庆自由贸易试验区人民法院民事判决书，(2019)渝0192民初9967号。

〔2〕 参见天津自由贸易试验区人民法院民事判定书，(2022)津0319民初4204号；天津市第三中级人民法院民事判决书，(2022)津03民终7484号。

用户，并根据构成侵权的初步证据和服务类型采取必要措施；未及时采取必要措施的，对损害的扩大部分与该网络用户承担连带责任。该条规定也称为“避风港规则”。在上一案件中，被告以此条规定作为抗辩理由，认为其已经尽到了通知、删除、断开连接的义务，不应承担连带责任。

目前，《著作权法》尚缺乏对有声读物及其侵权行为的明确定义。因此，在司法实践中，法院通常倾向于将更多的注意义务分配给专业的有声读物平台。这意味着，如果平台无法证明自己已经采取了合理措施以减少损失，则难以适用“避风港规则”，从而仍需承担连带责任。

三、结语

根据上述分析，有声读物的侵权行为主要包括如下类型：首先，当传播方不限于提供信息存储服务，而是主动介入，通过设定任务、提升权限、扩大收益等手段实质性地、直接地参与被诉作品的传播时，这种行为便构成直接侵权。其次，如果传播方属于专业提供有声读物在线收听服务的网络服务提供者，其理应具备更为专业的管理能力和更高的注意义务。若其能够合理预见到网络用户未经许可提供的相关作品内容，却未采取合理措施来防止侵权行为的发生，则可以认定其存在一定过错，从而构成帮助侵权。此外，传播方公示的过滤和拦截技术等也可表明被告完全有能力对作品权属进行审查。在此种情形下，若被告未及时采取必要的过滤和拦截措施，放任侵权行为的大规模实施，亦可证明被告主观过错的存在。

“剧本杀”游戏行业的著作权保护路径

王琼花*

“剧本杀”一词源于西方宴会实况角色扮演“谋杀之谜”，是一种真人角色扮演游戏，全程以剧本为核心，由主持人引导，玩家通过多轮搜证、讨论、推理，破解凶手的作案动机和作案手法，最终票选出谁是真凶，并由主持人公布真相。“剧本杀”不仅是一个游戏，更是一个集知识属性、心理博弈属性、强社交属性于一体的娱乐项目。“剧本杀”游戏行业高速发展，正成为年轻人社交、娱乐的重要方式。然而，随着行业的蓬勃发展，市场竞争日趋激烈，有关“剧本杀”的行业监管规范、知识产权保护成为亟待解决的问题。盗版是文娱行业发展的最大“绊脚石”，打击盗版是著作权制度的应有之义。“剧本杀”作为一个版权密集型新兴文娱产业，其对版权保护的依赖性很强，非常需要版权制度来为其保驾护航。本文将结合笔者的实务经验与研究成果，全面探讨“剧本杀”的作品属性，并深入分析其常见的侵权行为类型。在此基础上，本文将进一步提出针对性的“剧本杀”著作权保护策略，以期为实务操作提供有益的参考和指导。

---

* 王琼花：广东知恒律师事务所律师，深圳市律师协会第十一届著作权法律专业委员会秘书长。执业 15 年，处理案件超 1000 起，诉讼经验丰富，擅长重大疑难民商事诉讼与仲裁，在知识产权刑民交叉保护与辩护领域具备优势。参与编写《隆安律师解读民法典》《深圳市福田区人民调解典型案例评析》等著作。

一、"剧本杀"剧本所涉作品类型

在审理著作权侵权纠纷案件时,如何确定主张享有著作权的作品类型,即确定权利基础,是决定法律适用问题的关键所在。

一件作品能否受到著作权法的保护,关键在于其是否满足著作权法规定的条件。我国《著作权法》所称的作品是指文学、艺术和科学领域内具有独创性并能以一定形式表现的智力成果,[1]包括文字作品、美术作品、摄影作品等。可见,独创性是作品受保护的实质条件,即作品是独立构思而成的,不是或者基本不是对现有作品的复制、抄袭、剽窃或模仿。[2]

剧本是"剧本杀"游戏的核心,其内容详尽且丰富,通常涵盖完整的故事背景、人物介绍、玩法说明、角色单人故事以及证据内容等。此外,"剧本杀"剧本还通过描绘故事人物的形象特征、内心活动、对话、场景、气氛等元素,以叙述性文本的形式展现故事情节,类似于影视剧本或短篇小说。对于"剧本杀"剧本而言,若其遣词造句、修辞手法、细节描述及情节设计等具体表达,由创作者独立构思,达到著作权法关于作品独创性的最低要求,且未复制、抄袭、剽窃或模仿现有作品,则该剧本可以构成《著作权法实施条例》第4条第1项规定的文字作品,[3]依法享有相应的著作权保护。

此外,"剧本杀"剧本还可能涉及其他的作品类型。例如,剧本中独创的配套插画图、场景地图、人物画像、搜证的卡片等,有可能构成美术作品,门店如将相关美术作品作为门店的墙纸、屏风等装饰品,则可能构成对美术作品著作权的侵犯;主持人和引领玩家进行游戏的非玩家角色(NPC)对其在游戏过程中的表演行为享有表演者的权利;提供"剧本杀"经营活动的点播行为,则属于信息网络传播权的保护范围。

---

〔1〕 参见吴汉东主编:《知识产权法学》(第6版),法律出版社2014年版,第48页。

〔2〕 参见吴汉东主编:《知识产权法学》(第6版),法律出版社2014年版,第48页。

〔3〕 《著作权法实施条例》第4条第1项规定:"文字作品,是指小说、诗词、散文、论文等以文字形式表现的作品。"

二、“剧本杀”行业常见的著作权侵权行为

著作权侵权，是指未经著作权人许可，又无法律上的根据，擅自使用权利作品或以其他非法手段行使著作权的行为。[1]

“剧本杀”作为一种文字作品，由于其独特的创意和故事情节，往往容易成为盗版的目标。由于侵权技术的门槛相对较低，盗版的形式和渠道也相对简单，这进一步加剧了该行业盗版现象的猖獗。12426 版权监测中心数据显示，《舍离》《千秋赋》《大山》等 60 余部“剧本杀”剧本在淘宝、拼多多、闲鱼等 7 个主流电商平台累计监测到疑似盗版售卖链接 5418 条，其中 TOP10 剧本共监测到疑似盗版售卖链接 2442 条，占比高达 45. 1%，盗版问题已经严重威胁到“剧本杀”行业的健康有序发展。[2]

“剧本杀”行业基本上形成了两种商业模式，一种是线下“剧本杀”门店，另一种是线上“剧本杀”软件和“剧本杀”小程序。线下“剧本杀”门店整体由四个部分组成：第一是作者，负责剧本的创作；第二是发行，负责剧本的印刷、美工、包装并通过自己的渠道把作者的剧本卖出去；第三是线下“剧本杀”游戏的经营者，即剧本的购买者、使用者；第四是玩家，玩家在门店付钱进行“剧本杀”游戏体验。“剧本杀”行业所涉的著作权侵权行为主要可以分为以下三种类型。

（一）剧本作者侵权

剧本作者侵权主要涉及三种情形：一是未经许可使用他人作品作为剧本素材，如作者未经许可使用他人创作的人物插画用作剧本角色配图。二是抄袭行为，包括剧本之间的抄袭，也包括直接抄袭影视作品、动漫、小说、游戏等。三是改编行为，包括剧本之间的改编，也包括改编影视作品、动漫、

---

〔1〕 参见吴汉东主编：《知识产权法学》（第 6 版），法律出版社 2014 年版，第 129 页。

〔2〕 参见朱丽娜：《市场规模超百亿，“剧本杀”版权保护法律边界在哪儿》，载微信公众号“中国新闻出版广电报”2021 年 10 月 14 日，https://mp. weixin. qq. com/s/AkCllzbozXV_2fcVnSXZ8Q。

小说、游戏等，如将《庆余年》《大鱼海棠》《大话西游》等影视作品改编成“剧本杀”剧本。改编他人作品均须取得原作品著作权人的授权。如果剧本未获得原作品著作权人的授权，则该改编行为将构成侵权。

在目前的“剧本杀”行业中，存在较为普遍的“融梗”与“抄梗”现象。这种现象涉及对原创剧本的篡改、增删，以及对他人剧本作案手法和独创情节的隐蔽抄袭。有些作者在投稿被退回后发现市面上出现与自己剧本设计类似的剧本；还有些人伪装“玩家”，在剧本测试中将各个角色的剧本内容记下进行重新创作，窃取他人剧本内容，如剧本杀《七个密室》中有几处情节构想就完全照抄了日本著名电视动画片《名侦探柯南》的剧情。[1]

（二）剧本卖家侵权

未经剧本权利人的授权，擅自复制、发行、销售，或以网络形式存储剧本内容或样板，包括但不限于在“剧本杀”软件、小程序等平台提供付费下载服务，均属于常见的盗版行为，严重侵犯了剧本著作权人的复制权、发行权以及信息网络传播权。

由于剧本具有“一次性使用”的特点，很多店家为了节约成本，经常选择直接购买盗版剧本。如前所述，在淘宝、拼多多、闲鱼等7个主流电商平台累计监测到疑似盗版售卖链接占比非常高。可见，销售盗版“剧本杀”是侵害著作权最常见、最严重的情形。盗版猖獗，使购买正版剧本的商家的利益蒙受巨大的损失，不再有动力去支持正版，从而正版作者也失去创作的动力，让剧本市场陷入恶性循环。

（三）“剧本杀”游戏经营者侵权

“剧本杀”游戏经营者的侵权行为主要表现为购买盗版剧本，网上下载、打印盗版剧本，以及未经许可使用剧本中的插画等美术作品等。有学者对

---

〔1〕 参见左华艺：《风靡全国的“剧本杀”，背后暗藏多少法律风险？》，载微信公众号“周公观娱”2021年5月27日，https://mp.weixin.qq.com/s/pusAhpdptD30eB_hI-9LPA。

"剧本杀"游戏经营者在运营过程中使用盗版剧本是否构成侵权行为的定性问题进行了深入且权威的分析与解读。其指出，根据现行《著作权法》的规定，"剧本杀"游戏经营者购买实体盗版剧本并提供给消费者进行游戏的行为并未落入著作权专有权利的规制范围，故不构成对权利作品著作权的侵犯。但是，"剧本杀"游戏经营者购买盗版实体剧本或电子版剧本进行复印或打印的行为，属于对剧本的复制，构成对复制权的侵犯。〔1〕

还有学者进一步指出，假如经营者从盗版商处购买电子本后未打印出来制作成纸质实体本，而是下载电子本后将之储存于电子介质（如平板电脑等便携设备）中向玩家提供，因剧本在电子介质上形成了永久复制件，故其下载行为亦构成复制行为，同样侵犯了权利作品的复制权。〔2〕

除上述三种常见的侵权行为类型外，实践中还存在一种与"剧本杀"特点紧密相关的特殊侵权行为。具体而言，有些玩家体验特定剧本之后，会将剧本内容进行复盘并整理出秘籍攻略在网上发布，这也是一种将剧本内容公之于众的行为，存在一定的著作权侵权风险。

三、"剧本杀"剧本的著作权归属

（一）著作权的取得

我国《著作权法》第 2 条第 1 款规定："中国公民、法人或者非法人组织的作品，无论是否发表，依照本法享有著作权。"可见，我国采用著作权自动取得原则。

根据我国《著作权法》第 11 条第 1 款、第 2 款的规定，一般情况下，作者创作完成后就成为该作品的著作权人，是最直接、最基本的著作权人，享有原始的著作权和完整的著作权。作者以外的其他自然人、法人或者组织可以通过组织自然人创作作品的方式，依法获得原始著作权成为著作权人，也

〔1〕参见王迁：《商家在经营"剧本杀"中使用盗版的定性问题》，载《中国版权》2021 年第 5 期。

〔2〕参见张伟君、张林：《权利人怎样追究"剧本杀"经营者使用盗版剧本的侵权责任》，载《中国新闻出版广电报》2021 年 12 月 2 日，第 7 版。

可以通过受让、继承或受赠等方式取得著作权。“剧本杀”游戏的经营者、平台、投资者可以通过以下方式取得剧本的著作权。

1. 直接取得

《著作权法》第11条第3款规定了“视为作者”的条件，法人或者非法人组织如满足该款规定的条件，则可视为作者，直接享有作品的著作权，该作者也被称为法人作品。视为作者的法人或者非法人组织与自然人作者一样，为原始著作权人，享有完整的著作权。根据该款规定，法人作品须同时具备三个条件，缺一不可：

（1）作品须由法人或者非法人组织主持。从创作的提出、立意、人员、日程的安排、物质技术条件的提供、进程、完成等各个方面都由法人主持，而并非只提出任务、布置工作。

（2）作品须代表法人或者非法人组织的意志。创作思想和表达方式均须代表法人的意志，如个人在单位的要求下自由发挥创造力，对作品的结构安排、情节处理、材料取舍、思想表达等由个人意志决定，不能认定为法人的意志。

（3）作品所产生的责任须由法人或者非法人组织承担。

2. 转让取得

“剧本杀”游戏的经营者、平台、投资者可以与剧本作者签订著作权转让协议，取得剧本著作权，但应注意，可以进行转让的著作权种类仅限于著作财产权，发表权、署名权、修改权、保护作品完整权等，人身权利因为和作者人格紧密关联，不能进行转让。

3. 许可取得

“剧本杀”游戏的经营者、平台、投资者也可以与剧本作者签订著作权许可使用合同，取得著作财产权的使用权。许可使用的类型分为独占许可使用、排他许可使用、普通许可使用三种。独占许可使用，是指权利人在约定的期间、地域，以约定的方式将权利仅许可给一个被许可人使用，权利人依约定不得再使用该权利。排他许可使用，是指权利人在约定的期间、地域，以约定的方式将权利仅许可给一个被许可人使用，权利人依约定可以使用该权利,但不得另行许可他人使用该权利。普通许可使用,是指权利人在约定的期间、地域,以约定的方式许可他人使用其权利,并可自行使用其权利和许可他人使用其权利。因此,在签订许可使用合同时,应明确许可使用的权利类型。当下,“剧本杀”行业的剧本根据购买权限一般也是分为三类,即盒装本、城限本以及独家本。独家本,即独家授权,是指一个城市只有一个品牌的店家可以使用该剧本;城限本,即城市授权,是指一个城市只有三个品牌的店家可以使用该剧本;盒装本则是不限量销售。

4. 委托创作取得

“剧本杀”游戏的经营者、平台、投资者可以委托他人创作作品取得著作权,约定由委托人向受托人支付劳动报酬,作品著作权归委托人所有。

关于委托创作的规定在《著作权法》第 19 条[1]和最高人民法院《关于审理著作权民事纠纷案件适用法律若干问题的解释》第 12 条[2]。根据《著作权法》第 19 条的规定,著作权的归属有约定从约定,无约定则归属受托人。因此,在委托他人创作时,应当签订书面合同,并在合同中对作品著作权的归属进行明确约定。未明确约定或未签订书面合同,极易产生纠纷,委托人的权利难以得到保障。例如,委托人如需在“剧本杀”门店使用有关剧本,则应证明委托创作的目的是在“剧本杀”门店中使用。可见,即便最高人民法院《关于审理著作权民事纠纷案件适用法律若干问题的解释》第 12 条规定了委托人可以在委托创作的特定目的范围内免费使用该作品,但发生纠纷时,能否证明委托创作的特定目的范围也是一个问题。

因此,建议“剧本杀”游戏的经营者、平台、投资者委托他人创作剧本时,与其签订书面委托创作合同,并明确约定剧本除署名权外的其他全部著作

---

〔1〕《著作权法》第 19 条规定:“受委托创作的作品,著作权的归属由委托人和受托人通过合同约定。合同未作明确约定或者没有订立合同的,著作权属于受托人。”

〔2〕最高人民法院《关于审理著作权民事纠纷案件适用法律若干问题的解释》第 12 条规定:“按照著作权法第十七条规定委托作品著作权属于受托人的情形,委托人在约定的使用范围内享有使用作品的权利;双方没有约定使用作品范围的,委托人可以在委托创作的特定目的范围内免费使用该作品。”

权均属于委托人所有。值得一提的是，通过委托创作取得的著作权，委托人是作品的原始著作权人，享有委托作品的完整著作权。

5. 职务创作取得

“剧本杀”游戏的经营者、平台、投资者可以通过聘用写手为其创作剧本的方式取得著作权，并约定创作作品的著作权归其所有。

《著作权法》第 18 条第 1 款规定，自然人为完成法人或者非法人组织工作任务所创作的作品是职务作品。第 18 条第 2 款第 3 项规定，法人或非法人组织可以通过合同约定由其享有职务作品的著作权。

值得注意的是，对于职务作品的认定：首先，要求创作人员与法人之间存在劳动或雇佣关系。其次，创作作品必须是因完成工作任务而创造出来的。“工作任务”指的是自然人在该法人中应当履行的职责，分内的工作。如“剧本杀”门店的会计基于个人爱好在上班期间利用空闲时间创作了一本剧本，那么，此种情形因创作不是会计的本职工作任务而不能认定为职务作品。

（二）著作权的权属证据

《著作权法》第 12 条第 1 款规定：“在作品上署名的自然人、法人或者非法人组织为作者，且该作品上存在相应权利，但有相反证明的除外。”最高人民法院《关于审理著作权民事纠纷案件适用法律若干问题的解释》第 7 条第 1 款规定：“当事人提供的涉及著作权的底稿、原件、合法出版物、著作权登记证书、认证机构出具的证明、取得权利的合同等，可以作为证据。”

1. 著作权登记证书

虽然著作权登记证书并不是认定某项作品具有独创性并获得保护的决定性依据，但如果有著作权登记证书，则可以起到初步举证的作用，如果对方没有相反证据推翻，则可以认定一方享有著作权。

可见，著作权登记证书在解决著作权权属纠纷方面还是有很大作用和优势的。因此，笔者建议著作权人尽可能将剧本向国家著作权主管部门认定的登记机构办理作品登记，作为享有著作权的初步证据。

2. 作品创作档案

如前所述，当事人提供的涉及著作权的底稿、原件、合法出版物、著作权登记证书、认证机构出具的证明、取得权利的合同等，可以作为反驳或者证明著作权权属的证据。

在著作权权属纠纷案件中，涉及著作权的底稿及完成的时间节点对审查作品的权利归属至关重要。如疏忽对涉及著作权的底稿的证据收集和保存，可能会造成因无法证明著作权权属而败诉的风险。因此，如著作权人能建立预防机制，建立作品创作档案，则可以避免在著作权归属问题上产生不必要的纠纷和困扰。对于自行创作的作品，涉及著作权的底稿的证据，主要是指作品的立项报告、创作思路、创作手稿、修改意见、作品定稿等方面的材料，以及完成的时间节点和公开发表的证据。对于委托创作、职务作品、合作创作等，注意收集保存取得权利的合同。毋庸置疑，证据越充分，对作品权属的认定越有利。

四、"剧本杀"行业著作权的保护路径

侵害著作权行为应承担的法律责任主要有民事责任、行政责任和刑事责任，相对应地，权利人可以通过民事诉讼、行政投诉、刑事诉讼三个途径维护自身的合法权益。情况紧急的，还可以申请诉前行为保全。

（一）行政保护

根据行政保护制度，在侵权行为损害公共利益的情况下，经权利人投诉或者知情人举报，或者经行政机关自行立案调查，行政机关将依法追究侵权人的行政责任。著作权的行政保护，主要是指国家版权局及地方人民政府享有著作权行政执法权的有关部门，在法律职权范围内对版权违法行为进行处罚。[1] 如可以向深圳市市场监督管理局（深圳市著作权行政管理部

---

〔1〕 参见王小兵：《企业知识产权管理：操作实务与法律风险防范》，中国法制出版社2019年版，第162页。

门)申请立案查处著作权违法行为。国家版权局可以查处在全国有重大影响的违法行为,以及认为应当由其查处的其他违法行为。著作权人如果发现侵权复制品将从中国海关进出口,可以请求海关依照《知识产权海关保护条例》采取相应的保护措施。

对于我国《著作权法》第 53 条规定的侵权行为,主管著作权的部门应当根据情况分别给予责令停止侵权行为,予以警告,没收违法所得,没收、无害化销毁处理侵权复制品以及主要用于制作侵权复制品的材料、工具、设备等处罚;违法经营额 5 万元以上的,可以并处违法经营额 1 倍以上 5 倍以下的罚款;没有违法经营额、违法经营额难以计算或者不足 5 万元的,可以并处 25 万元以下的罚款。

行政投诉效率高、威慑力大,著作权人可以利用行政机关的执法权来保护自身著作权。"剧本杀"行业面临的侵权问题,如侵权范围广、侵权产品数量众多、线下经营隐蔽性强等,使取证变得相对困难。因此,建议首选行政投诉的方式来维权。此外,还可以借助行政执法调查取证,作为提起民事赔偿或刑事控告的证据。

(二)司法保护

根据司法保护制度的规定,经权利人提起民事诉讼,司法机关将依法追究侵权人的民事责任;对于发生著作权权属纠纷、侵权纠纷以及著作权许可、转让等合同纠纷的情况,权利人可以依法提起民事诉讼。根据我国《著作权法》第 52 条的规定,对于侵权行为人,法律要求行为人对受害人承担的是停止侵害、消除影响、赔礼道歉、赔偿损失等民事责任。侵犯著作权或者与著作权有关的权利的,侵权人应当按照其违法所得或者权利人因此受到的实际损失给予赔偿;权利人的实际损失或者侵权人的违法所得难以计算的,可以参照该权利使用费给予赔偿。故意侵犯著作权或者与著作权有关的权利,情节严重的,可以在按照上述方法确定数额的 1 倍以上 5 倍以下给予赔偿。权利人的实际损失、侵权人的违法所得、权利使用费难以计算的,由人民法院根据侵权行为的情节，判决给予权利人 500 元以上 500 万元以下的赔偿。赔偿数额还应当包括权利人为制止侵权行为所支付的合理开支。

在侵权行为涉嫌构成犯罪的情况下，如侵犯著作权罪和销售侵权复制品罪，经公诉人或者权利人提起刑事诉讼，司法机关将依法追究侵权人的刑事责任。我国《刑法》第 217 条是关于侵犯著作权罪的规定，以营利为目的，符合侵犯著作权或者与著作权有关的权利的情形之一的，违法所得数额较大或者有其他严重情节的，处 3 年以下有期徒刑，并处或者单处罚金；违法所得数额巨大或者有其他特别严重情节的，处 3 年以上 10 年以下有期徒刑，并处罚金。第 218 条是关于销售侵权复制品罪的规定，即以营利为目的，销售明知是《刑法》第 217 条规定的侵权复制品，违法所得数额巨大或者有其他严重情节的，处 5 年以下有期徒刑，并处或者单处罚金。

（三）诉前行为保全

知识产权诉前行为保全，是指为及时制止正在实施或即将实施的侵害权利人知识产权或有侵害之虞的行为，而在当事人起诉前根据其申请由法院签发的一种禁止行为人为一定行为或不为一定行为的强制性命令。它属于知识产权侵权救济的一种暂时性措施，有着维权“及时雨”的功能。〔1〕《著作权法》第 56 条规定，著作权人或者与著作权有关的权利人有证据证明他人正在实施或者即将实施侵犯其权利、妨碍其实现权利的行为，如不及时制止将会使其合法权益受到难以弥补的损害的，可以在起诉前依法向人民法院申请采取财产保全、责令作出一定行为或者禁止作出一定行为等措施。

对于符合上述规定条件的情况，著作权人或者与著作权有关的权利人可以依据《著作权法》第 56 条以及最高人民法院《关于审查知识产权纠纷行为保全案件适用法律若干问题的规定》的相关规定，在诉前依法向人民法院申请诉前行为保全。

---

〔1〕 参见张春阳：《知识产权诉前行为保全探析》，载《人民法院报》2020 年 9 月 3 日，第 7 版。

五、结语

目前来看,由于“剧本杀”行业尚处在起步阶段,因此面临盗版普遍存在、版权交易费用较高等一系列挑战。当企业面临正版化成本显著高于侵权成本的情况时,其作为市场中的理性经济主体,将缺乏积极解决侵权纠纷的动力。为了推动“剧本杀”这一新兴产业的健康发展,从行业规范层面来看,立法部门需完善健全的法律规范,政府管理部门应当制定科学的政策,著作权执法部门应加强对“剧本杀”行业的版权监管力度。从行业各方参与者的角度来看,包括个人从业者、主要发行商、经营者等,必须严格遵守国家的相关法律法规,积极承担社会责任,切实保障用户的合法权益,共同努力构建有效的自律机制。此外,相关行业的权威专家、学者以及法律工作者等也应深入探讨该行业所涉及的知识产权保护方法,为产业的健康发展提供有力支撑。

从金庸诉江南著作权侵权案看同人作品合法性认定

成唐静之*

王宝钏和薛平贵本是一对中国戏曲和民间故事中的虚构人物，因被评价为“顶级恋爱脑白富美为爱住寒窑挖野菜的故事”而在现今的互联网平台广泛流传。不少人为王宝钏感到不值，期望她对自己好一点，于是有些读者开始创作“不挖野菜”主题的小说，志在通过自己的纸笔“杀”薛平贵千百次。同样地，许多读者对作品中的某些人物颇为叹息，纷纷为爱“发电”，创作了一系列同人作品。然而，同人作品在本质上并非完全原创，是基于既有的作品元素进行再创作的结果，是对原作品进行的衍生性加工。因此，自其诞生之初，其合法性便受到了一定程度的质疑与挑战。本文旨在通过深入剖析金庸诉江南《此间的少年》著作权侵权案，探讨同人作品在法律框架内可能享有的合法性地位。

一、同人作品可以构成著作权法意义上的作品

根据《著作权法》第 3 条的规定，作品是指在文学、艺术和科学领域内具

* 成唐静之：北京市炜衡（深圳）律师事务所律师，深圳市律师协会第十一届著作权法律专业委员会委员，深圳市坪山区坪衡商事调解院调解员。擅长知识产权诉讼、民商事争议解决及企业法律顾问服务。

有独创性并能以一定形式表现的智力成果。这是“思想和表达二分法”在我国《著作权法》上的运用。同人作品只要满足独创性和一定形式表现这两个要素即可构成著作权法意义上的作品。同人作品是使用既有作品中相同或近似的角色创作的新的作品,不是一个严格的法律概念。[1]

根据《著作权法》第10条的规定,讨论同人作品拥有的权利之前,必须要考虑原作品拥有的著作权。若同人作品经过对原作品元素的借鉴,形成了新的作品,由于其天生依托原作品的原因,其可能与原作品产生著作权上的冲突。在这种情况下,同人作品与原作品之间的权利争议主要围绕原作品的几项关键著作权展开,包括保护作品完整权、署名权、复制权以及改编权。

二、同人作品可能涉及的著作权侵权行为

(一)案情概述

金庸[2]指称江南[3]创作的《此间的少年》侵犯了其著作权以及存在不正当竞争行为。《此间的少年》采用了金庸15部武侠小说中近70个角色名称、部分人物的性格特征、部分人物关系和基本人物背景。江南在声明中承认该小说借用了金庸先生武侠小说作品中的诸多人物角色,如郭靖、黄蓉、杨康、穆念慈等。在江南的笔下,这些耳熟能详的人物角色化身为老师、学生等,在宋代嘉祐年间的汴京大学里共同演绎了一段校园生活故事。

(二)裁判观点

一审法院认为,《此间的少年》并未侵犯金庸的著作权。理由在于,在文学创作领域中,文字作品以小说为例,其内容主要由人物、情节、环境三个要

---

〔1〕 参见王迁:《同人作品著作权侵权问题初探》,载《中国版权》2017年第3期。

〔2〕 金庸,原名查良镛,著有多部武侠小说,代表作包括《飞狐外传》《雪山飞狐》《连城诀》《天龙八部》《射雕英雄传》《白马啸西风》《鹿鼎记》《笑傲江湖》《书剑恩仇录》《神雕侠侣》《侠客行》《倚天屠龙记》《鸳鸯刀》《越女剑》等。

〔3〕 江南,原名杨治,著有《此间的少年》《九州缥缈录》等。

素构成。人物是核心,人物关系、性格特征、故事情节均围绕人物展开;情节是骨架,人物名称、人物关系、性格特征均通过故事情节塑造构建而成;环境是背景,包括自然环境与社会环境,时代背景与空间背景。当具有特定性格特征与人物关系的人物名称以具体的故事情节在一定的时空环境中展开时,其整体已经超越了抽象的思想,属于对思想的具体表达。反之,脱离了具体故事情节的人物名称、人物关系、性格特征等单纯要素,往往难以构成具体的表达。江南仅使用了金庸创作的具有特定性格特征、人物关系的人物名称,这属于思想的范畴,无法受到著作权法的保护。但是,江南在创作《此间的江南》时,利用了大量金庸作品的元素,蓄意将其与金庸的作品相联系,借金庸作品的影响力吸引读者获取利益的意图明显,构成不正当竞争。[1]

与之相反,二审法院则认为,《此间的少年》抄袭金庸四部主要作品《射雕英雄传》《天龙八部》《笑傲江湖》《神雕侠侣》中的人物名称、性格特征、人物关系,属于剽窃,构成著作权侵权。二审法院强调,通常来讲,文字作品的单个人物形象往往难以认为构成表达而得不到著作权法的保护。只有当人物形象的各要素在作品情节展开过程中获得充分而独特的描述,并由此成为作品故事内容本身时,或者说当人物形象的刻画、描述包括了容貌、性格、能力、背景经历等外部形象特征和内在个性特征,且刻画足够充分、清晰具体时,才有可能获得著作权法的保护。《此间的少年》中出现的绝大多数人物名称来自金庸的小说,且主要人物的性格特征、人物关系、人物背景都有较多相似之处。虽然就单个人物形象来说,难以都认定获得了充分而独特的描述,但整体而言,郭靖、黄蓉、乔峰、令狐冲等60多个人物组成的人物群像,在人物名称、性格特征、人物关系、人物背景等体现了金庸的选择、安排,可以认定为已经充分描述、足够具体到形成一个内部各元素存在强烈逻辑联系的结果,属于著作权法保护的“表达”。[2]

两审法院对于同人作品中人物名称是否构成著作权法保护的“表达”的

---

〔1〕 参见广东省广州市天河区人民法院民事判决书,(2016)粤0106民初12068号。

〔2〕 参见广州知识产权法院民事判决书,(2018)粤73民终3169号。

认定存在较大差异。一审法院认为江南仅利用了金庸创作的具有特定性格特征、人物关系的人物名称，属于思想的范畴，不受著作权法保护。二审法院则认为，单个的人物形象可能难以构成著作权法意义上的“表达”，但是当人物形象的各要素获得充分而独特的描述时，可能构成“表达”。

此外，两审法院均认定《此间的少年》未侵犯金庸的作品改编权，但所依据的理由存在差异。一审法院的观点是，《此间的少年》为江南独立创作的新作品，不存在侵犯金庸改编权、署名权以及保护作品完整权的行为。二审法院认为，《此间的少年》构成对金庸作品复制权的侵犯，并非侵犯其改编权。

三、同人作品对原作品的合理使用

尽管同人作品不可避免地会使用到原作品中的大量元素，但这并不意味着在任何情况下对原作品的利用都有侵权的风险。实际上，我国立法在鼓励和保护文学艺术作品创作的同时，也充分考虑了创作的自由度和公众获取、利用信息的需要。在著作权法的框架下，合理使用原作品元素进行创作是被允许的，只要这种利用不与原作品的著作权利相冲突。

（一）仅利用原作品思想的同人作品不侵犯原作品的权利

同人作品对原作品的利用可能涵盖思想与表达两方面。著作权法不保护抽象的思想、构思等，只保护思想的具体表达。因而，只是对原作品思想的借鉴和利用不侵犯原作品的权利。但是，思想和表达并非截然不同的两个概念，精准地找到二者的分界线较为困难，需要依据作品的特点、性质、种类等具体情况进行具体判断。对原作品的借鉴究竟是思想还是表达，需要在个案中具体分析。

在金庸诉江南著作权侵权案中，两审法院对“思想和表达二分法”的界限认定迥异。不过，可以明确的是，“单纯的人物特征或者单纯的人物关系不属于著作权法保护的对象”。只有当“相应的故事情节及语句赋予了这些人物以独特的内涵”，这些人物与故事情节和语句才一起成为著作权法保护的对象。[1] 比对的对象需要从两个层面分析：(1)作品的“外在表现形式”，即作品向外界呈现的文字；(2)作品的“内在表现形式”，指作品的“综合性成分”，存在于构思、论证及描述中的连续性和发展过程等内在结构中，如小说中的故事情节发展走向的安排与设计。

(二)对原作品的利用构成合理使用

《保护文学和艺术作品伯尔尼公约》《与贸易有关的知识产权协定》均规定，在一定条件下，对知识产权权利人进行一定的限制。[2] 我国《著作权法》第 24 条亦具体列举了可以不经过著作权人许可、不向其支付报酬，但需要注明作者及不得影响作品正常使用、不得不合理地损害著作权人的合法权益的情形。某一行为是否构成合理使用遵循“三步检验标准”。若同人作品对原作品表达的利用属于法律规定的特殊情况，且不会妨碍原作品的正常使用，亦不会不合理地损害原作品作者的合法权益，则此种利用行为可以构成合理使用。例如，老师在课堂上向学生们介绍了一段金庸武侠小说片段，要求学生们运用所学知识对该片段进行再创作，为故事主角设计不同结局。

值得注意的是，对原作品的合理使用不得侵犯原作品的完整性。部分同人作品虽然不具有营利目的，但是描写不恰当的内容导致读者降低了对原作品的评价，或是影响了读者对原作品的阅读兴趣，可能损害原作品作者的声誉。在此情况下，原作品作者有权依据其人身权利中的作品完整权及修改权，来维护其合法权益。

---

〔1〕 参见王迁：《同人作品著作权侵权问题初探》，载《中国版权》2017 年第 3 期。

〔2〕 《保护文学和艺术作品伯尔尼公约》第 9 条第 2 款规定：“本联盟成员国法律有权允许在某些特殊情况下复制上述作品，只要这种复制不致损害作品的正常使用也不致无故危害作者的合作利益。”《与贸易有关的知识产权协定》第 13 条规定：“各成员对专有权作出的任何限制或例外规定仅限于某些特殊情况，且与作品的正常利用不相冲突，也不得无理损害权利持有人的合法权益。”

(三)对已过著作权法保护期限作品的利用

作品著作权的保护期限一般是作者终生及其死后50年,法人或非法人组织的作品著作权保护期限为50年,但作者的署名权、修改权、保护作品完整权的保护期不受限制。因此,创作应当始终保证作品符合正确的价值理念。如果原作已经经过了著作权保护期限进入了公共领域,需要考虑如下问题:创作的同人作品与原作品是否存在实质性相似;是否会导致读者对原作品评价的降低、诋毁;是否会对青少年、儿童等特殊群体的发展造成不良影响;是否违反了社会道德、损害了公共利益等。

四、结语

同人作品与侵权作品并非等同概念,同人作品往往能够催生出新的创意和表达方式,对整个行业的发展与繁荣具有积极的推动作用。因此,司法实践及行业规范在对待同人作品时,应避免一概而论的态度,防止形成"创作同人作品即等同于侵犯著作权"的片面认识。在处理相关纠纷时,应当审慎平衡法律保护与行业发展之间的关系。以金庸诉江南著作权侵权案为例,虽然二审法院认定《此间的少年》构成侵权,但判决中允许通过支付经济补偿等替代性措施来替代停止侵权。然而,当前仍面临的一项挑战是,法律需要进一步明确何种类型的同人作品是合法的。这既是对法律界的挑战,也是对整个创意产业未来发展的关键议题。

第二章 计算机软件实务要点与案例评析

计算机软件是指计算机程序及其有关文档。其中计算机程序是指为了得到某种结果可以由计算机等具有信息处理能力的装置执行的代码化指令序列,或者可以被自动转换成代码化指令序列的符号化指令序列或者符号化语句序列。实际上计算机软件是一类特殊的文字作品,是一种技术性、功能性的文字表达。我国《著作权法》并不保护技术方案、功能用途,计算机软件被列入《著作权法》保护的客体,有其复杂与曲折的历史。虽然计算机软件是一种技术性、功能性的表达,但其仍有其个性表达的空间,如程序的结构、顺序或组织等,使同一种功能可以有不同的具体表达,这已经成为共识,被《著作权法》承认。诉讼中,权利人往往不需要论证自己编写的计算机软件的独创性在哪里。然而在侵权比对时,就具体的计算软件而言,哪些内容属于思想、规则、功能,哪些内容属于个性表达,往往会引发重大争议。因计算机软件在表达上的特殊性,其保护范围的认定往往在司法实务中成为当事人争论的焦点问题。对于被诉一方而言,"有限表达"是重要的抗辩工具。谷歌公司正是以"有限表达"赢下了与甲骨文公司十多年来的版权大战。本章首篇《计算机软件著作权的保护范围》一文即系统分析了计算机软件在《著作权法》中受到保护的具体范围,并重点探讨了构成“有限表达”的特殊情况。实务中,侵权行为的隐蔽性,侵权认定的技术性、复杂性导致了计算机软件侵权认定、侵权比对充满“疑难杂症”,举步维艰。本章中的《计算机软件著作权案件中的侵权判定规则》《计算机软件著作权侵权警告函的法律规制》等文章针对计算机软件著作权保护中的“疑难杂症”给出了不同维度的“良方”。本章尾篇文章《人人为我,我为人人:软件源代码开源协议合规问题初探》则进一步带领读者探索了有关开源代码合规的热点问题。

计算机软件著作权的保护范围

王琼花*

软件作为支撑计算、网络、数据的基础，在数字经济时代发挥着至关重要的作用，如在人工智能、通信、云计算、大数据、物联网等领域，均涉及大量的计算机软件。我国最高人民法院发布的《知识产权法庭年度报告（2021）》指出，2021 年度新收的民事二审实体案件共有 2569 件，其中侵害发明专利权纠纷 576 件，侵害实用新型专利权纠纷 806 件，计算机软件纠纷 593 件。《知识产权法庭年度报告（2022）》指出，2022 年新收的 2956 件民事二审实体案件中，侵害发明专利权纠纷 615 件，侵害实用新型专利权纠纷 968 件，计算机软件纠纷 648 件。《知识产权法庭年度报告（2023）》指出，法庭新收民事二审实体案件 3222 件，其中侵害发明专利权纠纷 687 件，侵害实用新型专利权纠纷 1125 件，计算机软件纠纷 704 件。可见，计算机软件纠纷案件已经连续 3 年成为最高人民法院接收数量第二多的案件类型。

由于计算机软件与著作权一般客体的显著区别以及计算机软件案件自身的高度技术性，计算机软件著作权侵权已经成为知识产权司法实践中的热点和难点问题，而计算机软件的保护范围是计算机软件著作权案件中首

* 王琼花：广东知恒律师事务所律师，深圳市律师协会第十一届著作权法律专业委员会秘书长。执业 15 年，处理案件超 1000 起，诉讼经验丰富，擅长重大疑难民商事诉讼与仲裁，在知识产权刑民交叉保护与辩护领域具备优势。参与编写《隆安律师解读民法典》《深圳市福田区人民调解典型案例评析》等著作。

要审查的问题,本文就该问题进行分析和探讨。

一、著作权法的保护客体

著作权法所保护的客体是具有独创性并能以一定形式表现的智力成果,包括计算机软件。而根据我国《计算机软件保护条例》第 4 条和第 6 条的规定,软件著作权所保护的是由开发者独立开发,并已固定在某种有形物体上的计算机软件;对软件著作权的保护不涉及开发软件所用的思想、处理过程、操作方法或者数学概念等。这一点符合著作权法保护表达而不保护思想的基本原则。

二、计算机软件保护的范围

《计算机软件保护条例》第 2 条规定:"本条例所称计算机软件(以下简称软件),是指计算机程序及其有关文档。"可见,计算机软件的法定保护范围是计算机程序和对应的文档。

(一)计算机程序

《计算机软件保护条例》第 3 条第 1 项规定:"计算机程序,是指为了得到某种结果而可以由计算机等具有信息处理能力的装置执行的代码化指令序列,或者可以被自动转换成代码化指令序列的符号化指令序列或者符号化语句序列。同一计算机程序的源程序和目标程序为同一作品。"

计算机程序的存在形态包含四个层次的内容[1]:算法层次、源代码层次、目标代码层次和执行指令层次。算法通常被认为是开发人员的一种构思而非表达,故不属于著作权法的保护范围。2020 年 9 月 12 日最高人民法院实施的《关于审理侵犯商业秘密民事案件适用法律若干问题的规定》明确将算法、数据纳入商业秘密的保护范围。可见,算法可以通过商业秘密保护

---

〔1〕 参见曹伟:《计算机软件版权保护的反思与超越》,法律出版社 2010 年版,第 46 页。

途径予以保护。源代码,[1]是指开发人员使用一定的程序语言规范,按照编程规则通过数字、语句和符号编写的文本文件,固定在一定的介质上,构成了源代码形态的程序,是人类可读的计算机语言指令,体现了开发人员的"表达",如C++、Java语言等。目标代码,[2]是从源代码到运行的过程中产生的代码,其可以由机器直接运行且和源代码的表达相对应,属于表达的范畴,如二进制文件形式的汇编语言、机器语言等。执行指令,是指由目标代码经过调试形成的指令,依赖软件和硬件的结合,缺乏独立性,不具备著作权法保护的特点。因此,计算机软件中被保护的只有源程序和目标程序两种。

值得一提的是,由于计算机程序包括源代码和目标代码,且两者均为著作权所保护的对象,因此,无论是对源代码还是对目标代码的修改或复制,均构成对同一计算机程序的侵权。在腾讯科技公司、腾讯计算机公司与许某某、虹连公司、我要网络公司侵犯著作权及不正当竞争纠纷案[3]中,法院支持了这一观点。由于计算机程序的源代码和目标代码属于表达的范畴,在侵权诉讼中,被诉侵权软件和权利软件的对比主要是对比源代码和目标代码是否相同或近似,其中以源代码的对比为首要原则。

(二)文档

计算机软件中的文档与通常的文字作品出现了一定程度的重合,只是因其与软件有关才成为计算机软件中的一部分。[4]《计算机软件保护条例》第3条第2项规定:"文档,是指用来描述程序的内容、组成、设计、功能规格、开发情况、测试结果及使用方法的文字资料和图表等,如程序设计说

---

〔1〕《软件相似性鉴定实施规范》第2.4条规定:源代码(source code),是指未经编译的、按照一定的程序设计语言规范书写的、人类可读的计算机指令语言指令。

〔2〕《软件相似性鉴定实施规范》第2.5条规定:目标代码(object code),是指编译器或汇编器处理源代码后所生成的、可直接被计算机运行的机器码集合。

〔3〕参见湖北省武汉市江岸区人民法院民事判决书,(2009)岸知民初字第4号。

〔4〕参见王迁:《知识产权法教程》(第7版),中国人民大学出版社2021年版,第136页。

明书、流程图、用户手册等。”

虽然上述规定仅列举了三项内容，但在计算机软件开发过程中，文档的种类远不止三种。根据我国原质量监督检验检疫总局和国家标准化管理委员会于2006年3月14日发布的《计算机软件文档编制规范》的规定，一般来说，一个软件生存周期可以分成以下6个阶段：可行性与计划研究阶段、需求分析阶段、设计阶段、实现阶段、测试阶段和运行与维护阶段。按照《计算机软件文档编制规范》中文档编制要求的规定，在软件的生存周期中，一般来说，应该产生以下一些基本文档：可行性分析（研究）报告、软件（项目）开发计划、软件需求规格说明、接口需求规格说明、系统/子系统设计（结构设计）说明、软件（结构）设计说明、接口设计说明、数据库（顶层）设计说明、（软件）用户手册、操作手册、测试计划、测试报告、软件配置管理计划、软件质量保证计划、开发进度月报、项目开发总结报告、软件产品规格说明、软件版本说明等18种文件。

按照《计算机软件保护条例》的规定，上述文档应当纳入软件的保护范围，并作为软件整体的一部分受到保护。[1] 一个完整的软件作品所受到的著作权保护应当是整体意义上的保护，即软件整体著作权，每个文档不会独立受到保护。最高人民法院在陈某某、胜软公司计算机软件著作权权属纠纷案[2]的二审判决书中指出，软件文档是用来描述软件程序的内容、组成、设计、功能规格、开发情况、测试结果及使用方法的文字资料和图表，在其没有对应计算机软件程序的情况下，一般不单独成为计算机软件保护的客体。

三、计算机软件程序中的有限表达不受保护

有限表达又称唯一表达，也有学者称之为“思想与表达的合并”。在思

---

〔1〕 参见最高人民法院知识产权审判庭、最高人民法院知识产权司法保护研究中心编：《知识产权司法实务新型疑难问题解析：专利、商标与著作权热点问题》，中国法制出版社2017年版，第690页。

〔2〕 参见最高人民法院民事判决书，（2020）最高法知民终716号。

想和表达密不可分的状态下，如果著作权保护了表达，实质上也就保护了思想，而这与《著作权法》的本意不符。如果一个思想的表达只有一种或极其有限的少数几种，那么他人在表达这一思想时使用了这一表达并不构成侵权。[1]《著作权法》保护的是具有独创性的表达，而不保护思想、工艺、操作方法或数学概念。同样，当某种表达是唯一或极为有限的表达时，基于《著作权法》保护独创性表达的原则，该种有限表达也不受著作权法的保护。《计算机软件保护条例》第29条[2]对这一原则作出了规定。

但值得注意的是，若在源代码文件中出现的是独创性表达和有限表达的组合，即当软件作者依据编程语言特殊格式和规范等有限表达组织了编程语言的框架，并加入了独创性表达解决所需完成的软件功能时，该种独创性表达和有限表达的组合显然符合著作权法独创性的要求，则应受著作权法的保护。

在磐迅公司与信易公司侵害计算机软件著作权纠纷案[3]中，二审法院认为，在独立创作的前提下，即使是采用相同编程语言，编制相同功能软件，由于软件开发者的开发思路不同、面对的用户需求有异，一般情况下两个软件在源代码中不会出现全部或部分相同的表达。但是，由于相同编程语言中规定的特殊格式、规范等限制，在源代码中出现的有限表达显然不符合我国《著作权法》对于独创性表达的要求，应在侵权范围内予以排除。在"昆仑墟"案[4]二审判决中，法院指出，人民法院判断侵权时，应当重点审查的第一个要点即作品的保护范围。对于网络游戏中的通用设计或者在先设计应当予以排除，基于必要场景或者有限表达所形成的设计也应予以排除。纳入或者排除著作权侵权比对考量范围时，应当遵循著作权法保护的是作品的独创性表达这一基本法理。

---

[1] 参见张晓津：《计算机软件著作权侵权判断问题研究》，载《知识产权》2006年第1期。

[2] 《计算机软件保护条例》第29条规定："软件开发者开发的软件，由于可供选用的表达方式有限而与已经存在的软件相似的，不构成对已经存在的软件的著作权的侵犯。"

[3] 参见上海知识产权法院民事判决书，(2015)沪知民终字第642号。

[4] 参见广州知识产权法院民事判决书，(2021)粤73民终1245号。

四、结语

在著作权保护的法律制度的框架下,只有全面严格加强著作权保护,才能激励作品创新,从而为消费者提供充分的知识产品或者服务,实现著作权法的立法目的。在新发展格局背景下,应当拓展作品的保护范围,创新著作权保护方法。但在加强对具有独创性作品的保护时,也要划清著作权法保护的合理边界,将不属于著作权保护范围的抽象思想、公共资源、有限表达等排除在保护之外,合理平衡保护著作权人作品与社会公共利益之间的利益平衡。

计算机软件保护取证方法研究

俞仕华*

计算机软件,是指计算机程序及有关文档。为了保护计算机软件著作权人的权益,调整计算机软件在开发、传播和使用中发生的利益关系,鼓励计算机软件的开发与应用,促进软件产业和国民经济信息化的发展,我国作为《保护文学和艺术作品伯尔尼公约》的成员国,在1990年制定的《著作权法》的基础上,于1991年6月出台了《计算机软件保护条例》。

随着我国近年来不断加大对计算机软件著作权的保护力度,很多软件开发公司开始进行大规模的维权诉讼,针对此类侵害计算机软件著作权的纠纷,著作权人常见的有哪些取证方法,其收集到的证据是否具有合法性,各种取证方法的利弊如何,本文将简略列举和分析。

一、计算机软件的相关含义

我国的《计算机软件保护条例》第2条将计算机软件定义为,计算机程序及其有关文档。该条例第3条第1项将计算机程序定义为,为了得到某种结果而可以由计算机等具有信息处理能力的装置执行的代码化指令序列,或者可以被自动转换成代码化指令序列的符号化指令序列或者符号化语句

* 俞仕华:广东星辰律师事务所律师,深圳市律师协会第十一届著作权法律专业委员会委员。执业超20年,善于宏观把握全局,从当事人根本利益出发,和谐化解社会纷争。

序列。同一计算机程序的源程序和目标程序为同一作品。文档,是指用来描述程序的内容、组成、设计、功能规格、开发情况、测试结果及使用方法的文字资料和图表等,如程序设计说明书、流程图、用户手册等。计算机的程序通常以计算机的语言代码形式存在,其取证方法与其他证据既有共同性,也存在特殊性。

二、计算机软件保护取证方法

(一)“后门”程序

“后门”程序,是指那些绕过安全性控制获取对程序或系统访问权的程序,通过该程序,可以使软件开发者进入用户系统进行数据处理,主要是复制和存储。一些软件公司在开发软件时会设置“后门”,将软件使用者的信息进行收集并返回给软件公司,软件公司经常会有意识地将收集到的信息与其客户名单进行对比,不在名单中的用户往往会被认定为侵权者。因“后门”程序是软件开发者自己可主动随时跟踪,可通过软件设置不去改动侵权人实际使用的软件的程序,这种取证方法日后被人民法院或仲裁机构采信的可能性较大。

(二)主动取证

主动取证,是指软件开发者通过主动的方式取得侵权人的计算机软件侵权证据,包括了通过“后门”程序直接取得,也包括购买侵权人的包含计算机软件的产品。如果是直接取得了计算机软件,日后在人民法院的诉讼或仲裁中可以通过比对的方式证明是否侵权。但如果通过购买侵权人包含计算机软件的产品的方式取得计算机软件,只能由人民法院或仲裁机构要求侵权人提供实现该产品功能的软件源代码或目标代码来比对。如果侵权人不提供,而软件开发者提供了源代码、目标代码或计算机软件登记证书等初步证据,人民法院或仲裁机构可以推定被告侵权。这种取证方法对于软件开发者而言较为容易,但在日后的诉讼中,容易被对方质疑,包括取证方法的合法性,公证购买的产品是否为对方生产或销售等。

(三)电话录音

部分软件著作权人还会通过电话录音进行取证。例如,在达索公司、长江公司侵害计算机软件著作权纠纷案[1]中,上海市卢湾公证处作出(2018)沪卢证经字第1724号公证书,对2018年6月26日调查员与被告前台、人事的通话过程及内容等进行公证。电话录音中,调查员问"我之前在的公司要求使用的软件比较专业,像CATIA这些我们都有用的,我不知道您这边有没有要求",被告人答"汽车行业都是用CATIA的……像我们公司产品设计,都是要用CATIA的,汽车行业都是用CATIA的"。这种取证方法,因为是录音证据,可能会由于音质等问题不好准确识别,人民法院或仲裁机构应结合其他证据综合判定,予以认定。

(四)公证取证

这是很常见、很实用的取证方法,在每个计算机软件侵权案件中或多或少都有采用,软件著作权人可以通过公证购买侵权人的侵权产品(内置软件)并加以封存,或者对侵权人的相关网页甚至公证录音等进行取证。如果是公证购买侵权人的侵权产品并加以封存,需等日后起诉到人民法院或仲裁机构后再启封,人民法院或仲裁机构一般会要求侵权人提供能实现其产品功能的软件的源代码或目标代码,并和软件著作权人的软件的源代码或目标代码进行比对,判断是完全相同还是实质相同。例如,在再审申请人朗科公司与被申请人磊若公司侵害计算机软件著作权纠纷再审案[2]中,被申请人在一审、二审期间,提交了多份公证书,对拟证明的事实和赔偿金额都

[1] 参见浙江省宁波市中级人民法院民事判决书,(2020)浙02知民初173号。

[2] 参见广东省深圳市南山区人民法院民事判决书,(2011)深南法知民初字第1039号;广东省深圳市中级人民法院民事判决书,(2014)深中法知民终字第504号;广东省高级人民法院民事判决书,(2015)粤高法民三提字第2号。

进行了公证。这种取证方法，由于有公证处背书，程序较为规范，实务中被人民法院或仲裁机构采用的可能性较大。但是，公证费一般都比较昂贵，对软件著作权人来说是一笔不小的成本，当然如果案件能胜诉，公证费可申请由侵权方来实际承担。

（五）通过向人民法院申请证据保全进行取证

我国《民事诉讼法》第 84 条第 1 款规定："在证据可能灭失或者以后难以取得的情况下，当事人可以在诉讼过程中向人民法院申请保全证据，人民法院也可以主动采取保全措施。"最高人民法院《关于审查知识产权纠纷行为保全案件适用法律若干问题的规定》第 4 条规定："向人民法院申请行为保全，应当递交申请书和相应证据。申请书应当载明下列事项：……（三）申请所依据的事实、理由，包括被申请人的行为将会使申请人的合法权益受到难以弥补的损害或者造成案件裁决难以执行等损害的具体说明……"

依据上述规定，在被保全证据符合与待证事实有关，且可能灭失或难以取得的条件下，被侵权人可以向人民法院申请证据保全，但采取保全手段可能会对被申请人的生产经营产生影响，因此一般只有在初步证据证明可能存在侵权行为的情况下，法院才会同意采取证据保全措施，经过法院保全程序取得的证据可以作为合法证据出示。这种取证方法是人民法院自己取证，自然日后采信的概率非常高。但是，申请证据保全，一般是在人民法院正式立案后，这样容易打草惊蛇，且审批较慢，执行力也不足。

（六）通过行政部门查处行为进行取证

除向人民法院申请证据保全外，实务中有些公司会在诉讼前对侵权人的侵权行为向当地著作权行政管理部门进行举报，如向文化市场综合执法大队、版权局、知识产权局、市场监督管理局等举报，由行政部门进行查处。最高人民法院《关于审理著作权民事纠纷案件适用法律若干问题的解释》第 3 条规定："对著作权行政管理部门查处的侵害著作权行为，当事人向人民法院提起诉讼追究该行为人民事责任的，人民法院应当受理。人民法院审理已经过著作权行政管理部门处理的侵害著作权行为的民事纠纷案件，应当对案件事实进行全面审查。”根据上述规定，行政部门查处过程中收集的证据以及处罚决定等，都可在庭审中作为证据提交。这种取证方法，更容易打草惊蛇，且审批更慢，执行力更不足。

三、结语

进入21世纪以来，随着信息技术的普及发展，计算机软件已经成为人们日常生活中不可或缺的“助手”，无论是办公软件还是其他特殊需求软件，均为日常的工作和生活提供了便利条件。我们应当充分尊重版权方的知识产权，在有需要的情况下应当及时购买正版软件或得到软件开发者的授权，合法合规地生活生产。在出现侵权风险时，应当合理地采取应对措施，通过专业帮助，运用法律武器防范化解侵权风险，合理规避潜在的合规风险，维护自身的合法权益。

我国现行法律规定或允许的计算机软件取证的方法很多，但各种取证方法各有利弊。当遇到实际问题时，要综合分析，具体判断，适时采用。实务中，既可以采取一种取证方法，也可以同时采取几种取证方法，即结合取证方法，但前提是每一种取证方法都要是合法的。

计算机软件著作权侵权警告函的法律规制

郑婷婷*

知识产权侵权警告函，是指权利人在发现可能侵害其知识产权的行为时，通过发送警告函、律师函或发布公告等方式，向涉嫌侵权人或利害关系人（如产品分销商、客户、产品终端用户、合作伙伴、软件下载平台等）发出警告，告知侵权事实、侵权后果等，以期查明、制止或避免侵权。[1] 目前，发送软件著作权侵权警告函在知识产权维权（特别是软件著作权维权）中的应用越来越广泛。笔者在实务中多次接到咨询，称其收到软件公司发来的警告函，宣称企业存在使用盗版软件的行为，要求企业立即停止使用盗版软件、购买正版软件，否则将向有关部门投诉或向人民法院起诉。当然，笔者也代理过软件公司向涉嫌使用盗版软件的公司发送律师函，要求对方立即停止实施使用盗版软件的侵权行为。

发送软件著作权侵权警告函既是权利人行使权利的一种表现，也是一种市场竞争行为，容易被滥用，成为贬低竞争对手商誉或者遏制竞争对手市场的工具，从而损害自由竞争的利益。因此，在发送侵权警告函时，应当尽到审慎注意义务，发送的内容须全面真实，遵循充分披露的原则，否则容易

---

* 郑婷婷：北京国枫（深圳）律师事务所律师，深圳市律师协会第十一届著作权法律专业委员会委员。专注知识产权领域，代理的案件入选深圳市律师协会 2023 年度、2024 年度知识产权典型案例。

〔1〕 参见张小号：《我国立法规制知识产权侵权警告方案探析》，载《科学决策》2022 年第 5 期。

给自身带来较大风险。

一、权利人发送侵权警告函的合法性边界

目前,我国法律并没有明确规定何种情况是正当的知识产权侵权警告函行为。同时,民事诉讼案由中将确认不侵害计算机软件著作权纠纷与确认不侵害专利权纠纷并列,同是确认不侵权知识产权纠纷的下一级案由。因此,可以参考最高人民法院《关于审理侵犯专利权纠纷案件应用法律若干问题的解释》第 18 条[1]的规定来确定,即权利人向他人发出侵犯计算机软件著作权的警告,被警告人或者利害关系人经书面催告权利人行使诉权,自权利人收到该书面催告之日起 1 个月内或者自书面催告发出之日起 2 个月内,权利人不撤回警告也不提起诉讼的,被警告人或者利害关系人可以向人民法院提起确认不侵害计算机软件著作权的诉讼。

上述司法解释的规定只是提到了侵权警告和提起确认不侵权之诉的前提及时间,并没有解释和说明何为正当的计算机软件著作权侵权警告函。在笔者看来,合法正当的侵权警告函,至少应当满足以下几点要求。

(一)发送侵权警告函的时间应合理

司法实践对于侵权警告函的发送时间并没明确的规定,但是笔者认为,权利人发送侵权警告函是其自行维护权益的途径和协商解决纠纷的环节。法律对于在法院作出侵权判决之前,专利权人自行维护其权益的行为,并无禁止性规定。允许以发送侵权警告函的方式解决争议有利于降低维权成本、提高纠纷解决效率和节约司法资源,符合经济效益。[2] 权利人为保护专利权而发送侵权警告函,可视为当事人协商解决纠纷的重要途径和环节,符

---

〔1〕 具体规定为:"权利人向他人发出侵犯专利权的警告,被警告人或者利害关系人经书面催告权利人行使诉权,自权利人收到该书面催告之日起一个月内或者自书面催告发出之日起二个月内,权利人不撤回警告也不提起诉讼,被警告人或者利害关系人向人民法院提起请求确认其行为不侵犯专利权的诉讼的,人民法院应当受理。"

〔2〕 参见最高人民法院民事判决书,(2014)民三终字第 7 号。

合法律规定的有关鼓励当事人协商解决纠纷的精神，也是专利权人行使专利权的应有之义。[1]

总的来说，一般情况下，权利人大多在提起侵权诉讼之前或者起诉期间向被诉侵权人发送侵权警告函。

（二）发送侵权警告函的范围应合理

权利人发送侵权警告函必须以确定的具体侵权事实为依据，在发送侵权警告函时应当对所警告的行为构成侵权尽审慎注意义务，对所涉侵权的具体事实充分考量和论证后再进行警告。侵权警告函的内容不应空泛和笼统，对于权利人的身份、所主张权利的有效性、权利的保护范围以及其他据以判断被警告行为涉嫌构成侵权的必要信息应当予以披露。权利人发送侵权警告函的目的在于让被警告人知悉其行为存在可能侵害他人权利的事实，使其自行停止侵权或与权利人积极沟通、协商解决纠纷。如果纠纷能得以解决，权利人无须再提起侵权之诉寻求公力救济。

被警告人作为侵权的源头，通常是权利人进行侵权警告的主要对象，权利人希望被警告人停止侵权行为或与其进行协商以获得授权，被警告人往往会选择与权利人正面协商、沟通的方式解决纠纷。权利人发送侵权警告函的对象还可能包括产品的销售商、进口商，或者发明或实用新型产品的使用者等，这些人作为被警告人的交易相对方，往往也是权利人争夺的目标客户群。由于他们通常对是否侵权的判断认知能力相对较弱，对所涉侵权的具体情况知之较少，与被警告人不同，他们的避险意识较强，更易受到侵权警告函的影响，从而可能会选择将所涉产品下架、退货等方式停止被警告行为，拒绝再与被警告人进行交易。因此，向这些主体发送警告函容易直接导致被警告人无法销售产品，影响所涉产品的竞争交易秩序。[2]

---

〔1〕 参见最高人民法院民事裁定书，(2015)民申字第191号。

〔2〕 参见最高人民法院民事判决书，(2014)民三终字第7号。

（三）侵权警告函中的信息应全面

侵权警告函中应包含与被警告人之间的诉讼信息、无效信息等未决争议的相关信息，且这些信息应全面，不得引起误解，除此之外，还应载明使用的具体软件名称、权利人的信息等。但是对于没有实质证据的具体使用人，可以不列，否则容易发生纠纷。例如，在芜湖某公司与达索公司的案件中，原告就以被告多次委托律师向其发送的律师函或邮件中列举的使用人周某、张某某、王某某、时某某等并非原告的员工，而向人民法庭提起诉讼，认为被告存在捏造原告侵害其软件著作权的事实，导致原告的商誉受到严重损失。[1]

（四）发送侵权警告函的目的应正当，措辞应客观严谨

权利人发送侵权警告函维护自身合法权益是其行使民事权利的应有之义，但应当在合理的范围内行使权利。在采取维护权利的行为的同时，要注重对公平竞争秩序的维护，避免滥用侵权警告，打压竞争对手的合法权益。例如，在谢某某与钟某某不正当竞争案中，被告在知悉原告就该事件提起诉讼后，通过微信、旺旺的聊天平台向原告表露其可在网上花钱雇人做认证资料对原告的店铺商品进行无限投诉的意思，故其行为有违诚实信用原则，违背公认的商业道德准则，其投诉行为是一种恶意投诉行为，不具有正当性。[2]

除目的正当外，侵权警告函的措辞还应当客观严谨，否则容易被法院判定为不正当竞争。例如，在丰科公司与鸿滨公司虚假宣传案中，法院认为被告在侵权案件未决时，称呼其他经营者为“侵权者”、使用“判决”等词构成商

---

〔1〕参见安徽省合肥市中级人民法院民事裁定书，（2019）皖01民初1697号。该案中，最终法院认为原告在收到被告的侵权警告后，没有书面催告被告行使诉权，而是直接向法院提起确认不侵权诉讼，不符合司法解释规定的法院对确认不侵权之诉的受理原则，因此驳回了原告的起诉。

〔2〕参见江西省抚州市中级人民法院民事判决书，（2021）赣10民初91号。

业诋毁。[1] 反之,“可能”“暂缓合作”等更中性客观的用词更容易被法院认可,判定为专利权人未超越权利边界。[2] 例如,在胡某某与蓝顿公司侵害实用新型专利权纠纷案[3]中,法院认为,侵权警告函在内容表述上使用了“可能”等表达模糊的词语,法律保护其自由表达的权利,故并不认可被告超越了其权利行使的合法性边界。

二、计算机软件著作权侵权警告函合理使用的思考和建议

(一)权利人应当具有初步证据

一些软件公司在开发软件时,通常会设置“后门”,对软件的使用者信息(包括使用者名称、账户、IP 地址等)进行收集并反馈到软件公司,软件公司将收集到的信息与其商业授权用户名单进行比对,将不在授权名单中的用户认定为侵权者,进而发送侵权警告函,要求其购买软件,实现软件正版化。从司法审判实践来看,尚没有软件公司将通过“后门”收集到的用户信息作为直接认定用户侵权的证据,并以此提起诉讼。[4]

从公开的判决书内容来看,企业日常发布的招聘广告往往被当作企业使用软件的直接证据,因为企业在发布技术人员的招聘广告时,通常会要求相关技术人员熟练掌握特定的计算机软件,软件公司以企业包含了要求熟练掌握软件信息的招聘广告作为证据主张企业使用了相关软件时,通常都会被法院或者行政执法机构采纳。例如,在欧某克公司与银桥公司侵害计算机软件著作权纠纷案[5]中,法院认为,虽然被告否认涉案招聘信息由其发布且主张其并不存在发布涉案招聘信息的部门,但被告未举证予以证实,

---

〔1〕 参见上海知识产权法院民事判决书,(2018)沪 73 民终 115 号。

〔2〕 参见段洁汝:《隆天律丛|知识产权警告函的应用及应对》,载微信公众号“隆天知识产权”2022 年 12 月 12 日,https://mp.weixin.qq.com/s/IVHOnFNY69NL4kQm2D04FQ。

〔3〕 参见广东省高级人民法院民事判决书,(2018)粤民终 1026 号。

〔4〕 参见曾博:《常闻观点|从达索公司 CATIA 案看软件警告函的应对》,载微信公众号“闻道摩方”2019 年 1 月 2 日,https://mp.weixin.qq.com/s/2HPPNHRNX9cpocgKqC862w。

〔5〕 参见重庆市第一中级人民法院民事判决书,(2021)渝 01 民初 235 号。

现有证据可以认定被告招聘员工时明确提出需要应聘人员掌握3DMax操作要求等事实,故在被告未提交相反证据推翻其安装并使用了原告享有著作权的涉案Autodesk 3ds Max 2012、Autodesk 3ds Max 2014计算机软件的情形下,可以认定原告举示的现有证据可以证明被告已构成计算机软件著作权侵权。

(二)权利人收到侵权警告函收函方的书面催告后,应当采取相应的维权措施

前述司法解释对确认不侵权诉讼的前提作出了明确规定,自权利人收到该书面催告之日起1个月内或者自书面催告发出之日起2个月内,权利人不撤回警告也不提起诉讼的,被警告人或者利害关系人可以向人民法院提起确认不侵害计算机软件著作权的诉讼。实践中,对于被警告人没有发送书面催告函而直接提起确认不侵权诉讼的,法院不予支持。[1] 但是对于发送了书面催告函的,人民法院将根据案件的具体情况进行审理,最终确定被警告人是否侵害了权利人的计算机软件著作权。

例如,在御银公司与平治公司不正当竞争纠纷案[2]中,原告向被告发送纸质催告函,称原告的涉案设备及系统不侵害被告所称的两项计算机软件著作权,要求被告积极地行使诉权以解除原告的不安状态。被告在收到催告的1个月内,未撤销侵权警告或提起诉讼。庭审中,被告向法院表示其认可原告涉案设备及系统不侵害被告在《侵权警告函》中提及的两件涉案计算机软件著作权,同时提交了相应的书面说明文件,最终法院认定原告生产、销售、许诺销售HCD978TSD系列型号智能电话机设备及分布式智能通信远程管理系统、智能通信终端嵌入式电话营销系统的行为不侵害被告"分布式录音远程管理系统"及"分布式业务通信远程管理系统"两项计算机软件著作权。

---

〔1〕 参见安徽省合肥市中级人民法院民事裁定书,(2019)皖01民初1697号。

〔2〕 参见北京市海淀区人民法院民事判决书,(2019)京0108民初39045号。

又如,在奥游公司与娱美德公司侵害计算机软件著作权纠纷案[1]中,被告先后两次向原告发送了《侵权警告函》,原告收到《侵权警告函》后,向被告发出《行使诉权催告函》,称"《传奇战记》是我公司自主创作开发的产品,不存在抄袭或侵权。如果贵司坚持认为《传奇战记》侵犯了《热血传奇》的软件著作权,请及时依法向有管辖权的法院提起诉讼"。被告逾期没有撤回《侵权警告函》,也没有向法院起诉。庭审中,经鉴定机构鉴定,《传奇战记》与《热血传奇》客户端文件目录结构存在较大差异,不存在相同文件,游戏界面风格、角色设置、游戏玩法上存在明显差异,属于不同类型的游戏,故可以得出《传奇战记》是原告自主创作的网络游戏软件,不侵犯《热血传奇》的著作权的结论。在鉴定结果出来后,被告仍不撤回侵权警告,使原告对于是否侵权始终处于不确定状态,是造成纠纷的主要原因。原告关于确认《传奇战记》游戏不侵害《热血传奇》游戏软件的著作权的诉讼请求,法院予以支持。

三、结语

发送软件著作权侵权警告函有两层内涵,一是权利人行使权利的一种表现,二是一种市场竞争行为。但若滥用该权利,会导致发函行为成为贬低竞争对手商誉或者遏制竞争对手市场的工具,从而破坏自由竞争的市场环境和经济利益。因此,在发送侵权警告函时应当尽到审慎注意义务。权利人发函时要注意:发送侵权警告函的时间应合理;发送侵权警告函的范围应合理;侵权警告函中的信息应全面;发送侵权警告函的目的应正当,措辞应客观严谨。权利人应合理使用侵权警告函。权利人应当具有初步证据,收到警告函收函方的书面催告后,应当采取相应的维权措施。企业基于保护权利的目的,通过向涉嫌侵权人发出侵权警告函的方式,可以获取双方协商解决纠纷的机会,使双方通过调解等非诉手段及时有效制止侵权、解决纠纷,避免损失的进一步扩大。

---

[1] 参见湖北省武汉市中级人民法院民事判决书,(2021)鄂01知民初639号。

计算机软件著作权登记研究

苏　周*

我国现行法律将计算机软件纳入著作权法保护范围，在计算机软件著作权取得方面，我国采取自动保护原则，即在作品创作完成后即取得作品的著作权，无论是否登记或发表。然而，越来越多的计算机软件开发者或著作权人却越来越倾向于将开发完成的计算机软件进行著作权登记。2023年2月28日，中国版权保护中心发布的《新时代中国软件著作权登记报告》显示，2012—2022年我国软件登记年均增速29.42%，自2017年以来，我国软件著作权登记已连续5年实现年均增长30万件的发展态势，2021年登记数量已突破200万件。[1] 可见，计算机软件作品完成后申请著作权登记已成为潮流。本文主要通过对司法实践相关案例的研究探讨，论述计算机软件著作权登记的重要性，以及如何运用登记的版权信息维护自身合法权益。

---

* 苏周：广东金唐律师事务所律师，深圳市律师协会第十一届著作权法律专业委员会委员。毕业于中山大学法学院，获法律硕士学位，法学专业理论和素养扎实。擅长商事诉讼案件、商事专项服务，擅长诉讼和非诉讼行动筹划，专精企业控制权争夺及"股东战争"类诉讼案件和专项案件。

〔1〕 参见中国版权保护中心：《新时代中国软件著作权登记报告》，载国家版权局2023年2月28日，https://www.ncac.gov.cn/xxfb/ywxx/202302/t20230228_863985.html。

一、计算机软件著作权的取得与登记

当前国际通行的著作权作品权利取得方式是自动保护原则，即只要作品完成，著作权人便自动取得著作权，我国《著作权法》第 2 条第 1 款的规定也采取了这一立法模式，具体到计算机软件，我国《计算机软件保护条例》第 5 条第 1 款规定："中国公民、法人或者其他组织对其所开发的软件，不论是否发表，依照本条例享有著作权。"

我国国家版权局制定的《作品自愿登记试行办法》第 2 条规定，作品实行自愿登记。作品无论是否登记，作者或其他著作权人依法取得的著作权不受影响。《计算机软件保护条例》第 7 条第 1 款也规定，软件著作权人可以向国务院著作权行政管理部门认定的软件登记机构办理登记。软件登记机构发放的登记证明文件是登记事项的初步证明。《作品自愿登记试行办法》已经明确，著作权的取得不以登记为必要或前提条件，《计算机软件保护条例》对软件著作权登记的效力表述为"初步证明"。可见，软件著作权的登记行为不是设权行为，而是为了更好地保护著作权而进行的"补充行为"或者称为"加强行为"。[1]

二、著作权登记是计算机软件著作权人行使署名权的重要方式

《著作权法》第 12 条第 1 款规定，在作品上署名的即为作者，该条第 2 款规定："作者等著作权人可以向国家著作权主管部门认定的登记机构办理作品登记。"具体到计算机软件，著作权人有多种方式行使署名权，如在软件内编写一段程序，在展会、技术交易会等场合明确权属，取得相关获奖证书，等等。虽然法律没有规定向国家版权局申请著作权登记具有公示公信的效力，但作者或著作权人能够以常态化的可供查询的公开形式行使署名权，有效防止他人抢先登记给自己造成麻烦。在斯睿美公司与解放军总医院第三

---

〔1〕 参见齐爱民、彭振：《我国计算机软件著作权登记机制的反思与完善》，载《河北法学》2013 年第 5 期。

医学中心的著作权权属纠纷案[1]中，虽然解放军总医院第三医学中心和斯睿美公司在当时签订了合作协议，约定合作开发的计算机软件的知识产权归属于解放军总医院第三医学中心，但解放军总医院第三医学中心在约定合作开发的计算机软件完成之后没有进行著作权登记，斯睿美公司在2015年将该软件的著作权登记在己方名下，解放军总医院第三医学中心得知后提起诉讼，该案历时近两年，历经一审、二审程序，解放军总医院第三医学中心在付出巨大成本后获得胜诉判决，假如其在一开始就办理著作权登记，便可以有效避免类似纠纷的发生。

三、著作权登记是确定计算机软件著作权归属的初步证明

根据我国《著作权法》和《计算机软件保护条例》的相关规定，自计算机软件开发完成之日起，不论是否发表，软件著作权均已产生。但计算机软件的创作具有一定的特殊性，计算机软件的设计和开发涉及方方面面，既需要分析需求、厘清开发思路、设计功能和算法、编程，也需要有资金、设备、场地等基础条件支持。因此，在通常情况下，单个的自然人难以独立创作完成具备高商业价值的计算机软件，其需借助其他自然人、组织所提供的条件才能完成。这就使计算机软件的开发者与著作权人分离的现象非常普遍，由此引发的著作权归属的相关纠纷也是不胜枚举。民事诉讼奉行“谁主张，谁举证”的举证规则，在侵权诉讼中，主张享有著作权的一方应承担证明作品著作权归属于自己的举证责任，具体而言，须提供包括原始手稿等在内的原始证据，在计算机软件著作权纠纷案件中，需要主张权利一方提供与软件开发相关的源代码、日志等在内的原始证据，且不论这些证据的证明力大小如何，就一般人而言，缺乏证据思维和留证的意识，能找到相关的证据就已经是难事了，这样的情况对权利人是非常不利的，也不符合《著作权法》的立法精神。曾任最高人民法院法官的蒋志培也认为，有的同志想当然地要求著

---

〔1〕 参见最高人民法院民事判决书，(2022)最高法知民终1184号。

作权人一律提供其创作作品的原始手稿，要求图书出版者、录音录像制作者提供著作权人许可其出版、录音录像的原始证据，否则就不承认当事人享有相关的权利。这样做不适当地加重了原告的负担。[1]《计算机软件保护条例》第7条第1款规定，软件登记机构发放的登记证明文件是登记事项的初步证明。在司法实践中，人民法院趋向于超出“初步证明”的标准认定登记证明文件的效力，即认为登记证明文件具有推定著作权权属的效力。最高人民法院《关于审理著作权民事纠纷案件适用法律若干问题的解释》第7条规定，当事人提供的涉及著作权的底稿、原件、合法出版物、著作权登记证书、认证机构出具的证明、取得权利的合同等，可以作为证据。在作品或者制品上署名的自然人、法人或者非法人组织视为著作权、与著作权有关权益的权利人，但有相反证明的除外。

四、相反证明举证极难，计算机软件著作权登记通常难以被推翻

《著作权法》第12条第1款规定，在作品上署名的自然人、法人或者非法人组织为作者，且该作品上存在相应权利，但有相反证明的除外。《计算机软件保护条例》第9条第2款规定，如无相反证明，在软件上署名的自然人、法人或者其他组织为开发者。前述规定均提到了相反证明概念，但并未规定相反证明的认定标准，目前司法实践也没有形成较为统一的意见。在前述斯睿美公司与解放军总医院第三医学中心的著作权权属纠纷案中，解放军总医院第三医学中心最终能够取得胜诉结果是基于双方合作开发时已有书面约定。但在司法实践中，大量的著作权权属纠纷案件中争议的双方是没有签订书面协议的，在这种情况下，一方想推翻另一方的著作权登记，难度极大。例如，在陈某某与胜软公司计算机软件著作权权属纠纷案[2]中，陈某某为证明其为涉案计算机软件的共同著作权人，提交了大量与软件

---

〔1〕 参见蒋志培：《如何理解和适用〈关于审理著作权民事纠纷案件适用法律若干问题的解释〉》，载《人民司法》2002年第12期。

〔2〕 参见最高人民法院民事判决书，(2020)最高法知民终716号。

开发相关的证据，最高人民法院认为未能达到相反证明的证明标准，陈某某最终败诉；在李某某与冯某某侵害计算机软件著作权纠纷案[1]中，冯某某为证明其为涉案计算机软件的著作权人，提交了与软件开发相关的邮件，除邮件本身的形式问题外，法院还认为“其提交的电子邮件多为问题反馈、需求提出，并不足以证明其对涉案软件享有著作权”。在目前公开的司法判例中，极少看到通过提供相反证明推翻软件著作权登记的情况。

五、结语

软件著作权登记虽然不能直接作为著作权权属证明，但登记本身就是在行使署名权，能够有效避免涉及署名权等人身权侵权的著作权权属纠纷。在司法实践中，软件著作权登记证书能够作为权属的初步证明，软件著作权登记证书的内容具有推定著作权归属的效力，如无相反证明（事实上也极难出现相反证明的情况），法院推定登记权利人享有著作权。鉴于申请登记成本较低，手续较为简便，取得的效果极佳，因此，建议开发者或著作权人在计算机软件作品完成后尽快申请著作权登记。

---

〔1〕 参见最高人民法院民事判决书，(2020)最高法知民终1283号。

计算机软件著作权案件中的侵权判定规则

王琼花*

计算机软件具有研发成本高、易复制、传播广等特点，导致软件侵权案件频发。司法实践中，计算机软件著作权侵权纠纷案件存在取证难、侵权比对复杂烦琐、侵权认定争议较大等问题。本文针对“实质性相似 + 接触 + 排除合理解释”这一核心规则对计算机软件著作权案件中的侵权行为认定标准进行分析和探讨。

在计算机软件侵权纠纷案件审理中，“实质性相似 + 接触 + 排除合理解释”是普遍适用的计算机软件侵权判断规则。[1] 具体言之，如果被诉侵权软件作品与原告主张权利的软件作品的具体内容构成实质性相似，且被告具有接触作品的可能性，同时依据在案证据的认定已经排除其他结论可以形成确信，则推断被告的行为构成侵权。

一、接触的认定

被诉侵权作品与他人作品实质性相似意味着被诉侵权作品可能使用了

---

* 王琼花：广东知恒律师事务所律师，深圳市律师协会第十一届著作权法律专业委员会秘书长。执业 15 年，处理案件超 1000 起，诉讼经验丰富，擅长重大疑难民商事诉讼与仲裁，在知识产权刑民交叉保护与辩护领域具备优势。参与编写《隆安律师解读民法典》《深圳市福田区人民调解典型案例评析》等著作。

〔1〕 参见宋健、顾韬：《计算机软件侵权认定若干问题研究》，载微信公众号“江苏知产视野”2017 年 10 月 27 日，https://mp.weixin.qq.com/s/Ast—9qzBrnGiOF8uAQREA。

他人作品的相关内容。但由于存在创作巧合的可能，故仅仅作品相似尚不能完全确定是否构成侵权。此时，如果能确认被诉侵权人在创作其作品前曾经接触过他人作品，则基于其作品与他人作品相似的事实，即可以推定其作品中的相关内容来自他人作品。因此，接触要件的作用在于排除创作巧合，帮助确认与他人作品相似的被诉侵权作品的相关内容源于他人作品，并非被诉侵权人独立创作。[1] 这是“接触”作为判断是否构成著作权侵权的条件之一的逻辑基础。

计算机软件侵权纠纷案件中，接触是指原告有证据表明被告在此前具备了接触原告软件的机会或已实际接触了原告作品，如被告曾在原告处工作、代理销售软件产品或者原告软件公开发表的时间早于被告产品，而被告无法提供反证证明其根本无机会接触原告软件，则一般推定被告存在接触的可能。

与一般著作权侵权案件中法官更注重“实质相同”“排除合法来源”不同，由于计算机软件供他人使用的是目标程序，在著作权人不公布源程序的情况下，他人即使通过反编译措施也难以获得和权利软件源程序完全相同的表达。因此，是否接触权利软件源程序对判定侵权具有独立的价值，发挥着不可或缺的作用。

是否接触过他人作品是案件事实，需要通过证据加以证明。一般可以通过直接认定或间接推定的方式予以认定。例如，在掌游天下公司与嘉丰永道公司侵害计算机软件著作权及不正当竞争纠纷案[2]中，关于被告是否构成软件著作权侵权，最高人民法院认为，在软件著作权侵权判断中，被诉侵权人是否可能接触作为保护对象的软件源代码，通常是判断的重要环节。如果有确凿的证据证明，被诉侵权人实际接触了著作权人的软件源代码，则

---

〔1〕 参见陈锦川：《对接触加实质性相似规则中“接触”要件的几点认识|系列专栏（三）》，载微信公众号“知产财经”2023 年 9 月 3 日，https://mp. weixin. qq. com/s/b23Gy91uatnm7MD167fbwg。

〔2〕 参见最高人民法院民事判决书，(2020) 最高法知民终 1456 号。

对于软件实质性相似的证明要求会相应降低,举证责任的分配也会有所转移。反之,如果没有证据证明存在接触可能性,则通常通过软件源代码的比对,判断软件是否实质性相似,如果双方的软件源代码实质性相似,且被诉侵权人无法给出合理解释,即推定侵权成立。依据举证责任分担的原则,原告需初步证明被告存在侵权的可能,即原告应首先举证证明被告有机会接触到其请求保护的游戏软件源代码,或者被告的游戏软件与其请求保护的游戏软件实质性相似,上述两个条件满足其一,则举证责任转移至被告,由被告举证证明其不侵权,否则,被告将承担举证不能的不利后果。也就是说,如果原告公司举证证明了被告有接触其涉案游戏软件源代码的机会,则基于被告可能掌握被诉侵权游戏软件源代码的客观情况,被告需提交其软件源代码进行源代码比对,以证清白,如其拒不提交或提交虚假的源代码,则可推定其软件源代码与原告所主张保护的游戏软件的源代码实质性相似,或者如果根据被告已提交的游戏软件源代码进行比对,客观上能够确认被告被诉侵权软件的源代码与原告涉案软件的源代码实质性相似,则可基于经验法则,推定被告实际接触了原告涉案软件的源代码。

该案基于双方游戏软件运行情况的相似性,原审法院及最高人民法院均试图通过源代码比对的方式尽量查证该案事实,但未能查实。在原告尚未初步举证证明被告有机会接触其涉案软件源代码的情况下,尽管被告未提交与原告公证保全的安卓系统应用程序包文件安装程序对应的软件源代码,致使双方软件源代码是否实质性相似处于真伪不明状态,但也不能依据举证责任分配原则直接推定被告的软件源代码与原告所保护的游戏软件源代码实质性相似,并进而推定被告实际接触了原告的游戏软件源代码。

二、实质性相似的认定

最高人民法院在新思公司、芯动公司侵害计算机软件著作权纠纷案[1]

---

[1] 参见最高人民法院民事判决书,(2020)最高法知民终1138号。

中指出，通常实践中认为计算机软件程序构成实质性相似有如下情形：其一是文字成分的相似，即以程序代码中引用的百分比为依据进行判断；其二是非文字成分的相似，即强调以整体上的相似作为确认两个软件实质性相似的依据。所谓整体上的相似，指的是两个软件在程序的组织结构、处理流程、所采用的数据结构等方面实质相似。如《计算机软件著作权的保护范围》一文所述，计算机软件的法定保护范围是计算机程序和对应的文档，因此，在判断被诉侵权软件与权利软件是否构成实质性相似时，应通过对计算机程序和对应的文档进行比对予以判定。

（一）源程序比对和目标程序比对

对源程序进行比对和对目标程序进行比对是软件相似比对中通常采用的方式，其中源程序比对是最直接、最有说服力的比对方法。如果双方的软件源程序实质性相同，即可直接认定软件实质性相同。但在司法实务中，被告往往不提供源程序进行比对，因此，目标程序比对方法被大量采用。如果原、被告的目标程序实质性相同，被告又无正当理由拒绝提供源程序或者双方源程序因编写语言不同无法对比，可以结合案件其他证据认定原、被告软件构成实质性相同。例如，北京市高级人民法院《侵害著作权案件审理指南》第11.6条规定，在进行软件的对比时，应当将原告主张权利的计算机软件源程序与被诉侵权的计算机软件源程序进行对比，被告拒不提供被诉侵权的计算机软件源程序时，也可以将原告主张权利的计算机软件目标程序与被诉侵权的计算机软件目标程序进行对比。

（二）对软件缺陷、多余设计的比对

程序员在设计软件时难免会发生疏漏，产生一定的缺陷，这种缺陷的产生带有很强的偶然性，不同软件之间产生相同缺陷的概率极小。在被告拒不提供源程序或目标程序进行比对时，可以考虑选择对软件的缺陷性特征进行对比。如果存在相同的缺陷性特征，且被告无正当理由拒绝提供源程

序或目标程序,则应推定原、被告软件实质性相似。对此,北京市高级人民法院《侵害著作权案件审理指南》第11.8条第2款作出规定,被告拒不提供被诉侵权的计算机软件源程序,原告能够举证证明二者目标程序相同或者相近似的,或者虽不相同或者相近似,但被诉侵权的计算机软件目标程序中存在原告主张权利的计算机软件特有内容,或者在软件结果(包括软件界面、运行参数、数据库结构等)方面相同或者实质性相似,可以认定原、被告的软件构成实质性相似。

司法实践中不乏此类比对方式的案例,例如,在最高人民法院指导案例49号(2015年)——石某某诉泰州某电子资讯有限公司侵害计算机软件著作权纠纷案中,江苏省高级人民法院认为,鉴于HX-Z和HR-Z软件存在共同的系统软件缺陷,根据计算机软件设计的一般性原理,在独立完成设计的情况下,不同软件之间出现相同软件缺陷的概率极小,而如果软件之间存在共同的软件缺陷,则软件之间源程序相同的概率较大。结合案件相关事实,石某某提供的现有证据能够形成高度盖然性优势,足以使法院相信HX-Z和HR-Z软件构成实质性相似,即泰州某电子资讯有限公司侵犯了石某某享有的S系列软件著作权。又如,在智恒网安公司与信诺瑞得公司侵害计算机软件著作权纠纷案[1]中,最高人民法院指出,源代码的比对并非判断被诉侵权软件是否侵害权利软件著作权的必备条件和必需环节,计算机软件著作权的侵权判断仍然应当遵循“接触+实质性相似”的侵权判断标准。如果权利人已经举证证明被诉侵权软件存在与权利软件相同的自主命名信息、设计缺陷、冗余设计等特有信息,则可以认为权利人完成了初步举证责任,此时举证责任转移至被诉侵权人,应由其提供相反证据以证明其未实施侵权行为。在权利人提交的证据能够初步证明侵权成立的情况下,被诉侵权人并未提交相反证据或者提交的相反证据不足以推翻侵权认定的,其应当承担相应的侵权责任。

---

〔1〕 参见最高人民法院民事判决书,(2021)最高法知民终1269号。

（三）对软件存储介质内容、安装过程、安装目录、运行状况的比对

最高人民法院案例指导工作办公室编组在关于最高人民法院指导案例49号[1]“理解与参照”一文中提出，可从以下方面进行对比：（1）对比存储原告和被告软件光盘的内容，如目录、文件数量、名称及文件大小；（2）对比原告和被告软件安装过程的屏幕显示内容，如提示信息、安装流程、界面整体设计风格等；（3）对比原告和被告软件安装后的目录以及其中的文件，如文件夹及文件的名称、文件的大小、文件建立（修改）的时间、文件的属性信息等；（4）对比原告和被告软件安装后的运行状况，如界面整体设计风格、菜单功能、运行提示、帮助信息等。例如，新思公司、芯动公司侵害计算机软件著作权纠纷案[2]指出，被告被控电脑探查路径下的软件与原告权利软件之间在软件名称、文件名称、目录结构、错误信息均相同，可以判定两软件构成实质性相似，被告不能对此作出合理解释的，可以认定被控电脑复制了原告权利软件。

司法实践中，在被告无正当理由拒不提供软件程序以供对比的情形下，可以根据案件情况及举证责任规则来确定是否需要以通过其他方式进行比对作为对被告进行不利推定的事实基础，以增强法官内心确信。

三、“排除合理解释”的认定

《著作权法》的立法目的不仅在于保护作者的权利，鼓励其创作作品，还在于促进作品的传播使用，从而丰富人们的精神文化生活，提高人们的科学文化素质，并推动经济发展和社会进步。[3] 因此，在保护作者权利的同时也对权利作了一定限制，合理使用制度就是一种重要的限制权利的方式。“接触＋实质性相似”是作品侵权认定的核心规则，“排除合理解释”则是对“接

[1] 参见最高人民法院民事判决书，（2021）最高法知民终1269号。
[2] 参见最高人民法院民事判决书，（2020）最高法知民终1138号。
[3] 参见石宏：《〈著作权法〉第三次修改的重要内容及价值考量》，载《知识产权》2021年第2期。

触+实质性相似”原则的补充认定，被告可以通过“合理解释”或软件作品的获得渠道属于“合理来源”进行不侵权抗辩。合理解释的事由一般包括如下情形。

（一）独立研发和反向工程抗辩

被告如能举证证明被诉侵权软件系其独立研发，应认定其不构成侵权但其须就此承担举证责任。以独立研发作为侵权抗辩理由必须提供相关证据。一般来讲，证据需包括参加研发的人员，研发过程、失败的记载、阶段性成果，研发购买的设备、材料和人员时间投入等，形成完整的证据链条，从而证明被诉侵权软件确实是通过独立研发得出的。

反向工程抗辩是商业秘密民事诉讼中最为常见的抗辩方式，同样适用于计算机软件著作权纠纷案件。反向工程又称还原工程，是软件开发与使用过程中的一种重要方法，其基本思路是通过目标程序获取源程序。[1] 反向工程通常有两种基本方式：一种是通过对软件目标程序的分析反推出相应的源程序；另一种是所谓的“黑箱”方法，即不接触程序代码，直接根据程序的功能对其输入输出的结果进行分析，从而推导出软件程序的设计思想和结构。[2] 最高人民法院《关于审理侵犯商业秘密民事案件适用法律若干问题的规定》第14条第1款规定，通过自行开发研制或者反向工程获得被诉侵权信息的，法院应当认定不属于《反不正当竞争法》第9条规定的侵犯商业秘密行为。笔者认为，这同样适用于计算机软件著作权纠纷案件的审理。

（二）合理使用抗辩

我国对计算机软件著作权合理使用的认定优先适用《计算机软件保护条例》第17条的规定，结合2020年修正的《著作权法》第24条的规定进行具体分析。《计算机软件保护条例》第17条规定：“为了学习和研究软件内

---

〔1〕 参见[德]M. 雷炳德：《著作权法》，张恩民译，法律出版社2005年版，第318页。

〔2〕 参见孙铁成：《计算机与法律》，法律出版社1998年版，第164页。

含的设计思想和原理，通过安装、显示、传输或者存储软件等方式使用软件的，可以不经软件著作权人许可，不向其支付报酬。"被告基于此提出的抗辩，一般应当认定成立。

（三）表达方式有限抗辩

《计算机软件保护条例》第 29 条规定，软件开发者开发的软件，由于可供选用的表达方式有限而与已经存在的软件相似的，不构成对已经存在软件著作权的侵犯。需要注意的是，被告主张表达方式有限抗辩的，应就此承担举证责任。

（四）合法来源抗辩

《计算机软件保护条例》第 30 条规定，软件的复制品持有人不知道也没有合理理由应当知道该软件是侵权复制品的，不承担赔偿责任；但是，应当停止使用、销毁该侵权复制品。如果停止使用并销毁该侵权复制品将给复制品使用人造成重大损失，复制品使用人可以在向软件著作权人支付合理费用后继续使用。根据前述规定，合法来源抗辩成立需要具备两个条件：一是被诉侵权人主观善意，即软件的复制品持有人不知道也没有合理理由应当知道该软件是侵权复制品；二是被诉侵权人取得被诉侵权软件在客观上有合法来源，即软件复制品持有人能够证明其对该复制品有合法来源。在米拓公司与善塔公司侵害计算机软件著作权纠纷案[1]中，最高人民法院认为，首先，被告提供了案外人为其设计其网站的具体信息，并提交付款信息对其主张加以证明。从付款信息可知，涉案网络店铺名称为"大话设计"，被告所购产品的名称为"Metinfo/米拓 cms 模板定制"，包含"模板定制""页面修改"等服务。从该网络店铺所售产品的名称和提供服务的类型来看，被告不知道也没有合理理由应当知道所购产品为涉嫌侵权的产品，其不具有侵

〔1〕 参见最高人民法院民事判决书，(2022)最高法知民终 661 号。

权的主观故意。其次，被告通过正常的软件购买渠道，并支付了1500元的合理市场对价取得涉案软件，符合商业习惯，交易行为的相关证据具有关联性，客观证明了该产品具有合法来源。因此，原审法院适用《计算机软件保护条例》第30条的规定认定被告合法来源抗辩成立，并无不当。

值得注意的是，在进行合法来源抗辩时，被告应对合法来源的事实进行举证。最高人民法院《关于知识产权民事诉讼证据的若干规定》第4条对此作了详细的规定："被告依法主张合法来源抗辩的，应当举证证明合法取得被诉侵权产品、复制品的事实，包括合法的购货渠道、合理的价格和直接的供货方等。被告提供的被诉侵权产品、复制品来源证据与其合理注意义务程度相当的，可以认定其完成前款所称举证，并推定其不知道被诉侵权产品、复制品侵害知识产权。被告的经营规模、专业程度、市场交易习惯等，可以作为确定其合理注意义务的证据。"

四、结语

不同于一般著作权侵权案件中法官更注重"实质相同""排除合法来源"，计算机软件供他人使用的是目标程序，在著作权人不公布源程序的情况下，他人即使通过反编译措施也难以获得和权利软件源程序完全相同的表达。因此，"接触"对判定计算机软件著作权侵权具有独立的价值，发挥着不可或缺的作用。除此之外，实质性相似的认定方式可以包括源程序和目标程序比对，对软件缺陷、多余设计的比对，对软件存储介质内容、安装过程、安装目录、运行状况的比对等。同时，想要明确计算机软件著作权案件中对于侵权行为的认定，应该包括排除合理解释的情况，如此可以通过反驳抗辩事由以明确认定标准。

论计算机软件著作权人修改权的限制

苏　周*

《著作权法》第10条第1款第3项规定著作权人对作品享有修改权，《计算机软件保护条例》第8条也规定软件著作权人对计算机软件享有修改权，即对软件进行增补、删节，或者改变指令、语句顺序的权利。修改权是著作权人享有的人身权。然而，计算机软件有其特殊性，消费者在购买后需要根据实际情况将软件在计算机中运行，有时必须进行适当的修改才能正常运行，此时如一味强调对软件著作权人修改权的保护，则不利于消费者的购买使用，反过来也会影响软件的开发创作。为此，《计算机软件保护条例》第16条第3项特别规定，软件的合法复制品所有人有权在基于将软件用于实际的计算机应用环境或者改进其功能、性能的目的而对软件进行必要的修改；但是，除合同另有约定外，未经该软件著作权人许可，不得向任何第三方提供修改后的软件。

一、修改权的性质

我国《著作权法》第10条第1款列举了17项著作人身权和财产权。其

* 苏周：广东金唐律师事务所律师，深圳市律师协会第十一届著作权法律专业委员会委员。毕业于中山大学法学院，获法律硕士学位，法学专业理论和素养扎实。擅长商事诉讼案件、商事专项服务，擅长诉讼和非诉讼行动筹划，专精企业控制权争夺及“股东战争”类诉讼案件和专项案件。

中第3项是修改权,即修改或者授权他人修改作品的权利;第4项是保护作品完整权,即保护作品不受歪曲、篡改的权利。从文义上看,两项权利所保护的内容极容易令人产生混淆。事实上,也是因为文义解释,学界曾经非常流行"修改权和保护作品完整权是一个权利的两个方面"的说法,并且,在《著作权法》的修订过程中确实也曾经争议过是否应取消修改权。然而实际上,修改权与保护作品完整权是两个完全不同的概念,修改权是"保障'变'之自由,是积极的权利,其利益内核也是实现修改的行为自由"〔1〕,这与保护作品完整权本质上是相反的,因此最终修订通过的《著作权法》仍然同时保留了这两项著作人身权利。而《计算机软件保护条例》第8条第1款第3项仅规定了软件著作权人的修改权,未规定保护作品完整权,这是因为计算机软件具有一定的特殊性,"由于开发软件更注重其功能性,不像作品那样要求其表达的思想要连贯、完整,软件也就不存在作品完整性的问题"〔2〕。

二、限制计算机软件著作人修改权的必要性

计算机软件不同于其他作品能够被直接投入应用,运行软件需要借助计算机设备,还需要借助计算机内部的运行环境,一款软件在多数情况下是无法兼容所有运行环境的,此时,软件购买者需要对软件进行一定的修改。还有的情况是,购买者想要借助所购软件对自已将要开发的软件进行辅助,这也需要对购买软件实施一定的修改。如果一味禁止购买者修改或者一定要取得著作权人的许可才能修改,这既有损消费者的利益,长远看也不利于软件著作权人的经济利益,进而影响软件开发者的积极性,还有可能扼杀那些借助所购软件辅助开发的新的智力成果。

---

〔1〕 李琛:《论修改权》,载《知识产权》2019年第10期。

〔2〕 李林启、康东书、郭玲:《计算机软件著作权保护制度研究》,光明日报出版社2021年版,第50页。

三、修改的目的是把该软件用于实际的计算机应用环境或者改进其功能、性能

计算机软件复制品所有人对软件的修改，应仅限于应用的目的。在久天公司与九州超公司、王某侵犯著作权财产权纠纷案[1]中，原告陶某某等认为被告存在侵犯其软件著作权中的修改权的行为，但法院审理后认为，被告原湖北省文化厅使用涉案的《网管之星》V2.1软件的行为本身具有公益属性，且鉴于国家赋予管理职能要求的不断变化，电脑技术的日新月异，需要根据情况由具有相应专业技术的人员和单位对所使用的管理软件不断进行修改、升级，以适应使用环境要求的变化，原湖北省文化厅使用、修改涉案软件符合该软件开发的专项目的，法院最终认定被告的修改行为不构成侵权。

四、软件合法复制品所有人进行的修改以必要为限度

软件合法复制品所有人对计算机软件所进行的修改不应超过必要的限度。在长沙米拓公司与成都思乐公司侵害计算机软件著作权纠纷案[2]中，成都思乐公司将案涉软件模板程序的源代码进行了修改，众所周知，源代码是软件开发的原始指令，软件的功能和性能都是由源代码决定的，源代码是软件开发的基础，对源代码进行修改，明显超过了必要限度，故法院最终认定被告成都思乐公司侵害了软件著作权人长沙米拓公司的修改权。而在英迈思公司与通银公司侵害计算机软件著作权纠纷案[3]中，原告英迈思公司认为被告通银公司通过修改案涉软件增加了"基本设置"和"我的红包"两个功能，构成对其软件修改权的侵权，被告又未举证证明其对涉案软件的修改符合法定条件并且拒绝回答法院关于修改原告软件的方式和程度的相关问

---

[1] 参见湖北省武汉市中级人民法院民事判决书，(2008)武知初字第115号。
[2] 参见湖南省长沙市中级人民法院民事判决书，(2019)湘01知民初2179号。
[3] 参见广东省深圳市南山区人民法院民事判决书，(2017)粤0305民初4987号。

题，故法院最终认定被告构成侵权。

上述两个案件表明，所谓的"必要限度"实际上是缺乏准确的标准和规范的。诚然，直接修改源代码属于超出必要限度，这是没有争议的。然而，在软件中增加或删除一些功能是否都属于超出必要限度？增删关键功能、基础功能和增删次要功能是否应作同等认定？诸如此类的问题，没有定论。究竟对软件进行何种修改才算未超出必要限度，可能还需要司法解释的进一步规范。

五、软件的合法复制品所有人对修改后的软件不享有著作权

修改后的软件不属于软件合法复制品所有人开发的新作品，复制品所有人不因投入修改而取得修改后软件的著作权。复制品所有人未经著作权人允许向第三方提供软件的，应承担侵权责任，严重的可能构成犯罪。

在吴某某、徐某某、高某某、颜某某、邢某某、郑某某等侵犯著作权罪案[1]中，袁某等人成立了四海公司，将其开发的"微邻友""微聚粉""微群聊""微友备""微点赞""微友聊""微聚友""微群友"等计算机软件进行了著作权登记，在未经腾讯公司授权、许可的情况下，袁某等人将上述软件连同腾讯公司研发的"微信"软件一起集合成刷机包"ROM"，并制作刷机软件"flashtool"，将刷机包"ROM"安装在平板电脑中制成"搜粉广告机"，经测试后再销售给客户，共售出2000多台，获利颇丰。袁某等人案发后被捕，法院认为袁某等人的行为侵犯了T公司的著作权，情节严重，构成侵犯著作权罪。

六、结语

软件著作权中的修改权属于著作权人享有的人身权，是一种积极权利，侧重于保障著作权人享有修改的自由。因计算机软件自身的特殊性，《著作

---

〔1〕 参见广东省深圳市中级人民法院民事判决书，(2015)深中法知刑终字第133号。

权法》和《计算机软件保护条例》均对修改权进行了限制，计算机软件复制品所有人在为了把该软件用于实际的计算机应用环境或者改进其功能、性能的情况下，有权在不经过著作权人同意的情况下对计算机软件进行修改，但此等修改应当在必要的限度内。软件复制品所有人对修改后的软件不享有著作权，未经著作人同意，不得向第三方提供该软件。

人人为我，我为人人：软件源代码开源协议合规问题初探

崔　军*　张宗浩**

软件源代码开源协议（以下简称开源协议）合规问题在我国属于较新的问题。从已经公布的判决书来看，我国现阶段涉及开源协议违规、侵权之诉的既决案件数量依然屈指可数。但是，开源协议合规问题是数据合规、企业合规中一个不容忽视的问题。最高人民法院于2022年4月公布的《2021年中国法院十大知识产权案件》中就包括了一起涉及开源协议的计算机软件著作权侵权纠纷案〔1〕（以下简称罗盒案）。该案中，法院判决被告停止侵权，即停止通过互联网提供含有侵权功能源代码的四款软件的下载、安装和运营服务，同时判决被告赔偿原告损失及维权合理开支。本文以目前适用最广的通用公共许可协议第三版（GNU General Public License Version 3，GPLV 3）、阿帕奇协议第二版（Apache License Version 2.0，Apache 2.0）协议

---

* 崔军：北京德恒（深圳）律师事务所知识产权律师，一级律师，浙江大学博士。执业30余年，长期专注于知识产权争议解决领域的前沿问题，代理案件多次入选全国典型案例和指导案例。

** 张宗浩：北京德恒（深圳）律师事务所律师，美国佩珀代因大学法律博士（Juris Doctor）。曾代理百度、腾讯等知名企业，处理多件知识产权与不正当竞争纠纷，还深度参与多个企业的非诉与常法业务。

〔1〕参见广州知识产权法院民事判决书，（2019）粤73知民初207号。

和我国制定的木兰2.0[1]三种开源协议为例,结合该典型案例,对开源协议合规实务中遇到的一些关键问题进行初步探讨。

一、开源协议的部分概念

(一)开源协议的性质

20世纪80年代,美国麻省理工学院学者发现,在软件领域,尤其是软件代码领域,过分强调著作权保护,不利于技术的推广与传播。为此,他成立了自由软件基金(Free Software Foundation,FSF),与多位律师共同起草了第一版自由软件协议,并开始致力推广自由软件运动。不同于对著作权(Copyright)的保护,自由软件运动倡导在软件开发领域"人人为我,我为人人"的技术共享精神。为此,他们还创造了"著佐权"(Copyleft)的概念,以示对传统著作权保护方法的叛逆。然而,由于英文"Free"同时存在"自由"和"免费"两种含义,公众对于自由软件(Free Software)的概念自始存在理解分歧。为避免歧义,一部分自由软件精神的倡导者将"自由软件"更名为"开源软件"(Open Source Software);另一部分自由软件精神的倡导者则在相关网站或协议中声明,"自由的是精神,而非金钱"。由于上述"自由软件"和"开源软件"在概念与内涵上较为接近,部分从业者也将"自由软件"与"开源软件"统称为"自由开源软件"(Free and Open Source Software)。[2]

基于不同的应用场景和起草者对于"自由""开源"等概念的不同理解,实务中产生了不同的开源协议。据FSF统计,现阶段相对较为常见的开源许可证已多达90余种。在具体适用中,据统计70%以上的开源项目均使用了GPL协议。对相对简单的项目,FSF建议使用以Apache协议为代表的,表述更为简洁的协议。此外,北京大学、中国电子技术标准化研究院起草的

---

[1] 为表述简洁,下文中,除特别说明,将GPLv3简写为GPL,将Apache 2.0简写为Apache,将木兰2.0简写为木兰。

[2] 本文中,为表述简洁,将所有此类相同、类似概念统称为"开源软件",将所有规范"开源软件"的协议统称为"开源协议"。

木兰开源协议,在国内也有一定的适用度。目前 GPL 协议、Apache 协议与木兰协议的最新版本分别为 GPLv3、Apache 2.0 和 Mulan 2.0。需要指出的是,即使在上述同种协议内部,在后版本也不必然兼容前序版本。例如,GPL 协议的起草机构 FSF 在 GNU 项目[1]的官方网站的答疑部分对常见版本 GPL 协议之间的兼容性问题以表格形式进行了比较与说明,如表 2.1 所示。实务中,应当结合具体开源协议的类型、版本和内容,进行更为细致的比对分析、选取适用。

表 2.1　不同版本 GPL 协议之间兼容性问题示意

版本		我要使用许可证		
		GPLv2	GPLv2 or later	GPLv3 or later
我要复制的代码所使用的许可证	GPLv2	可以	可以	不行
	GPLv2 或者其后版本	可以	可以	可以
	GPLv3	不行	可以:组合作品遵循 GPLv3	不行
我使用的库遵循	GPLv2	可以	可以	不行
	GPLv2 或者其后版本	可以	可以	可以
	GPLv3	不行	可以:组合作品遵循 GPLv3	可以

资料来源:GNU 官网(https://www.gnu.org/licenses/gpl-faq.en.html)。

对于开源协议的性质,在国内外的学术与实务界是存在争议的。一种观点认为,开源协议的性质为授权许可协议(License)而非合同(Contract)。持该种观点的主要为部分美国学者与法官。在美国的《合同法》中,合同的成立要件除要约和承诺之外,还需要包括“约因/对价”(Consideration),用以

〔1〕 GNU 项目,是指由理查德·施托尔曼(Richard Stallman)于 1983 年发起,旨在为所有软件用户能够自由控制自己的计算而构建一款由大家共同努力开发而成的操作系统的项目。这个系统的名字叫 GNU,是 GNU's Not Unix 的首字母递归缩写——这是对 Unix 的技术思想致敬的一种方法,同时表达 GNU 有所不同。(Unix 是 20 世纪 70 年代的一种计算机操作系统)

证明合同本身确实是双方经充分协商，达成的一致意思表示。不可协商、不可修改的格式许可协议显然不满足“充分协商下一致意思表示”的定义。另一种观点认为，开源协议不仅具有授权许可协议的性质，也具有合同的属性。持该种观点的学者普遍认为，开源协议除授权许可协议的性质之外，亦可视为著作权人与后续使用者之间达成的关于合同的“通用一般条款”。著作权人与后续使用者如另有约定，可以另行补充约定。因此，除法定情形外，开源协议具有合同效力。

广州知识产权法院在罗盒公司与玩友公司、冠准航公司、奥斯坦公司、祥运公司侵犯计算机软件著作权纠纷案〔1〕中认定，开源协议，至少是 GPL v3 协议，具备合同的特征，属于广义合同的范畴，是非典型合同、格式合同。使用者对协议的承诺是通过行为作出的，因此应受合同条款的约束。此外，广州知识产权法院还从政策的角度进行了补充分析与论证，认为“开源许可协议已经成为国际行业内公认的有效契约文本，遵守协议文本规定也是信守诚实信用原则的体现。只有各方均信守开源授权许可协议中的条款，才能让软件源代码持续开源传播下去，繁荣软件市场，保证公众能享受到开源软件带来的成果”。深圳市中级人民法院在罗盒公司与福建风灵公司、北京风灵公司、腾讯公司侵害计算机软件著作权纠纷案〔2〕的民事判决书中也进行了类似的认定和论述。

简言之，现阶段我国司法实务中，认定开源协议具有合同的属性。

（二）开源≠免费

实务中，笔者发现用户对“开源”与“免费”之间的关系存在误解，认为所有可以公开下载的作品都属于免费作品。这种理解是片面的。

首先，“可以经公开渠道下载”与“免费”之间并不存在必然的对应关系。虽然 Apache 协议、木兰协议等均在协议文本中载明涉该开源协议作品的免

---

〔1〕 参见广州知识产权法院民事判决书，(2019)粤 73 知民初 207 号。
〔2〕 参见广东省深圳市中级人民法院民事判决书，(2019)粤 03 民初 3928 号。

费性,但这不代表所有的开源作品都是免费的,或者说,这不代表从所有渠道获得的所有开源作品都是免费的。例如,GPL 协议在前言部分写明:“所谓自由软件,强调自由,而非免费。”[1]

同时,GPL 协议在第 4 条第 2 款对适用该协议时可以收费的情形进行了进一步的说明和举例:“你可以免费或收费转发,也可以选择提供技术支持或品质担保以换取收入。”[2]

Apache 协议在第 9 条也对收费与否问题进行了补充规定:“在重新发布本作品或其衍生作品时,您可以选择提供(并收取费用)支持、担保、赔偿或其他与此许可证相符的责任义务和/或权利。”[3]

简言之,在 GPL、Apache 等协议框架下,“开源与否”和“免费与否”是两个不同的概念。这些协议所规定的“开源”仅意味着用户可以选择向外继续传播收到的作品,不论收费与否。

以 GPL 协议为例,如图 2.1 所示,假设用户甲从其他途径获得受 GPL 协议约束的项目、程序、代码[4]的行为为 A,用户甲依 GPL 协议向特定或不特定用户乙提供该作品或该作品的衍生作品的行为为 B,其他用户乙向更多主体提供其从用户甲处收到作品的行为为 C。按照 GPL 协议的规定,即使用户甲不是该作品的著作权人,用户甲依然可以向用户乙收取费用,也可以以免费的方式向其他用户乙提供作品。GPL 协议本身对过程 B 收费与否不做任何要求。同理,在过程 C 中,用户乙可以向用户丙收取费用,也可以选

---

[1] GPL 协议的起草方为了避免语言间的冲突与歧义,并不鼓励使用不同的语言对 GPL 协议进行约定,并明确规定作准文本为英文版。但是,为方便阅读,GNU 也提供了部分非官方译文。笔者在本文中,对 GPL 协议的译文均选用了 GNU 网站发布的非官方译文:《GNU 通用公共许可协议(第三版)》,https://jxself. org/translations/gpl - 3. zh. shtml。原文为:“When we speak of free software, we are referring to freedom, not price.”

[2] 2007 Free Software Foundation, *GNU GENERAL PUBLIC LICENSE*, GNU (Jun. 29, 2007), https://www. gnu. org/licenses/gpl - 3. 0. en. html.

[3] *Apache License* (*Version* 2. 0), APACHE (January, 2004), https://www. apache. org/licenses/LICENSE - 2. 0. html.

[4] 开源协议适用的场景多种多样。为简便表述,本文以 GPL 协议中关于 work 的定义为参照,将受开源协议约束的项目、程序、代码等统称为“作品”。

择以免费的方式继续传播,不受 B 过程的限制。

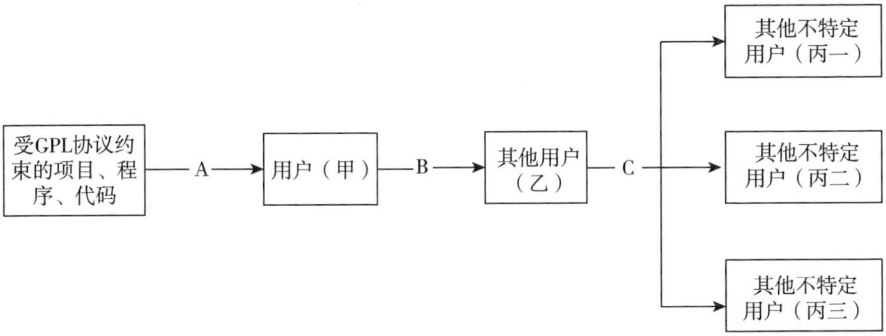

图 2.1 GPL 协议约束下的开源使用情况

然而,依然如图 2.1 所示,假设用户甲对 B 过程进行收费,用户乙对 C 过程免费公开传播,丙是否有理由绕过乙,以付费的方式从甲处获取该开源作品?答案是肯定的。实务中存在以下四种选择付费的观点:

第一种观点认为,虽然自由软件倡导"人人为我,我为人人"的精神,但在实际操作过程中,各程序员的水平参差不齐,工作习惯也千差万别;同时,受到时代和技术的局限,具体的程序和代码往往是存在运行错误或冲突(bug)的。这种现象在部分公开编辑、公开贡献的开源作品中更为明显。因此,在多数开源协议的默认条款中,均要求所有用户在继续传播作品时添加"无质量担保条款"(no warranty clause),即要求接收到该作品的其他特定或不特定用户自行承担修正错误与运行冲突(debug)的风险,并自行承担程序崩溃、错误操作带来的其他风险。与之相对,如果允许一些有能力的公司或程序员以收费方式发布开源项目 debug 后的修正版,并对特定付费用户提供相应的质量担保、保修甚至后续功能拓展,可以在鼓励技术发展与传播的同时,方便中小型企业或技术水平、时间精力有限的个人客户。

第二种观点认为,作品的传播本身是需要成本的,例如,在自设服务器发布开源软件的过程中,会产生服务器租赁与维护成本。如果是自建网站,可能还涉及网络内容服务商(Internet Content Provider,ICP)审核、网络安全等级备案等行政程序。技术的传播固然值得鼓励,但如果强制要求他人"赔本赚吆喝”，难免过于理想化。因此，应当至少允许用户在继续向外传播时收取少量费用，用以覆盖其在传播、推广技术过程中产生的合理开支。

第三种观点认为，企业和个人在使用过程中，对软件更新和功能拓展往往存在一定的期待。这种期待与时效密切相关，往往关系着用户后续对其他作品的开发。在图2.1的举例中，假设甲选择收费，乙选择免费，丙为了尽快获得受GPL协议约束的该作品，便有可能选择付费从甲处取得该作品。

第四种观点则更为理想化，认为对开源软件传播行为的收费不应具有强制性，但是可以比照“维基百科”等网站，允许后续用户本着自愿的原则，以“鼓励创作、支持推广”为由，向传播者、修改版的提供者等进行捐款。

总之，从以GPL协议为代表的部分开源协议的条文来看，“开源与否”和“免费与否”之间并没有直接关联。需要补充提醒注意的是，部分开源协议起草机构在其官方网站上提供了协议的“参考译本”，并在协议中、译本提供页说明“译本仅供参考”。笔者注意到，部分协议的中文参考译本在“开源”与“免费”问题上的翻译存在可以斟酌讨论的空间。

（三）开源≠必须向不特定主体公开提供

笔者在实务中接触到了一种观点，认为“开源协议”从文义解释的角度来说，应当包含“向不特定主体公开提供”的意思。笔者认为，这种理解从技术的角度看是理想化的，但从法律与相关协议的文本角度看是片面的。

以GPL协议为例，GPL协议第9条对这个观点作了如下规定：“你不必为接收或运行本程序而接受本协议。类似的，仅仅因点对点传输接收到副本引发的对受保护作品的辅助性传播，并不要求接受本协议。”[1]

GPL协议起草机构FSF在相关答疑部分“#CompanyGPLCostsMoney”

---

〔1〕《GNU通用公共许可协议（第三版）》，载JXSELF2007年6月29日，https://jxself.org/translations/gpl-3.zh.shtml，此为非官方中文翻译。原文为：“You are not required to accept this License in order to receive or run a copy of the Program. Ancillary propagation of a covered work occurring solely as a consequence of using peer-to-peer transmission to receive a copy likewise does not require acceptance.”

词条下对此作出了更清晰且直接的回答:“GPL 并不要求人们使用互联网来发布程序。它也没有要求某个特定的人来再发布程序。而且(除了一个特定的场景),如果有人决定要再发布一个程序,GPL 也没有说他必须把程序发布给你或者任何特定的人。

“GPL 要求的是如果他愿意,他有自由为你发布一份该程序的拷贝。一旦版权持有者发布了程序的拷贝给某个人,那么这个人就可以再发布拷贝给你或其他人,只要他觉得合适。”[1]

简言之,以图 2.2 为例,当乙从甲处获取受 GPL 协议约束的作品后,其可以选择向丙一传播该作品或该作品的衍生作品,但不向丙二、丙三传播,也可以选择向不特定多数人,包括但不限于丙一、丙二、丙三和甲传播该作品或该作品的衍生作品。但是,如乙选择不继续传播该作品或该作品的衍生作品,甲或者不特定公众丙一、丙二、丙三没有权利基于 GPL 协议向乙索要该作品或该作品的衍生作品。

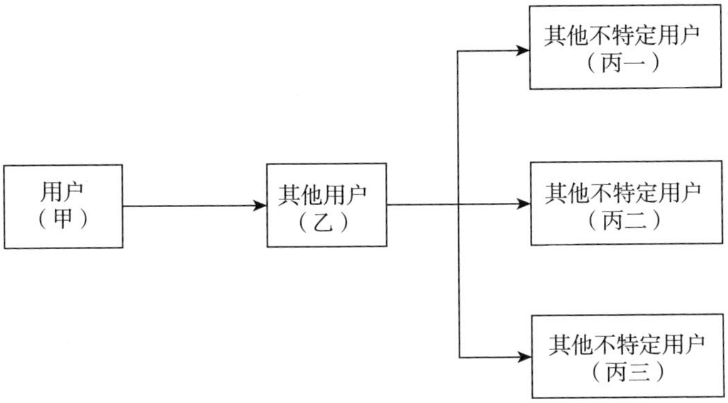

图 2.2 获取受 GPL 协议约束的作品后可能的传播情形

---

[1] 《GNU 通用公共许可协议(第三版)》,载 JXSELF2007 年 6 月 29 日,https://jxself.org/translations/gpl-3.zh.shtml。原文为:“The GPL does not require anyone to use the Internet for distribution. It also does not require anyone in particular to redistribute the program. And (outside of one special case), even if someone does decide to redistribute the program sometimes, the GPL doesn't say he has to distribute a copy to you in particular, or any other person in particular.
“What the GPL requires is that he must have the freedom to distribute a copy to you if he wishes to. Once the copyright holder does distribute a copy of the program to someone, that someone can then redistribute the program to you, or to anyone else, as he sees fit.”

Apache 协议和木兰协议本身并未给出如 FSF 在 GPL 协议相关答疑中作出的答复那样清晰、明确、直接的回答。但是，从相关文本的内容来看，Apache 协议和木兰协议的起草者与 GPL 协议的起草者对于“传播权”的理解是一致的。例如，Apache 协议第 4 条规定：“您可以（May）按照以下条件，以任何媒介形式复制和发布本作品或其衍生作品，无论是否经过修改，源代码或目标代码形式均可。”〔1〕

木兰协议第 1 条规定：“每个‘贡献者’根据‘本许可证’授予您永久性的、全球性的、免费的、非独占的、不可撤销的版权许可，您可以复制、使用、修改、‘分发’其‘贡献’或‘衍生作品’，不论修改与否。”第 4 条规定：“您可以将您接收到的‘贡献’或您的‘衍生作品’以源程序形式或可执行形式重新‘分发’……”

从文义解释的角度来看，“may”和“可以”表明该条款是授权性的规范，意味着权利人被合同赋予某项权利去做某事。但是，权利是可以放弃的，被授权做某事的潜在含义也包括被授权人可以选择放弃该权利。在关于“传播权”的讨论中，即用户享有不分发作品“贡献”或衍生作品的自由。

综上所述，虽然可以将“人人为我，我为人人”作为开源社区中某种理想化的自律道德义务，但从 GPL、Apache 和木兰等主流协议的文本角度来看，并没有规定用户必须无条件参与作品的分发、传播。

二、企业在处理开源协议合规问题时应注意的部分事项

（一）开源协议规定其他的权利义务的识别

不同的开源协议规定的权利和义务也不尽相同，如在作品内附许可证原文、在头文件添加版权标识、提供源代码、标注修改的内容、授权商业使用、授权修改、授权专利许可、明确无质量担保、明确不提供商标许可等。中

〔1〕 *Apache License*（*Version* 2.0），APACHE（Januany，2004），https://www.apache.org/licenses/LICENSE-2.0.html.

国信息通信研究院联合北京三快在线科技有限公司、华为软件技术有限公司、中兴通讯股份有限公司、甲骨文中国公司等公司于2020年12月发布《开源许可证兼容性指南》,在讨论开源协议之间兼容性问题的同时对部分主流协议的特征进行了比对和分析(见表2.2)。此外,FSF官网〔1〕、开放源码促进会〔2〕(Open Source Initiative,OSI)等网站均对各主流开源协议的权利义务进行了比对和综述。在实务中应该结合个案具体归纳与识别。

表2.2　常见许可证规定的权利义务分析比对

类别	开源许可证	版权许可	专利许可	专利维权	商标	声明变更	分发代码	合并/修改代码	传染性	使用库	网络分发
强copyleft许可证	GPLv2	√				√	√	√	√	√	
	GPLv3	√	√	√		√	√	√	√	√	
	AGPLv3	√	√	√		√	√	√	√	√	√
弱copyleft许可证	LGPLv2.1	√	√	√		√	√	√			
	LGPLv3	√	√	√		√	√	√			
	EPLv1.0	√	√				√	√			
	EPLv2.0	√	√				√	√			
	MPLv1.1	√	√		√	√	√	√			
	MPLv2.0	√	√		√		√	√			
宽松型许可证	MIT License	√					√				
	BSD 2 - Clause	√					√				
	BSD 3 - Clause	√			√		√				
	Apache 2.0	√	√	√	√	√	√				
	ZPLv2.0	√			√	√	√				
	Zlib/libpng	√					√				

资料来源:王志强等:《开源许可证合规性研究》,载《软件学报》2022年第33期。

(二)违反开源协议的后果

笔者在接受咨询或对企业进行知识产权专项尽职调查的过程中发现,部分开发人员对违反开源协议一事抱着不以为意的态度,或对此有侥幸心

〔1〕 参见自由软件基金会:Various Licenses and Comments about Them,https://www.gnu.org/licenses/license - list.en.html。

〔2〕 参见开放源码促进会:OSI 软件 roved Licenses, https://opensource.org/licenses。

理,认为从 Github、CSDN[1]或其他渠道扒取部分作品的行为不会被发现,即使被发现了也不会产生严重后果。这种认识是片面的。

诚然,在实务中,权利人往往不会选择对网上浩如烟海的作品进行分析、分解、拆包并比对代码,这在时间与经济上都是得不偿失的。但是,对于相对成功、规模较大的企业所研发的作品而言,无论是权利人还是"友商",均有足够的动机对其进行分析、分解、拆包、比对。在罗盒案中,原告委托的司法鉴定所对送检作品源代码及被诉侵权作品反编译后得到的源代码进行了比对,在424 个可比代码中,认定其中 165 个可比代码具有高度相似性,17 个可比代码具有一般相似性,239 个可比代码具有实质相似性,有 3 个可比代码不具有相似性。法院据此并结合其他证据,认定被诉侵权作品使用原告作品代码的事实。

从技术与代码比对司法鉴定实务的角度来看,因为各作品的开发环境、开发语言、具体功能不同,比对标准也因此具有灵活性。例如,在一些鉴定机构或鉴定工具的比对过程中,将最小比对单元设定为"行",认为在编程过程中使用特定结构,特别是少于特定行数,达到某种技术目的的表述或表达可能属于行业内的惯常操作,此操作因落入公共领域而不具有可保护性。但如果连续雷同超过一定的行数,可能涉嫌侵权。然而,在 js、html、zml、xml 等文件的开发过程中,换行并非开发中必备的操作。因此司法鉴定机构在对代码进行比对时,不仅会考虑"行"的比对,还会比对反编译得到的二进制机器码、开发环境与作品的对应关系,如. java 和. jav - svn - base 之间的对应关系,源代码中的时间戳、签名信息、注释信息、字符串信息等。此外,部分鉴定机构还会在实际比对之前,对检材进行重新划分、拆分、重组,防止潜在的侵权人通过简单的重命名、删注释等方法规避检测,逃避责任。

关于违反开源协议的法律救济,主要存在违约和侵权两种救济途径。

---

[1] GitHub 是一项基于云服务,为软件开发者提供代码托管的平台。在具体开发者选择公开的情况下,一般公众,包括其他开发者,可以浏览该开发者上传的项目与代码。相关领域暂无明确的,将 GitHub 翻译成特定中文词汇的记录。

CSDN 是中国软件开发者社区(Chinese Software Developer Network)的首字母缩写。目前该社区是我国最大的开发者社区。开发者常在该社区中,分享开发问题解决思路与开发代码。

一般而言，主张违约责任的守约方的法律救济措施主要包括继续履行和损害赔偿，主张侵权责任的受害人的法律救济措施主要包括停止侵害、损害赔偿、恢复原状等。此外，在侵权案件中，当事人还可以向法院申请临时禁令。违约和侵权竞合时，当事人有权决定使用哪种救济。在罗盒案中，原告提起了侵权之诉，法院判决被告停止通过互联网提供含有侵权功能源代码软件的下载、安装和运营服务，并向原告赔偿损失及合理开支 50 万元。

实务中，很多违反开源协议的纠纷中的侵权人为规模较大的公司，被诉侵权产品通常是被告的核心产品。对于这些公司而言，如果爆发与该产品相关的负面舆情，或因各种原因导致产品下架，造成的损失、产生的后果可能会对企业造成较为严重的打击。因此，在部分案件中，侵权主体最终“被迫”接受支付高额和解费用，以换取原告撤诉或权利人的授权。

（三）企业在开源协议合规内部审查中应注意的问题

1. 对开源协议的审查应当回归文义

笔者在实务中接触到一种现象，部分企业经营者，尤其是部分非技术出身、了解过罗盒案的企业经营者，对开源协议、开源项目畏之如虎，甚至要求研发部门“硬核 100% 原创”，不能接触、借鉴、使用任何源于第三方的开发代码甚至开发思路。这种想法是理想化的。根据艾瑞咨询于 2022 年 2 月发布的《中国开源软件产业研究报告》，截至 2021 年，我国在 Github 上的注册用户已超过 755 万人，约 92% 的软件开发者使用过开源软件，且开源软件对我国企业的渗透率已超过 88%。该报告还显示，从企业经营的角度来看，企业使用开源软件可以从需求、设计、构建、测试、实施五个方面为企业节省约 38% 的直接开发成本。国内以阿里、腾讯、华为、中兴等为代表的企业都或多或少地参与了开源环境、开源软件和开源协议的使用与建设。[1] 与之相对，部分技术出身的企业经营者、企业研发部门则在与笔者的交流过程中，

---

〔1〕 参见中国信息通信研究院：《开源生态白皮书》，载中国信息通信研究院官网 2021 年 12 月 24 日，http://www.caict.ac.cn/english/research/whitepapers/202112/P020211224526805503114.pdf。

表示“闭门造车”不具有可行性，希望笔者提供内审建议。

综上所述，不同类型的开源协议约定的权利义务并不相同，部分企业，尤其是部分厂商出于推广产品的商业考量，往往以不同的授权协议发布相同或极为类似的作品。用户在使用的过程中，应当仔细甄别，通过作品内的协议文本、头文件注释等信息，识别该作品所适用的开源协议，并仔细检索、比对其文本，查明与标准文本是否有出入，如有，应继续研究有出入部分是否属于协议允许的增改事项、例外情形等。

对开源协议的解读，应以开源协议规定的作准文本为基础，以起草机构的官方答疑为参照，综合所属法域相关法律、相关判例进行具体分析。对于协议文本中不清晰、不明确的条款，可以考虑运用体系思维，参考同种协议的先前版本、后续版本，或类似但不同种协议中对于该条款的解释和说明。为方便阅读和理解，如果该协议的作准文本不是中文，还可以参考相关协议官网上公布的“非官方译本”，但应注意其翻译的准确性，以及与作准文本之间可能存在的冲突。

举例而言，在 GPL 协议中，对于“传播”行为选用了多个不同的单词进行具体表达，如转发（convey）、分发（distribute）、再分发（redistribute）、传播（propagate）、转让（transfer）等。然而，“convey”一词似乎在同类型的开源协议中出现得不多，甚至在 GPL 协议的前序版本中也很少出现。从法律英语的文义解释角度来看，该词多出现在财产交易权属流转过程中，意指财产转让，且在美国的法律英语环境下，多指不动产的转让。GPL 协议本身在第 0 条定义部分对该词作了如下解释：“转发（convey）作品指让他方能够制作或者接收副本的行为。仅仅通过计算机网络和用户交互，没有传输副本，则不算转发。”[1]

---

[1] 《GNU 通用公共许可协议（第三版）》，载 JXSELF 2007 年 6 月 29 日，https://jxself.org/translations/gpl-3.zh.shtml。原文为：“To ‘convey’ a work means any kind of propagation that enables other parties to make or receive copies. Mere interaction with a user through a computer network, with no transfer of a copy, is not conveying.”

GPL 协议在相同条文中将 convey 与 propagate 做了区分，对 propagate 的定义如下："传播（propagate）作品指那些未经许可就会在适用版权法律下构成直接或间接侵权的行为，不包括在计算机上运行和私下的修改。传播包括复制、分发（无论修改与否）、向公众公开，以及在某些国家的其他行为。"[1]

必须承认的是，无论是转发（convey）还是传播（propagate），对于非法律专业的读者而言可能都比较陌生。在 GPLv2 协议中，起草者针对这类向外公开传播、分发的行为统一概括为分发（distribute）。GPL 协议的起草机构 FSF 在答疑部分对此进行了进一步的解释与说明：

"问：GPLv3 中的'传播'和 GPLv2 中的'分发'是一回事吗？

答：是的，差不多是一回事。在针对 GPLv2 的执法维权过程中，我们了解到一些法律体系在其版权法中使用'分发'一词，但是含义和我们的不同。我们创造了新的术语，用来避免这些不同造成的混淆和问题。"[2]

可见，起草者在起草 GPL 协议时，并未完全使用英语或法律英语中的常见表述，而是为了合同目的对相关词汇进行了重新的定义。因此，对"convey"一词在 GPL 协议中的适用场景应基于其在 GPL 协议中的定义和解释，确有必要时，可以参考 GPLv2 协议中对"distribute"一词适用场景的描述，但绝不能脱离 GPL 协议文本本身，仅考虑该词的常见含义。

2. 应健全日常合规机制

开源数据合规问题属于软件开发、运维过程中需要持续面对的问题。我们不能期待每一位开发者在作为技术专家的同时，也成为法律专家、合规专家。同时，考虑到开发者的工作习惯和相关行业的文化，结合企业发展的

---

[1] 《GNU 通用公共许可协议（第三版）》，载 JXSELF 2007 年 6 月 29 日，https://jxself.org/translations/gpl-3.zh.shtml。原文为："To 'propagate' a work means to do anything with it that, without permission, would make you directly or secondarily liable for infringement under 软件 licable copyright law, except executing it on a computer or modifying a private copy. Propagation includes copying, distribution (with or without modification), making available to the public, and in some countries other activities as well."

[2] *Frequently Asked Questions about the GNU Licenses*, GNU (Oct. 15, 2024), https://www.gnu.org/licenses/gpl-faq.en.html.

实际,也不能期待所有的开发者在开发所有作品的过程中保持完全自研,或者说"闭门造车"。因此,对开发者的合规培训、对作品的合规审查应该贯穿企业发展、作品开发的全过程。

首先,企业应当建立一套针对开源数据合规的管理机制,包括如何报告、如何评判、如何确定使用开源作品的条件,以及作出是否使用、如何使用的决策等。在此过程中,企业需要识别使用开源作品的具体种类、相关开源协议的具体要求等信息,从技术、法律和商业规划等角度进行综合权衡,选取最适合的许可类型,并按照实际需求对相关风险点进行规避。

其次,企业应定期对已经开发的代码、软件进行监控、审计,确定其中是否存在开源协议,尤其是不符合企业发展规划的开源协议等。需要特别注意的是,即使是针对同一开源作品的不同版本,著作权人也有可能在升级的同时更改授权协议的属性。一般而言,这种更改不具有溯及力。但是,一旦接受了升级,一般默认下游使用者接受了新的开源协议,而新的授权协议可能带来传染性、兼容性等方面的问题。因此,企业有必要建立对现有代码、数据、软件进行常态监控、定期审计的机制,以防患于未然。

3. 应建立纠纷应对与解决机制

笔者在接受合规咨询时,多次遇到这样的问题:"是不是建立了企业合规机制,或签订了规范的合同,就可以保证软件作品不被第三方平台下架,同时免除所有被诉风险?"笔者认为,这些企业已经具有了初步的合规意识,但对于法律运行、法律与业务的衔接缺乏了解,对实务中纠纷的应对与解决缺乏预期。

关于软件作品是否会被第三方平台下架问题,我国在网络平台第三方侵权连带责任的问题上适用"通知—删除"规则。一般而言,如果权利人的通知构成有效通知,则平台方应履行删除义务,否则可能需就结果承担责任。相应地,如果网络用户、平台内经营者、平台服务对象认为不侵权,可以向平台进行反通知,即通过声明、初步举证以及提交律师《法律意见书》等方式,论证为何不构成侵权。实务中,由于通知和反通知之间间隔的时间通常较短，网络用户、平台内经营者、平台服务对象经常难以系统地进行取证、事实分析和法律论证。因此，实务中网络用户、平台内经营者、平台服务对象常采用“不侵权申明”加保函或财产担保的方法向平台方进行反通知，承诺如果出现诉讼，其将承担全部责任。需要说明的是，对于平台接到反通知之后是否需要立即恢复上线，《民法典》《电子商务法》《信息网络传播权保护条例》中的规定并不完全一致。实践中，平台方也可能基于商业考量，从风险规避的角度出发，决定对某特定软件进行下架，并在收到反通知后决定不立即重新上架。

从解决实际问题的角度来看，企业在开发、监控、审计及纠纷解决的全过程中，应建立健全技术部门和法律部门之间充分协调、协商的机制。由于知识产权纠纷普遍具有高度专业性，很多情况下企业法律部门，甚至外聘知识产权律师对具体的技术细节都不甚了了，一知半解。同时，受限于时间、精力、经历等因素，企业法律部门和外聘律师也不可能脱离技术人员对每一段代码、每一项工作进行穷举式的分析和识别。相应地，相关技术部门对法律问题的认识可能缺乏体系性或存在误区，因此，需要技术部门与法律部门紧密合作，对具体问题进行分析，确定使用了哪种协议，应当履行哪些义务等具体问题。企业法律部门和外聘律师也需要在明确事实的前提下，结合相关法域内的最新判例，充分利用法律武器，维护企业的合法权益。

三、结语

我国“十四五”规划提到，要“完善开源知识产权和法律体系，鼓励企业开放软件源代码、硬件设计和应用服务”。从企业发展实际来看，开源协议既不是阻碍企业正常发展的“拦路虎”，也不是鼓动企业进入“蛮荒之地”的“通行证”。企业和开发者应将开源协议视为与著作权人协议的一部分，在合法、合规的前提下，完善企业管理与争议解决流程，尊重开源协议中的开放、共享、平等、协作精神，让开源协议成为企业发展的推手和动力。

第三章 美术作品实务要点与案例评析

美术作品是著作权法中重要的作品类型，是指绘画、书法、雕塑等以线条、色彩或者其他方式构成的有审美意义的平面或者立体的造型艺术作品。造型艺术是一种艺术形态，指运用一定的物质材料通过塑造视觉形象来反映社会生活与表现艺术家思想情感的艺术。这个概念源于18世纪的德国，在德国著作权法中被称为造型艺术作品(Werke der bildenden Künste)。实际上我国《著作权法实施条例》中“造型艺术作品”这一概念比我国《著作权法》中的“美术作品”更为价值中立。由于“美不美”通常是一个主观判断的过程，美术作品的独创性认定在司法实务中充满争议。随着技术的发展，作者可以选择更多的物质材料或表现形式来塑造视觉形象，不断挑战着美术作品的外延与艺术创作的边界。本章把握时代风向，回应市场关切，向读者介绍了几种新形态美术作品的保护问题，如字库字体、虚拟角色、服装设计等。为了更好地确定美术作品概念的内涵和外延，本章进一步对比分析了美术作品与实用艺术作品、图形作品以及专利法中的外观设计之间错综复杂的关系，通过分析法院作出的裁判文书为读者释明其间的差异。本章最后从法院判决书中总结出美术作品的赔偿金额标准，为读者详尽介绍了美术作品如何计算损害赔偿的相关问题。希望本章作者对这些问题的分析探讨对未来涉及美术作品争议的解决大有裨益。

字库字体构成作品的认定

万　诚*

随着科学技术的发展，大量字库字体不断出现，满足了大众个性化的宣传推广需求。但随之而来的是，相关主体因未获得权利人授权而使用字库字体引发了大量著作权侵权纠纷。相关主体在使用了字库字体后，一般会收到字库字体权利人要求其停止侵权并承担责任的法务函、律师函等函件或起诉状等资料，对于普通大众来说，"被侵权"的字体与公有领域字体并无太大区别，很难进行判定。当然，在分析个案是否构成侵权时，需要先行确定该字库字体属于我国《著作权法》保护的作品，只有在具备权利基础的情况下，其才能主张相关主体使用该字库字体的行为构成侵权。基于此，本文将结合法院的相关判决，就认定字库字体整体和单字字体是否属于《著作权法》保护的作品以及需要满足哪些构成要件事宜展开分析。

一、字库整体一般作为计算机软件保护

在北大方正公司与暴雪公司、第九城市公司、九城互动公司、情文图书侵犯著作权纠纷案〔1〕中，法院认为，诉争字库中的字体文件的功能是支持相关字体字形的显示和输出，其内容是字形轮廓构建指令及相关数据与字

---

* 万诚：广东知恒律师事务所合伙人，深圳市律师协会第十一届著作权法律专业委员会委员。执业逾10年，代理过多起知识产权纠纷案件。

〔1〕 参见最高人民法院民事判决书，(2010)民三终字第6号。

型轮廓动态调整数据及指令代码的结合，其经特定软件调用后产生运行结果，属于计算机系统软件的一种，应当认定其是为了得到可在计算机及相关电子设备的输出装置中显示的相关字体字形而制作的由计算机执行的代码化指令序列，因此其属于《计算机软件保护条例》第 3 条第 1 项规定的计算机程序，属于著作权法意义上的作品。

在汉仪公司与青蛙王子公司、双飞公司、苏果超市侵害著作权纠纷案[1]（以下简称汉仪公司案）中，法院认为，字库整体是字形原稿经数字化处理后由人工或计算机根据字形原稿的风格结合汉字组合规律拼合而成的，以相应的坐标数据和函数算法形式存在。字库中字体文件的功能是支持相关字体字形的显示和输出，其内容是字形轮廓相关数据及构建指令与字形轮廓动态调整数据及指令代码的结合，其经特定软件调用后产生运行结果。因此，应当认定其是为了得到可在计算机及相关电子设备的输出装置中显示的相关字体字形而制作的由计算机执行的代码化指令序列，属于《计算机软件保护条例》第 3 条第 1 项规定的计算机程序，系软件著作权法意义上的作品，并非简单的单字字形的汇编合集。

在实务中，对于字库整体性质的认定不存在异议，认为其是为了得到可在计算机及相关电子设备的输出装置中显示的相关字体字形而制作的由计算机执行的代码化指令序列，一般可以主张认定其为计算机软件而进行保护。

二、字库中的单字字体作为美术作品的认定

在主张字库中的单字字体构成美术作品，从而主张《著作权法》保护时，需要结合美术作品的构成要件，基于个案对字体单字的特征进行认定。

（一）单字的可区分性

只有体现较高独特审美，并能够与已有字体明确区分开来的字库单字

[1] 参见江苏省高级人民法院民事判决书，(2012)苏知民终字第 0161 号。

才有可能被认定为美术作品加以保护。

在汉仪公司案中，法院认为，鉴于字库字体本身同时兼具审美与实用工具双重特性，字库字体创作的目的是满足计算机使用汉字的需要，因此，字库字体属于作品性和工具性紧密结合的智力成果，在将字库字体作为美术作品进行保护时，对其独创性应当有较高独特审美的要求，即获得保护的字库单字，应当明显有别于现有公知的其他字体。一般美术字如果系手工独立完成，即应认定为独创性美术作品，而对于字库字体的独创性要求不能等同于一般美术字的独创性要求，且对于运行字库软件输出的单字是否具有独创性应当逐一进行判断。如果字库单字的保护标准较低，可能很难将其与已有字体区分，造成混乱状况，妨碍公众对已有字体工具的正常使用，阻碍对文化的传播，有违我国《著作权法》设立的初衷。

（二）单字的创作高度

遵循美术字艺术创作的规律，根据汉字的笔画特征、笔画数量、结构等特点进行考量，将单字体现的艺术风格、特点与现有公知其他美术字体如宋体、仿宋体、黑体等进行对比，判断是否具有明显的特点或一定的创作高度。

在北大方正公司与张裕葡萄酿酒公司、欧尚超市江宁店侵犯著作权纠纷案[1]中，法院认为，设计者在确定字库整体风格的基础上，对字库中的每个单字进行逐一修正，使之从整体上符合设计者的艺术风格，设计完成的方正倩体，与现有的美术字体相比，具有独特的艺术效果和审美意义，体现了设计者的独创性。汉字由于受自身固有笔画、结构等特征的限制，在进行美术字的创作设计时，其笔画特征与现有公知的其他美术字体相比，很难具有区别性特征的独创性，所以在判断字库中的单字是否能独立构成美术作品时，还需要具体问题具体分析。对于字库中的单字是否具有独创性的判断：首先，应遵循美术字艺术创作的规律，根据汉字的笔画特征、笔画数量、结构

---

〔1〕 参见江苏省南京市江宁区人民法院民事判决书，(2020)苏0115民初1870号。

等特点进行考量。其次，将单字体现的艺术风格、特点与现有公知的其他美术字体如宋体、仿宋体、黑体等进行对比，判断原告主张权利的单字是否具有明显的特点或一定的创作高度。具体到该案中，该案涉及的“花”“开”“富”“贵”四字的笔画特征与现有公知领域中其他美术字体相比，具有个性特征，体现了一定的独创性，能够独立构成美术作品。

三、案件评述

从法院判决的结果来看，实务中通常认为只有单字字体与现有公知领域的文字笔画的基本特征存在明显区别时才能被认定为美术作品。

在枣元果业公司与北大方正公司、正德农产品公司等侵害其他著作财产权纠纷案〔1〕中，法院认为，汉字的笔画及结构确实属于公知领域的规范，但在此基本笔画之上的涉案字体，对笔画（横、竖、弯、勾等）施加了不同的粗细、长短、弧度变化，形成了一个与现有公知领域的文字笔画的基本特征存在明显区别的新形态，使涉案字库中的字体呈现出来的效果既不同于现存的古代书法字体，也不同于现有电脑字库中已存在的公用字体，还不同于通常手书美术字体的新字体，因此，这种新字体具备了一定的独创性，该独创性是通过人工智能的途径取得的，属于知识产权的范畴。当然，单独审视涉案字体中一些文字，其独创性并不突出，但把其放在整体字库中来审视，虽然其文字笔画的线条特征与涉案字库中的其他文字的特征一脉相承，但并不影响单个涉案文字的艺术美感和独创性。涉案字库中的字体均是北大方正公司通过人工智慧并运用一定的技术手段获得的，特别是其中的方正流行体文字，体现得尤为明显，使涉案字体构成了著作权法规定的美术作品。

在北大方正公司与倍思特公司、欧尚超市江宁店著作权权属、侵权纠纷案〔2〕中，法院认为，涉案字库中的单字若能成为受著作权法保护的美术作品，应当符合有关法律规定的构成要件，即具有独创性，并能以某种有形形

---

〔1〕 参见河北省高级人民法院民事判决书，(2021)冀知民终205号。

〔2〕 参见江苏省江宁经济技术开发区人民法院民事判决书，(2021)苏0191民初979号。

式复制，是具有审美意义的平面造型艺术。涉案的《方正喵呜简体》，其笔画特点是：笔画直接、粗细均等，字形轮廓不拘一格，结构放松，易读性强，给人感觉轻松、随意，没有一般字体给人的正规感。具体到该案中，该案涉及的“无”“糖”“肉”“酥”四字的笔画特征与现有公知领域中其他美术字体相比，具有个性特征，体现了一定的独创性，能够独立构成美术作品。

四、结语

通过上述案例，对于字库整体一般是作为计算机软件进行保护的，司法实践对此基本没有争议；但是对字库单字是否构成美术作品，则需要法院根据个案认定。经总结归纳可知，实务中对单字字体认定为美术作品有一套较为清晰、严格的标准。中华汉字虽是一种文字，但其功能不仅限于书面进行意思表示，其还可以成为一种艺术表达形式。汉字虽有固定的书写规范，但在字形、结构搭配、笔画粗细、走向等方面均可以展现不同的表达风格和样式，有较大的创作空间，不同的设计者根据设计思路的不同可以产生不同的字体，当该字体具有审美意义时，可以作为美术作品受到著作权法的保护。因此，对于单字字库字体是否能成为美术作品受到著作权法的保护，应当从美术字艺术创作规律出发，结合汉字本身的特点，如笔画特征、笔画数量、结构等进行考量，从而确定单字字库字体是否具有独创性，除此之外，还需要考量其创作高度，通过审查单字体现的笔画特征、风格，将其与现有公知领域的其他美术字体如宋体、仿宋体、黑体等进行对比，从而判断所主张权利的单字是否具有明显的特点或一定的创作高度。

关于"模仿秀"的著作权问题

李良芳*

从1998年东南卫视的王牌综艺《开心100》到2012年湖南卫视的《百变大咖秀》，再到2016年浙江卫视的《王牌对王牌》，一直以来，"模仿秀"都受到人们的喜爱和热捧。这主要是因为模仿不仅是人类的天性本能，如小孩模仿大人说话、走路、吃饭等，更是因为人们能从模仿或者"模仿秀"中得到无穷的乐趣。然而，正是由于"模仿秀"类综艺节目以及网络上模仿经典影视角色的流量密码等带来的巨大经济利益，使"模仿秀"是否侵犯著作权、具体侵犯何种权利以及何种情况可以构成合理使用等问题的争议越来越突出，亟待厘清，本文将从这些角度出发进行梳理。

一、"模仿秀"的定义及分类

"模仿秀"，是指行为人利用一些道具、造型、化妆等，并通过一些肢体语言、声音、表情来模仿明星或特定人物的形象和举止的行为。

按照"模仿秀"是否以营利为目的，可分为以营利为目的的"模仿秀"和以娱乐或艺术研究为主等非营利为目的的"模仿秀"；按照被模仿者为标准，可分为模仿表演者的"模仿秀"和模仿非表演者的"模仿秀"；按照模仿的手

---

* 李良芳：广东广和（坪山）律师事务所律师，深圳市律师协会第十一届著作权法律专业委员会委员，中国法学会会员，深圳市"八五"普法讲师团讲师。2022年5月深圳市律师协会"优秀青年律师"，从业逾17年，擅长企业知识产权合规、纠纷处理及民商事争议解决等法律服务。

段为标准，可分为肖像“模仿秀”、神态“模仿秀”、声音“模仿秀”、角色“模仿秀”等。本文所探讨的“模仿秀”是指表演者以营利为目的，针对著名形象/角色，通过肢体语言、声音、表情进行模仿的一种行为。

二、被侵权作品类型、权利类型及侵权认定标准

（一）角色“模仿秀”中可能侵犯的作品类型

角色“模仿秀”通常是指模仿动漫、影视作品中具有鲜明个性特征的人物形象，其中模仿的角色形象类型可分为虚拟角色形象、类动画角色形象和影视作品角色形象。根据被模仿对象的类型，可以确定“模仿秀”侵犯的作品类型。

虚拟角色形象往往是指动漫（动画、漫画的合称）中具有鲜明个性特征的人物形象，是创作者在创作角色形象过程中，运用线条、色彩勾画，结合剧情、角色特征在人物造型、妆容、服饰等方面进行的形象设计。此类虚拟角色形象更符合我国《著作权法》中对美术作品的定义，即以线条、色彩或者其他方式构成的有审美意义的平面或者立体的作品。例如，在胡某某、吴某某与某美术电影制片厂著作权权属纠纷案[1]中，法院认为，“葫芦娃”造型设计最初的创作者通过手工绘制而形成的视觉图像，结合线条、轮廓、服饰以及颜色的运用形成特定化、固定化的“葫芦娃”角色造型已不再停留于抽象的概念或者思想，其具有审美意义、艺术性、独创性和可复制性，构成美术作品。

类动画角色形象一般是指影视作品中由演员扮演的具备动画角色形象特点的角色形象。当由演员扮演的角色形象与演员自身形象存在一定差距时，演员的外貌、自身形象无法识别的程度较高，塑造的角色形象更具识别特征，并且塑造的角色形象主要是利用线条、图案、色彩等表现方法形成的

[1] 参见上海市黄浦区人民法院民事判决书，(2010)黄民三(知)初字第28号。

艺术造型,可构成美术作品。在上海华创与新一佳超市侵害著作权纠纷案[1]中,法院认为,"迪迦奥特曼"角色形象是作者采取虚拟夸张的创作手法,在演员的头部、眼部、脸部、鼻部、耳部等部位进行夸张的设计,塑造出的一个如机器金刚般的人物形象,本质上属于利用线条、图案、色彩等表现方法形成的具有人物造型艺术的美术作品。

影视作品角色形象是指演员自身形象与其所演绎的角色形象相近,即可以区分出演员的真实相貌,但同时依据影视作品特定的剧情、角色、人物性格设定需要对演员进行服饰、妆容、发型等方面的设计所形成的角色形象。当某一角色形象与自然人之间具有一一对应的关系时,对该形象的保护应当属于肖像权保护范围,但如果影视作品角色形象进行商品化,如使用剧照,则构成对摄影作品的侵犯,要征得"制片方著作权的许可+表演者肖像权的许可"。

因此,根据前述角色"模仿秀"中模仿的角色形象类型的不同,有可能构成对著作权法不同作品(美术作品、摄影作品等)的侵犯。

(二)角色"模仿秀"中可能侵犯的著作权权利类型

1. 侵犯复制权

著作权法意义上的复制权一般是指在一定载体上再现作品的行为,而且这种再现往往具有持久的稳定性。对于载体,并未有法律规定为何种载体,因此人的身体有可能充当复制权的载体,当然这种复制再现需要能相对稳定和持久地"固定"在有形物质载体之上。对于复制是要求"精准复制"还是包含"非精准复制",我国《著作权法》并未作出相应规定,但《保护文学和艺术作品伯尔尼公约》第9条第1款认为可以以任何方式和任何形式复制,这可引义为复制权中的复制应包含"非精准复制",否则如果在原画作基础之上稍微作出不具有独创性的改动就可以规避侵权,将显然违背复制权的

[1] 参见湖北省高级人民法院民事判决书,(2012)鄂民三终字第23号。

立法初衷。在上海电影厂与湖南卫视、湖南快乐阳关著作权权属、侵权纠纷案[1]中，被告通过在参加节目的人员身体上化妆等方式模仿“葫芦娃”“蛇精”形象，且这种妆容除非刻意洗除，是可长时间“固定”在人的身体上的，法院认为在没有证据证明该作品系经原告授权或许可等不应认定构成侵权的情形下，构成对原告涉案美术作品复制权的侵害。由此可知，出于对著作权的保护，“模仿秀”中通过妆容和服饰来模仿著名的动漫形象可能构成对美术作品复制权的侵害，其本质在于该“模仿秀”的演员表演并无创作行为，所形成的“模仿秀”也未形成能够受到我国《著作权法》保护的新作品。因此，模仿行为实际上是复制行为，是凭借妆容和造型复刻了原有的动漫形象，故侵犯的是原美术作品的复制权。

2. 侵犯信息网络传播权及广播权

根据我国现有法律的规定，信息网络传播权是指以有线或者无线方式向公众提供，使公众可以在其选定的时间和地点获得作品的权利；广播权是指以有线或者无线方式公开传播或者转播作品，以及通过扩音器或者其他传送符号、声音、图像的类似工具向公众传播广播的作品的权利，但不包括信息网络传播权。由于传播媒介及传播平台的快速发展，实务中侵害作品信息网络传播权及广播权的形式较多，不仅包括平台在其网站上发布未经授权的作品，创作平台的创作者“转载”未经授权的作品供用户浏览和下载等典型形式，还包括直播平台主播在直播时播放未经授权的作品，并通过“直播回看”等功能供用户回放作品等新型形式。在上海电影制片厂与安徽广电、北京世熙公司侵害作品信息网络传播权纠纷案[2]中，法院认为，安徽广电与北京世熙公司（联合出品真人秀节目《来了就笑吧》）二被告未经原告许可使用涉案作品，并通过互联网（爱奇艺、腾讯视频网站）向公众传播，使公众可以在其个人选定的时间和地点获得作品的行为，侵害了原告上海电影制片厂享有的信息网络传播权。

---

〔1〕 参见湖南省长沙市中级人民法院民事判决书，(2014)长中民五初字第00375号。

〔2〕 参见北京互联网法院民事判决书，(2019)京0491民初21961号。

3. 侵犯表演权及表演者权

我国《著作权法》将表演权定义为公开表演作品，以及用各种手段公开播送作品的表演的权利。未经授权表演原作情节，并以自身方式演绎的行为有可能对原作品中表演者的形象造成歪曲或篡改，在这种情况下，还有可能侵犯表演者权利中的保护表演形象不受歪曲权利。如果表演的内容进行固定后允许公众在自由选定的时间和地点获取该内容，还将进一步涉嫌侵犯著作权人及/或表演者享有的信息网络传播权。例如，"山寨"紫薇"小林心如"在直播时模仿了《还珠格格》中紫薇跳下马车意外撞击头部而失明的影视桥段，被"榜一大哥"怒刷"火箭"治好了眼睛的直播引流、获得打赏行为，如果原表演者林心如认为自己的艺术声誉因此受到了不利影响，那么其作为原表演者可以根据我国《著作权法》的规定，基于表演者享有"保护表演形象不受歪曲"的权利进行维权。同时，如果"小林心如"在直播中使用了《还珠格格》中的歌曲，也可能涉及音乐作品权利人享有的表演权，若将此直播内容做成可回放的视频，在互联网上进行传播，还可能涉及侵犯音乐作品权利人、《还珠格格》视听作品权利人及表演者的信息网络传播权。

4. 侵犯改编权

我国《著作权法》对改编权进行了规定，即改变作品，权利人具有禁止他人在未经许可的情况下创作出具有独创性的新作品的权利。因此，改编的行为实则是保留原作品的独创性基本表达，并在此基础上创造出新作品的过程。目前二次元圈中很多从事角色扮演/"模仿秀"的人不仅 COS 自己虚幻的角色特质，还会在原角色的特征基础上结合自身特质进行演绎发展故事情节等创造出新的作品，即所谓的创造性模仿。而这种创造性模仿未脱离原作品的独创性表达，如未征得原作品著作权人的同意，可能构成对原作品改编权的侵犯。

（三）角色"模仿秀"的著作权侵权认定方式

角色"模仿秀"大多数是对角色的发型、服装、妆容及其他细节特征全方面进行扮演/模仿,唯有全面的"以假乱真"才能引起共鸣,也正因如此,整体形象相像的角色模仿更容易引发著作权侵权纠纷,因为往往角色的整体形象是最能体现作品独创性的,所以在进行是否构成著作权侵权的侵权比对时,也应对整体的形象、设计的主旨和传达的信息等全面把握、全面比对。

在上海电影制片厂与安徽广电、北京世熙公司侵害作品信息网络传播权纠纷案〔1〕中,法院认为,在进行侵权比对时,应考虑到因动画片故事主题和情节的需要,动画片角色的表现形态具有多变性,因此在进行作品比对时不能完全静止地、孤立地比较,而应从角色整体的形象、设计的主旨和传达的信息等全面把握,比对的对象不仅是单一的动作、姿态、表情的角色形象,而是《葫芦娃》动画片中"葫芦娃""蛇精"角色的整体形象。经当庭比对,涉案权利作品与被控侵权作品(《百变大咖秀》中"王祖蓝模仿葫芦娃""谢娜模仿蛇精")相比,二者虽表情存在差异,但衣饰、发型、相貌等主要特征相似、整体形象相似,且被控侵权作品在播放过程中标注有"葫芦兄弟",二者构成实质性相似,认定构成对涉案权利作品的侵犯。

在美影厂与宸铭公司、壹线公司、君竹公司、华谊公司、华人公司、东阳公司、微影公司、东方公司、长城公司、尚孰公司著作权权属、不正当竞争纠纷案〔2〕中,法院则认为被诉侵权电影《陆垚知马俐》中男主角陆垚身着类"葫芦娃"服饰的角色形象为采用"葫芦娃"服饰元素的真人造型,主人公头戴葫芦冠饰、身着坎肩上装及短裤下装,虽然两个形象在头饰、坎肩及颈部嫩叶的搭配上有些许类似之处,但该些服饰元素部分并不单独构成作品,而且被诉侵权电影角色形象在脸型、眉形、眼睛、五官、四肢比例等多个方面与权利作品区别明显,未使用"葫芦娃"角色造型的实质性部分,两者在整体造型形象的表达上存在实质差异,不构成实质性相似,不构成对权利人美术作品的侵犯。是否构成侵权可以通过"接触 + 实质性相似"这一原则进行判断。"葫芦娃"作为一个家喻户晓的卡通形象,被告很容易就能"接触"到涉

---

〔1〕 参见湖南省长沙市中级人民法院民事判决书,(2014)长中民五初字第00375号。
〔2〕 参见上海知识产权法院民事判决书,(2019)沪73民终82号。

案作品，这一点无须赘述。因此，说理的重点应放在“实质性相似”的认定上，具体而言，可以通过一般人的认识能力进行判断：该电影广告进行的模仿是否会造成观众误认该角色就是“葫芦娃”而非电影主角，是否会因为想看动画“葫芦娃”而来观影。如果不构成以上情况，则不构成实质性相似，所以也不侵犯原美术作品的著作权。

三、“模仿秀”不侵权抗辩之合理使用的认定

我国《著作权法》第24条第1款规定在13种情况下使用作品，可以不经著作权人许可，不向其支付报酬，但应当指明作者姓名或者名称、作品名称，并且不得影响该作品的正常使用，也不得不合理地损害著作权人的合法权益。目前司法实践中，在对著作权中的“合理使用”行为进行认定时，一般都较为严格地适用著作权法列举的情形来判断是否可以落入“特殊情况”，并且需要同时判断是否会影响作品的正常利用，以及是否会不合理地损害权利人的合法权益。而实践中在对“模仿秀”中采用合理使用作不侵权抗辩时，更多的是适用《著作权法》第24条第1款第1项“个人使用”、第2项“适当引用”以及第9项“免费表演”的规定，同时要求不得影响该作品的正常使用，及不得不合理地损害著作权人的合法权益。

“个人使用”是指个人学习、研究或者欣赏的私域范围内的行为，而且是个人非商业性目的的使用。“适当引用”是指对作品本身的介绍和评论或者引用作品说明其他问题，且该引用的数量和内容长度要合理，需要与被引用的作品具有显著的、独创性的区别。“免费表演”是指不以营利为目的，不向表演者支付报酬或费用，不收取门票或各种费用，也不利用“模仿秀”从而招徕观众，引流，获得打赏、赞助等，应属于不具有任何商业性质的行为。而前述三种“使用”行为要真正构成合理使用，还应当不实施不当挤兑、抢占作品市场或者影响作品的后续开发等影响作品正常使用或者损害作品合法权益的行为。

除此之外，“模仿秀”的合理使用一定程度上体现在对作品著作权人及

表演者署名权、作品完整保护权、表演形象不受歪曲权等的保护。[1] 例如，恶意模仿、突出或者夸张被模仿者的缺陷等，或在表演中过分突出和宣扬被模仿者的姓名，隐瞒或缩小自己的姓名，通过产生误解招徕观众，或者对表演作品断章取义、恶意割裂整体情节等。

总体来说，合理使用制度本就是为平衡原作品作者、使用者与传播者之间的利益，所以，在司法实践中除应按照《著作权法》的规定来认定外，更需结合个案情况，全面实际考量原作品与新作品所在的市场和各自的市场价值，从原作品的性质、使用的性质、使用的目的和使用的程度等多维度分析原作品对新作品的贡献值，最终确定“模仿秀”行为是否属于对原作品的合理使用。

四、结语

“模仿秀”作为新兴并快速发展的文化产业类型，其中涉及的服装、妆容、造型等具有独创性的整体层面具有可版权性。因模仿的对象/客体不同所涉及的版权类型也不同，因采取的模仿表现形式、传播再现方式不同所侵犯的著作权权利也不同，但少数情形符合“个人使用”的标准，部分情形可以满足“适当引用”和“免费表演”的标准仍是把握合理使用的严格检验方法，且“模仿秀”在文娱圈及相关产业的火速发展带来的“大蛋糕”人人都想跟风去看一看、试一试，甚至是“吃”上一块。然而，在“模仿秀”产业链中的文娱创新与著作权保护的价值同样在博弈，这就需要平衡各方利益与著作权保护立法目的相结合，同时引入“民法典”“反不正当竞争法”等法律，更全方位地、更合理地进行保护，用发展的眼光为“模仿秀”保驾护航，促进文娱产业的创新、有序发展。

---

〔1〕 参见赵建军：《“模仿秀”中的知识产权保护》，载2009中华全国律师协会知识产权专业委员会年会暨中国律师知识产权高层论坛论文集（下）。

民间文艺作品的著作权保护实务探析

张浩亮*

我国历史文化源远流长,在历史长河中形成了许多脍炙人口的文学艺术佳作,为保护我国民间的传统文化,国家版权局曾于2014年9月发布《民间文学艺术作品著作权保护条例(征求意见稿)》,但该条例因诸多原因至今未能实施,导致民间文艺作品的保护缺乏法律依据。虽然对于民间文艺作品的保护程度从法律规范和理论上不能得出结论,但是可以从各地法院判决中窥得一二。本文根据民间文艺作品的概念、法律规制,并以从相关司法判例中选取涉及民间文艺作品保护的工艺美术作品著作权纠纷作为案例,通过总结提炼法院判决理由,形成实务领域中民间文艺作品侵权认定的标准。

一、民间文艺作品的概念定义

在谈民间文艺作品的保护前,需要了解民间文艺作品的概念,在此基础上进一步分析其是否符合我国对于著作权作品保护的范围,对此参考我国《民间文学艺术作品著作权保护条例(征求意见稿)》第2条的规定,民间文

* 张浩亮:广东卓建律师事务所合伙人,深圳市律师协会第十一届著作权法律专业委员会委员。深圳大学民事诉讼法方向法学硕士,广东卓建律师事务所合规研究院国企合规中心副主任、常年法律顾问与合规委委员,执业领域涵盖企业法律顾问、合规、投融资并购、私募基金及民商事诉讼与仲裁。

学艺术作品是指由特定的民族、族群或者社群内不特定成员集体创作和世代传承，并体现其传统观念和文化价值的文学艺术的表达。简言之，民间文艺作品主要指源于民间、以人民群众为创作对象和载体的文学和艺术作品，它是通过民间口述传承、艺人创作等形式，表达人民群众的生活、工作、情感和思想观念的艺术作品。

民间文艺作品的主要特点在于创作主体、时间难以确定，内容反映特定地区的民俗人情，世代流传，没有固定的表达形式，正因如此，虽然民间文艺作品属于作品，但至今未被《著作权法》直接赋予法律保护，下文将论述民间文艺作品的法律规制现状。

二、民间文艺作品的法律规制

通过上文对民间文艺作品概念、特点的阐述可知，虽然民间文艺作品与《著作权法》所保护的作品概念类似，但却未被《著作权法》直接纳入，在《著作权法》的几次修改中，均以“民间文学艺术作品的著作权保护办法由国务院另行规定”一笔带过，说明了民间文艺作品的法律规制存在难点和争议，且不仅在我国，在国际范围内对民间文艺作品的规制也存在较大争议。

自 20 世纪 60 年代以来，全球范围内就开始了对民间文艺作品著作权保护的探索。早期主要采用传统版权法框架进行保护，如 1971 年修订的《伯尔尼公约》在第 15 条第 4 款特别增设了对“未出版且作者不明的作品”的保护条款，旨在将民间文艺纳入国际版权保护体系。1976 年 2 月，由世界知识产权组织和联合国教科文组织共同推动的《发展中国家突尼斯版权示范法》同样尝试在传统版权体系内解决民间文艺保护问题。这一立法模式随后被喀麦隆、刚果等非洲国家借鉴并引入本国著作权立法。然而，由于民间文艺作品具有区别于普通作品的独特属性，现行著作权法的诸多规定难以提供充分保护。为此，世界知识产权组织正在积极推进《保护传统文化表现形式条约》的制定工作，该条约在借鉴现有版权制度的基础上，致力于构建更完善的保护机制。由于国际上不存在一个被广泛接受的民间文艺作品版权保护制度，难以为我国的相关立法提供借鉴，即便《非物质文化遗产保护法》等对民间文艺作品提供了一定程度的保护，但其立法目的在于对非物质文化遗产的保护、保存，主要维护的是社会公共利益以及对传统文化的传承、延续，因此其保护方式主要以行政保护为主，并未实质保护民间文艺作品权利人的私权（如人身权、财产权）。[1]

虽然民间文艺作品尚未被明文立法予以保护，但有关民间文艺作品的侵权现象以及涉版权保护的司法案件却不断激增，内容涉及民间文艺作品应否保护，民间文艺衍生作品如何保护，民间文艺作品相关的版权、商标权问题，等等。因此笔者认为，在如今民间文艺作品法律规制尚处“空白”阶段，我国在探索、研究民间文艺作品的保护上，相关类案判例对于民间文艺作品侵权认定的审理尺度、裁判逻辑、论证将为民间文艺作品的法律规制提供部分实践经验。

三、实务中民间文艺作品如何受《著作权法》保护

在缺乏法律对民间文艺作品作出明文规定的情况下，司法实践中如何对其相关侵权纠纷进行审理，笔者结合部分案例发现，我国法院在审理涉及民间文艺作品中的工艺美术作品著作权侵权案件时，考虑到部分民间文艺作品具有一定的工艺技艺价值，如剪纸、刺绣、鼻烟壶等传统手艺，一般会将此类争议中的民间文艺作品进行“工艺特征”和“表达”分离，从著作权保护角度，剥去此类工艺的特殊因素，再从民间文艺作品本身所呈现的作品内容是否落入我国《著作权法》所称作品分类以及保护范围进行分析，实践中主要从如下几个角度进行审查。

（一）民间文艺作品能否落入《著作权法》所保护的对象范围

根据检索涉及民间文艺作品侵权相关的司法裁判案例，大多数案件的

---

〔1〕 参见胡开忠：《中国民间文艺作品版权保护障碍及解决路径|特别关注》，载微信公众号“中国版权杂志社”2024年3月12日，https://mp.weixin.qq.com/s/vdAIXznO1yx2UL1O092oLw。

案由均归类为著作权类纠纷范畴，而《著作权法》规定民间文艺作品的著作权保护办法由国务院另行规定，那么民间文艺作品是如何归类到《著作权法》的作品范围并受其保护的？参考民间文艺作品概念以及作品类型本身，从民间文艺作品的内容上来看，民间文艺作品通常借鉴了历史故事、历史人物等元素为基础素材；从民间文艺作品的表达方式上来看，部分民间文艺作品创作者将他人在先以其他形式（如工笔画）所创作的作品通过民间传统工艺/手艺方法（如剪纸、刺绣等）进行重铸、改编，可见此类民间文艺作品的创作及表达方式与《著作权法》中的美术作品类型相同或近似，因此实务中将部分民间文艺作品归类至《著作权法》第 3 条第 4 项规定的美术作品类型，即属于以绘画、书法、雕塑等以线条、色彩或者其他方式构成的有审美意义的平面或者立体的造型艺术作品，并以美术作品类型进行审理。

（二）民间文艺作品的权利人对作品是否享有著作权

根据《著作权法》第 3 条第 4 项、第 11 条的规定，美术作品属于《著作权法》所称作品，创作作品的公民是作者，著作权属于作者，如无相反证明，在作品上署名的自然人、法人或者非法人组织为作者。对于民间艺术作品的主体的确认可以通过程序规范从法律技术上进行权属的认定，在民间文艺作品的保护问题上，若创作时间久远且创作主体不明的情况下，法律优先保护本时代的二次创作者。实务中，美术作品的作者通常会提供其在相应刊物、画展等公开渠道发表其作品的证据，以证明其为作品的作者，而被告则经常会对原告的作者身份进行质疑或者抗辩。关于作者的原告主体资格问题，参考曹某某诉濮某某等侵害著作权纠纷案[1]，原告认为其于 2004 年创作完成美术作品《华清浴妃图》（见图 3.1），该作品在其所著的《曹某某画集》中发表，被告濮某某则提出抗辩，认为唐朝以后有古代画家创作的多个版本《华清浴妃图》，原告曹某某只是临摹的其中一位，对涉案《华清浴妃图》

---

〔1〕 参见江苏省高级人民法院民事判决书，(2019)苏民终 1410 号。

不享有著作权。法院认为,虽然被告濮某某进行了作者身份抗辩,但根据《著作权法》第3条、第11条的规定,作者的认定适用推定标准,故证明原告曹某某不具备主体资格或者不具有作者身份的举证责任在被告濮某某,该案中濮某某没有提供古代画家创作的多个版本的《华清浴妃图》的证据,也没有提供曹某某不是工笔画《华清浴妃图》作者的相关证据,故一审法院认定曹某某为涉案作品《华清浴妃图》的作者,对该画作依法享有著作权。

图3.1　原告曹某某工笔画《华清浴妃图》

(三)民间文艺作品的原作品或在先作品与演绎作品之间的关系

在民间文艺作品领域,部分作者会借助于历史题材或者有一定知名度的原作品进行再创作,此处的再创作相当于对原作品的"二次创作",那么这种再创作是否构成侵权,是否能够产生受著作权保护的新的作品,如果构成新的作品,应该归在何种作品类目中。

在上述曹某某诉濮某某等侵害著作权纠纷案中,法院倾向认为,工艺技术与传统美术工艺存在区别,作为民间技艺之一的苏绣是集画稿、图案、造型、针法、绣工、色彩、技艺、装裱等多方面的综合体现,苏绣和绘画是两种不同领域不同载体的不同表达方式,尽管有的苏绣以画作作为底稿,但经过绣线、绣层的改编,已经形成新的表达,法院借此认为濮某某依画制作苏绣并非简单复制(见图3.2),而是属于艺术的再创作行为,其实质是对曹某某画作《华清浴妃图》的改编，并非侵犯曹某某涉案作品复制权的行为。根据《著作权法》第10条第1款第14项的规定，改编权，即改变作品，创作出具有独创性的新作品的权利。《著作权法实施条例》第3条第1款规定，著作权法所称创作，是指直接产生文学、艺术和科学作品的智力活动。此外，在李某某与永鹏公司著作权权属、侵权纠纷案[1]中，法院认定，在创作过程中，李某某使用了民间传统艺术中"剪纸"的表现形式，但并非对既有同类题材作品的简单照搬或模仿，体现了作者的审美情趣，表现了独特的意象空间，凝聚了作者的智力劳动，既是对民间文学艺术的传承，也是借鉴民间文学艺术表现形式创作形成的新作品，具有独创性，符合作品的特征，属于民间文学艺术作品，应受著作权法保护。永鹏公司因《著作权法》规定的"民间文学艺术作品的著作权保护办法由国务院另行规定"而认为对民间文学艺术作品的保护适用《著作权法》的规定属于法律认知错误。由此可知，通过民间技艺形成的工艺美术作品属于视觉艺术，是美术作品的一种，并非单纯复制其参考的民间文艺作品，民间技艺所形成的工艺美术作品受到著作权法的保护。

图3.2　被告濮某某苏绣《华清浴妃图》

[1] 参见吉林省吉林市中级人民法院民事判决书，(2015)吉中民二知初字第52号；吉林省高级人民法院民事判决书，(2016)吉民终545号；最高人民法院民事裁定书，(2017)最高法民申2348号。

通过上述裁判案例分析,笔者认为:

首先,对于民间文艺作品而言,二次创作的民间文艺作品是否被纳入作品的保护范围将取决于其本身是否具有“独创性”,而民间文艺作品独创性的认定在很大程度上不同于一般文艺作品,认定其独创性涉及公共利益与著作权人垄断利益的平衡,法院在认定时会判断民间文艺作品是否达到独立可区别的程度,不能将已处于公有领域的民间文艺元素纳入作品的保护范围。

其次,以在先作品为素材或者背景进行创作的具有一定独创性的民间文艺作品属于演绎作品,如民间文艺作品基于在先作品的内容元素进行创作的行为属于二次创作行为,属于改编行为,法院如认定二次创作行为属于改编行为,则二次创作的作品属于演绎作品;如民间文艺作品被保护,被控侵权行为将极有可能被认定侵犯原作品的改编权;又如,民间文艺作品未被保护,即尚未达到独创性标准,则被控侵权行为将可能被认定侵犯原作品的复制权。

因此,在判断被控侵权行为是侵害复制权还是侵害改编权时,需要重点关注民间文艺作品作者的改编行为是否在原作品基础上形成了新的表达并产生了具有独创性的新作品。如果民间文艺作品作者在原作品的基础上添加了一定程度的、有别于原作品的、具有独创性的特有表达要素、表达方式、表达效果,即便新作品与原作品之间仍存在实质性相似,但此时新作品给予普通受众的欣赏体验和感受并不能完全等同于原作品,此种行为即可被认定为改编行为。

四、结语

笔者认为,对于民间文艺作品的保护与中国传统文化的流传、延续密不可分,例如,剪纸技艺,这种遍布于我国传统社会的特有民俗文化形式已有三千多年的历史了,如缺乏对这些民间文艺作品的保护,将大大降低手艺人的创作动力,有可能增加版权领域的恶性竞争、诋毁行为,不利于我国传统文化的传承发展。在涉及民间文艺作品的著作权纠纷案件中，法院已有类案判例对于此类作品的独创性认定、作品类型认定、侵权类型认定进行详细分析、论证，供各界人士学习、研究，且部分案例中法院通过平衡民间艺术家、非遗传承人与原著作者的著作权保护冲突问题来化解矛盾，既确认了民间艺术家、非遗传承人的智力创作成果，又为民间文学及非遗的传承提供了案例参考，为民间文艺作品的延续提供了合法性依据。

即便如此，我们离《"十四五"国家知识产权保护和运用规划》中明确提出要"制定传统文化、民间文艺、传统知识等领域保护办法"的要求仍有差距，民间文艺作品是中华优秀传统文化的重要组成部分，保护民间文艺作品版权对于传承和弘扬中华优秀传统文化具有重要意义，尽管民间文艺作品的著作权保护立法举步维艰，但我国理论和实务界一直在不断探索，寻求解决之策。在如今大力倡导知识产权大国和版权保护的政策下，我国应当加快推进民间文艺作品版权保护立法进程，尽快解决民间文艺作品的保存、保护、利用和发展中产生的纠纷，促进传统文化和非遗物质的繁荣和发展，维护国家文化安全。

实用艺术品的著作权保护研究

李良芳*

实用艺术品不仅能够满足人们物质上的实用需要,更能满足人们精神上的审美需要,兼具实用价值和审美价值。在物质生活水平越来越高的今天,消费者选购物品时不再局限于仅看重物品的实用功能,反而更趋向于追求物品的颜值、特色,更有甚者专门收藏这种堪称"艺术品"的实用物件。这使实用艺术品逐渐成为消费者选购物品中的"新宠",许多人甘愿为独具美感设计的汽车、家具、灯具、杯盏、服饰等额外付费,甚至高额付费。因其广大市场的存在,为设计者、厂家等带来可观的经济收益的同时,必然会引起大量的纠纷案件,因此,探讨实用艺术品的著作权保护及其侵权认定,是鼓励创新设计及对实用艺术品法律保护的意义所在。

一、法律概念上的实用艺术品——实用艺术作品

实用艺术品要想受到法律保护,首先它得是法律概念上的作品,而法律概念上的实用艺术品被称为实用艺术作品。实用艺术作品的英文翻译为"works of applied art",该概念源自《保护文学和艺术作品伯尔尼公约》

---

* 李良芳:广东广和(坪山)律师事务所律师,深圳市律师协会第十一届著作权法律专业委员会委员,中国法学会会员,深圳市"八五"普法讲师团讲师。2022 年 5 月获评深圳市律师协会"优秀青年律师",从业逾 17 年,擅长企业知识产权合规、纠纷处理及民商事争议解决等法律服务。

第2条第1款的规定。我国于1992年7月加入《保护文学和艺术作品伯尔尼公约》,“实用艺术作品”这一概念最早是在我国1992年9月25日发布并于同年9月30日实施的《实施国际著作权条约的规定》中出现。2020年修订后的该规定第2条规定:“对外国作品的保护,适用《中华人民共和国著作权法》(以下称著作权法)、《中华人民共和国著作权法实施条例》、《计算机软件保护条例》和本规定。”第6条规定:“对外国实用艺术作品的保护期,为自该作品完成起二十五年。美术作品(包括动画形象设计)用于工业制品的,不适用前款规定。”这是我国对外国实用艺术品保护的规定。然而在1990年版、2001年修正版、2010年修正版的我国《著作权法》中均没有任何有关“实用艺术作品”的规定。在《著作权法》第三次修改时,国务院原法制办公室2014年6月6日公布的公开征求意见的《著作权法(修订草案送审稿)》中明确将“实用艺术作品”列为作品的一种形式,并定义其为“玩具、家具、饰品等具有实用功能并有审美意义的平面或者立体的造型艺术作品”。然而,全国人大常委会2020年8月17日发布的向社会征求意见的《著作权法修正案(草案二次审议稿)》中删除了关于实用艺术作品的相关规定,而且2020年11月11日修正、2021年6月1日实施的现行有效的《著作权法》中也没有实用艺术作品的概念,未将实用艺术品作为一类作品列入其中。

我国现有成文法未将“实用艺术作品”这一概念规定其中,笔者认为是由于实用艺术作品在定义上相对模糊,如何设立相应的作品类型对其著作权进行保护存在较大的争议,所以立法工作仍裹足不前。但法律的生命在于经验而非逻辑,通过总结司法实践经验,我们可知实用艺术品可以通过满足一定条件而适用美术作品的相关规定,从而受到《著作权法》的保护。

二、实用艺术品受著作权保护的作品归类

因我国现行有效的《著作权法》等成文法并没有将实用艺术作品列为作品类型之一,因此,对于满足一定要件的实用艺术品如果要受著作权保护,应将其归为哪一作品类型进行保护经过了很长时间的司法探索。

我国《著作权法实施条例》第 4 条第 8 项将绘画等以线条、色彩或其他形式构成的有审美意义的平面或者立体的造型艺术作品规定为美术作品，似乎是实用艺术品可以归类为美术作品的一个影子。随后在 2018 年北京市高级人民法院发布的《侵害著作权案件审理指南》第 2.6 条规定了实用艺术作品中具有独创性的艺术美感部分可以作为美术作品受《著作权法》保护。2021 年 7 月，最高人民法院发布了第 28 批指导性案例，其中在第 157 号指导性案例中融公司与左尚明舍公司著作权权属、侵权纠纷案[1]中，最高人民法院在裁判要点中认为，具有独创性、艺术性、实用性、可复制性，且艺术性与实用性能够分离的实用艺术品，可以认定为实用艺术作品，并作为美术作品受《著作权法》的保护。因此，无论是从我国《著作权法实施条例》对美术作品的定义来看，还是从地方法院规定，最高人民法院指导案例、生效的裁判文书案例等角度来说，实用艺术品是一种具有审美意义的立体造型艺术作品，可以归入美术作品范畴，目前司法实践中也基本上是将实用艺术品归为美术作品受著作权保护。

三、实用艺术品受著作权保护的要件

（一）应当符合《著作权法》意义上美术作品的基本构成要件

实用艺术品想要受到《著作权法》的保护：首先，必须属于文学、艺术和科学领域内，具有独创性、能以有形的形式复制的智力创作，即能构成我国《著作权法》意义上的作品。其次，除了是《著作权法》保护的作品，还必须是绘画、书法、雕塑等以线条、色彩或者其他方式构成的具有审美意义的平面或者立体的造型艺术作品，即构成我国《著作权法》保护的美术作品。

（二）实用艺术品中的艺术美感须能够与实用功能相互分离、相互独立

实用功能是专利法的保护对象，不是《著作权法》的保护对象，《著作权

〔1〕 参见最高人民法院民事裁定书，(2018)最高法民申 6061 号。

法》仅保护实用艺术品中具有“艺术性”的部分。因此，实用艺术品要受到著作权保护就要求实用艺术品中的艺术美感与实用功能相互分离、相互独立。关于艺术美感与实用功能的相互分离、相互独立，存在“物理上的可分离”和“观念上的可分离”两种说法。

物理上的可分离即要求实用艺术品的艺术成分要能“真实地”同实用功能区分开来，同时将艺术成分与实用功能分离后，对实用艺术品的功能性不产生减损。在中商公司与炭草花公司、缪某某等著作权侵权纠纷案〔1〕中，福建省高级人民法院认为该案中原告要求保护的霸王龙考古桌分为两个部分，上半部分是霸王龙骨架，下半部分桌子按照功能需求分割成各个格子，便于儿童在桌子上操作恐龙化石玩具，中间挡板将上下两部分连接起来，即霸王龙骨架立在挡板上。将上半部分霸王龙骨架移除，不影响下半部分桌子的实际用途，而涉案考古桌整体造型艺术美感的表达部分主要集中在上半部分霸王龙骨架，故其艺术性部分与实用性部分在物理层面上是可分离的。

观念上的可分离是指“如果改动实用艺术品在艺术部分的设计，影响了实用功能的实现，则艺术成分与实用功能在观念上是无法分离的。但如果改动了实用艺术品在艺术部分的设计，不会影响实用功能的实现，则艺术成分与实用功能可以在观念上分离”〔2〕，司法实践中大多认同这种说法。就梵华公司主张的涉案家具的相关具体设计而言，若对上述设计进行改动，如将三角形折边拼接组合而成的家具腿改为方形腿或圆柱形腿，并不会影响其实用功能的实现，故梵华公司主张的上述设计的艺术成分与其实用功能在观念上可分离。在中融公司与左尚明舍公司著作权权属、侵权纠纷案〔3〕中，法院认为“唐韵衣帽间家具”的实用功能主要在于柜体内部置物空间设计使其具备放置、陈列衣物等功能，以及柜体L形拐角设计使其能够匹配具

〔1〕 参见福建省高级人民法院民事判决书，(2022)闽民终318号。
〔2〕 福建省高级人民法院民事判决书，(2022)闽民终318号。
〔3〕 参见最高人民法院民事裁定书，(2018)最高法民申6061号。

体家居环境进行使用。该家具的艺术美感主要体现在板材花色纹路、金属配件搭配、中式对称等设计上,通过在中式风格的基础上加入现代元素,产生古典与现代的双重审美效果。改动“唐韵衣帽间家具”的板材花色纹路、金属配件搭配、中式对称等造型设计,其作为衣帽间家具放置、陈列衣物的实用功能并不会受到影响。因此,“唐韵衣帽间家具”的实用功能与艺术美感能够进行分离并独立存在。

我国司法实践基本统一采用实用艺术品要受著作权保护应具备实用功能的实用性与体现艺术美感的艺术性相互分离、相互独立,拆分或改动实用艺术品中的艺术性不会导致其实用功能实质丧失的特点。

(三)实用艺术品中可与实用功能相分离的艺术成分应达到较高水准的艺术创作高度

著作权保护作品的本质主要在保护作品的艺术价值,对实用艺术品而言,其应被保护的是具有审美意义、具有独创性的造型艺术。若不将具有一定艺术高度作为实用艺术品受著作权保护的条件,那么设计者们将都不愿意去申请保护期限短、保护领域受限,需申请登记才受保护的外观设计专利,而都去申请保护期限长、无须登记,自创作完成就能自动生成版权的著作权,如此必然会导致外观设计专利制度被架空。而且如果所有外形可与实用功能分离的实用艺术品都可受《著作权法》保护,降低对艺术美感的要求,也不符合“美术作品”的应有之义。因此,实用艺术品的艺术性一定程度上要达到一定的艺术创作高度,这种创作高度至少应使一般公众足以将其看作艺术品。在梵华公司与美旋公司、韫旋公司著作权权属、侵权纠纷案[1]中,上海市浦东新区人民法院认为涉案 15 件家具中,PLEC 餐桌、GEODA 玄关柜及 3 件 FRACTAL 家具所涉及的造型通过几何线条和面块的不同组合,模拟出山谷、山峰、飞鸟等形态,达到一种来自现实又区别于现

---

〔1〕 参见上海市浦东新区人民法院民事判决书,(2017)沪 0115 民初 32234 号。

实的艺术效果。上述造型的艺术性明显高于实用性，甚至无任何实用功能，均达到了一定水准的艺术创作高度，能够使一般公众将其看作艺术品，故构成美术作品。但剩余10件家具的造型设计较为简单，这种"简洁美"没有体现出实用艺术品作为美术作品所需要的艺术创作高度，与同类家具区别不大，不构成美术作品。

四、结语

虽然我国《著作权法》并未对实用艺术品保护作明文规定，但我国作为《保护文学和艺术作品伯尔尼公约》成员国之一，有义务保护实用艺术品。目前司法实践中基本认可实用艺术品在满足《著作权法》美术作品的基本要求的基础上，若其实用性与艺术美感在物理或观念上可分离，且与实用功能相分离的艺术成分能够达到使一般公众将其看作艺术品的艺术创作高度，则实用艺术品可以被看作美术作品受到我国《著作权法》的保护。呼吁设计者和企业应着重加强实用艺术品艺术部分创作的投入，鼓励设计出既实用又无与伦比美丽的艺术品，这样既符合市场需求、实现经济利益，又可以使实用艺术品受到法律的保护。

论实务中就新产品造型同时申请外观设计专利权与著作权的必要性

李　迎*

在讨论企业如何做好自身知识产权建设与保护时，企业往往容易被建议就新产品的造型同时申请外观设计专利权与著作权，这一建议一方面出于企业最大限度保护知识产权的需求，另一方面也与外观设计专利权和著作权的保护类型、保护方式、申请标准、保护年限等存在差异有关，为此企业需要投入大量时间成本和经济成本进行权利固定，但这种申请方案是必要的吗？从过往判例中不难发现，当产品设计或产品设计图以著作权的权利形式出现时，法院在侵权认定方面尚未达成统一观点，不同判例往往认定不同。这种争议也是一种启示，即对企业来说就新产品造型申请外观设计专利权仍是目前最直接有效的保护产品造型的方法。

一、寻求专利法保护和著作权法保护的依据

外观设计专利在我国《专利法》第 2 条第 3 款给出的定义是，外观设计，是指对产品的整体或者局部的形状、图案或者其结合以及色彩与形状、图案

* 李迎：广东敦衡律师事务合伙人，深圳市律师协会第十一届著作权法律专业委员会委员，专利代理师。专职从事知识产权相关法律工作逾 11 年。先后在深圳多家知名专利代理机构及律师事务所专职从事著作权、专利权、商标权领域的申报、确权及争议解决工作。

的结合所作出的富有美感并适于工业应用的新设计。2020 年修正后的《专利法》将外观设计专利的保护期从 10 年延长至 15 年。外观设计专利可通过向专利局提交申请来取得，但需要指出的是，在申请阶段，专利局只进行形式审查，而不进行具体审查，即该设计是否因已经存在于现有设计当中而不具备新颖性要求，这也就降低了新产品造型获取专利证书的难度。

我国作为成员国签署的《保护文学和艺术作品伯尔尼公约》中约定了“实用艺术作品”属于文学、科学和艺术领域内的成果，应当受到各成员国的保护。该公约约定，实用艺术作品的保护期限由各成员国的法律规定，但这一期限不应少于自该作品完成之后算起的 25 年。我国《实施国际著作权条约的规定》第 6 条第 1 款规定，对外国实用艺术作品的保护期，为自该作品完成起 25 年。这一规定仅适用于外国实用艺术作品，我国暂未对本国实用艺术作品出台明确的法律规定。虽然在我国司法裁判实务中，裁判观点纷纷支持了应该保护国内实用艺术作品，但实务中仍在探讨实用艺术作品需要满足怎样的条件才能受到我国《著作权法》的保护。由此看来，“外观设计”的专利保护路径要比“参照适用美术作品”的著作权保护路径清晰许多。

二、专利法与著作权法适用条件的差异

在一则指导案例中融公司与左尚明舍公司著作权权属、侵权纠纷案〔1〕中，裁判要点为，对于具有独创性、艺术性、实用性、可复制性，且艺术性与实用性能够分离的实用艺术品，可以认定为实用艺术作品，并作为美术作品受著作权法的保护。受著作权法保护的实用艺术作品必须具有艺术性，著作权法保护的是实用艺术作品的艺术性而非实用性。

在该指导案例中，原告要求保护的作品为一款名称为“唐韵衣帽间家

---

〔1〕 参见最高人民法院民事裁定书，(2018)最高法民申 6061 号。

具”的家具图(见图 3.3),原告对“唐韵衣帽间组合柜”的立体图案申请了著作权登记。之后原告发现,被告销售的品牌为“越界”的“唐韵红木衣帽间”与原告的“唐韵衣帽间家具”完全一致。原告认为,“唐韵衣帽间家具”属于实用艺术作品,被告侵犯其复制权、发行权。

图 3.3 “唐韵衣帽间组合柜”的外观设计专利图

注:原告左尚明舍公司于 2012 年 11 月 14 日就涉案著作权作品申请了名为“衣帽间组合柜(唐韵)”的外观设计专利,专利号:ZL201230552081.8。

最高人民法院明确了我国《著作权法》保护实用艺术作品,实用艺术作品兼具实用性和艺术性,我国《著作权法》保护的是其艺术性部分,更具体地说,保护的是实用艺术作品上具有独创性的艺术造型或艺术图案,亦即该艺术品的结构或形式。实用艺术作品必须满足实用性与艺术性可以分离的要求,且艺术性层面需要达到独创性要求。具体到该案,最高人民法院认为,关于原告“唐韵衣帽间家具”的实用功能是否能与艺术美感分离的问题,改动“唐韵衣帽间家具”的板材花色纹路、金属配件搭配、中式对称等造型设计,其作为衣帽间家具放置、陈列衣物的实用功能并不会受到影响。因此,“唐韵衣帽间家具”的实用功能与艺术美感能够进行分离并独立存在。关于左尚明舍公司完成的“唐韵衣帽间家具”是否具有独创性的问题,从板材花色设计方面看,左尚明舍公司“唐韵衣帽间家具”的板材花色系由其自行设计完成,非采用木材本身的纹路,而是提取传统中式家具的颜色与元素用抽象手法重新设计,将传统中式与现代风格融合,在颜色的选择、搭配、纹理走向及深浅变化上均体现了其独特的艺术造型或艺术图案;从配件设计方面看,"唐韵衣帽间家具"使用纯手工黄铜配件,包括正面柜门、抽屉把手及抽屉四周镶有黄铜角花、波浪的斜边及镂空的设计。在家具上是否使用角花镶边、角花选用的图案、镶边的具体位置,均体现了左尚明舍公司的取舍、选择、设计、布局等创造性劳动;从中式家具风格看,"唐韵衣帽间家具"右边采用了中式一一对称的设计,给人以和谐的美感。因此,"唐韵衣帽间家具"具有审美意义,具备美术作品的艺术创作高度。

该指导案例明确给予了实用艺术作品在著作权法上的保护路径,笔者以该案诉争的"唐韵衣帽间家具"为例,在申请了外观设计专利的前提下,既可以通过《专利法》进行保护,也可以通过《著作权法》进行保护,在笔者看来,如果通过《专利法》进行保护,则不再要求"实用性和艺术性分离"和"达到一定艺术创作高度"。

比较典型的案例,如某某电脑贸易(上海)有限公司、北京某某电讯设备有限责任公司与北京知识产权局、深圳市某某营销服务有限公司等专利侵权行政处理纠纷案[1],原告要求保护的外观设计比较简约(见图3.4),无法达到一定的艺术创作高度,并且无法做到实用性和艺术性分离。

该侵害外观设计专利权纠纷经过一审、二审、再审程序,最终最高人民法院认定被诉侵权产品与外观设计在整体视觉上具有实质性差异,二者不近似。与此同时,涉案专利经过专利无效、专利行政诉讼、专利行政诉讼二审等多轮程序,被认定有效,即简约的设计并不必然导致专利无效,简约的设计也可以受到专利法的保护。

---

〔1〕 参见最高人民法院行政裁定书,(2019)最高法行申1377号。

图 3.4　原告的外观设计专利图

三、根据设计类型选择保护路径

在笔者看来，这两个案例给予我们的初步启示为：比较简约的设计和功能本身结合较紧密的设计，必须通过申请专利进行保护；而具有一些复杂样式的设计、相对能够与主体功能拆分的设计，既可通过申请专利进行保护，也可以通过因完成作品而天然形成的著作权进行保护。以下案例也可佐证这一观点。

在千橡公司与俊工公司著作权权属、侵权纠纷案[1]中，原告主张保护的设计是“紧扣式箱体肉串机”，并为此进行了著作权登记。法院首先肯定了对实用艺术作品可以通过著作权法进行保护，但也同时提出了需要把其中“实用性”的部分进行排除，而案涉肉串机完全是为了实现生肉切割、增强穿串的功能而设计出来的，排除其功能性设计之外，该肉串机在色彩搭配、造型选择、外观设计等方面并不具有艺术上的独创性，不属于受著作权法保护的作品。该案例说明了与功能紧密结合且不具备独特艺术美感的设计，

〔1〕参见河北省高级人民法院民事判决书，(2019)冀知民终 290 号。

不适合通过《著作权法》进行保护。

在新族公司与冠以美公司著作权权属、侵权纠纷案[1]中，原告主张保护一种“美妆一体柜”的设计。对于案涉“美妆一体柜”的实用性能否与艺术性分离的问题，法院认为，即便涉案“美妆一体柜”各功能区的划分和排列具有艺术性，但其艺术性与实用性混合，无法分离，不能受到著作权法的保护；至于涉案“美妆一体柜”的整体形状和颜色搭配、眉头的文字设计和灯光效果，是可以将实用性和艺术性分离考虑的。对于可以分离的部分，法院进一步比较了原告的案涉“美妆一体柜”设计和在先的美妆杂志上的设计，最终得出结论：按照美术作品的创作高度和严格审查的原则进行分析，法院认为，涉案“美妆一体柜”上述区别设计不足以构成艺术上的独特表达，尚未达到美术作品的创作高度。该案例说明了能够与功能性相对分离的设计，还需要达到一定的美术作品的创作高度。

四、结语

迄今为止，我国通过著作权法保护实用艺术作品的案例并不多，这意味着在确定实用艺术作品实用性与艺术性可分离标准、实用艺术作品美术创作高度标准等方面，还需要进一步的司法实践探究。但我们仍然可以从现有案例中总结出一些对企业有实际意义的经验，即若企业的设计成果与产品功能具有紧密联系，则申请外观设计专利权是维权的必要条件，而申请著作权的意义不大；若企业的设计成果有自信能够达到一定的美术作品的创作高度，则可以通过申请著作权进行保护，也可以通过申请专利进行保护；而对于企业无法判断设计成果能否与产品功能分离、是否达到了一定的美术作品的创作高度的，至少应当进行专利申请。

---

[1] 参见广州知识产权法院民事判决书，(2017)粤73民终537号。

美术作品与外观设计之竞合保护问题探讨

谢　涛*

实践中，将美术作品应用于工业生产的现象非常普遍，基于保护范围和力度的考虑，权利人多会同时申请美术作品著作权登记和外观设计的专利权授予。本文基于两项权利的竞合，结合我国现行有效法律法规，尝试探究美术作品与外观设计的竞合保护问题。

一、美术作品与外观设计在立法层面的竞合保护

我国《专利法》对外观设计的定义强调“富有美感并适于工业应用的新设计”。[1]《著作权法》对于美术作品的保护，是作者具有独创性的艺术美感的表达[2]。而北京市高级人民法院《侵害著作权案件审理指南》规定，实用艺术作品中具有独创性的艺术美感部分可以作为美术作品受著作权法保护。专利法、商标法、反不正当竞争法能够提供保护的，不影响当事人对其中具有独创性的艺术美感部分主张著作权法保护。

---

* 谢涛：北京德恒（深圳）律师事务所律师，深圳市律师协会第十一届著作权法律专业委员会委员，知识产权工程师。拥有法律、对外经济贸易跨学科背景，为深圳多家政企服务，专注政企法律顾问、知识产权、科技金融等领域，在知识产权诉讼与非诉领域经验丰富。

〔1〕《专利法》第2条第3款规定：“外观设计，是指对产品的整体或者局部的形状、图案或者其结合以及色彩与形状、图案的结合所作出的富有美感并适于工业应用的新设计。”

〔2〕《著作权法》第3条规定：“本法所称的作品，是指文学、艺术和科学领域内具有独创性并能以一定形式表现的智力成果，包括：（一）文字作品……（四）美术、建筑作品……”

因此，当“富有美感并适于工业应用”的外观设计，同时具备“独创性的艺术美感的表达”的条件时，其可分离的具有艺术美感的部分可以获得著作权法的保护。由此可见，美术作品与外观设计，两者无论是保护法益的构成要件，还是司法实践的保护客体，均存在竞合的问题，因该竞合保护而引发的相关争议和思考也正是本文讨论的问题。

二、实务中因美术作品与外观设计竞合保护引发的争议

我国《专利法》第 42 条规定，发明专利权的期限为 20 年，实用新型专利权的期限为 10 年，外观设计专利权的期限为 15 年，均自申请日起计算。《著作权法》第 23 条第 1 款、第 2 款规定，自然人的作品，其发表权、该法第 10 条第 1 款第 5 项至第 17 项规定的权利的保护期为作者终生及其死亡后 50 年，截止于作者死亡后第 50 年的 12 月 31 日；如果是合作作品，截止于最后死亡的作者死亡后第 50 年的 12 月 31 日。法人或者非法人组织的作品、著作权（署名权除外）由法人或者非法人组织享有的职务作品，其发表权的保护期为 50 年，截止于作品创作完成后第 50 年的 12 月 31 日。两项权益的保护期限不同，在司法实务中对于外观设计终止后，可否继续获得著作权法的保护，存在分歧。

如前所述，两者法益存有竞合，部分案例认为，专利权的终止公示即意味着该专利已进入公有领域，无法就其外观设计获得著作权法保护。例如，在三茂公司与永隆商行著作权侵权纠纷案[1]中，一审广东省深圳市中级人民法院认为，该案涉及著作权与外观设计专利权的权利冲突。就同一涉案标贴作品，三茂公司既享有著作权也享有外观设计专利权。尽管三茂公司发表并使用了涉案标贴，但是因三茂公司自愿选择了外观设计专利权的保护，而外观设计专利未缴年费已失效，涉案标贴进入了公有领域，已经成为任何人都可以使用的公众财富，失去了著作权法的专有权保护。该案终审

---

[1] 参见广东省深圳市中级人民法院民事判决书，(2004)深中法民三初字第 670 号；广东省高级人民法院民事判决书，(2005)粤高法民三终字第 236 号。

广东省高级人民法院认同一审认定的同时,认为三茂公司自愿申请并获得外观设计专利权,即从版权的保护进入工业产权的保护。该外观设计进入公有领域,则不再受法律保护、不能禁止他人在相同或类似的产品上使用相同或近似的外观设计。为此,该案终审认定永隆商行使用与该失效的外观设计专利相近似的包装标贴,使用方式与三茂公司失效的外观设计专利标贴使用方式相同,都是香麻油产品包装标贴,属于对已经进入公有领域的公众财富的使用,没有侵犯三茂公司的专利权,同时,这种工业性使用也未侵犯三茂公司的著作权。

与之相反,江苏省高级人民法院在淘米公司与特普丽公司著作权权属、侵权纠纷案[1]中认为,法律并不禁止权利人在同一客体上享有多种民事权利。作品,特别是美术作品,被大量应用于工商业领域,如产品的外观设计、商业标识、包装装潢、广告宣传等。某一作品在受到著作权法保护的同时,由于其在工商业领域的使用而同时获得专利法、商标法、反不正当竞争的保护,既符合民法的宗旨和基本原则,也早已被社会公众所认同。同一客体存在多种民事权利,每一种民事权利及其相应的义务都应当由相应的法律分别进行规制和调整。

三、相关启示和思考

(一)权利人同时拥有专利权和著作权,两种权利并行不悖

从前述江苏省高级人民法院对淘米公司与特普丽公司著作权权属、侵权纠纷案的终审判决不难理解,著作权的保护期应该适用著作权法的有关规定,而不受专利法规制。权利人专利公告仅告知社会公众涉案专利权终止,并未涉及该权利客体是否受到其他法律的保护。对于在作品基础上获得的外观设计专利,权利人同时拥有专利权和著作权,两种权利并行不悖。

外观设计专利权保护期届满后,权利人丧失的仅仅是专利法保护的相

---

[1] 参见江苏省高级人民法院民事判决书,(2015)苏知民终字第00037号。

关权利,其享有的著作权依然存在,受到著作权法的保护。[1] 如果因为外观设计专利权失效,该图案就进入公有领域,这一结论显然与著作权法相抵触,其实质是将著作权当作专利权的从属权利,但这既无法律依据,也与基本法理相悖。

(二)类比其他指导性案例

2021 年 7 月,最高人民法院发布了第 28 批指导性案例,其中在第 157 号指导性案例中融公司与左尚明舍公司著作权权属、侵权纠纷案[2]中,一审南京市中级人民法院认为左尚明舍公司主张的作品是一种产品的设计图,中融公司按图生产的被控"唐韵红木衣帽间产品"的功能性与艺术性无法分离,属于工业产品,此生产行为不属于著作权法意义上的复制行为,不构成侵权。二审法院认为,中融公司主张的是"唐韵衣帽间家具"的整体形状,以及板材花色纹路、金属配件搭配、中式对称设计等的组合,整体富有美感并可用于工业化生产,属于具有实用价值的艺术作品,改判构成侵权。对此,最高人民法院认为:"我国《著作权法》所保护的是作品中作者具有独创性的表达,而不保护作品中所反映的思想本身。实用艺术品本身既具有实用性,又具有艺术性。……作为美术作品受著作权法保护的实用艺术作品,除同时满足关于作品的一般构成要件及其美术作品的特殊构成条件外,还应满足其实用性与艺术性可以相互分离的条件。""唐韵衣帽间家具"的实用功能主要在于柜体内部置物空间设计使其具备放置、陈列衣物等功能,改动"唐韵衣帽间家具"的板材花色纹路、金属配件搭配、中式对称等造型设计,其作为衣帽间家具放置、陈列衣物的实用功能并不会受到影响。因此,最高人民法院认定涉案"唐韵衣帽间家具"的实用功能与艺术美感能够进行分离并独立存在,权利人涉案家具作为兼具实用功能和审美意义的立体造型艺术作品,属于受著作权保护的美术作品。

---

[1] 参见江苏省高级人民法院民事判决书,(2015)苏知民终字第 00037 号。
[2] 参见最高人民法院民事裁定书,(2018)最高法民申 6061 号。

尽管实践中对于“实用性与艺术性可分离”的原则和相关判断有诸多争议，但是借鉴最早确定前述“分离原则”的美国联邦最高法院1954年判决的Mazer案法庭摘要[1]的内容，法院认为，“认识到版权和外观设计专利保护之间的区别，审理过这一问题的法院认为有些作品无疑可能有资格获得这两种保护”。“版权局在作出决定时，没有考虑到提交登记的作品可能用于商业活动中。无论是版权法现有文本还是历史条款，都没有任何一条规定明确艺术作品具有商业价值时则不能受到版权法保护。”[2]笔者更认同后一观点，主要原因在于以下几个方面。

1. 美术作品著作权与外观设计专利权的保护范围不同

美术作品，是指绘画、书法、雕塑等以线条、色彩或者其他方式构成的有审美意义的平面或者立体的造型艺术作品。美术作品多通过线条、形状、图案、色彩等独创艺术表达出来，其本身保护的是作者艺术思想的特殊表达。

外观设计专利权的取得以申请为前提。被授予专利权的外观设计应当不属于现有设计，并且在申请日以前，没有任何单位或者个人就同样的外观设计向国务院专利行政部门提出申请并记载在申请日以后公告的专利文件中。申请外观设计专利的，应当提交请求书、该外观设计的图片或者照片以及对该外观设计的简要说明等文件，最后获得授权的外观设计的保护范围会受到申请时提交的图片或者照片中该产品外观设计的限制，简要说明可以用于解释图片或者照片所表示的该产品的外观设计。

由此可见，外观设计保护的范围与美术作品在图案及构思上存在重叠，但两者所保护的法益客体截然不同。

由于美术作品著作权与外观设计专利权的保护范围不同，当外观设计

---

〔1〕 U. S. Copyright Office, *Mazer v. Stein*, *347 U. S. 201*, *100USPQ 325*, Copyright Office (1954), https://www.copyright.gov/rulongs - filongs/briefs/mazer - V - stein - 347 - u - s - 201 - 1954.polt.

〔2〕 U. S. Copyright Office, *Mazer v. Stein*, *347 U. S. 201*, *100USPQ 325*, Copyright Office (1954), https://www.copyright.gov/rulongs - filongs/briefs/mazer - V - stein - 347 - u - s - 201 - 1954.polt.

专利终止后，使用与该外观设计专利相同或相近似的产品外观设计特征的行为，不构成外观设计侵权。但是，涉案专利的终止，并不必然导致权益客体原本受到其他法律保护的权益的终止。

2. 美术作品著作权与外观设计专利权进入公有领域的条件不同

依据《专利法》的相关规定，当某项外观设计专利终止时，该项专利在《专利法》意义上已经进入公有领域，权利人不能禁止他人在相同或类似的产品上使用相同或近似的外观设计。如前所述，依据《著作权法》第23条的规定，作品权利保护期届满，作品进入公有领域。但是，在该外观设计专利进入公有领域后，如果作品著作权仍处于保护期内，抑或说当外观设计虽已进入公有领域，但该外观设计本身同时还具备独创性，符合《著作权法》意义上的作品的构成条件时，其著作权法意义上的权益并未进入公有领域，应当受到著作权法的规制和调整。

由此，可以得出结论，当外观设计专利整体或部分区别设计特征具备《著作权法实施条例》规定的"以线条、色彩或者其他方式构成的有审美意义的平面或立体的造型艺术作品"的条件时，如擅自使用则存在侵犯权利人著作权的法律风险。

四、结语

综上所述，笔者认为，同一客体存在多项民事权益，尽管法益彼此存在竞合，但并不因其中一项权利的终止而当然导致其他权利的丧失。某一作品在受到著作权法保护的同时，由于其在工商业领域的使用而同时获得专利法、商标法、反不正当竞争的保护，既符合民法的宗旨和基本原则，也早已被社会公众所认同。美术作品保护的是作者具有独创性的艺术美感的表达，而外观设计保护的是富有美感并适于工业应用的新设计。同一客体存在多种民事权利，每一种民事权利及其相应的义务都应当由相应的法律分别进行规制和调整。权利的竞合导致司法实务中存有一定的争议，因此划清权利的边界，平衡各项权益则更为合理，也更符合法律的宗旨。

美术作品与图形作品的区别与选择

——以“生理特点新型内裤”案展开

屈文静*

张某将《男士生理特点新型内裤》《男士生理特点新型内裤裤模》在国家版权机构进行了版权登记，作品类型为美术作品。而且，张某就男士生理特点新型内裤（见图 3.5）申请并获得了实用新型专利。张某认为，中山某枪花制衣厂生产、销售的衣服与其设计的上述作品一致，侵害了其著作权。

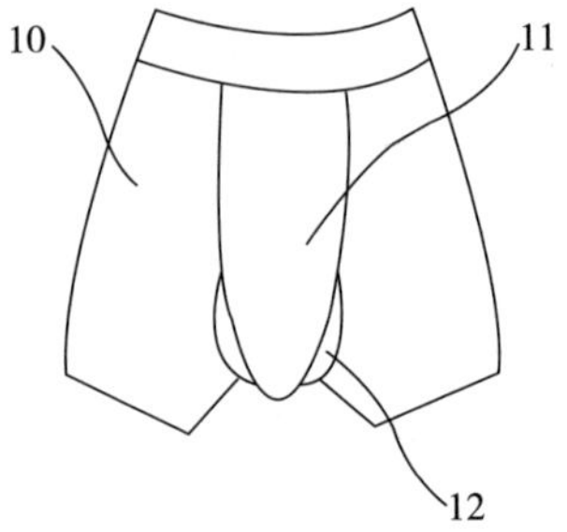

图 3.5　男士生理特点新型内裤作品

2016 年 11 月，张某向深圳市福田区人民法院起诉。福田区人民法院认

---

* 屈文静：广东邦桑律师事务所负责人，深圳市律师协会第十一届著作权法律专业委员会委员，广东省律师协会第十二届著作权法律专业委员会委员，中国电视剧制作产业协会娱乐法研究基地研究员，北京市文化娱乐法学会理事。在《版权维权研究与实务》等期刊、微信公众号发表专业文章近 30 篇。

为，张某主张权利为美术作品的复制权和发行权，其实质要求保护的是服装设计图的复制权和发行权。服装设计图之所以作为作品受《著作权法》保护，是因为其存在的科学之美，而且，按照服装设计图加工制作服装并出售，不属于著作权法意义上的复制与发行。故驳回了张某的诉讼请求。[1]

2017 年 7 月，张某不服福田区人民法院的一审判决，向深圳市中级人民法院提起上诉。张某认为，其在该案中主张的内容还包括美术作品《男士生理特点新型内裤裤模》，且该案情况属于著作权法意义上的复制。深圳市中级人民法院认为，张某主张保护的涉案美术作品，要求保护的独创性表达在于其设计的内裤、裤模因实用功能而与普通内裤、裤模相区别的外观特征，其设计的内裤的实用功能与外观特征无法分离，在艺术性和美学方面也没有满足构成美术作品的最低要求，不属于我国《著作权法》保护的美术作品。因此，张某主张其著作权被侵犯无法律依据。[2]

2018 年，张某基于上述同一事实向中山市第二人民法院起诉。中山市第二人民法院认为，张某主张的内裤、裤模造型，都是根据人体穿着内裤的形态设计的，是常见的表达方式，并不符合产品设计图所反映的科技之美，不具有独创性，且著作权法并不保护实用性功能，不能认定张某登记的内裤、裤模造型构成图形作品。张某不服该判决，提起了上诉。中山市中级人民法院认为，独创性是作品获得著作权保护的必要条件。张某主张保护的内容的艺术性和实用性在物理和观念上均不可分离，不能作为作品受到著作权法的保护。[3]

张某为了这款“生理特点新型内裤”[4]作品先后在深圳市和中山市两地法院提起诉讼，均以败诉告终。张某在第一次起诉时，主张的作品类型是美术作品，被法院驳回了诉讼请求；张某又提起了第二次诉讼，主张的作品

[1] 参见广东省深圳市福田区人民法院民事判决书，(2016)粤 0304 民初 24710 号。

[2] 参见广东省深圳市中级人民法院民事判决书，(2017)粤 03 民终 11560 号。

[3] 参见广东省中山市中级人民法院民事判决书，(2018)粤 20 民终 3984 号。

[4] 《男士生理特点新型内裤》《男士生理特点新型内裤裤模》，以下合称“生理特点新型内裤”。

类型是图形作品,同样被法院驳回了诉讼请求。张某的维权经历令我们思考:张某按不同的作品类型分别提起诉讼是否会有所区别?其所主张的“生理特点新型内裤”是否受《著作权法》的保护?

一、“生理特点新型内裤”是什么

“‘生理特点新型内裤’是什么”这一事实问题,是讨论该案法律问题的基础。内裤属于服装的一种。服装从最初的设计概念到成衣,从服装设计流程中可提炼出五种智力形式:设计草图、服装设计图、服装样板、模型、成衣。[1] 根据裁判文书的内容,无法看到“生理特点新型内裤”的具体内容,但通过检索实用新型专利附图,再结合“生理特点新型内裤”的作品名称,基本可以确定《男士生理特点新型内裤》系内裤设计图,《男士生理特点新型内裤裤模》系内裤模型。

二、“生理特点新型内裤”的作品类型:美术作品与图形作品

根据著作权法法定的基本理论,作品欲受《著作权法》的保护,该作品一定要是《著作权法》规定的作品类型,否则其无法被称为作品。[2] 《著作权法》及《著作权法实施条例》对作品类型进行了明确,如文字作品、音乐作品、舞蹈作品、摄影作品等。对于新型作品,当事人或法院可以运用法律解释方法将其归入上述法律规定的作品类型。[3] 当然,有学者认为作品类型不应限于《著作权法》明确列举的形式,但在司法实践中,法院一般都会遵循《著作权法》规定的作品类型。因作品类型法定以及每种作品的构成要件、对应的权利内容可能存在不同,故确定涉案的作品类型,是法院审查的基本问题之一。作品属于何种作品类型,实际上是法律评价问题,当事人的认识不

---

〔1〕 参见陈依卓宁:《服装设计作品的著作权司法保护探析》,载《电子知识产权》2017 年 Z1 期。

〔2〕 参见袁博:《著作权法解读与应用》,知识产权出版社 2018 年版,第 12 页。

〔3〕 参见陈锦川:《法院可以创设新类型作品吗》,载《中国版权》2018 年第 3 期;李琛:《论作品类型化的法律意义》,载《知识产权》2018 年第 8 期。

同,其主张的作品类型就可能不同,而在当事人同意的情况下,法院可结合具体情况,确定作品类型。而且,同一创作成果可能存在不同的表现形式,因此同一创作可能同时构成不同的作品类型。[1] 因此,张某可以就同一作品以不同的作品类型,提起两次诉讼来维权。但问题是,“生理特点新型内裤”到底是美术作品还是图形作品,或同时构成两种作品类型?

虽然“生理特点新型内裤”进行了著作权登记,登记的作品类型为美术作品,但我国著作权登记以自愿登记为原则,登记内容主要基于申请人的填报,登记机构对登记的内容并不进行实质性审查。因此,“生理特点新型内裤”的作品类型不一定是美术作品。如前所述,张某的作品内容包括两个,一个是内裤设计图,另一个是内裤模型。根据《著作权法实施条例》关于美术作品、图形作品的定义[2],如果“生理特点新型内裤”构成作品,则内裤设计图应属于图形作品,而内裤模型则更接近美术作品。但在张某维权的案件中,四个法院均未对“生理特点新型内裤”进行区分,或许在法院看来,两个作品没有区别,或者没有区分的必要。

三、“生理特点新型内裤”的可复制性:实用性与艺术性

《著作权法》只保护“表达”,不保护“思想”,这是著作权法的一项基本原则,该原则在国际条约有明确的规定,各个国家均普遍接受。《著作权法》不保护的“思想”包括抽象的思想、思路、观念、理论、操作方法、技术方案、实用功能等。《计算机软件保护条例》第6条规定,软件著作权的保护不延及思想。但我国《著作权法》对于“思想”与“表达”的区分没有明确的规定。《著作权法实施条例》第2条规定了作品的构成要件:文学、艺术和科学领域内,具有独创性,有形形式复制,智力成果。[3] 对于“有形形式复制”要件,

---

〔1〕 参见王迁:《著作权法》,中国人民大学出版社2015年版,第77～78页。

〔2〕 美术作品,是指绘画、书法、雕塑等以线条、色彩或者其他方式构成的有审美意义的平面或者立体的造型艺术作品;图形作品,是指为施工、生产绘制的工程设计图、产品设计图,以及反映地理现象、说明事物原理或者结构的地图、示意图等作品。

〔3〕 作品,是指文学、艺术和科学领域内具有独创性,并能以某种有形形式复制的智力成果。

其实在强调“表达”,[1]甚至有意见认为,“有形形式复制”本就是对“表达”的规定。[2] 在中体报业与图书大厦、广东音像公司、豪胜文化公司著作权纠纷案[3]中,法院直接将上述要件中的“复制”替换为“表达”,作品应当具备以下条件:一是文学、艺术和科学技术领域内的智力成果;二是具有一定有形方式的表达而非单纯的思想;三是具有独创性。

“生理特点新型内裤”是否为著作权法保护的“表达”?“生理特点新型内裤”具有内裤的工业生产的实用功能,而实用功能属于“思想”的范畴。对于实用功能的著作权保护问题,讨论比较多的是“实用艺术作品”。根据《著作权法(修订草案送审稿)》第5条第1款第9项的规定,实用艺术作品,是指玩具、家具、饰品等具有实用功能并有审美意义的平面或者立体的造型艺术作品。目前,实用艺术作品在我国还不是《著作权法》明确规定的作品类型,司法实践中多将其作为美术作品加以保护。《男士生理特点新型内裤裤模》符合实用艺术作品的特征。因著作权不保护实用功能,所以著作权法对于实用艺术作品的保护,需遵循特别的保护规则,其中“可分离标准”是比较普遍适用的做法。所谓“可分离标准”,就是如果艺术性可以从实用性中分离出来,则著作权法可以保护。“可分离标准”又分物理上的分离及观念上的分离。物理上的分离标准,要求艺术性能够“真实地”与实用性区分开,当艺术部分实际从实用功能部分分开时不减损实用功能。观念上的分离标准,要求艺术性能够在“理论上”与实用性区分开。[4] “生理特点新型内裤”是否符合“可分离标准”?中山市中级人民法院作出了详尽的论述:

涉案产品设计图在线条上的创造或艺术之处在于内裤前裆形成了比普通平角内裤多出的两个明显凸起,即用于容纳阴茎的第一部分和容纳睾丸的第二部分分别凸起,该双凸起造型使该内裤“拟人化”,形成了张某所述的

---

[1] 参见王迁:《著作权法》,中国人民大学出版社2015年版,第17页。

[2] 参见金松:《论作品的“可复制性”要件——兼论作品概念条款与作品类型条款的关系》,载《知识产权》2019年第1期。

[3] 参见北京市西城区人民法院民事判决书,(2012)西民初字第14070号。

[4] 参见卢海君:《版权客体论》(第2版),知识产权出版社2014年版,第255~268页。

阳刚之势的艺术美感。同时,该内裤的实用性之处在于该两部分凸起是为了男士在穿着内裤时,可有两个独立的空间分开放置睾丸和阴茎两个生理器官。因此,该双凸起的造型设计在体现美感的同时,也体现了实用功能,其艺术美感与实用功能无法在物理上分离。如果改动在该艺术部分的双凸起设计,则权利作品所要求的分别放置睾丸和阴茎的实用功能将无法实现,因此,该艺术美感与实用功能在观念上也无法分离,所以,涉案产品设计图的艺术性和实用性在物理和观念上均不可分离,是相互交织在一起的,故涉案产品设计图不能作为作品受到著作权法的保护。[1]

如前所述,内裤设计图属于图形作品中的产品设计图,对于产品设计图是否需要适用"可分离标准"?产品设计图同样存在实用功能,适用"可分离标准"是必然选择,具体可以从物理上可分离和观念上可分离进行认定,满足其一即可。因此,从"思想"与"表达"的区分角度来讲,张某分别主张美术作品与图形作品,均需适用"可分离标准",在结果上不应有差异。

四、"生理特点新型内裤"的独创性:艺术之美与科学之美

独创性是作品的必要条件。如果不具有独创性,则无法成为著作权法意义上的作品。张某依据"生理特点新型内裤"主张著作权,前提是"生理特点新型内裤"构成作品,"独创性"与上文提及"可复制性"均是作品的构成要件。按正常的逻辑,法院在审理著作权侵权案件时,应先分析当事人主张的作品是否构成著作权法意义上的作品,然后再确定是何种作品类型。但因不同作品类型的"独创性"等内容的要求不同,法院在审理案件时往往先确定可能构成的作品类型,再根据作品类型的具体要求来确定是否构成作品。但不管怎样,判断作品的"独创性"是不可回避的问题。在张某维权案中,中山市中级人民法院对"独创性"的分析路径是:作品须具有独创性,"生理特点新型内裤"无法实现实用性的分离,故不应受著作权法的保护。事实

〔1〕 参见广东省中山市中级人民法院民事判决书,(2018)粤20民终3984号。

上，法院是将“可分离标准”与“独创性”一起评述，其中的逻辑可能是，无法从实用性分离就无从谈起“独创性”。有观点认为，对于实用艺术作品的保护，需要进行两个阶段的审美判断，是否具有艺术成分，以及艺术成分与实用性是否可以分开。〔1〕

“生理特点新型内裤”的独创性如何体现？独创性，包含“独”与“创”两方面的内容。“独”指独立创作，“创”指创造性。作品的独创性要求欲要保护的智力成果须达到一定的创造高度。图形作品是由点、线、面和几何图形组成的，包含了设计者眼中的严谨、精确、简洁、和谐与对称的科学之美。工业设计图的科学之美并不源于艺术造型，而是源于图形本身。〔2〕 因此，美术作品体现艺术之美，图形作品体现科学之美。这两种美要达到什么样的创造高度才能构成作品？在张某维权案中，法院均称“生理特点新型内裤”没有独创性。对于“独创性”的判断需结合具体来确定。但两种美之间很难存在高低之分。因此，从作品“独创性”的角度来讲，张某主张美术作品与图形作品并无区别。

五、“生理特点新型内裤”的复制：平面与立体

在张某维权案〔3〕中，福田法院按图形作品进行审理，认为按照服装设计图加工制作服装并出售，不属于著作权法意义上的复制。此处的“复制”指复制权控制的复制行为。根据“受控行为界定专有权利”的基本原理，每一项专有权利均控制特定行为。根据复制行为涉及载体的不同，复制行为可分为“平面到平面”的复制、“平面到立体”的复制、“立体到平面”的复制等形式。按照服装设计图加工制作服装，便是“平面到立体”的复制，但对于图形作品，仅能是“平面到平面”的复制。这是因为，“平面到平面”的复制只

---

〔1〕 参见梁志文：《变革中的版权制度研究》，法律出版社 2018 年版，第 27 页。

〔2〕 参见王迁：《论著作权法保护工业设计图的界限——以英国〈版权法〉的变迁为视角》，载《知识产权》2013 年第 1 期。

〔3〕 参见广东省深圳市福田区人民法院民事判决书，(2016)粤 0304 民初 24710 号。

是再现图形中的美感,而不可能实现技术功能;而根据图形生产的物品已经不再是图形本身,图形作品中的科学美感在制成后的物品中已不复存在。[1]司法实践中,法院对于图形作品也只保护"平面到平面"的复制。[2] 因此,张某如按图形作品主张其复制权被侵害,会遇到复制方式不符的困境。

如前所述,《男士生理特点新型内裤裤模》可能构成美术作品,而美术作品对复制形式并无限制,著作权法保护美术作品从"平面到立体"的复制。因此,张某按美术作品来主张权利,则有可能解决图形作品"平面到立体"的复制方式不受保护的问题。

六、结语

张某为了这款"生理特点新型内裤"作品两次提出起诉,两审四个法院在案件审理过程中,均涉及著作权法领域中的作品类型、"思想"与"表达"等多项基础法律问题,且当事人及每个法院对相关问题的认识会有所不同。张某主张的作品类型不同,可能会产生不一样的结果。因此,可以根据事实情况的不同,结合侵权人的侵权行为来确定权利的保护路径。

---

〔1〕 参见王迁:《论著作权法保护工业设计图的界限——以英国〈版权法〉的变迁为视角》,载《知识产权》2013 年第 1 期。

〔2〕 如早年的上海迪比特实业有限公司诉摩托罗拉(中国)电子有限公司、上海市百联集团股份有限公司著作权纠纷案中,法院认定工业设计图的复制仅限于印刷、复制、翻拍图纸。参见芮文彪:《上海迪比特实业有限公司诉摩托罗拉(中国)电子有限公司、上海百联集团股份有限公司著作权纠纷案——按照设计图生产印刷线路板的行为不属于复制》,载王立民、黄武双主编:《知识产权法研究》第 7 卷,北京大学出版社 2009 年版。

服装行业的著作权侵权认定与保护探析

张　韵* 唐　茜**

随着社会经济的高速发展和人们审美水平的提高,服装在满足人们日常所需的实用功能以外,也彰显了人们独特的个性与审美追求。"服装"能否构成著作权法所保护的作品被纳入著作权法保护范围,以及如何运用法律手段对其进行保护,是当前法学理论和司法实务中的难题。本文以"圆梦舞曲案"为切入点,结合笔者承办的典型案例以及"金某羽绒服案"等其他经典案例,对服装能否受到著作权法保护,以及服装的著作权保护路径进行探析。

一、什么情况下服装可以受到我国《著作权法》的保护

我国《著作权法》第3条中所称的作品,是指"文学、艺术和科学领域内具有独创性并能以一定形式表现的智力成果"。美术作品、图形作品均被列举为该条中的作品类型。服装具有实用性和艺术性的双重属性。在生产制造过程中,首先由服装设计师绘制服装设计图,而后进行服装样板图打样,再进行服装成衣制造。服装设计图和服装样板图不仅描绘了服装本身的造型创意,具有一定的设计理念和美感,同时也标明了服装的生产尺寸,因此

---

* 张韵:广东良马律师事务所合伙人,深圳市律师协会第十一届著作权法律专业委员会副主任,广东省律师协会第十二届著作权法律专业委员会委员,深圳市版权纠纷调委会特邀调解员,华东政法大学知识产权人才高级研习班授课导师。

** 唐茜:西南政法大学硕士研究生,研究方向为环境与资源保护法学。

既是美术作品又是图形作品。[1] 而生产出来的服装成品，在其艺术美感和实用功能能够分离的情况下，可以被视为实用艺术品从而参考美术作品的保护方式进行保护。[2]

通常情况下，服装成衣主要作为实用艺术品进行保护，而服装设计图通常作为图形作品受到著作权法的保护。但总体而言，无论是成衣还是服装设计图都需要满足“独创性”标准，通过“独立完成＋具有一定审美意义”进行判断，从而确定涉案产品是否构成作品。当然，不同的作品对于独创性的要求也会有所不同，服装成衣和服装设计图的独创性认定需要分开判断。

二、不同类型的服装可适用的我国《著作权法》的保护方式

根据服装设计生产的不同阶段可以分为服装成衣和服装设计图两类作品，这两类作品在满足《著作权法》规定的保护要件的情况下，可以采用实用艺术品或图形作品的保护方式。但在实际案例中，鉴于不同的作品对于独创性的要求有所不同，司法实践对于服装成衣和服装设计图的独创性认定存在差异，笔者将基于自身实务经验，结合相同或类似的案例进行分析，整理在对不同作品独创性进行认定时满足的要求。

（一）服装成衣作为实用艺术品的著作权保护

1. “圆梦舞曲案”[3]

（1）基本案情

2019年8月5日，云某公司创作完成作品《圆梦舞曲 MC8922680044DR0》（以下简称《圆梦舞曲》），并于2020年3月16日取得数字作品备案证书。

---

[1] 《著作权法实施条例》第4条第12项规定：“图形作品，是指为施工、生产绘制的工程设计图、产品设计图，以及反映地理现象、说明事物原理或者结构的地图、示意图等作品。”

[2] 参见最高人民法院民事裁定书，（2018）最高法民申6061号；江苏省高级人民法院民事判决书，（2015）苏知民终字第00085号。最高人民法院在发布的第28批指导性案例中的第157号案例中认为，具有独创性、艺术性、实用性、可复制性，且艺术性与实用性能够分离的实用艺术品，可以认定为实用艺术作品，并作为美术作品受著作权法的保护。

[3] 参见重庆自由贸易试验区人民法院民事判决书，（2021）渝0192民初994号。

该作品为女装太阳裙的三张图片，包含设计手稿图、效果图、成衣图，创作灵感说明为：太阳裙版型活泼俏皮，黑白波点图案，时尚又讨人喜欢，采用隐形拉链，方便穿脱，时尚美观又有复古感。其后，云某公司发现卡某公司在其天猫网店和淘宝网店销售涉案侵权服装，遂诉至法院，请求法院判决卡某公司立即停止著作权侵权并赔偿经济损失及合理费用。该案中原告与被告的服装正面图及服装背面图的对比详见表 3.1。

表 3.1 “圆梦舞曲案”原告与被告的服装正面图及服装背面图对比

服装视图	原告	被告
服装正面图		
服装背面图		

(2)法院观点与评析

该案的一大争议焦点为云某公司主张权利的《圆梦舞曲》服装是否构成受我国《著作权法》保护的作品。在该案中，法院认定云某公司主张的《圆梦舞曲》服装构成《著作权法》保护的作品。法院认为：“《圆梦舞曲》服装系云某公司独立完成，采用太阳裙版型结合黑白波点图案及独特的拼排组合，均体现出作者个性化的选择、设计、布局等创造性劳动，体现了一定的设计理念和美感，该服装具有审美意义，具备美术作品的艺术创作高度。改动该服装的黑白波点图案、太阳裙版型等设计，其保护身体、调节体温、适应身体活动的实用功能并不受影响,该服装的实用功能与艺术美感能够分离并独立存在。因此,该服装作为兼具实用功能和审美意义的立体造型艺术作品,属于受著作权法保护的美术作品。”

2.“瓷·某系列棒球夹克案”[1]

(1)基本案情

陆某公司通过网店销售瓷·某系列棒球夹克,该涉案权利服装的设计特点为,使用了三种不同图案组成的蕾丝面料,使用欧根纱里布,使用光泽感断面作为口袋处材质,以及金属质感拉链。后苏州戎某公司通过淘宝金冠店铺销售“瓷某系列高级奢美蕾丝棒球夹克”。陆某公司认为戎某公司未经其许可,生产涉案棒球服并在网店销售,遂提起诉讼。该案中原告瓷·某系列棒球夹克正面图与背面图详见图3.6,原告与被告服装图片的对比详见表3.2。

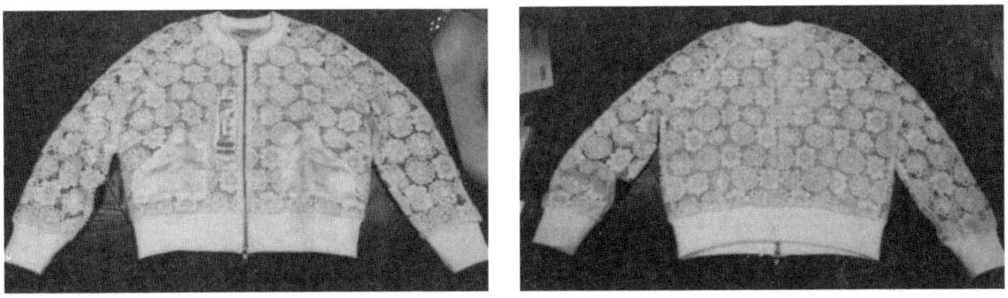

(a)原告瓷·某系列棒球夹克正面图　　(b)原告瓷·某系列棒球夹克背面图

图3.6　瓷·某系列棒球夹克正面图与背面图

表3.2　“瓷·某系列棒球夹克案”原告与被告服装图片的对比

图片	原告	被告
服装图片		

[1] 参见上海知识产权法院民事判决书,(2017)沪73民终280号。

(2)法院观点与评析

法院认为,涉案服装无论是单独元素还是元素组合均属于常规设计,蕾丝面料以及欧根纱里布等面料、图案等设计元素并不具有独创性,蕾丝图案并非陆某公司独创,从整体造型上看,涉案服装在设计方面的独创性以及艺术性尚未达到立体美术作品所要求的高度,艺术性并未超越实用性,未脱离日常穿衣的需求,依然属于主要体现实用价值的普通成衣,作为实用艺术品,不受著作权保护。

由以上两个案件可知,对于实用艺术品的独创性认定,首先应当区分实用性和艺术性,只有艺术性和实用性能够相互独立,才可能成为著作权保护的对象。除此之外,其艺术性需要达到美术作品所要求的艺术高度,且其设计需要能够区别于公有领域的常规设计。

(二)服装设计图作为图形作品的著作权保护

与美术作品相比,图形作品属于科学领域,具有一定的指示性和艺术性,用途在于生产具有实用功能的产品。具体而言,服装设计图属于产品设计图纸,是指通过线条绘制的,以说明生产的产品造型和结构的平面图案。服装设计图稿作为科学领域的作品,也需要符合独创性的要求,具备科学之美。

1. 笔者承办的案例

在笔者承办的黄某某、蔡某某与淘某公司、许某服装厂著作权侵权纠纷案[1]中,原告黄某某起诉被告许某销售的产品侵犯了其创作在先的《2019年春夏短裤A31》作品。笔者作为被告代理人,通过检索市面上类似款式、设计成品,发现涉案作品在各大电商平台存在大量类似款式及设计元素,原告的设计并不具备独创性,并且原告的设计稿并无独特的美学结构或者表达创作者情感、思想的线条、花纹、图画等,而是仅表达了涉案服装的实用性

---

[1] 参见江苏省常熟市人民法院民事裁定书,(2020)苏0581民初5089号之一。

和功能性。当实用性和设计的科学性不能区分时，该图形就不具有独创性，同样也并不构成《著作权法》上的图形作品，不应受到著作权法的保护，最后原告申请了撤诉。该案原告与被告的服装图片对比详见表3.3。

表3.3　黄某某、蔡某某与淘某公司、许某服装厂著作权侵权纠纷案原告与被告的服装图片对比

图片	原告	被告
服装图片	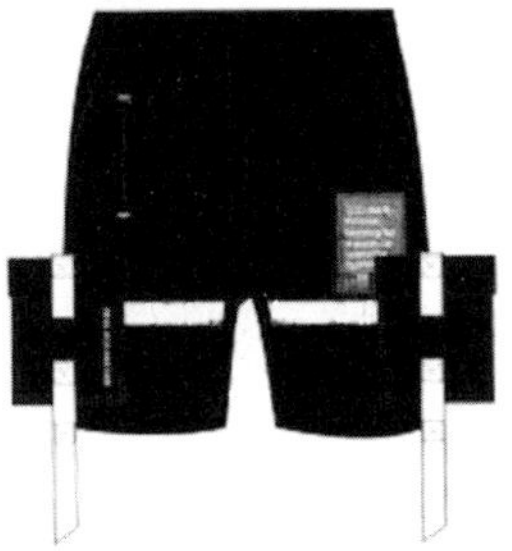	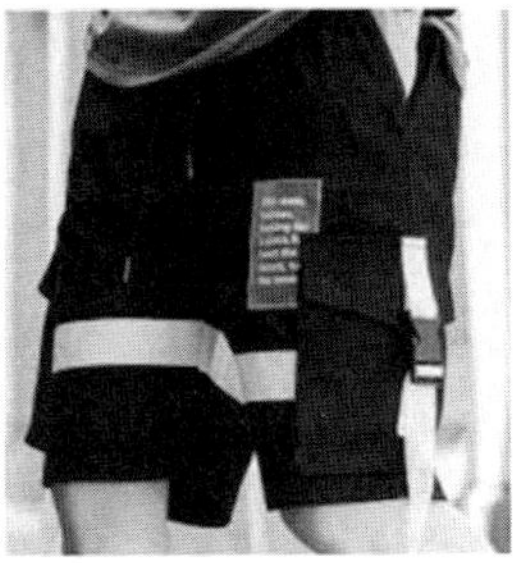

可见，若设计师希望享有其设计稿的著作权，其设计的作品应当具备独创性，需要能够与公有领域的现存设计相区分，体现其自身的创造情感，赋予独特的美学结构，才有可能构成《著作权法》意义上的作品，享有著作权。

2. “金某公司羽绒服案”[1]

(1)基本案情

金某公司为款号594723、644402的羽绒服设计图及样板图的著作权人。2016年9月23日，波司登公司在淘宝店铺上架销售与金某公司极为相似的两款羽绒服，金某公司遂以著作权侵权诉至法院。该案原告与被告的服装信息对比详见表3.4。

[1] 参见北京市西城区人民法院民事判决书，(2018)京0102民初33515号。

表 3.4 “金某公司羽绒服案”原告与被告的服装信息对比

对比项	金某	波司登
款号 A	594723	B1601332H
图片 A	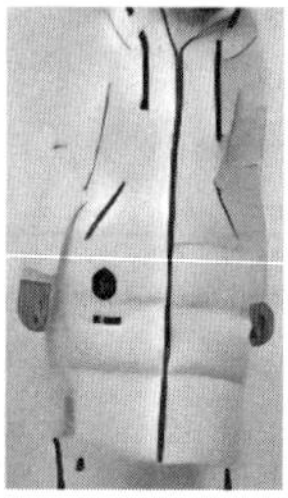	
款号 B	644402	B1601250
图片 B		

(2)法院观点与评析

在该案中,法院认为涉案服装成衣的造型、结构和色彩的整体组合审美价值较低且与实用功能不具有可分离性,金某公司两款羽绒服的服装设计图、样板图均是为了进行服装生产而绘制,主要功能不在于通过图形本身带给人美的享受,因此均属于图形作品而不属于美术作品。

虽然金某公司和波司登公司的服装设计图、样板图具有相似性,但因波司登公司主张其涉案两款服装均为其自主设计和生产,且提交了服装设计图和工艺尺寸要求书等证据,同时并无证据证明波司登公司能够接触到金某公司该两款服装的设计图、样板图,波司登公司并不具有“接触可能性”。基于此,法院判定被告波司登公司的行为不属于侵犯金某公司服装对应的服装设计图和样板图著作权的行为。

由此可知,对于图形作品的独创性认定与美术作品不同,不要求作品具备美感,对于创造性的要求没有那么高,在作者能够举证证明其不具有接触相关作品可能性,且提供充分证据证明该作品由自己“从无至有”创作得出的情况下,便可认定其作品已达到《著作权法》对作品独创性的要求。

三、服装作品完成人可采取的著作权保护路径

在服装设计领域,主要可以主张采用美术作品和图形作品两种作品类型,主张获得我国《著作权法》的保护,这两种作品类型的要求存在一定的差异。若服装成衣想要通过构成美术作品的要件从而受到《著作权法》的保护,需要重点关注其设计上的审美高度以及其艺术性是否能与实用性相分离;若服装设计图想要通过构成图形作品的要件从而受到《著作权法》的保护,则需要重点举证证明无“接触可能性”,且能够提供材料证明设计图为权利人自身创作得出,满足“独创性”即可,无须具有较高的审美意义。

因此,在服装产品著作权侵权案件中:首先,需要确定标的是服装成衣还是服装设计图。若是服装设计图则需要考虑是否具备独创性,而若是服装成衣则还须考虑,是否具备一定的艺术创作高度。其次,对于是否构成“抄袭”“山寨”等侵权行为,还需要判断侵权人对于被侵权作品是否具有“接触可能性”,以及被侵权产品和侵权产品的“实质相似性”。基于这一背景,对权利人而言,可从服装设计图以及设计图具体元素两个方面进行著作权登记,从而保护权利,以便在侵权行为发生后积极维权。

根据前文分析,具有独创性和审美价值的服装可以作为美术作品受到著作权保护。在云创公司、维耶斯公司、维耶斯广州分公司与遇见店、佩珊店、俪旺采店、寇拉店著作权权属纠纷案〔1〕中,云创公司即提交了登记证书、数字作品备案证书等证据,在没有相反证据的情况下,法院认定云创公司作为权利人具有主张作品著作权的权利,并认定被告侵犯了云创公司权利美术作品的复制权,应赔偿云创公司经济损失,但对于未进行著作权登

〔1〕 参见广州知识产权法院民事判决书,(2020)粤73民终4408号。

记、其他权利证据也不充分的三款服装，则未认定原告对其享有著作权。

需要提出的是，在服装设计过程中，服装设计图中的具体设计元素可能独立存在构成美术作品，如服装上的特殊图案、卡通形象等，对权利人而言，如果想要更全面地保护著作权，同时在未来可能发生的服装设计图侵权诉讼中证明作品权属，可以将此类特殊图案、卡通形象等从服装设计图中单独剥离，进行著作权登记，以美术作品形式对其进行保护。

通过上述分析可以发现，服装设计图的著作权登记对于认定作品权属具有重要意义。服装设计图作为美术作品受到著作权法保护的一个重要前提是权利人的作品应具备独创性，且有一定的艺术水准和创作高度。此外，还需要证明服装设计图系权利人创作，具有专属性。对此，虽然当事人并不因作品登记当然享有著作权，但权利人也可以申请进行著作权登记，获得有权机关的著作权登记证书，避免著作权被他人登记。同时在主张权利时，也应尽可能全面地提供涉及著作权的底稿、原件、著作权登记证据、认证机构出具的证明等资料，以证明其具有作品权属，方便法院对权利基础进行认定。

四、结语

服装作品完成后可以适用美术作品和图形作品的保护路径主张获得《著作权法》的保护。其中，具有独创性和一定审美价值的服装设计图可以被认定为美术作品，根据《著作权法》对美术作品的认定和保护规则进行保护；其他服装设计图和版式图可以主张构成图形作品，根据《著作权法》对图形作品的认定和保护规则进行保护。另外，笔者建议在服装设计和生产制造过程中，权利人应及时进行著作权登记，或将服装设计图相关图形进行公开发表，同时保留好创作底稿，以便在争议发生时，证明其著作权人的身份及作品的独创性，同时证明侵权主体的侵权行为，更好地实现著作权法对服装设计的妥善保护。

美术作品著作权侵权纠纷中损害赔偿标准确定

万　诚*

美术作品是已经具备审美意义的作品，基于此在社会商业活动中有不少人士出于宣传推广或其他目的对其进行使用，谋取商业利益，但这种商业使用的行为并未获得权利人的授权，因此存在大量的美术作品著作权侵权纠纷。在美术作品权利人得知自身著作权受到侵害后，其向法院起诉时会主张侵权人赔偿损失，在此情况下赔偿标准就成为权利人最为关心的问题之一。本文结合法律法规的规定及司法实践的案例，对美术作品著作权侵权纠纷中损害赔偿标准进行确定。

一、损害赔偿的计算方式

根据《著作权法》第54条第1款、第2款的规定，损害赔偿的计算方式主要有：按照权利人的实际损失、侵权人的违法所得、权利使用费、法定赔偿及惩罚性赔偿几种。由于美术作品的特殊性，其法定赔偿较其他类型作品具有更多的考量。具体适用方式如下。

（一）权利人的实际损失

权利人的实际损失，当然是指权利人因侵权行为造成相关作品或其复

---

* 万诚：广东知恒律师事务所合伙人，深圳市律师协会第十一届著作权法律专业委员会委员。执业逾10年，代理过多起知识产权纠纷案件。

制品销量下降而遭受的损失。根据我国最高人民法院《关于审理著作权民事纠纷案件适用法律若干问题的解释》第 24 条的规定,实际损失可以根据权利人因侵权所造成复制品发行减少量或者侵权复制品销售量与权利人发行该复制品单位利润乘积计算;发行减少量难以确定的,按照侵权复制品市场销售量确定。

(二)侵权人的违法所得

侵权人的违法所得,是指侵权人因侵权行为获得的利益。虽然我国《著作权法》并没有对违法所得的概念作出规定,但一般认为它应当是侵权人因侵权行为而获得的利润。在会计制度上,利润可以分为产品销售利润、营业利润和净利润三种。实践中一般以侵权人的营业利润来计算赔偿数额。但如果完全以侵权为业,则可以以净利润来计算赔偿数额。[1]

(三)权利使用费

权利使用费,是指著作权人许可他人使用自己的作品而收取的一定费用,如音乐作品著作权人许可他人在短视频平台演唱自己的歌曲等。对于权利人来说,权利使用费相比实际损失或违法所得更容易举证,但需该作品有许可使用收费的先例或者行业标准。结合北京市高级人民法院《关于侵害知识产权及不正当竞争案件确定损害赔偿的指导意见及法定赔偿的裁判标准》(以下简称《指导意见》)第 1.9 条第 2 款的规定,认定合理的许可使用费,法院可综合考虑许可使用合同是否实际履行,许可使用合同是否备案,许可使用的权限、方式、范围、期限等因素与被诉行为之间有无可比性,许可使用费是否为正常的商业许可费用而未受到诉讼、并购、破产、清算等外在因素的影响,许可人与被许可人之间是否存在亲属关系、投资或关联公司等利害关系等因素。

---

〔1〕 参见王迁:《著作权法》(第 2 版),中国人民大学出版社 2023 年版,第 525 页。

（四）法定赔偿

法定赔偿，是指前述三种方式难以计算的，法院根据侵权行为的情节，判决给予500元以上500万元以下的赔偿。而具体赔偿数额的确定，则根据最高人民法院《关于审理著作权民事纠纷案件适用法律若干问题的解释》第25条第2款的规定，考虑作品类型、合理使用费、侵权行为性质和后果等情节综合确定。另外，《指导意见》第四章对美术作品法定赔偿的裁判标准作了详细规定，包括特别考量因素；参考复制、发行量的基本赔偿标准；复制、发行、放映、在线传播的基本赔偿标准；展览的基本赔偿标准；影视性使用的酌加标准；广告使用的酌加标准；其他商业化使用的酌加标准；知名度的酌加标准；侵权情节严重的酌加标准；酌减情形；等等。

（五）惩罚性赔偿

惩罚性赔偿的作用不仅是填补权利人因侵权行为遭受的损失，还是对侵权人进行的"惩罚"。理由是侵权行为出于故意，情节严重，也就是行为人有较为严重的过错，且行为性质恶劣，其侵权行为的方式、范围对权利人产生了较大损失和消极影响。[1]

二、适用法定赔偿时的注意情形

由于权利人经济损失、侵权人的违法所得很难举证，或者涉案作品没有权利使用费，故绝大部分的案件法院均是适用法定赔偿，但在具体适用时需要考虑不同的角度，权利人可以根据实践中的不同情况积极举证，正确实现其合法权利的最大化。同时，法院在判赔金额计算中若采用了酌情确定法定赔偿金额，则权利人在主张惩罚性赔偿时会存在一定阻碍。

---

〔1〕 参见王迁：《著作权法》（第2版），中国人民大学出版社2023年版，第527页。

(一)法院确定法定赔偿金额时的考量因素

通常,法院会综合原告及其作品的知名度、权利作品的独创性、创作难度、艺术及市场价值、侵权行为的性质和后果,以及被告的主观过错等因素酌情确定赔偿金额。

例如,在李某某与星力酒店分公司、星力资产公司、六洲酒店公司著作权侵权纠纷案[1]中,原告李某某为独立艺术家,多次参加国内外艺术博览会、艺术展等,并曾在国内多个美术馆多次举办个人画展。新浪网等媒体对其个人画展情况进行了宣传报道。其多幅作品被国内外美术馆、博物馆及个人藏家收藏。法国希罗艺术基金会主席罗兰·伊桑洛、北京大学艺术学院院长彭锋、艺术评论人沈奇岚等对其作品给予了积极评价。李某某新浪微博账号“棉花 art”的粉丝量为 2259,视频累计播放量为 4955。涉案画作《LOVE》《初心》于 2014 年被个人藏家收藏,其中《LOVE》的收藏价格为 30 万元,《初心》的收藏价格为 200 万元。被告在其经营的酒店背景墙上使用了涉案画作。鉴于原告的实际损失、被告的违法所得和权利使用费均无法确定,一审法院依照法定赔偿方式,综合考虑以下因素予以酌定:(1)李某某及其作品的知名度;(2)《LOVE》《初心》美术作品的独创性、创作难度、艺术及市场价值;(3)《LOVE》《初心》美术作品的收藏价格;(4)侵权行为的方式、所侵害著作权的权利类型和数量;(5)涉案酒店的规模、地理位置、经营持续时间;(6)星力酒店分公司和星力资产公司的主观过错。一审法院判决被告赔偿李某某经济损失 30 万元,以及为制止侵权行为所支付的合理开支 45,120 元。二审法院认为一审法院酌情确定赔偿金额考虑的因素已较为全面,维持了一审判决。

(二)涉案被告的销售金额是主要依据

法院将涉案店铺销售侵权商品的金额作为确定赔偿额的主要依据,综

---

[1] 参见上海知识产权法院民事判决书,(2023)沪 73 民终 181 号。

合考虑权利作品的类型、知名度，侵权方的主观过错程度，侵权行为的持续时间等因素，酌情确定赔偿金额。

例如，在新创华公司与寻梦公司、林某某著作权侵权纠纷案〔1〕中，法院认为："赔偿数额还应当包括权利人为制止侵权行为所支付的合理开支。权利人的实际损失、侵权人的违法所得、权利使用费难以计算的，由人民法院根据侵权行为的情节，判决给予五百元以上五百万元以下的赔偿。本院将以涉案店铺销售侵权商品的金额为确定赔偿额的主要依据，综合考虑权利作品的类型、知名度，侵权方的主观过错程度，侵权行为的持续时间等因素，酌情确定赔偿金额。"

在红纺元意公司与楚健公司、寻梦公司侵害作品发行权纠纷案〔2〕中，法院则认为："关于原告主张的经济损失，鉴于其未能举证证明其因被侵权所遭受的实际损失、被告因侵权所获得的利益或相关权利使用费的情况，本院依据涉案作品类型、创作难度，综合被控侵权行为的方式、销售数量等情况，以及原告关于经济损失数额仅限于涉案店铺的主张，酌情确定相应的赔偿数额。"

可见，法院适用酌定赔偿，被告的销售数额是一个极为重要的考量因素。因此，原告对被告销售额、销售规模积极举证对最终法院判赔具有重要的参考意义。

（三）惩罚性赔偿适用受限

适用惩罚性赔偿的前提是权利人的实际损失、侵权人的违法所得或权利使用费不难计算。

例如，在定象互动公司与泰达益公司、京东公司侵害作品信息网络传播权纠纷案〔3〕中，法院认为："适用惩罚性赔偿的前提是权利人的实际损失或

〔1〕 参见上海市浦东新区人民法院民事判决书，(2021)沪0115民初66765号。
〔2〕 参见上海市徐汇区人民法院民事判决书，(2023)沪0104民初21808号。
〔3〕 参见北京互联网法院民事判决书，(2021)京0491民初39453号。

侵权人的违法所得或权利使用费并非难以计算，原告主张以《联合推广合作协议》中的授权使用费为基数进行计算，但该使用费并非就本案涉案作品进行授权的费用，故，原告主张惩罚性赔偿的主张缺少相关依据，本院不予认可。”

可见，在该案中，原告主张权利使用费作为惩罚性赔偿基数的相关协议中的授权使用费应该是该案涉案作品进行授权的费用，但鉴于原告举证不足，法院无法确定具体的计算依据，原告的主张未能获得法院支持。

三、结语

损害赔偿的标准有实际损失、侵权获利、权利使用费、法定赔偿、惩罚性赔偿等；而惩罚性赔偿的计算方式以权利人实际损失、侵权人获利、权利使用费查明的赔偿数额作为适用基数，也就是说，法院必须有能够适用以上三种赔偿计算方式的前提。在司法实践中法定赔偿占据绝大多数，在这个情况下难以再主张惩罚性赔偿。同时，法院在作出法定赔偿时，会综合考虑原告及其作品的知名度、独创性、创作难度、艺术及市场价值、侵权行为的性质和后果、被告销售额或销售规模、被告的主观过错等因素酌情确定赔偿金额。因此，对于权利人来说，积极地按照上述酌定考量因素举证，有利于实现其合法权利的最大化。

第四章 视听作品实务要点与案例评析

近年来，以互联网经济为基础开展的商业形式日渐丰富，刷直播、短视频成为人们主要的休闲娱乐方式。直播和短视频的普及使得创作全民化，每个人都可以成为创作者。因此，对于此类视听作品的著作权认定与保护成为法律值得关注的问题。“视听作品”是我国《著作权法》在2020年修订后对作品类型的新称谓，原来的称谓是“电影作品和以类似摄制电影的方法创作的作品”，因其强调摄制电影的创作方法，实务中曾引发了诸多旷日持久的争议。新称谓“视听作品”显然更符合技术中立的原则，对于不同技术手段实现的视听画面也更具包容性。虽然新形态的视听画面层出不穷，但未必一概具有独创性。录像制品向来是一个与视听作品难分难解的概念。我们可以先跟随文章《短视频的著作权保护》，对不同类型的短视频有一个初步的认识，并结合《著作权法》的作品分类，探求不同类型短视频的保护路径。然后我们继续跟随本章其余作者的步伐，遍历实务中几个历来最富有争议性的视听画面内容，如影视作品的截图、网课、游戏画面等，深入分析这些内容能否作为视听作品受到保护，从中也可以窥得近年来法院的一些态度转变和达成的共识。

一个重要的共识是，电子游戏画面可以归为类电作品或者说视听作品。电子游戏除了画面内容，更有剧情、音乐或音效、玩法规则等方面共同发挥作用，才能给玩家带来游玩的体验。尤其是其中的玩法规则，将游戏画面纳入视听作品的保护范围后，其中的玩法规则是否不受保护，如何从法律上评价“换皮游戏”，引发了很大的争议。本章中《游戏规则著作权保护路径》一文便集中探讨了游戏规则受著作权保护的可能性，《电子游戏整体画面视听作品的改编权》则从改编权的角度探讨照搬游戏规则的“换皮游戏”能不能落入改编权控制的范围。

短视频的著作权保护

李　迎*

随着短视频平台的快速发展,越来越多的主体加入短视频创作的浪潮之中。平台用户、达人、专业机构各出奇招,在三五年间迅速呈现"百花齐放"的态势。随着创作内容的不断丰富和发展,与短视频相关的著作权案件也大量涌现,迫使我们关注到这一新的创作内容形式的知识产权保护。随着我国《著作权法》的修订,短视频被纳入保护范围,但如何界定其作品类型并进行有效保护,仍存在诸多难点。笔者通过分析不同类型短视频的特点,探讨了其在著作权法下的分类意义及保护方式。从剧情演绎、生活记录到观点表达,不同类型的短视频因其独创性表达的差异,可能被认定为视听作品、口述作品或录像制品,享有不同程度的法律保护。笔者认为短视频的创作者在维权时,应首先对作品进行分类,再根据其智力成果的性质和表现形式确定作品类型,以便更准确地维护自身权益。这一过程不仅有助于权利人明确权利基础,也为法律实务提供了有益的参考。

一、短视频保护的法律依据

在2020年《著作权法》修订前,短视频内容究竟应当作为类电作品进行

* 李迎:广东敦衡律师事务所合伙人,深圳市律师协会第十一届著作权法律专业委员会委员,专利代理师。专职从事知识产权相关法律工作逾11年。先后在深圳多家知名专利代理机构及律师事务所专职从事著作权、专利权、商标权领域的申报、确权及争议解决工作。

保护,还是作为录像制品进行保护,学术界和实务界一直存在争议。而2020年修订后的《著作权法》将“作品”的定义从“文学、艺术和自然科学、社会科学、工程技术等作品”修改为“文学、艺术和科学领域内具有独创性并能以一定形式表现的智力成果”,打破了“有形形式”的禁锢,将网络作品也纳入其中。同时,2020年修订后的《著作权法》将电影作品和以类似摄制电影的方法创作的作品的表述修改为“视听作品”,进一步放宽了视听作品的概念,使部分短视频作品归为视听作品更无争议。

上述法律条文的修订,似乎使网络短视频的保护有了切实依据,但由于短视频本身的内容多样、形式各异,其是否能符合《著作权法》关于作品的定义,如果符合作品的定义,又该作为何种作品形式给予保护,仍需要进一步去研究讨论。

二、短视频保护的难点及分类意义

除了以“切条、搬运、复制”为主的非原创短视频,其余短视频作者,均将原创短视频视为自身心血结晶,渴望自己创作的短视频能够受到《著作权法》的保护,但实务操作中并非如此。

在程某与微播视界公司著作权权属、侵权纠纷案[1]中,上诉人(一审原告)主张其原创的81个1分钟左右的捏脸短视频为视听作品。而一审、二审法院经审理认为,涉案视频内容为录制者以讲解、实际操作的方式展示捏脸手法,涉案视频为固定机位拍摄,无场景变换,拍摄视频的角度皆为正对被摄制者面部,无法体现出角度、远近选择和变换、切换,部分涉案视频将被摄制者讲解的内容通过字幕的形式进行显示,但未能够体现创作者的独特视角和具有个性化的选择和判断,画面内容的选择等方面具有相对固定性。故涉案视频与现有的表达未见有可识别的差异性,应被认定为录像制品。但原告主张视频中的动作设计给予观众的感官和感受体现了作品的独创

〔1〕 参见北京知识产权法院民事判决书,(2022)京73民终1726号。

性。法院认为,视频中的捏脸手法系通过不同动作产生的刺激来促进面部肌肉改善,或许有一定的功效,但著作权法保护的是能传递思想、感情、信息或展示美感的特定表达,上述动作并非思想、情感的表达,既未展现文学艺术之美,也未展现科学之美,故不属于文学、艺术和科学领域内的智力成果。上述一系列动作按照规定的方法施行,本质上属于一种方法、步骤,并非著作权法保护的作品。

由此可知,虽然上述案例中的捏脸视频体现了创作者对按摩手法的构思,并使创作者付出了一定的劳动,但仍不能构成作品。视听作品的独创性需要体现作者对视频内容的选择和编排,具体体现为视频场景的切换、剪辑,体现作者的个性化表达。如果单纯录制自己的动作和口头表述,则该视频仅能视作录像制品。视听作品与录像制品的区分意义在于二者的保护力度不同。视听作品的权利人可以禁止他人使用与其作品实质性相似的内容,而录像制品制作者只能禁止就录像制品本身的直接复制、发行及通过信息网络向公众提供录像制品的行为,不存在"接触 + 实质性相似"的侵权判断规则。

目前的短视频类型中,上述案例中的"教程类"的短视频占有一定比例,如美妆教程、按摩教程、手工教程等。因这类短视频存在明显的利他性,容易得到广泛传播,从而通过流量获得利益。但从上述案例可以看出,如果短视频本身并不符合《著作权法》对作品的定义,那么短视频只能构成录像制品,从而无法禁止他人翻拍。如果想要此类视频获得保护,需要在原有的"教程类"内容之外,加入作者具有独创性的内容,更加突出其"观赏性"价值。

窥一斑而知全豹,为了辨析某个短视频是否能够构成《著作权法》意义上的作品,以及其应当受到何种作品类型的保护,将短视频进行分类有其必要意义。

三、短视频的作品类型及保护

就目前常见短视频,笔者进行了不完全分类,除上述的教程类短视频之外,至少还包括:剧情演绎类、生活记录类、歌舞表演类、观点表达类。因不同的短视频类型可能构成的作品类型不同,从而取得不同程度的保护,本文尽可能将目前现存比例较多的短视频内容进行分类,以便该领域人员具有维权需求时参考适用。

(一)剧情演绎类短视频

就剧情演绎类而言,通常需要剧情、演员表演、场景调度、镜头切换、配音、配乐等中的几种元素,以符合视听作品的构成要件。例如,在全国首例认定短视频构成作品的案件中,法院认为,涉案短视频虽仅持续 18 秒,但其在该时间段中所讲述的情景故事,融合了两名表演者的对话和动作等要素,且通过镜头切换展现了故事发生的场景,已构成具有独创性的完整表达。结合涉案短视频以数字化视频的形式发布在快手软件上的事实,涉案短视频系摄制在一定介质上,由一系列有伴音的画面组成,并通过网络传播的作品,属于以类似摄制电影的方法创作的作品(现为视听作品)。虽然时长短的确可能限制作者的表达空间,但表达空间受限并不等于表达形式非常有限而成为思想范畴的产物;相反地,在十余秒的时间内可以创作出体现一定主题,且结合文字、场景、对话、动作等多种元素的内容表达。[1]

该案例表明,虽然剧情演绎类短视频与传统电影电视作品相比,短视频时长长则三五分钟,短则十几秒,能够输出的内容有限,但时长短并不一定阻碍其构成作品,只要具有作者的独创性表达,就有可能构成作品,可以作为视听作品被保护。

(二)生活记录类短视频

视频日志(vlog)是一种以记录生活为主要题材的短视频,记录者通过这种方式分享生活,平台用户再通过形形色色的人拍摄、分享的视频日志,了

〔1〕 参见北京市海淀区人民法院民事判决书,(2017)京 0108 民初 51249 号。

解世界。当此类作品遭遇侵权时,应当如何维权呢?

抖音短视频用户“ahua”自行设计并拍摄了一系列记录自己日常生活的视频,上传至抖音短视频,包括该案权利视频“纸飞猪”。“ahua”发现快手短视频用户“学长花花”在快手平台上传的短视频“纸飞猪”与其享有权利的视频内容一致。某短视频运营公司将某科技有限公司诉至法院,认为被告在快手平台播放涉案视频的行为侵害了原告就涉案短视频享有的信息网络传播权,请求判决被告停止其侵害作品信息网络传播权的行为并赔偿损失。一审、二审法院经审理后认定被告的行为侵害了原告就“纸飞猪”录像制品享有的信息网络传播权,判决某科技有限公司停止侵权并赔偿损失。

在该案中,二审法院就涉案作品是否构成视听作品进行了分析,二审法院认为,对短视频是否符合创作性要求进行判断时,对创作高度不宜苛求,只要能体现出制作者的个性化表达即可认定其有创作性。二审法院考虑到:第一,视频的长短与创作性的判定没有必然联系,只要能够完整表达制作者的思想感情,则有可能成为作品。第二,涉案视频“纸飞猪”为一名青年男子在居家过程中,通过动手折纸制作童年玩耍的“纸飞猪”,场景从工作台面切换到阳台、楼道,又随着“纸飞猪”的飞行路线切换至窗外,画面经过剪切整合后,以正常播放速度与倍速播放结合的方式呈现,并配以解说及欢快的音乐。该短视频构成了一个有机统一的视听整体,其中包含了制作者在拍摄、剪辑、配乐、解说、制作等多方面的智力劳动,具有创作性。第三,“纸飞猪”短视频唤起观众的共鸣。综上,二审法院认定“纸飞猪”短视频符合创作性的要求,属于类电作品(现为视听作品)。[1]

由此案可以看出,生活记录类短视频,如果包含了场景切换、配乐选择、口述解说等具有“创作性”的内容,符合著作权法对“作品”的要求,是可以受到保护的,并不因其内容是对生活的记录而非剧情演绎而阻碍其构成视听作品。反之,如果是镜头角度单一、未进行过画面筛选拼接等创作性内容的

---

〔1〕 参见北京知识产权法院民事判决书,(2021)京73民终1227号。

生活记录类短视频，则不容易受到《著作权法》的保护。

（三）观点表达类短视频

观点表达类短视频，通常呈现为拍摄画面里出现一位或多位讲述者，固定角度拍摄，讲述者就某事件或某事物发表观点。从表现形式来看，该类短视频较为接近《著作权法》中的“口述作品”。根据我国《著作权法实施条例》第 4 条第 2 项的规定，口述作品，是指即兴的演说、授课、法庭辩论等以口头语言形式表现的作品。

2020 年 11 月，宋某结合古文诗经《国风·周南·关雎》对粤语“鸠”进行了即兴演说，解析了粤语“鸠”的由来与含义，并通过视频形式加以记录并发表在微信公众号推文中。2021 年 3 月，宋某发现由曾某运营的微信公众号的推文中转载了上述演说视频，且未标注作品来源。宋某认为，曾某未经许可将该视频转载到自己运营的微信公众号中，侵犯了其作为口述作品著作权人以及表演者的信息网络传播权，应当承担侵权责任。法院经审理认为，宋某主张保护的内容系他本人结合古文解析词语“鸠”，对语言研究具有参考价值，其通过即兴演讲的方式口头表述，具有一定的独创性，可以认定为口述作品。在该案中，宋某提交了录有口述作品的视频、发表情况等证据，形成较为完整的证据链，在无相反证据的情况下，可确认宋某系案涉口述作品的作者，享有著作权。同时，宋某的即兴演讲不仅包含了创作口述作品的行为，还包含了其对口述作品的表演，创作行为与表演行为系同步发生，因此，宋某对口述活动亦享有表演者权。[1]

这意味着，在一个观点表达类的短视频中，口述作品的著作权和表演者权是可以同时存在的，并不是非此即彼的关系。当然，这都需要建立在表达观点类短视频本身符合“作品”的定义之上，生活中常见重复的语言表达并不能成为口述作品。反推之，如果构成口述作品，相当于肯定了口头表达内

---

〔1〕 参见《【法脉准绳】拿什么保护你？我的口述作品!》，载微信公众号“广州互联网法院”2023 年 3 月 6 日，https://mp.weixin.qq.com/s/ujag4T1oY6tV1ooVHAOdbw。

容的独创性，而非表达环境、体现形式等的独创性，相比于上述录音录像制品和视听作品，可以理解为口述作品具有更宽泛的保护范围，即使侵权人翻拍他人口述作品，或将以录音录像形式呈现的口述作品以文字形式呈现，仍可能构成侵权，这是录音录像制品和视听作品难以达到的。

四、结语

由于短视频的创作类型多种多样，创作自由度极高，无法仅从短视频这一载体形式来判断是否构成作品，是否属于视听作品、口述作品，或是应当属于录像制品。权利人在维权时，首先可以参照本文的分类方式，对短视频的创作类型进行大致分类；其次考虑其是否属于文学、艺术、科学领域的智力成果；最后就其具体表现形式，比如是否包含了多视角拍摄、剪辑、配乐等丰富元素，判断其能否构成视听作品，或其他作品类型，从而能够较为准确地找到权利基础。

“影视作品截图”的作品类型探析

——以《著作权法》规定的“作品类型”为视角

屈文静*

截图,是指在播放过程中截取的影视作品画面,随着技术的发展,截图的获取和传播变得十分容易。但截图的著作权类型认定存在争议。作者通过案例分析,发现截图可能被认定为“视听作品”、“摄影作品”或“美术作品”。在一些案件中,法院依据影视作品的类型支持权利人主张;在其他案件中,电视剧截图被认定为摄影作品;当截图包含动漫形象时,则可能被归类为美术作品。这些作品类型的分类对权利人维护权益有实际影响。文章旨在梳理相关理论和司法实践,探讨截图作品类型的选择与确定,以明确权利人如何维护自己的权益。

一、作品、作品类型与作品类型法定

一般而言,著作权侵权行为分为直接侵权和间接侵权。直接侵权的构成要件为:权利人享有涉案作品的著作权,行为人未经权利人的许可实施了专有权利控制的行为,且没有合理使用或法定许可的免责事由。因此,权利

* 屈文静:广东邦桑律师事务所负责人,深圳市律师协会第十一届著作权法律专业委员会委员、广东省律师协会第十二届著作权法律专业委员会委员,中国电视剧制作产业协会娱乐法研究基地研究员、北京市文化娱乐法学会理事。在《版权维权研究与实务》等期刊、微信公众号发表专业文章近30篇。

人享有作品的著作权是侵权责任存在的基础,而权利人主张的客体属于我国《著作权法》保护的作品更是基本前提。人们在日常生活中的作品并非均受《著作权法》保护。我国《著作权法实施条例》第2条规定:"著作权法所称作品,是指文学、艺术和科学领域内具有独创性并能以某种有形形式复制的智力成果。"根据该规定内容及相关法学理论,作品须为人类在文学、艺术或科学领域内的智力成果,作品须是可被客观感知的外在表达,作品须具有独创性。[1]

根据作品表现形式的不同,《著作权法》第3条规定了9种作品类型,其中第1项至第8项列举了文字作品、美术作品、摄影作品等8种作品类型,第9项规定了"符合作品特征的其他智力成果"。根据著作权法定的基本理论,受《著作权法》保护的客体必须归入上述规定的作品类型,否则将无法受到《著作权法》的保护,也无法称为作品。[2] 当然,法院可以运用法律解释方法,将各种新型作品归入上述作品类型[3]。虽然有部分学者认为作品类型不应限于《著作权法》列举的几种形式,[4]但法院在司法实践中基本都会遵循《著作权法》规定的作品类型,一般不会创设新的作品类型。

因作品类型法定以及每种作品的构成要件、对应的权利内容可能存在不同,故权利人主张保护的作品是何种作品类型,是法院审理的基本问题之一。在著作权侵权案件审理过程中,法院一般都会要求原告明确其主张的是何种作品类型、侵害的哪项具体权利。对于作品类型,原告是否必须予以明确?如果原告主张的作品类型与法院认定的不一致,法院是否可以据此驳回原告的诉讼请求,或者法院需对此进行释明?抑或径行按法院认定的作品类型来判决?部分判决对此作出回应,要求权利人必须要明确其作品

---

〔1〕 参见王迁:《著作权法》,中国人民大学出版社2015年版,第17~19页。

〔2〕 参见袁博:《著作权法解读与应用》,知识产权出版社有限责任公司2018年版,第12页。

〔3〕 参见陈锦川:《法院可以创设新类型作品吗》,载《中国版权》2018年第3期。

〔4〕 参见李琛:《论作品类型化的法律意义》,载《知识产权》2018年第8期;熊文聪:《从网络游戏纠纷看"作品"的法律界定》,载微信公众号"知产力"2018年1月22日,https://mp.weixin.qq.com/s/Si1hELKF3se07_KUCouKVA。

类型显然过于苛求。[1]

无论作品类型是必须由当事人选择，还是由法院审查确定，作品类型均是法院审理不可回避的问题，那么，截图可能涉及《著作权法》规定的哪种作品类型？

二、作品类型的重叠、作品的整体与部分

《著作权法》规定的作品类型，系根据作品的表现形式进行的分类。而同一创作成果可能有不同的表现形式，故一部作品可以同时构成不同的作品类型。[2] 实践中，不乏如此认定的案例。如有判决认为，手稿是以文字形式表现出来的文学和艺术领域内的智力成果，既是文字作品也是美术（书法）作品。[3] 然而，法院从未将影视作品再次认定为摄影作品或其他作品，而是将截图单独认定为其他作品。因此，截图能否认定为其他作品类型，还需厘清作品的整体与部分之间的关系。

作品的某个部分是否可以单独受到《著作权法》的保护？答案是肯定的。“哪里有独创，哪里就有著作权”。作品整体的独创性，一方面体现在作品的整体构思和布局，另一方面也体现在各个部分的独创性。如果作品的某个部分具有独创性，则该部分单独受著作权法的保护。[4] 根据《著作权法》第 17 条第 1 款和第 3 款的规定，影视作品的著作权由制片者享有，作品中的剧本、音乐等可以单独使用的作品的作者有权单独行使其著作权。何为“可以单独使用的作品”，《著作权法》或相关规定、司法解释并无详细的规

---

〔1〕 参见浙江省高级人民法院民事判决书，(2015)浙知终字第 266 号。在该案中，浙江省高级人民法院对此问题进行了回应：“通常而言，著作权人提起著作权侵权诉讼，需要证明其要求保护的对象属于著作权法意义上的作品，以明确其权利基础，而不必须明确其作品类型。因为很多情况下作品类型具有一定的模糊性，对作品类型的判断具有较高难度，要求权利人必须要明确其作品类型显然过于苛求，而仅基于权利人对作品类型的判断偏差即对其合法权利不予救济亦明显不公。”

〔2〕 参见王迁：《著作权法》，中国人民大学出版社 2015 年版，第 77 ~ 78 页。

〔3〕 参见江苏省南京市中级人民法院民事判决书，(2017)苏 01 民终 8048 号。

〔4〕 参见韦之：《著作权法原理》，北京大学出版社 1998 年版，第 21 ~ 22 页；陈锦川：《著作权审判：原理解读与实务指导》，法律出版社 2014 年版，第 8 页。

定。截图是否属于“可以单独使用的作品”？这是截图能否被认定为摄影作品或其他作品的前提。

三、作品类型之“摄影作品”

在新丽电视公司与胜基公司、天猫公司侵害作品信息网络传播权纠纷案[1]中，杭州铁路运输法院支持了原告关于截图是摄影作品的主张，并作出了详细的论证。法院认为，首先，电视剧作为一种以类似摄制电影的方法创作的作品，其独创性固然体现在动态图像上，但动态图像在本质上是由逐帧静态图像构成。易言之，各帧静态图像虽不是静态拍摄完成，但也体现了摄录者对构图、光线等创作要素的选择与安排，体现出了独创性。鉴于电视剧属于在特定介质上对物体形象的记录，当其特定帧图像所体现出的独创性达到著作权法所要求的高度时，该图像便符合著作权法及其实施条例关于作品和摄影作品的构成要件的规定。其次，著作权法通过对特定类型作品提供有限度的保护以实现其立法目的，为此，著作权法在赋予权利的同时又会对权利进行限制。但限制权利只是手段，并非目的，在缺乏合理理由的前提下，不应当拒绝保护符合法定要件的作品。就该案所涉以类似摄制电影方法创作的作品中符合法定要件的特定帧静态图像而言，以摄影作品加以保护，不会为权利人带来超出其创造性劳动价值之外的保护，也不会给社会公众添加额外的负担，或损及他人及社会公共利益。最后，《著作权法》第17条第1款虽然规定电影作品和以类似摄制电影的方法创作的作品的著作权由制片者完整享有，但并未排除制片者对以类似摄制电影方法创作的作品中所包含的其他作品享有著作权的可能。易言之，制片者同时对以类似摄制电影方法创作的作品以及该作品中可析出的其他作品享有著作权并不违反著作权法的规定。

在高某、邓某某与优酷公司、陌陌公司、全土豆公司、金色视族公司侵害

---

〔1〕 参见杭州铁路运输法院民事判决书，(2017)浙8601民初2296号。

著作权纠纷案〔1〕以及乐视花儿公司与豆网公司侵害作品信息网络传播权纠纷案〔2〕中,法院对截图认定为摄影作品的意见截然相反(见表4.1)。

表4.1 两起案件中法院就截图认定为摄影作品的裁判意见

案件	法院意见
高某、邓某某与优酷公司、陌陌公司、全土豆公司、金色视族公司侵害著作权纠纷案	电影作品、录像制品通常呈现为连续的动态画面,当将该连续的动态画面一帧一帧分离出来形成一帧一帧静态的画面时,该静态画面在性质上仍然应当被理解为电影作品、录像制品的画面和内容,而不是摄影作品,否则摄影作品与电影作品、录像制品就无法被区分。因此,从该案无独创性的视频的连续动态画面中截取出来的涉案一帧静态画面仍然应当是该视频的画面和内容,而不是独立于该视频之外的摄影作品
乐视花儿公司与豆网公司侵害作品信息网络传播权纠纷案	就截图而言,影视作品作为一种前后连贯的视听作品,表现为有伴音或无伴音的连续动态画面,该连续的动态画面由一帧一帧的静态画面组成,该案所涉截图,即系从连续动态画面中截取出来的一帧静态画面,从本质上来说,该静态画面是影视作品连贯画面的组成部分,而非与之相独立的摄影作品

虽然一些判决书对截图为何可认定为摄影作品的论述详尽,但本文对此持否定态度,具体理由如下:其一,如上述判决所述,从连续动态画面中截取出来的一帧静态画面是影视作品连贯画面的组成部分或内容,而非与之相独立的摄影作品。其二,截图作为摄影作品而言不具有独创性。独创性包括独立创作与创造性两个方面。截图包含在影视作品之中,故根本称不上独立创作。而且,影视作品的作者或者摄影师均追求的是影视作品整体、连续的画面或效果,而非是某一帧或某单一画面。在影视作品的创作过程中,任何一方都没有摄影的主观意图或者追求相应效果的主观意图。某一

〔1〕 参见北京市朝阳区人民法院民事判决书,(2015)朝民(知)初字第20524号;北京知识产权法院民事判决书,(2017)京73民终797号。

〔2〕 参见北京市朝阳区人民法院民事判决书,(2017)京0105民初10028号。

帧或某一画面无法体现创作的内容，在作者的主观上，无任何创作某一具体画面的本意。[1] 其三，影视作品画面不同于剧本、词曲这些不同的表达形式，整部影视作品完全是由一帧一帧的画面构成的，如果把影视作品中的画面拿来单独使用，就会与原影视作品制作者行使权利相冲突。[2] 其四，如果每一个画面都是一个摄影作品，那么影视作品本身便是摄影作品的集合，摄影作者已然成为影视作品的著作权人。而且，不同于其他可以单独使用的作品，如果每个画面都可成为一个摄影作品，则摄影作品与影视作品完全重合。其五，《著作权法》第 17 条第 1 款明确了编剧、摄影等作者享有署名权，而在第 3 款中仅明确了剧本、音乐作者可以单独行使其著作权。按照体系化解释，可以单独行使著作权的作者不应包括摄影作者。

姑且不论上述理论问题，如将截图单独认定为摄影作品，还需重新审查该截图的独创性及权利主体。如前所述，既然将截图作为单独可以使用的作品加以认定，那么截图必须满足作品独创性的要求，有独创才可能是作品，才可能受《著作权法》保护。摄影作品的独创性主要体现在摄影师拍摄时所做的选择以及艺术创作过程，包括对象、角度、背景的选择，对焦距、光圈的设定等方面的内容。[3] 司法实践中，法院对摄影作品的独创性要求较低，很少存在否定摄影作品独创性的案件。而且，法院不会对创作水平进行评价，直接在裁判文书中格式化地表述为图片由创作者择其适合的角度、光线、背景拍摄而成，具有独创性。因此，一旦截图从作品类型角度可以认定为摄影作品，截图的独创性就不存在障碍。

如果将截图认定为摄影作品，截图的著作权人如何确定？在新丽电视公司与胜基公司、天猫公司侵害作品信息网络传播权纠纷案中，部分判决认

---

〔1〕 关于作者的主观意图问题，尚有不同意见。参见王迁：《古文点校著作权问题研究——兼评“中华书局诉国学网案”等近期案例》，载《华东政法大学学报》2013 年第 3 期；梁志文：《变革中的版权制度研究》，法律出版社 2018 年版，第 53 ~ 71 页。

〔2〕 参见张学军：《学军每日一案：（上）网络游戏相关行为的司法认定》，载微信公众号“学军每日一案”2018 年 5 月 2 日，https://mp. weixin. qq. com/s/1Y - aEeJVU4cmHPUjWnYK_w。

〔3〕 笔者认为，截图不具备认定为摄影作品的独立创作的特征，故此处的独创性仅指创造性。

为:“因涉案电视剧出版物上署名包括新丽电视公司及其他各方主体,在无相反证据推翻的前提下,应当认定署名方是该作品的著作权人。”[1]根据该裁判逻辑,虽然截图被认定为摄影作品,影视作品的著作权人仍为截图的著作权人。当然,法院又补充:“在其他各署名方、创作者均声明该电视剧、剧照、截图著作权由新丽电视公司享有的前提下,本院对此予以确认。”如果摄影师没有声明由新丽电视公司享有著作权,截图的著作权人会不会发生变化?笔者认为,既然已经将截图认定为摄影作品,该作品的著作权不必然属于制片人。截图的权利主体要根据各方约定,制片人与摄影师之间的关系,以及是否为职务作品、法人作品、委托作品等具体情况依约依法确定。在各方没有特别约定或存在特别关系的情况下,截图的著作权应归摄影师所有。

四、作品类型之“美术作品”

如前所述,当截图中包含动漫形象时,权利人可依据动漫形象作为权利基础主张权利。在此需强调的是,法院并没有将截图认定为美术作品,而是当事人可通过“美术作品”的作品类型来维护权利。结合《著作权法》第15条的规定,动漫角色形象具有区别于其他角色的显著性特征,从而可以将其从原作品中抽离出来。因此,动漫角色形象可以从原作品中分离出来单独使用,其可以单独受到著作权法的保护。[2] 有判决认为:“由于系争造型可以从电影中抽离出来,并独立地使用在其他的商品或服务标识之上,事实上,多年来原、被告分别起诉的众多著作权侵权案件,也从侧面印证了系争造型已被他人进行独立于影片的单独使用,故‘葫芦娃’角色造型美术作品属于可以单独使用的作品。”[3]目前,动漫角色形象可以单独得到保护在理论与实践中已不存在太多争议。

---

〔1〕 北京市朝阳区人民法院民事判决书,(2017)京0105民初10028号。

〔2〕 参见屈文静:《动漫角色形象的著作权维权实务》,载国家版权贸易基地(越秀)、广州市华南版权贸易股份有限公司组织编:《版权维权研究与实务》,知识产权出版社2017年版。

〔3〕 上海市黄浦区人民法院民事判决书,(2010)黄民三(知)初字第28号。

动漫角色形象系一种动态的、可变的形象，且形象赋予了精神内涵。在涉及实质性相似对比时，对于权利人而言，动漫角色形象相较于其他作品可能会更有优势。如部分判决认为："在进行侵权比对时，应考虑到动画片故事主题和情节的需要，动画片角色表现形态具有多变性，因此在进行比对时不能完全静止地、孤立地比较，而应从作品整体的形象、设计的主旨和传达的信息等全面把握，比对的对象不仅仅是单一的动作、姿态、表情的作品形象，而是'Q版孙悟空'作品的整体形象。"[1]"被控侵权商品本质上既使用了'迪迦奥特曼'的外部形象特征，又利用了'迪迦奥特曼'的性格内涵。'迪迦奥特曼'的外部形象特征和性格内涵构成了一个完整的角色形象作品。"

但以动漫角色形象主张权利的前提是，截图中存在角色形象，而这样的情形并不多见，多数截图中体现的均是现实人物形象。所以，司法实践中鲜有从动漫角色形象（美术作品）的角度来主张截图权利的案例。同样，从动漫角色形象的角度主张权利，同样需重新确定动漫角色形象的独创性以及主体问题，相关问题与前述摄影作品基本一致，在此不赘述。行为人未经许可实施复制、发行动漫角色形象等专有权利控制的行为，可能涉嫌侵权。现动漫角色形象存在于影视作品的截图中，能否以动漫角色形象主张权利？如果存在复制、发行整部影视作品的侵权行为，动漫角色形象的权利人可否主张权利？影视作品中其他可以独立使用的作品，是否均可主张权利？这亦将是截图被认定为摄影作品同样面临的问题。

影视作品与其中可以单独使用的作品之间的关系应是：影视作品的制片人对影视作品的整体享有著作权，制片人对其作品的控制范围仅为作为一个整体意义上的影视作品，并不意味着可以单独控制其作品中的每个部分；而可以单独使用的作品对影视作品整体不能主张著作权。[2] 如果发生

---

〔1〕 浙江省高级人民法院民事判决书，(2016)浙民终590号。

〔2〕 参见袁博：《综艺节目制片方不能自行发生节目单曲》，载《中国知识产权报》2015年1月28日，第9版。

未经许可，复制、发行影视作品的侵权行为，只有制片人才能提起诉讼。[1] 如果行为人脱离影视作品而复制、发行动漫角色形象，此时只能由动漫角色形象的著作权人主张权利。被控侵权商品将“迪迦奥特曼”角色形象复制在其商品上，是对影视作品中可单独使用的作品的单独使用，而非对影视作品的整体使用。上海华创取得的是影视作品的著作权，不能仅仅依据其享有的影视作品著作权就来对影视作品中的角色形象主张权利，就像影视作品的制片人无权对影视作品中的剧本、音乐等可单独使用的作品在其被单独使用时主张权利一样。[2]

问题是，现动漫角色形象存在于影视作品截图之中。笔者认为，影视作品截图在形式上仍未脱离影视作品，其仍应属于影视作品的一部分，复制、发行截图的行为应属于复制、发行影视作品的行为，截图中的动漫角色形象权利人不能单独主张权利。

五、作品类型之“视听作品”

当事人能否以视听作品的作品类型来主张截图的权利？对于截图是否侵害影视作品的著作权，目前意见并不统一，原因在于视听作品是一种连贯的视听作品，是由以万为单位的帧数的照片动态组成的，侵害其中静态的一帧，其性质难以判定。[3] 但在司法实践中，原告选择视听作品作为作品类型来主张权利，均得到法院的支持。而且，法院也不过多进行评述。[4] 在一些文章中，作者也当然认为：“用户如果未经著作权人许可，又缺乏合理使用法

---

〔1〕 参见苏志甫：《表演者对其参演的视听作品不享有独立表演者权》，载《中国版权》2015 年第 6 期。

〔2〕 参见湖北省高级人民法院民事判决书，(2012)鄂民三终字第 23 号。

〔3〕 参见袁博：《食品公司使用影视剧照侵了谁的权》，载《中国新闻出版报》2015 年 5 月 20 日，第 6 版。

〔4〕 参见北京市朝阳区人民法院民事判决书，(2017)京 0105 民初 10028 号；广东省深圳市南山区人民法院民事判决书，(2017)粤 0305 民初 19142 号。

定许可等抗辩事由而实施受专有权利控制的行为，就构成直接侵权。”[1]针对与截图类似的短视频问题，有意见认为：“作品片段作为影视剧的部分，当然同样构成作品，受到《著作权法》的保护，未经许可通过网络传播的属于侵权行为，这在理论界及实务界均不存在异议。”[2]其实，问题的实质是，如何看待截图与视听作品之间的关系。如前所述，笔者认为，截图的复制、传播行为相当于复制、传播了视听作品。

选择视听作品的作品类型来主张权利，截图的著作权人自然是视听作品的著作权人。“乐视花儿公司作为涉案影视作品的著作权人，有权对该作品的截图主张权利。”[3]此时，是否还应考虑截图的独创性？如前所述，有独创才会有著作权。在侵害美术作品、计算机软件等作品的某个部分的案件中，法院均会考虑该部分的独创性。如审查“哆啦 A 梦”躯干部分的独创性，[4]审查计算机文档的独创性。[5] 但笔者认为，在视听作品作为一个整体已具有独创性的前提下，无须再行考虑截图的独创性，未经许可复制、发行截图行为侵害了整个视听作品的著作权。如截图画面反映的是自然风景或其他没有独创性的内容，则可通过合理使用制度来平衡著作权人与社会公众之间的关系。

六、作品类型与合理使用、赔偿标准

如前文所述，不同作品类型的概念及构成要件不同，而且每种作品类型的权利主体及独创性的要求可能存在不同，对当事人的影响自然不同。另外，对于当事人而言，选择不同的作品类型还可能会影响合理使用的认定及赔偿金额的确定。

---

〔1〕 杨珺、侯伟：《浅析网络表情包合理使用界限》，载微信公众号“中国知识产权报”2018 年 11 月 10 日，https://mp.weixin.qq.com/s/JgB2BbqhwQZFhPAf0FQi4Q。

〔2〕 翟静芳：《专业思考丨〈著作权法〉视野下的短视频侵权行为分析》，载微信公众号“搜狐法律观察”2018 年 8 月 27 日，https://mp.weixin.qq.com/s/pzNfMVuGEysVF－kPceUYyw。

〔3〕 北京市朝阳区人民法院民事判决书，(2017)京 0105 民初 10028 号。

〔4〕 参见上海市浦东新区人民法院民事判决书，(2014)浦民三(知)初字第 1097 号。

〔5〕 参见广东省高级人民法院民事判决书，(2017)粤民终 2207 号。

（一）合理使用

合理使用是《著作权法》规定的免责事由，如行为人具有合理使用规定的情形时，则行为人无须就相应行为承担责任。《著作权法》第 24 条第 1 款列举了 12 项合理使用类型，包括为个人学习、研究或者欣赏，使用他人发表了的著作权作品，为介绍、评论某一作品或者说明某一问题，适当引用他人发表了的著作权作品，等等。《著作权法实施条例》第 21 条规定，依照《著作权法》有关规定，使用可以不经著作权人许可的已经发表的作品的，不得影响该作品的正常使用，也不得不合理地损害著作权人的合法利益。

乐视花而公司与豆网公司侵害作品信息网络传播权纠纷案〔1〕被评为 2017 年度北京市法院知识产权司法保护十大创新性案例。在该案件中，法院既确认了截图可依据影视作品加以保护，也认为该案情况属于合理使用。理由主要包括以下三点：(1) 截图已经随影视作品的发行而发表；(2) 行为人的使用方式有利于扩大影视作品的宣传影响；(3) 截图作为从四十余集电视剧的连续动态画面中截取的一帧帧静态画面，数量有限，无法通过截图的前后连续组合表达出完整的故事情节，公众难以通过浏览涉案截图获悉涉案影视作品的全部内容，因此涉案截图的使用行为并未实质性地再现涉案影视作品，客观上未对涉案影视作品起到替代作用，不足以对其市场价值造成实质性影响。姑且不论该判决结果是正确，法院对于合理使用的认定均是从“影视作品”角度来分析，考量截图对影视作品的影响。如果权利人以“摄影作品”或“美术作品”的作品类型来主张权利，上述理由是否成立？不难发现，法院的理由均无所适从。所以，在一定程度上可以得出结论，如果权利人以“摄影作品”或“美术作品”的作品类型来主张截图的权利，法院认定为合理使用的概率会大大降低。

〔1〕 参见北京市朝阳区人民法院民事判决书，(2017)京 0105 民初 10028 号。

(二)赔偿标准

最高人民法院《关于审理著作权民事纠纷案件适用法律若干问题的解释》第25条第1、2款规定:"权利人的实际损失或者侵权人的违法所得无法确定的,人民法院根据当事人的请求或者依职权适用著作权法第四十八条第二款的规定确定赔偿数额。人民法院在确定赔偿数额时,应当考虑作品类型、合理使用费、侵权行为性质、后果等情节综合确定。"而实践中,权利人的实际损失或侵权人的违法所得均很难确定,绝大多数的案件均是由法院酌定赔偿数额,而作品类型系法院确定赔偿金额的考量因素。

广东省高级人民法院《关于审理侵害影视和音乐作品著作权纠纷案件若干问题的办案指引》规定,网站提供电视剧播放、下载或者电视台播放电视剧构成侵权的,每集赔偿2000~7000元;侵害摄影作品著作权的,每幅作品赔偿2000~5000元;侵害美术作品著作权的,每幅作品赔偿5000~15000元。在该指引中,区分了不同作品类型的赔偿标准。当然,该指引仅是法院确定赔偿标准的参考,法院可结合具体情况调整。但该指引还是进一步表明,不同的作品类型可能会对赔偿金额产生影响。然而,根据笔者的检索,对于截图的赔偿标准,在较发达城市均在每张2000~3000元,并没有体现出因作品类型不同而产生的差异。这可能是因为,截图还是那个截图,权利人以何种作品类型主张权利或者法院将其认定为何种作品类型,只是一个法律认识的问题。

七、结语

有关影视作品截图的复制、发行等行为越来越普遍,相关的纠纷亦越来越多。对于截图,当事人会选择不同的作品类型来主张权利,而不同作品类型的选择对当事人来讲具有区别实益。作品类型不同,原告的主体资格、合理使用的认定、独创性的认定等均可能存在不同。在仙本公司与新丽公司著作权权属、侵权纠纷案〔1〕中,仙本公司上诉称,仙本公司虽然使用了《虎妈猫爸》电视剧中的剧照,但该剧照是视频截图,不是独立于剧集外形成的摄影作品。新丽公司辩称,截图符合法律关于摄影作品的规定。广州知识产权法院则认为,仙本公司未经新丽公司许可在其某平台经营的店铺"G 旗舰店"的商品宣传中使用了电视剧的剧中截图,侵犯了新丽公司的信息网络传播权,应承担停止侵权和赔偿损失的民事责任。我们可以发现,双方当事人围绕截图是否为摄影作品而各执一词,但法院完全不顾双方当事人的陈述,对截图系何种作品类型不予评价,直接判定侵权。从上述案例可以看出,本文探讨的问题,已是司法实践及相关理论迫切需要回应的问题。

〔1〕 参见广州知识产权法院民事判决书,(2018)粤 73 民终 2215 号。

网课著作权侵权法律问题

郑婷婷*

网络教学在海内外的教学体系中已然成为一种常见的教学模式,网络教学内容往往需要用到教材、课件、图片、音频等,这些内容可能受我国《著作权法》保护,其中的商业标识又涉及商标权和不正当竞争的问题,因此在网络教学中引发的知识产权纠纷更为集中。

一、网课是否构成作品

我国《著作权法》所称作品,是指文学、艺术和科学领域内具有独创性并能以一定形式表现的智力成果,保护的是具有独创性的表达。实践中对于网课是否属于作品并没有太大争议,《著作权法》包含了诸多的作品形式,口述作品、视听作品、汇编作品使网课构成作品的可能性更高。[1] 一般来说,

* 郑婷婷:北京国枫(深圳)律师事务所律师,深圳市律师协会第十一届著作权法律专业委员会委员。专注知识产权领域,代理的案件入选深圳市律师协会2023年度、2024年度知识产权典型案例。

〔1〕 参见《著作权法》第3条规定:"本法所称的作品,是指文学、艺术和科学领域内具有独创性并能以一定形式表现的智力成果,包括:(一)文字作品;(二)口述作品;(三)音乐、戏剧、曲艺、舞蹈、杂技艺术作品;(四)美术、建筑作品;(五)摄影作品;(六)视听作品;(七)工程设计图、产品设计图、地图、示意图等图形作品和模型作品;(八)计算机软件;(九)符合作品特征的其他智力成果。"第15条规定:"汇编若干作品、作品的片段或者不构成作品的数据或者其他材料,对其内容的选择或者编排体现独创性的作品,为汇编作品,其著作权由汇编人享有,但行使著作权时,不得侵犯原作品的著作权。"

具有独创性的表达都可以构成作品。对于涉案网课视频是否构成作品，主要看授课人的课程安排、讲课过程等方面有无体现独创性。[1] 构成《著作权法》保护的作品应当被认定为何种作品类型进行保护，需要结合具体的案件情况，以及作品的构成要件综合考虑。

例如，在风变公司与为知公司、优学公司、群主公司侵害作品信息网络传播权纠纷案[2]中，法院认为，案涉权利作品是以编程语法的基础知识为内容的教学类课程。从案涉权利课程的构成要素来看，主要由文字、图片等作品或作品的片段以及不属于作品的线条、色彩等综合编排而成，原告根据自身对知识点的理解，创作出个性化的图例、用语、色彩、口诀、举例等，再根据创作意图和构思，对这些内容进行选材和编排，形成自己的独特构思，具有独创性，在无相反证据的情况下，应认定案涉权利课程系体现了独创性的汇编作品。

又如，在程某与高某某、微播视界公司著作权权属、侵权纠纷案[3]中，程某主张涉案视频构成视听作品。是否构成《著作权法》意义上的视听作品，需要考量作品须为智力成果，须是可被客观感知的外在表达，须是文学、艺术或科学领域内的成果，须具有独创性。独创性强调独立完成和创作性。独立完成是指作品由作者通过独立思考创作产生；创作性是指作品应当能够体现作者独特的判断与选择。《著作权法》保护的是具有独创性的表达，而非作者的思想、创意、方法等。具体到视听作品上，一般在场景的选择、机位的设置、镜头的切换以及对摄制画面的剪辑等方面反映摄制者的独创性构思，形成一定的独创性表达。对此，法院认为涉案视频内容为摄制者以讲解、实际操作的方式展示捏脸手法，摄制者就上述内容制作了一系列时长 1 分钟左右的涉案视频。涉案视频为固定机位拍摄，无场景变换，拍摄视频的

---

〔1〕 参见法小祺：《论网课视频的著作权权属认定规则》，载微信公众号“苏礼墩律师团队”2022 年 3 月 23 日，https://mp.weixin.qq.com/s/SukIYuo2k3wQB0Ipnowocg。

〔2〕 参见广州互联网法院民事判决书，(2020)粤 0192 民初 1445 号。

〔3〕 参见北京互联网法院民事判决书，(2021)京 0491 民初 13160 号。

角度皆为正对被摄制者面部，无法体现出角度、远近选择和变换、切换，部分涉案视频将被摄制者讲解的内容通过字幕的形式进行显示，但未能够体现创作者的独特视角和具有个性化的选择和判断，画面内容的选择等方面具有相对固定性。故涉案视频与现有的表达未见有可识别的差异性，应被认定为录像制品。

从视频录制、制作的原理上讲，视频是由一帧帧静态照片组合而成的，尽管视频截图是视频作品其中的一帧画面，但却可以产生独立的社会价值和经济价值，因此视频截图是否构成摄影作品需要单独判断，若可以通过摄影作品的保护路径主张，也不失为一种好的维权方式。具体到上述案件中，首先，原告主张的涉案视频截图均为被摄制者于镜头前展示捏脸手法的不同画面，无法体现摄制者对构图、光线等创作要素的选择与安排，无法构成具有独创性的摄影作品。其次，原告在举证的过程中通过截图的方式将涉案视频及被诉侵权视频的画面进行比对，拟证明涉案侵权视频中的某些画面与涉案视频的某些画面中被摄制者的手法存在一致性。但涉案侵权行为均是以视频方式进行展示，被告并未直接使用涉案视频或以图片的形式展示涉案侵权视频内容。最终，法院认为涉案视频的截图不构成摄影作品，不受著作权法保护。[1]

由此可见，网课具体内容是否可以作品进行主张，在不同情况下有不同的认定结果，需要结合内容的呈现方式、拍摄的角度以及主讲人对课程内容讲述的特殊性等多方面综合考量是否具备独创性，只有部分的网课内容可以作为作品主张受到《著作权法》的保护。

二、网课作品的侵权判定

网课作品侵权属于著作权侵权的类别，对于被控侵权作品是否构成著作权侵权，法院一般按照以下思路进行判定：一是原告对其主张的作品是否

---

〔1〕 参见北京互联网法院民事判决书，(2022)京0491民初11111号。

有权利基础。二是原告主张的作品是否属于《著作权法》保护的作品。三是被控侵权作品是否符合“接触+实质性相似”。四是被告的抗辩是否符合合理使用或者法定许可。[1] 因此判断网课作品是否侵权,重点是在判断其是否符合“接触+实质性相似”。所谓接触,并非指一定看到或摸到,而是指一种接触的可能性,即被诉侵权人有可能接触到被侵权人的作品。所谓实质性相似则是指侵权人的作品与被侵权人的作品有一定程度的相似性。

实质性相似的判断方法主要有以下几种:一是整体观感法,也称普通观众测试法,即从大众角度理性看待一件作品是否构成相似,强调大众对某一作品的艺术感受和精神体验。二是“三步检验法”,也称抽象测试法,即首先将作品中属于思想的抽象部分抽离,再过滤掉两部作品中相同但又属于公共领域的部分,最后将两部作品剩下部分结合独创性要求判断是否构成实质性相似。三是内外部测试法,即首先使用外部测试法来确定原被告作品是否传达相同的思想,然后在此基础上使用内部测试法分析思想层面的相似是否可导致表达层面的相似,该种方法需要上述两种方法佐证配合。此外还有逐字逐句比对的解构方法等。[2]

在风变公司与为知公司、优学公司、群主公司侵害作品信息网络传播权纠纷案中,原告主张保护的作品类型为汇编作品,课程中的文字、插图内容是原告对知识点的具体表达,原告为此付出了较高的独创性劳动,应受《著作权法》保护。此外,汇编作品的独创性还应考量原告对课程内容的选择及编排。具体而言,双方课程均是通过电脑访问网站的形式,就预设的课程内容分步进行展示,形式上是采用对话互动的方式,结合练习题分关卡让学员参与整个教学过程。被告虽主张两者在问题设置、内容回答、文本篇幅等方面存在差异,相同的内容大部分为通用基础知识,然而,纵观两个课程,双方

[1] 参见朱玮洁:《特稿|浅议著作权侵权判定规则》,载微信公众号“知产力”2023 年 1 月 28 日,https://mp.weixin.qq.com/s/acndxkPc5tYnEzfQq8K8pw。

[2] 参见《美术作品侵权界定与案例分析》,载微信公众号“瑞兰科创”2020 年 9 月 27 日,https://mp.weixin.qq.com/s/4spqbxUySTdeVgliP6i25g。

的课程问题设计、关卡形式及题目类型，甚至插图中公用知识的字体、颜色、结构安排等均基本相同，足以认定两者构成实质性相似。该案法院对两者构成实质性相似的判断即为整体观感法。整体观感法主要用于整体抄袭或较为明显抄袭的情形，这种比对方法简便和直接，不需要太多的技巧和技术的分析，从整体上判断作品抄袭的痕迹明显，很容易做出构成实质性相似的结论。[1]

在大视界公司、智遇公司与上海卡宜公司著作权权属、侵权纠纷案[2]中，法院分别从"实质性相似"和"接触可能性"两个方面进行判断，对于不构成实质性相似的，认定不构成侵权；对于存在接触可能性的，认定构成侵权。

首先，从实质性相似的判断来看，《毕某某第 1 套不限时无答案（安某 SLP 也适用）》与原告系统中相应的 Cut－e 试题经比对，两者在数字能力测试的试题题干中的图表的具体样式、内容以及数据均不相同，在语言能力测试的试题题干中的各段文字的具体内容也不相同，根据题干衍生的每个题目的具体内容也不相同。两者相似之处仅在于：在数字能力测试的试题部分，两者均系根据某个公司针对各项数据绘制的 6 个表格，结合题干中的 6 个表格的数据设计了一系列是非判断题，如某个因素与某个因素的比较、某个因素在某个因素中的占比、某个因素在两个财政年度的比较等；在语言能力测试的试题部分，两者均提供了某公司的组织架构、目标、战略、团队等内容介绍，再根据题干中的内容设计了一系列是非判断题，如公司业务部分、未来战略、成员履历等。上述相似之处过于抽象，属于思想范畴，并不受著作权法保护，任何创作者都有权根据该思路设计表达不同的试题。鉴于著作权侵权意义上的实质性相似应是对作品具体表达上的比较，《毕某某第 1 套不限时无答案（安某 SLP 也适用）》与原告系统中相应的 Cut－e 试题不构成实质性相似。

---

〔1〕 参见《公报案例丨著作权侵权类案件中网络课程构成实质性相似的判断》，载微信公众号"蓝石律所"2023 年 5 月 17 日，https://mp.weixin.qq.com/s/Vjhvxl3OVUmOJpE9gDRNsA。

〔2〕 参见上海知识产权法院民事判决书，(2020)沪 73 民终 93 号。

其次,从接触可能性来看,原告系统内与《安某全真模拟试题》《模拟真题(四)》中数字能力测试与语言能力测试部分相同的试题显示的最后编辑时间及上传在线测试系统的时间在 2013 年至 2016 年,Cut－e 在线测试系统虽非向公众完全开放、可供自由访问的网站,但该系统在多年为企业提供招聘服务时已为众多应聘者提供过 Cut－e 试题。而在被告未能提供充分有效证据证明被控侵权试题系其自行创作或者经过合法授权进行使用的情况下,《安某全真模拟试题》《模拟真题(四)》中数字能力测试与语言能力测试部分的试题与原告系统中相应的试题又完全一致。根据民事证据高度盖然性原则,一审法院认定《安某全真模拟试题》《模拟真题(四)》试题的制作者具有接触相应 Cut－e 试题的可能性。

可见,当权利人对自己的网课享有作品的著作权时,判断被告的行为是否构成侵权,应当遵循"接触＋实质性相似"认定标准,从接触可能性及实质性相似两个角度分别考虑,只有二者均满足的情况下才有可能认定为构成侵权。

三、网络平台提供者是否构成侵权

网课的正常播放,少不了网络平台提供者的助力,在行为人构成侵权的情况下,对于网络平台提供者是否构成侵权,以及责任承担问题,相关司法解释[1]已经作了相关规定。因此,实践中对于网络平台提供者是否需要承担责任,是从其是否"明知或者应知"等方面来判断的。

---

〔1〕 参见最高人民法院《关于审理侵害信息网络传播权民事纠纷案件适用法律若干问题的规定》第 7 条第 3 款规定:"网络服务提供者明知或者应知网络用户利用网络服务侵害信息网络传播权,未采取删除、屏蔽、断开链接等必要措施,或者提供技术支持等帮助行为的,人民法院应当认定其构成帮助侵权行为。"第 12 条规定:"有下列情形之一的,人民法院可以根据案件具体情况,认定提供信息存储空间服务的网络服务提供者应知网络用户侵害信息网络传播权:(一)将热播影视作品等置于首页或者其他主要页面等能够为网络服务提供者明显感知的位置的;(二)对热播影视作品等的主题、内容主动进行选择、编辑、整理、推荐,或者为其设立专门的排行榜的;(三)其他可以明显感知相关作品、表演、录音录像制品为未经许可提供,仍未采取合理措施的情形。"

例如，在北京慕华公司与上海宽娱公司侵害作品信息网络传播权纠纷案[1]中，原告认为，被告运营的哔哩哔哩网站上涉案用户上传的课程侵权，故提起诉讼。被告网站上《财务分析与决策》课程搜索页面，对相关视频以"综合排序""全部时长""全部分区"进行分类，便于用户选择。点击选择进入涉案用户所上传的侵权视频播放界面，页面右侧同步展示了涉案用户上传的该课程视频的"视频选集"，共计56个课程视频，编辑有序，选择清晰；《财务分析与决策》课程属于清华大学肖教授讲授的专业课程，该课程知名度较高，且涉案用户将完整的56个视频上传至被告网站，供不特定网络用户观看，正常情况下，如此完整而知名的视频，上传者很难取得授权，涉案用户有较大侵权可能性；播放界面右下方有相关推荐的列表，包含《财务分析与决策》课程在内的多个课程内容，指向明确。被告的网站通过创作激励计划、充电计划等激励用户进行作品上传，同时有整套的积分奖励、贝壳积分现金的兑换、会员权益兑换规则，使积分、贝壳、现金之间能够转化，激励用户进行上传，是典型的诱导、鼓励用户进行作品传播的行为。因此，法院认定被告对涉案用户发布的视频未尽合理注意义务，放任相关视频传播，并进行推荐，构成教唆及帮助侵权，侵害了原告对涉案视频享有的信息网络传播权。该案中，法院直接认定被告构成教唆及帮助侵权。实践中也有法院在分析时单独强调被告不构成直接侵权，并分析了理由。

也有法院认定网络平台提供者不构成侵权。例如，在丁某与森季公司、李某侵害作品复制权、信息网络传播权纠纷案[2]中，被告是网络平台"荔枝微课"的经营者，该网站上传了《软组织损伤精细评估诊断＋徒手治疗》第1课至第91课的视频文件，原告认为侵害了其权利。对于被告是否构成帮助侵权，主要在于其对课程上传者的侵权行为是否明知或应知。该案中，被告系网络存储空间服务提供商而非内容提供商；涉案作品为个人教学视频而非热播影视剧或其他具有较高知名因素在内的视频；被告未对涉案视频进

〔1〕 参见北京互联网法院民事判决书，(2020)京0491民初35366号。
〔2〕 参见上海市浦东新区人民法院民事判决书，(2018)沪0115民初86610号。

行编辑、修改、推荐;原告的公证显示被告在平台界面上设置有“投诉”按键,被告的公证显示相关投诉渠道是可运行的,即被告已经积极设置了预防侵权的合理措施;在收到原告发出的侵权通知后,被告在合理期限内作出了回应,删除了涉案视频,并向原告披露了上传者信息;课程上传者的侵权行为虽然持续了一段时间,但系首次被原告发现,并非在涉案平台上重复侵权,加上涉案视频本身知名度不高,其侵权行为并不明显,加大了被告的发现难度,同时需要强调的是,被告即使未对涉案视频进行主动审查,亦不能仅以此认定其具有过错。最终,法院认为,被告主观上对课程上传者的侵权行为并不构成明知或应知,其未对涉案视频进行编辑、推荐,未对课程上传者进行教唆、帮助,也未从课程上传者的侵权行为中直接获取经济利益,故其具有通过合理、有效的技术措施,仍难以发现涉案侵权行为的情形,因此主观上不具有过错,此外,被告在接到原告的侵权通知后,也迅速删除了涉案视频并披露了上传者信息,尽到了合理注意义务,防止了侵权行为的进一步扩大。因此,被告在该案中未实施侵害原告作品信息网络传播权的行为,无须承担民事责任。

可见,在对网络平台提供者的责任进行认定时,需要结合该方主体对网课内容的介入程度进行综合认定,如侵权事实已然显而易见,网络服务提供者对这“红旗一样飘扬”的事实假装看不见,或者以不知道侵权为由推脱责任,应当承担侵权责任。但网络平台提供者确实没有办法监管全部的视频内容,若在网络平台提供者未参与网课内容的修改或特别推送以增加点击量的情况下,在其知道侵权行为或侵权内容的存在后及时采取如删除、屏蔽或断开链接等措施,可以不需要承担侵权责任。

四、结语

行业的健康发展依赖于市场主体的自律、合规、有序经营,网课领域作为“互联网+”发展中的新兴领域,更应当由多方共同努力,减少侵权行为的发生。

首先,网课课程本身的制作方式和教学内容都很丰富,如果制作方式或教学内容方面满足著作权法关于独创性的要求,则可以申请该类型作品的作品登记证书。其次,其他市场竞争主体应当自始树立公平竞争的意识,在市场竞争中应秉持诚实信用原则,遵守商业道德。再次,网络平台提供者可以充分利用平台的保护资源,发挥平台的保护优势,有效地解决大量的侵权行为。又次,可以提高行政资源的震慑作用,对侵权行为较为严重或多次侵权的现象可以发挥行政机关的优势,以行政处罚的方式让侵权人承担较重的不利后果。同时应当将侵权案件向社会及时公布,对其他侵权人产生一定的震慑力,从而起到遏制侵权现象的效果。最后,加强司法保护的力度。在其他保护制度尚未完善的时期,司法保护需承担更多的保护责任。一方面,人民法院可以尝试小额侵权行为速裁制度,以期可以尽快解决纠纷。另一方面,人民法院可以适度提高赔偿额度,加重侵权人承担的不利后果,减少侵权行为的产生。

游戏规则著作权保护路径

卢 鹏*

游戏规则是指引游戏运行、运作的一系列法则的总和，包含游戏内世界观的设定、核心玩法、游戏元素、武器装备、游戏数值、游戏剧情推进方式（非游戏剧情）、游戏场景设计、人物设计等。以往司法审判中将游戏规则纳入"思想"范畴，而在游戏《花千骨》等案件中，为认定有些游戏元素、规则的具体化而将该等规则归属于一种"表达"而受到保护。大量"换皮"游戏的出现，使得原告起诉时、法院裁判时，将网络游戏连续画面作品化，并将游戏元素和规则人为进行著作权保护。

一、游戏连续画面构成视听作品的认定

游戏权利人为了起诉抄袭者，尤其是为了打击"换皮"游戏（这类游戏代码不同，但呈现的游戏画面类似）的侵害行为，将其需要保护的对象作品化而进行著作权整体保护，即将游戏计算机软件运行在显示设备中展现的有伴音和无伴音的连续画面认定为视听作品，进而保护游戏角色、武器装备、情节、关卡设置的整体设计。

---

* 卢鹏：广东华商律师事务所合伙人，深圳市律师协会第十一届著作权法律专业委员会委员。华中科技大学法学硕士，执业十余年，专注知识产权、房地产法律、重大争议解决、投融资、公司改制与并购，尤其擅长互联网公司诉讼业务，已为多家知名企业提供法律服务。

朗时公司与壮游公司、转山公司著作权权属纠纷案[1]是游戏构成视听作品的开先河的重要判决，其二审有重要论断回答了游戏的交互性和电影画面可复制性的重大缺陷。游戏画面会因为玩家的操作显示出不同的画面结果，而电影作品的画面固定因而符合著作权可复制性的基本要求。该案二审法院认定："虽然网络游戏与传统类电影在表现形式上存在区别，即网络游戏的连续活动画面是随着游戏玩家的操作进行的，具有双向互动性，而且不同操作会呈现不同的画面，但是网络游戏中连续活动画面因操作不同产生的不同的连续活动画面其实质是因操作而产生的不同选择，并未超出游戏设置的画面，不是脱离游戏之外的创作。"实质上法院否认了游戏玩家对游戏画面的贡献，认为玩家所呈现的游戏画面并非创作行为。

2018 年 A 公司某游戏直播画面侵权案[2]引起巨大的社会关注和社会影响，该案件涉及游戏商和游戏直播平台、主播三者巨大商业利益的归属，引起全社会讨论的是：直播观众感兴趣的是游戏画面的连续播放，还是游戏主播对游戏操作形成的区别于常人的精彩画面？最终广东省高级人民法院判定："游戏系统的开发者已预设了游戏的角色、场景、人物、音乐及其不同组合，包括人物之间的关系、情节推演关系，不同的动态画面只是不同用户在预设系统中的不同操作产生的不同操作/选择之呈现结果，用户在动态画面的形成过程中无《著作权法》意义上的创作劳动。"

由此可知，法院维持了之前判决对玩家不存在创作行为的认定。但笔者认为该判决书对于游戏的认定仅指的涉案游戏，而非泛指所有游戏。对于不同类型的游戏运行画面是否一概构成作品，广东省高级人民法院经过一年的企业调研，充分了解游戏直播平台、游戏开发商和主播的行业实践后，于 2020 年 4 月发布了《关于网络游戏知识产权民事纠纷案件的审判指引（试行）》，并在该指引第 18 条第 1 款第 4 项给出了一个开放性的认定标准，即游戏连续动态画面是否构成作品须考虑"因人机互动而呈现在游戏画面

[1] 参见上海知识产权法院民事判决书，(2017)沪 73 民终 241 号。

[2] 参见广东省高级人民法院民事判决书，(2018)粤民终 552 号。

中的视听表达是否属于游戏预设范围”。

但2022年广东省高级人民法院在广州网易公司、上海网之易公司与深圳迷你玩公司著作权侵权及不正当竞争纠纷案[1]的判决中，将具有很强的交互性并且存在游戏玩家创作（UGC）内容的“沙盒游戏”运行的游戏画面认定为视听作品；将玩家对游戏基本道具操作形成的游戏连续画面认定为演绎作品。由此可知，法院在司法实践中会兼顾游戏商和游戏玩家的权利，认定游戏画面为视听作品的同时承认玩家的演绎权。

2016年至今，各地审判机关形成的判决基本确认了一个思路，在游戏侵权案件中，基本不再将游戏连续画面的固定性和交互性特点作为认定作品的实质障碍，将玩家对游戏画面的操作贡献视为在游戏开发商的预先设计范围内的行为，玩家在游戏内的操作可以是有著作权意义的劳动，也可以是没有著作权意义的劳动，但游戏画面整体的著作权可以认定为具有可复制性的视听作品。

正如广东省高级人民法院在《关于网络游戏知识产权民事纠纷案件的审判指引（试行）》中将游戏连续画面是否构成作品作出开放性的认定，游戏画面有可能出现不构成视听作品的情况。所以，笔者认为并非所有游戏画面连续，且游戏商的预设范围能涵盖玩家操作的游戏画面都构成视听作品。例如，扑克游戏画面、棋牌类游戏画面、沙盒类搭建游戏画面，就不应该被认定为视听作品。故对于游戏预设范围的理解应当更加狭义化和具体化，不能将“预设”扩大理解为只要游戏中能完成的操作都在预设范围内。例如，搭建类游戏中，游戏商只提供基础的方块类道具，某一玩家利用该方块道具搭建出一个宫殿，则不应认定宫殿在游戏商的预设范围内。

---

[1] 参见广东省高级人民法院民事判决书，(2021)粤民终1035号。

二、游戏规则著作权保护范围及侵权认定

（一）请求保护的游戏规则必须是具体的游戏规则

著作权并不保护“思想”，一般性的抽象规则并不是著作权保护的对象。只有在该具体规则能够具体化，甚至作为一种可视化的“表达”的情况下，才能被保护。

在天象公司、爱奇艺公司与蜗牛公司著作权侵权纠纷案[1]中，法官认定游戏界面的组合布置形成游戏规则的具体表达，“A 游戏对 B 游戏的具体玩法规则所设计的特定表达进行了整体照搬和复制，构成著作权侵权”。在腾讯公司与畅游云端公司、英雄互娱公司、天津英雄互娱公司、北京卓越晨星公司、四三九九公司著作权侵权及不正当竞争纠纷案[2]中，法官认定游戏地图的空间安排构成具体“表达”。而在仙峰公司与盛和公司、恺英公司著作权权属、侵权纠纷案[3]中，法官认为：“各个系统相互之间的有机组合形成的特定玩法规则和情节具有独创性，已达到使其区别于其他游戏的创作性高度。”

（二）“换皮”游戏规则侵权的比对方式

如原告诉请游戏整体元素、规则抄袭，抄袭比例达到“换皮”的情况，著作权保护的路径为先认定构成视听作品后，再进行实质性相似的侵权比对。

但是有些诉讼案件，如广州网易公司、上海网之易公司与深圳迷你玩公司著作权侵权及不正当竞争纠纷案[4]，及网某公司与华某公司、虎某公司等著作权侵权及不正当竞争纠纷案[5]两案件中，原告主张需要保护的是其游戏的元素规则，并通过该元素规则引申出对游戏的整体保护，广东省高级

---

〔1〕 参见江苏省高级人民法院民事判决书，(2018)苏民终 1054 号。

〔2〕 参见广东省高级人民法院民事判决书，(2020)粤民终 763 号。

〔3〕 参见浙江省高级人民法院民事判决书，(2019)浙民终 709 号。

〔4〕 参见广东省高级人民法院民事判决书，(2021)粤民终 1035 号。

〔5〕 参见广州知识产权法院民事判决书，(2021)粤 73 民终 883 号。

人民法院和广州知识产权法院对此都给予了明确的回应，其裁判逻辑可以总结为：不能以局部的规则的对比，取代整体连续画面的对比。所以从逻辑上讲，既然已经将游戏连续画面认定为视听作品，就应该从游戏画面的整体进行对比；根据广东省高级人民法院《关于网络游戏知识产权民事纠纷案件的审判指引（试行）》第 32 条的规定，具体应比对以下几个方面：（1）游戏连续动态画面整体视听效果；（2）游戏故事情节的具体编排；（3）游戏角色、技能、装备等特定体系架构或特殊的画面细节设计；（4）相同部分在原告主张权利的作品内容中的比例和重要程度；（5）产生相同表达效果是否具有合理原因。可见，侵权对比显然是对作品整体的比较，对架构的比较，特别体现在对游戏情节和游戏装备、角色种类、武器、功法等整体设计的比较。

有些裁判中，先将涉案游戏连续画面认定为视听作品，再对作品中局部性的规则要素进行比对，认定相似，进而认定游戏著作权侵权，这种认定的逻辑是经不起推敲的。因为游戏连续画面是基于整体视听效果、故事情节编排、游戏特定体系构架和画面设计等众多元素构成的作品，是创作所得的最终成果，在对其著作权的侵权认定中不应考察其阶段性成果，其保护模式可以类比由剧本作者、摄影作者、分镜脚本作者等多位作者共同完成的电影作品。

另外，游戏元素规则的比对不仅是整体比对，还要可视化。既然选择的是游戏连续画面作品化的保护路径，寻求保护的游戏规则必须是可视化的规则，无法可视化的规则，无论其是多具体的表达也不能作为视听作品保护的对象。如前述广州网易公司、上海网之易公司与迷你玩公司著作权侵权及不正当竞争纠纷案的判决载明："对视听作品的著作权保护要限于画面表达，而不能延伸至非画面内容，否则将偏离视听作品独创性表达之所在。换言之，判断视听作品是否构成实质性相似，必须基于视听画面表达上的异同，且要排除非画面内容的干扰。"

（三）游戏规则著作权保护新路径

正如以上论述的侵权认定的逻辑，既然将游戏整体作品化，那么侵权比对的客体必然是游戏画面表现的可视化整体；而一些游戏规则可能并不能代表整体游戏画面，且具有非可视化内容的，直接认定规则实质性相似，其推理逻辑是存在缺陷的。

广州互联网法院作出了一个新颖的判决思路，法院在判决书中写道："C游戏通过规则间的相互联系以及由此形成的各种游戏机制的相互耦合，形成了庞大的游戏系统，形成稳定的具有独创性的游戏机制，应当被认定为符合作品特征的其他智力成果。"[1]将规则认定为其他作品，再进行实质性相似的对比，此对比的标的就是规则本身。此种方法能够解决以上所述的逻辑缺陷，但该游戏规则属于其他作品的认定思路是否符合著作权保护"表达"而不保护"思想"的基本原则，需要进行更深入讨论。

三、结语

近年来，游戏规则（包括元素）的著作权保护的司法裁判路径是先认定游戏连续画面构成类电作品，进而以"接触＋实质性相似"的比较方法进行侵权认定。因此对游戏进行著作权保护的路径，首先要确定游戏的类型能否构成视听作品；其次要明确侵权比对的对象应该是游戏连续画面的作品整体，尤其是可视化部分。

---

〔1〕 广州互联网法院民事判决书，（2021）粤0192民初7434号。

电子游戏整体画面视听作品的改编权

何美华*

电子游戏发展到今天，已成为庞大的产业，该领域的知识产权保护是从业者最关注的方面之一。对于裁判者和其他法律从业者而言，在现行法律框架内通过知识产权保护最大限度地促进电子游戏的创新和产业繁荣，是大家共同的心愿。在保护的过程中逐渐认识到，直面玩家的是电子游戏的画面，而游戏玩法规则与画面有千丝万缕的联系，对画面主张类电作品或视听作品，成为维权的重要选项。本文试图梳理电子游戏整体画面的构成机理以及《著作权法》的相关规定，探寻改编权相关问题。

一、改编权及其控制范围

改编权，是指改变作品，创作出具有独创性的新作品的权利。改编权包括两个要件：一是改变作品，包括改变形式和改变内容，改变之后的作品，具有区别于原作品的独创性，产生新作品。二是利用了原作品中独创性表达中的基本表达。改编既然是对原作品的改动，表明这种创作行为是依赖于原作品的，原作品的内容在新作品的整体结构中具有基础性地位或重要作用，脱离原作品的内容将使新作品不能成为作品或使新作品的表达实质不

* 何美华：广东卓建律师事务所合伙人，深圳市律师协会第十一届著作权法律专业委员会副主任，专利代理师。2006 年起专注知识产权法律事务，秉持“法律驱动创造”理念，助力客户成长、推动社会创新。熟悉动漫、电子、通信等多行业，服务多家世界 500 强企业及 A 股上市公司。

完整。同时,被利用的原作品的内容应当是原作品的基本表达。

所谓基本表达,即该表达在原作品表达中具有基础性地位或关键作用,或在原作品中占有较大的比重。广州知识产权法院也持基本相同的观点,在菲狐公司与霍尔果斯侠之谷公司、深圳侠之谷公司、柏际公司等著作权权属、侵权纠纷案[1]中,法院认为"改编是利用了原作品中的独创性表达,且所利用的独创性表达在改编作品中占据重要地位,构成了改编作品的基础或实质内容。改编作品的基本特点在于它既包含改编者的独创性劳动成果,又保留了原作品的基本表达"。而关于如何判断何种内容在新作品中处于基础性地位或起到重要作用,北京市高级人民法院在公报案例郭某、中央电视台与四排赫哲族乡政府、北辰购物中心侵犯著作权纠纷案中认为,"某乐曲的中部是展示歌词的部分,且在整首乐曲中反复三次,虽然某乐曲的首部和尾部均为新创作的内容,且达到了极高的艺术水平,但就某乐曲整体而言,如果舍去中间部分,整首乐曲也将失去根本,因此可以认定某乐曲的中部系整首乐曲的主要部分。在某乐曲的中部系改编而成、中部又构成整首乐曲的主部的情况下,整首乐曲应为改编作品"[2],用假设排除特定旋律的方法判定相同部分属于基本表达,具有较高程度的说服力。

关于改编权控制的行为方面,从改编权的法定定义及构成要件来看,改编权控制的行为仅限于改变作品创作出新作品,对于改编作品的利用,属于改编人行使著作权的行为,不在改编权的控制范围之内,而应当根据《著作权法》第 13 条的规定予以规制,即"行使著作权时不得侵犯原作品的著作权"。广州知识产权法院则有不同观点,该法院认为,"改编权作为著作权人的财产权,不仅控制改编行为,而且还规制改编作品的后续财产性利用行为,被诉侵权人未经许可,对改编作品的后续使用包括复制权、发行权和信息网络传播权均被改编权所吸收而不再成为后续作品独立的权利类型"[3]。

---

〔1〕 参见广州知识产权法院民事判决书,(2021)粤 73 民终 1245 号。
〔2〕 北京市高级人民法院民事判决书,(2003)高民终字第 246 号。
〔3〕 广州知识产权法院民事判决书,(2021)粤 73 民终 1245 号。

笔者认为,这一观点值得商榷,原因在于,无论是原创作品还是改编作品,享有独立的著作权,依法享有《著作权法》第 10 条第 1 款规定的权利,《著作权法》第 10 条第 1 款规定的各种权利之间相互独立,不存在吸收一说。对此,广州知识产权法院的理由是,“如果改编权仅仅控制改编作品的行为,而不再对改编作品的后续使用行为进行控制,则改编权的控制范围无疑受到压缩,不能实现著作权法保护专有权利的立法目的”[1]。这一观点同样值得商榷,如果改编权的控制范围包括后续的利用行为,那么《著作权法》第 13 条的规定显然多余。

二、电子游戏整体画面的构成机理

谈论电子游戏整体画面的改编权问题,需要判断原作品的基本表达,必然需要对游戏画面的构成机理做必要了解。从最基础的层面来看,电子游戏由计算机软件代码和素材组成,玩家通过人机交互界面向计算机软件发出指令,计算机软件代码根据指令调用素材渲染后呈现于人机交互界面,产生连续动态画面。

由于游戏软件内包含的代码功能多样,并非所有的代码都能够被玩家指令调用产生画面,故从画面角度划分,代码可分为画面相关代码与其他代码,画面相关代码又可分为画面触发代码、画面构成代码和画面切换代码。游戏画面则一般由操作按钮、用户界面设计(User Interface Design,UI 设计)及游戏可视化内容构成。

三、游戏画面与游戏玩法规则和游戏数值的关系

游戏玩法规则,是指游戏设定的对玩家行为具有引导作用的规则,该等规则通过对玩家行为的鼓励与惩罚来体现。例如,跑商玩法规则、抽奖玩法规则、玩家对战玩家(Player Versus Player,PVP)规则、主线任务规则等。游

---

〔1〕 广州知识产权法院民事判决书,(2021)粤 73 民终 1245 号。

戏画面是游戏规则的视觉呈现,通过图形、色彩、动画等视觉元素,直观地向玩家展示了游戏世界的样貌和游戏进行的状态。游戏玩法规则可能体现在画面中,也可能不体现在画面中。例如,以著名游戏《传奇》为例,PVP 规则主要体现在非法杀死其他角色时角色将变为红名并在被他人杀死后随机掉落装备,该规则除角色名称变色外,其他内容不体现在画面中。又如,以《梦幻西游》的跑商玩法为例,与此有关的游戏画面为跑商涉及的特定任务界面和特定商品外观,其他规则不呈现于游戏画面。消除类游戏的消除玩法规则通过对消除对象的展示,连接关系、位置变换等的呈现,在画面中完整呈现了游戏玩法规则。由此可知,玩法规则与游戏画面不存在一一对应关系。

游戏画面是玩家直接接触和感知游戏的首要元素,它包括游戏中的角色、场景、动画、特效等视觉元素,决定游戏设计的美观度;而游戏数值则是游戏设计中的内在逻辑,决定了游戏的难度。具体而言,游戏数值包括人物升级经验值、任务奖励、能力、道具作用、触发条件、道具数量相关的数值,该等数值可能出现在画面中,也可能不出现,例如,技能伤害数值,《传奇》游戏不显示,《奇迹》游戏则显示。

四、游戏整体画面作为类电/视听作品的独创性及基本表达

鉴于游戏整体画面的特性和维权的便利性,权利人倾向于将其作为类电/视听作品请求保护,虽然是否构成类电作品或视听作品仍有不小争议,但在 ARPG(角色扮演类)游戏中,已有不少法院认定其游戏整体画面构成类电作品或视听作品。例如,2017 年上海知识产权法院审理的朗时公司与壮游公司、转山公司著作权权属纠纷案〔1〕,2022 年广州互联网法院审理的菲狐公司与霍尔果斯侠之谷公司、深圳侠之谷公司、柏际公司著作权权属、侵权纠纷案,2019 年广东省高级人民法院审理的网易公司与华多公司侵害著作权及不正当竞争纠纷案〔2〕,2019 年江苏省高级人民法院审理的天象公

〔1〕 参见上海知识产权法院民事判决书,(2017)沪 73 民终 241 号。
〔2〕 参见广东省高级人民法院民事判决书,(2018)粤民终 137 号。

司、爱奇艺公司与蜗牛公司著作权侵权纠纷案[1],法院均将其游戏整体运行画面认定为类电作品进行保护。2019 年上海市浦东新区人民法院审理的暴雪公司、网之易公司与广州四三九九公司、四三九九股份公司其他不正当竞争纠纷案[2],更是首次将第一人称射击类游戏(First Person Shooting game,FPS 类游戏)作为类电作品进行保护。

在论证游戏整体画面作为视听作品或类电作品的独创性时,各法院有不同表述,但一般从游戏规则而非画面构成、画面转换逻辑进行论证。例如,苏州市中级人民法院认为,游戏设计师通过游戏连续动态图像中的游戏界面,将单个游戏系统的具体玩法规则或通过界面内直白的文字形式或通过连续游戏操作界面对外叙述表达,使玩家在操作游戏过程中清晰感知并据此开展交互操作,具有表达性。

如前所述,在动作角色扮演(Action Role Playing Game,ARPG)类游戏中,角色的选择、成长、战斗等玩法设置本身具有叙事性,依托游戏界面呈现的详尽的游戏玩法规则,类似于详细的电影剧情情节,游戏开发过程中通过绘制、设计游戏界面落实游戏规则的表达,与电影创作过程中依据文字剧本绘制分镜头剧本摄制、传达剧情具有一定相似性,可以说,以游戏界面设计体现的详细游戏规则,构成了对游戏玩法规则的特定呈现方式,是一种被充分描述的结构,构成作品的表达。[3]

苏州市中级人民法院的核心观点在于,游戏玩法规则是一种被充分描述的结构,具有叙事性,通过游戏界面落实为表达,因而作为类电作品受到保护。在逻辑上,苏州市中级人民法院将形成画面的结构化的玩法规则替代画面的比对,以实现对可能不正当的“换皮”行为的规制,在认证过程中,尽量贴近著作权法对类电作品的定义,把游戏规则作为画面的组成部分,画面是游戏规则落实的结果。而广州知识产权法院则把画面美工和界面布局

---

〔1〕 参见江苏省高级人民法院民事判决书,(2018)苏民终 1054 号。

〔2〕 参见上海市浦东新区人民法院民事判决书,(2017)沪 0115 民初 77945 号。

〔3〕 参见江苏省高级人民法院民事判决书,(2018)苏民终 1054 号。

与玩法规则、数值属性、武器系统等玩法规则和数字策划并列，画面不再是结果，而是组成部分之一。具体表述为“ARPG 类游戏中整体画面的具体表达就是通过游戏核心部分的玩法规则、数字策划等具体实现的，扮演类网络游戏的核心在于人物形象等皮肤与游戏核心的完美结合，《昆仑墟》游戏前81 级整体画面是由一系列有伴音或者无伴音的连续动态画面组成的类电作品。一款 ARPG 类网络游戏的研发，包括了具体的故事情节、玩法规则、数值属性、武器系统、角色养成、技能效果、画面美工、音响效果、界面布局等诸多独创性元素和内容的集合，涵盖了游戏研发者的大量独创性智力成果，预设了游戏运行时所包含的玩法规则与游戏元素组合后所呈现出的场景的具体表达以及表达所呈现的逻辑自洽，故《昆仑墟》游戏构成《著作权法》所保护的类电作品”[1]。

对以上论述，学者们持不同意见。有学者认为，“一个类电作品确实包含了很多创作元素或创作成果，但是，这不能改变电影或类电作品的本质是‘一系列画面’，更不代表这些元素或成果都是属于‘连续画面’的范畴”[2]。还有学者认为，“虽然法院详细论述了具体游戏规则如何构成表达，但恐怕混淆了思想与表达二分法划分的界限。纵然思想的细化和个性化展示是其具象化为表达的重要途径，但‘规则’之所以被排除在表达之外，是其自身的性质决定的，再详细的规则本身也不可脱离思想范畴”[3]，即游戏玩法规则虽然可以某种有形形式表达且被感知，但玩法规则本身属于思想，不受《著作权法》保护。进一步地，即使玩法规则以文字、图片、交互按钮等的方式呈现而称其为受著作权法保护的表达，但鉴于玩法规则与画面并非同一，甚至不必然存在因与果的关系，玩法规则显然不属于类电作品的组成部分，若玩

---

〔1〕 广州知识产权法院民事判决书，(2021)粤 73 民终 1245 号。

〔2〕 张伟君：《网络游戏“整体”保护不能“囫囵”保护》，载微信公众号“知识产权与竞争法”2020 年 6 月 30 日，https://mp. weixin. qq. com/s/wlFQ9l92MGCFoBEKtlCdog。

〔3〕 王迁、郑涵睿：《游戏作品著作权保护之商榷——评〈率土之滨〉诉〈三国志·战略版〉案》，载微信公众号“知产财经”2023 年 7 月 4 日，https://mp. weixin. qq. com/s/tAn6d7A1nPR7jdJdr66hjg。

法规则有保护的必要,应另寻其他作品或权利途径,或者即使玩法规则是产生画面的原因,那么玩法规则应属于类电/视听作品的思想,连续画面才是表达。也正因如此,类电/视听作品的基本表达,不应当超过连续画面的范畴。同时,由于游戏画面的整体性,被使用画面占权利游戏整体画面的比例应当达到一定程度,并且由于连续画面仍是多元素的组合,可能包含绘画、摄影和故事情节等,某一项或某几项元素的变化可能导致画面不同,并表达不同的思想情感,因此,应在个案中具体查明连续画面的构成要素、画面变换逻辑及其所表达的具体思想情感,此三者的统一方有可能构成基本表达,需结合前述一定比例的要求,准确查明权利作品的基本表达。

五、结语

游戏整体画面改编权侵权,应当是对原作品基本表达的利用,且该基本表达在被诉作品中具有基础性地位或重要作用,权利人主张整体画面为类电或视听作品的,其基本表达应当限定在连续画面中,不应当将游戏玩法规则和数值策划包含在内。而对改编作品的利用,不属于改编权的控制范围,应根据权利人的主张,不排斥适用复制权、发行权等其他权能。

第五章 信息网络实务要点与案例评析

随着互联网技术的快速发展，信息网络已成为创作、传播和获取作品的主要渠道，对于信息网络领域的著作权问题的研究显得尤为重要。网络平台为作品的传播提供了重要的技术支持，在著作权侵权纠纷中往往是首当其冲，容易率先收到侵权通知，也容易一并被列为共同被告。近年来我们可以观察到，网络平台应承担的合理注意义务呈不断上升的趋势，人民法院对网络服务提供者管控侵权风险的要求越来越高，网络平台被判赔的金额也不断刷新着上限。

本章首篇《网络平台常见侵权传播行为类型及责任认定分析》从实务的角度归纳了几类网络平台常被认定构成侵权的行为，下一篇的作者便紧接着重点分析了网络平台如何有效“驶入避风港”，如何有效限制自身的侵权风险。本章《信息存储空间免责抗辩失效原因之探析》的作者还尝试了逆向分析，梳理了实务中网络平台免责抗辩失败的各种原因。

网络平台应当承担的合理注意义务，往往会因为其提供的技术服务内容不同而不同，如自动传输服务提供者、信息存储空间服务提供者、搜索或链接服务提供者的合理注意义务不尽相同。当新的技术服务形态出现时，例如近年来的云计算、云存储、算法推荐、AI服务等，如何界定其合理注意义务往往成为一大争议焦点。因此，本章还针对“搜索引擎缩略图”“一件代发模式”等几类新形态的网络服务展开分析，以期为相关新兴网络服务主体提供一定的法律指导与协助。

网络平台常见侵权传播行为类型及责任认定分析

雷　周*

目前向公众传播作品内容的平台众多,传播内容包括音乐作品、录音录像制品、视听作品等。在著作权侵权纠纷案件中,平台方均会辩称其符合"避风港规则"的适用条件,针对侵权内容已作出了积极努力,如主动防控,总结侵权规律,确定疑似侵权内容和店铺等。但是,在司法实践中越来越多地遇到平台方参与或应知侵权行为的情形,如共同实施侵权行为,对侵权行为采取默许、鼓励态度,或者采取"鸵鸟政策"不积极删除侵权内容。因此若仅通过"通知—删除"措施,不足以制止侵权。考虑到网络信息具有即时性和查询便捷性的特点,即使存在注册用户数量巨大、投诉情况复杂的因素,平台方在已知侵权名称和网络链接地址的情况下,也可快速查询到该名称和链接指向的注册用户信息。若平台方所承担义务仅限于消极、被动地履行"通知—删除",一旦删除得不及时、不彻底,又会出现"上传—通知—部分删除—继续上传—再通知—再部分删除"持续侵权的情况。如此以往,权利人的维权努力势必陷入被动局面,终将导致维权目的落空,对于权利人已投

* 雷周:广东联建(盐田)律师事务所负责人,深圳市律师协会第十一届著作权法律专业委员会委员,深圳市盐田区先行知识产权法律保护中心负责人。曾任职全球500强科技企业、咨询公司,从事技术与市场研究,深耕品牌保护及互联网等新型知识产权与竞争纠纷等领域。

入巨额资金和巨大人力创作并运营的作品产生巨大影响。

一、网络平台常见侵权传播行为的认定

网络平台常见侵权传播行为表现如下。

(1)涉案作品知名度极高,根据行业特点及平台经营历史,平台对于热播作品在平台上的侵权现象应充分知晓。若作为日活用户数亿以上的视频平台之经营者,其根据行业特点和实践应该知晓视频平台极易出现侵权视频。如某音平台在某个时间段内,由平台高名气博主牵头拍摄的热榜视频,此类视频若与著作产品(游戏、影视等)相关,则极易构成侵权。

(2)权利人在涉案作品开播前向平台发送侵权预警函,要求采取有效措施防止他人在平台经营的网站、客户端等任何平台、任何端口未经许可擅自传播侵权内容。平台经营者在收到侵权预警函后,并未采取积极有效防范措施,反而在涉案作品上映期间持续大量向公众提供侵权内容,仅对涉案内容降低热度等,主观上具有明显的侵权恶意,放任了侵权后果持续进一步扩大。

(3)"红旗"原则。平台主动对被控内容加以识别并进行相应的编辑、整理、推荐,甚至通过广告、排行、热榜等形式对被控内容进行推广以获取收益或平台知名度的,其显然应知平台上的侵权现象,此时平台不得以"避风港规则"为由进行抗辩。

(4)针对影视剧等视听作品,若侵权内容关键词大量突出"剪辑""影视""追剧"等文字,则可判断此类内容明显完整源于原作品,平台应知晓"新剧""热播"电视剧的官方传播渠道和方式,故主观上具有明显侵权和放任故意,客观上导致权利人合法传播作品的渠道关注度降低,严重损害权利人的经营利益。中国网络视听节目服务协会于2021年12月15日发布的《网络短视频内容审核标准细则》第93条明确规定,未经授权不得自行剪切、改编电影、电视剧、网络影视剧等各类视听节目及片段。因此,平台方更应知晓使用"剪辑"文字传播宣传的侵权作品大量存在,理应快速采取筛选、屏蔽、

删除等必要措施。

(5)平台中持续大量向公众提供涉案作品的侵权行为屡禁不止。在权利人多次发函通知平台下架的情况下,平台仍未采取积极有效的防范措施,反而持续大量向公众提供侵权内容,主观上具有明显的侵权恶意,放任侵权后果持续进一步扩大。

综合考虑上述因素,无论平台方系直接提供侵权作品,还是与用户分工合作共同提供,抑或明知或应知平台用户利用其平台实施侵害信息网络传播权并提供技术支持帮助用户实施侵权行为,其均应承担侵权责任。

二、网络平台责任认定分析

(一)从客观表现判断平台主观侵权故意

首先,若平台方未完整提供涉案店铺/直播间等用户的实名注册信息,应认定为向公众直接提供涉案作品的行为人,构成直接侵权。

其次,若确存在网络用户,则考虑平台与用户之间互为分工的共同行为以及双方之间的连带责任。在考虑平台行为特点及性质后,若平台知晓用户利用其平台实施被控侵权行为,不但不采取必要的措施予以制止,反而帮助及放任大量用户实施侵权行为,未尽到合理审查注意义务,其主观上存在明显故意,构成帮助侵权。

在北京全景公司与上海韩伟公司侵犯作品信息网络传播权纠纷案[1]中,法院认定某音乐平台在明知涉案 52 首被控侵权歌曲涉嫌侵权的情况下未完全执行双方共同确认的屏蔽规则,根据我国最高人民法院《关于审理侵害信息网络传播权民事纠纷案件适用法律若干问题的规定》第 7 条第 1 款和第 3 款的规定,网络服务提供者在提供网络服务时教唆或者帮助网络用户实施侵害信息网络传播权行为的,人民法院应当判令其承担侵权责任。网络服务提供者明知或者应知网络用户利用网络服务侵害信息网络传播权,

〔1〕 参见广东省深圳市前海合作区人民法院民事判决书,(2022)粤 0391 民初 1964 号。

未采取删除、屏蔽、断开链接等必要措施，或者提供技术支持等帮助行为的，人民法院应当认定其构成帮助侵权行为。

此外，作为平台方，若针对大量重复侵权行为，在权利人多次发函通知要求删除之后，仍选择“视而不见”，放任侵权损害结果持续扩大，仅被动承担“通知—删除”义务，而将进一步采取主动审查义务视为负担，导致侵权行为屡禁不止，造成权利人合法权益及经济利益的极大损失，仍将被认定为存在主观故意，构成侵权。

对于这一点，从最高人民法院《关于审理侵害信息网络传播权民事纠纷案件适用法律若干问题的规定》第 9 条便可看出。根据该条规定：“人民法院应当根据网络用户侵害信息网络传播权的具体事实是否明显，综合考虑以下因素，认定网络服务提供者是否构成应知：……（六）网络服务提供者是否针对同一网络用户的重复侵权行为采取了相应的合理措施……”

（二）“通知—删除”非免责的充分条件

根据我国法律法规及最高人民法院的相关案例可知，即便假定平台方系网络服务提供者，其采取的必要措施亦不限于单纯的“通知—删除”被动措施。

最高人民法院《关于审理侵害信息网络传播权民事纠纷案件适用法律若干问题的规定》第 7 条第 3 款规定，网络服务提供者明知或者应知网络用户利用网络服务侵害信息网络传播权，未采取删除、屏蔽、断开链接等必要措施，或者提供技术支持等帮助行为的，人民法院应当认定其构成帮助侵权行为。

在北京全景公司与上海韩伟公司侵犯作品信息网络传播权纠纷案[1]中，上海市浦东新区人民法院认为，作为网络服务提供者，图片公司应当预见到其网站极有可能被用户作为实施侵权的便利场所，因此应当采取预防、

[1] 参见上海市浦东新区人民法院民事判决书，(2013)浦民三(知)初字第643号。

制止侵权的合理措施,包括设置专门的针对侵权进行举报的便捷程序并将通知方式及“通知—删除”流程公示权利人及公众、设置制止同一用户重复侵权的策略或措施。被诉侵权人在提供存储空间服务时,没有设置明确、便捷的“通知—删除”程序及制止重复侵权的策略和措施,则不具备适用“避风港规则”的资格,不能免除承担侵权赔偿的责任。上述类似案例较多,笔者不再一一列举,但这些无一例外说明,网络服务提供者通常为专业网络公司及平台,在具有较高预示侵权的能力前提下,仅将其义务界定在“通知—删除”是不准确也是不现实的,提供相应的解决措施以及举报监督的渠道都是其应当尽到的合理义务。

最高人民法院在第83号指导案例天猫公司诉金仕德公司、嘉易烤网络有限公司侵害发明专利权纠纷案〔1〕中的裁判要点表明,网络服务提供者所应采取的必要措施,包括但并不限于删除、屏蔽、断开链接。依照上述规定和案例可知:其一,网络服务提供者为制止网络用户侵权或防止网络用户侵权导致损害扩大所应采取的必要措施不仅限于删除,还包括屏蔽、断开链接等其他措施。其二,当网络服务提供者知道或者应当知道网络用户利用其网络服务侵害他人民事权益,应主动采取必要措施,而无须权利人发出侵权通知。由此,“通知—删除”措施仅适用于网络服务提供者不知道也不应知道网络用户利用其网络服务侵害他人民事权益的情形,而在“明知、应知”情况下,网络服务提供者负有主动采取必要措施的义务,其义务并非以收到通知为前提。

(三)义务大小以平台实际能力为准进行个案判断

平台方作为网络服务提供者,在上述相关规范明确其对平台上传内容所应尽义务的前提下,需要以其自身能力为限来判断其是否已尽合理审查义务并采取了有效措施。判断平台方是否有技术能力识别并删除侵权内

---

〔1〕 参见浙江省高级人民法院民事判决书,(2015)浙知终字第186号。

容,可以通过查询平台方的相关技术报告、采访及报道内容,了解其机器识别技术能力、人工审核团队、招聘信息等。如果证明平台可以主要通过上述技术手段而非通过耗费大量人力逐条比对的方式,实现对侵权内容进行删除、过滤和拦截,快速达到停止侵权的效果,则对此类平台的审核义务要求就会相对更高。

三、结语

网络传播平台是否可受到"避风港规则"的保护而被予以免责,取决于其是否直接实施侵权行为,是否"明知或应知侵权",这些均需通过具体行为表现进行分析。在可突破平台规则的案件中,主要包含以下因素:平台接到通知后未及时采取删除措施;平台以未在线上知识产权维权系统投诉作为抗辩理由不成立;平台直接实施或深度参与被控行为;平台应知侵权行为发生而未采取必要措施等。

网络服务提供者如何有效驶入避风港

王琼花*

“避风港规则”源于美国1998年制定的《数字千年版权法案》(Digital Millennium Copyright Act,又称DMCA法案),我国《信息网络传播权保护条例》也采纳了该规则,为网络服务提供者在著作权领域提供了保护。与此相对的是“红旗规则”,强调对显而易见的侵权内容应采取合理措施。本文全面解读了“避风港规则”在司法实践中的适用,包括其适用条件、“通知—删除”规则的执行,以及直接经济利益的判定。文章指出,网络服务提供者在接到侵权通知后,应及时删除侵权内容,否则需承担侵权责任。同时,探讨了“适格通知”的标准、通知效力及删除要求。文章还分析了直接经济利益的判定,包括DMCA法案中的规则、广告收入关系及司法裁定,以期对读者在代理此类案件中有所裨益。

一、适用“避风港规则”的前提条件

“避风港规则”的设置也具有一定的前提条件,即网络服务提供者在提供技术的过程中已经采取了相应的措施且符合善意技术服务提供者的条

---

* 王琼花:广东知恒律师事务所律师,深圳市律师协会第十一届著作权法律专业委员会秘书长。执业15年,处理案件超1000起,诉讼经验丰富,擅长重大疑难民商事诉讼与仲裁,在知识产权刑民交叉保护与辩护领域具备优势。参与编写《隆安律师解读民法典》《深圳市福田区人民调解典型案例评析》等著作。

件。“避风港规则”意在保障网络服务提供者正常运营的法律环境，而并非适用于所有的网络服务行为。根据我国《信息网络传播权保护条例》第20～23条的规定，只有提供自动接入、自动存储、信息存储空间、搜索或者链接等特定技术中立服务的行为，才能适用“避风港规则”。因此，在实务个案中，对网络服务行为的性质判定尤其重要。

（一）适用“避风港规则”的前提条件

1. 网络服务提供者仅提供技术服务，而不涉及直接提供作品、对作品进行选择或者主动编辑等

首先，技术服务应体现技术的自动性和被动性。网络服务提供者根据用户的指令提供服务，用户是行为的发起者、技术的使用者。网络服务提供者根据预先设置的技术安排，被动地传输、链接或存储用户所选择的信息，且对信息内容不具有预见性。

其次，技术服务应排除实质性选择或编辑行为。实质性选择或编辑指的是有权对用户上传作品的内容进行修改或控制，即对原作品产生了实质性影响使得网络服务提供者丧失主张免责的基础。但如仅仅涉及对具体作品（广义）技术上的自动审核、格式转换、加注标识等形式上的改变，不构成内容的实质性选择或编辑，也不改变中立技术服务提供者的性质。

2. 网络服务提供者在提供技术的过程中已经采取了相应的措施

技术措施在一定程度上可以减少侵权行为的发生，比较常用的技术措施如限定上传作品的时长以避免完整的影视作品被上传到信息存储空间。

网络服务提供者应综合考虑其服务的性质、被用于侵权的可能性、同行业所普遍采取的技术措施等因素，平衡经济成本及预防的可能性，采取适当的技术措施，否则可能被认定未尽到与其提供的服务相符合的注意义务。如在视频分享网站涉诉侵权频发的背景下，视频分享网站设置影视频道，对该频道之视频不设大小、时长限制，其被用于传播侵权作品的可能性极大，然视频分享网站经营者却放任该种侵权行为的发生，不设置任何的技术限

制,其经营模式即存在合法性疑义。

3. 网络服务提供者应停止向反复侵权者提供服务

网络服务提供者应对其服务进行有效管理,防止被他人滥用于侵权用途。一方面,曾经反复实施侵权行为的用户,日后再次实施侵权行为的概率极高,因此有必要停止向其提供服务,以防止侵权行为发生;另一方面,停止向反复侵权者提供服务也具有对用户的警示意义,告诫用户如实施了重复侵权行为,即可能丧失继续享受该项网络服务的风险,以减少侵权行为的可能性。

例如,在北京奇艺公司与上海幻电公司侵害作品信息网络传播权纠纷案〔1〕中,虽然被告抗辩涉案作品为用户上传,应适用“避风港规则”予以免责,但法院注意到在被告提供的后台记录中,针对上传案涉6期涉案视频的用户,被告均用较大字体在作者状态栏中标注有“打回比例过高,请注意重点审核!”字样。由此可见,被告有可能也有能力阻止该些视频在其移动客户端的播放,但被告未采取任何预防或者避免侵权发生的措施,从而帮助了涉案作品侵权后果的扩大。因此,法院并没有采纳被告的答辩意见,未就其作为提供存储空间服务者的行为予以免责。

4. 公开侵权通知渠道

鉴于网络侵权影响具有广泛性,对权利人来说及时制止侵权内容的传播,与追究侵权人的赔偿责任同样重要,甚至更为重要。公布联系信息是权利人能够及时通知网络服务提供者进而要求删除或屏蔽侵权内容的有效渠道,也可以避免侵权损害后果扩大,否则可能导致网络服务提供者承担侵权责任。

(二)实务操作建议

针对适用“避风港规则”的前提条件,建议在实务操作中注意结合本文

---

〔1〕 参见上海市浦东新区人民法院民事判决书,(2015)浦民三(知)初字第793号。

前述条件进行甄别修正，笔者在此简要提出如下操作建议。

在停止向反复侵权者提供服务方面：(1)网络服务提供者需设定该项规定；(2)网络服务提供者应告知用户该项规定的存在；(3)网络服务提供者应有效实施该项规定。至于如何设置，应根据本身提供的服务类别、营业模式、技术现状、经济成本等因素综合考量，原则上应与防止用户滥用程度相符。

在通知渠道方面，建议网络服务提供者不仅应该公开侵权通知渠道，也要保障该渠道的有效运作，以便及时接收到相关通知。根据《信息网络传播权保护条例》第22条的规定，应公开网络服务提供者的名称、联系人、网络地址等。

二、"通知—删除"规则的适用

我国从《信息网络传播权保护条例》确立了"通知—删除"规则以来，又通过2010年的《侵权责任法》(已失效)、2019年的《电子商务法》以及2021年的《民法典》，使"通知—删除"规则逐步得到完善。"通知—删除"规则考虑到互联网的快速传播特性以及互联网中侵权的特点，旨在鼓励著作权人和网络服务提供者共同抵制网络侵权。一方面，可以让权利人积极寻找和发现侵权信息，促使网络服务提供者及时制止侵权行为，防止侵权扩大化。另一方面，又可以方便权利人维护其权利、快速解决纠纷，避免动用行政或者司法的力量。

根据《信息网络传播权保护条例》和《民法典》的相关规定，网络用户利用网络服务实施侵权行为的，权利人有权通知网络服务提供者采取删除、屏蔽、断开链接等必要措施。网络服务提供者接到通知后，应当及时将该通知转送相关网络用户，并根据构成侵权的初步证据和服务类型采取必要措施；未及时采取必要措施的，对损害的扩大部分与该网络用户承担连带责任。

(一)"通知—删除"与侵权认定的关系

"通知—删除"规则并非以侵权认定的要件为基础，接到通知后不删除侵权内容也并不意味着网络服务提供者的行为必然构成侵权，二者的关系可以从以下两个方面理解。

1. 接到通知后不删除涉案内容，并不意味着其行为必然构成侵权

鉴于权利人侵权通知所称的侵权行为并非当然属实，而网络服务提供者的侵权责任依附于网络用户上传的内容是否构成侵权。如果权利人侵权通知中所载明的侵权事实确实存在且涉案网络用户被判定构成侵权，那么网络服务提供者接到通知后不删除涉案内容，则可以认定其具有主观过错，其行为构成共同侵权，不应免责。如果权利人侵权通知中所载明的侵权事实并不存在或者涉案网络用户被判定不构成侵权，则网络服务提供者显然不需要承担共同侵权责任。

2. 接到通知后删除涉案内容，并不意味着其行为不构成侵权

根据《信息网络传播权保护条例》的规定，网络服务提供者对网络用户利用其网络服务实施的侵权行为承担共同侵权的连带责任的前提，是其具有明知或者应知的主观过错。即使权利人未发出通知，网络服务提供者对于侵权行为具有明知或者应知的主观过错的，仍然应当承担侵权责任。侵权通知仅是权利人证明网络服务提供者主观明知或者应知的方式之一，但网络服务提供者接到通知后删除涉案内容，并不代表网络服务提供者在提供网络服务时主观上对侵权事实不明知或者不应知。如依据其他因素仍可以认定网络服务提供者在提供网络服务时对网络用户上传内容为侵权内容主观上为明知或应知，则其仍然需要承担侵权责任。

(二)“适格通知”的界定

现行法律未赋予网络服务提供者事先审查空间存储、审查搜索结果等内容合法性的义务，但《信息网络传播权保护条例》规定了“通知—删除”制度以保护著作权人的利益，即权利人发送通知，网络服务提供者根据通知，删除相关侵权内容或指向侵权内容的链接。通知的作用在于告知网络服务提供者其网络中存有他人上传的侵权内容或指向侵权内容的链接，因此，通

知必须符合一定的法定条件，以合理减轻网络服务提供者寻找侵权内容的负担，并使网络服务提供者有机会对通知真实性进行初步判断，同时防止恶意的不实通知。

对于通知的形式，《信息网络传播权保护条例》第 14 条对权利人的通知应具备的内容作了明确的规定。权利人通知网络服务提供者删除相关链接，通知书应当包含下列内容：权利人的姓名（名称）、联系方式和地址；要求删除或者断开链接的侵权作品、表演、录音录像制品的名称和网络地址；构成侵权的初步证明材料。根据该条规定，权利人还应当对通知的真实性负责。我国《民法典》第 1195 条第 1 款也规定：网络用户利用网络服务实施侵权行为的，权利人有权通知网络服务提供者采取删除、屏蔽、断开链接等必要措施。通知应当包括构成侵权的初步证据及权利人的真实身份信息。

笔者认为，"适格通知"主要应考虑如下两个因素：一是享有权利的证明，即包括著作权登记证书、公开的出版物、个人身份证明等能够初步证明权利归属的材料。亦可以是能够使公众相信其权利主体身份的素材，如载有制片人、发行人名称的影视作品视频/截图。该项权属证明是通知的必要构成要素，是权利人发起"通知—删除"程序应履行的基本义务，对于避免滥发通知或恶意通知具有一定意义。二是定位侵权内容的信息。通知应包括被指控侵权的文件名称及其相应网络地址等，此处并不要求列明侵权文件的每一个统一资源定位符（URL）地址，而是足以使网络服务提供者通过成本合理的技术性手段较准确定位侵权内容位置即可。是否能够准确定位侵权内容，应结合网络服务提供者提供的服务类型、权利人要求删除或断开链接的作品类型等因素进行综合判断。随着技术的发展，定位侵权内容的信息要求也在不断地变化，如目前针对 MP3 音乐设置的深层链接模式，歌曲的名称、专辑名和歌手名都会以列表的方式被展示出来，这是系统自动对音频文件周边信息进行分析得到的结果。这说明即使唱片公司仅提供其享有录音制品制作者权的歌曲的名称、演唱此歌曲的旗下歌手的姓名，以及该歌曲所属专辑的名称，凭借这三个要素，网络服务提供者也完全有能力对互联网中侵犯该家唱片公司的歌曲进行准确定位。

在泛亚公司与百度网讯公司、百度在线公司侵犯著作权纠纷案[1]中，最高人民法院认为，泛亚公司向百度网讯公司、百度在线公司发出律师公函，附有歌曲清单，该清单列明了歌曲名、词曲内容及作者、版权登记号，并附有演唱录音的光盘，但是未将每首歌曲的演唱者与歌曲名对应，未指明具体侵权链接地址。该律师公函并不符合《信息网络传播权保护条例》第14条的规定，百度网讯公司、百度在线公司未采取相应措施进行删除或断开链接。对此泛亚公司应负有一定的责任。作为著作权人，泛亚公司最了解其作品，最有条件提供合适的信息以便于搜索引擎服务提供者可以相对准确地屏蔽相关侵权链接。根据查明的事实，泛亚公司提供的歌曲名与搜索结果之间的关联性存在多种情况，差别较大。很多同名歌曲与泛亚公司无关，而且泛亚公司在律师公函中对773首歌曲主张权利，起诉时为351首，亦说明对权利人发送的通知需要有一定的限制和要求，以保证其审慎地主张权利。在律师公函中，泛亚公司并未提供歌曲的演唱者，仅凭歌曲名称显然不能达到准确过滤的效果。故泛亚公司对百度网讯公司、百度在线公司未能及时采取合理措施断开侵权链接所造成的后果应自行承担相应责任。

（三）通知产生的效力

1. "适格通知"的效力：推定知道

如果权利人发出的通知符合法定要求，则网络服务提供者在接到通知书之后，就应当被推定为已经知晓其管理的网络中有被指称侵权的内容或指向侵权内容的链接。一旦通知内容属实而网络服务提供者又未及时移除相关内容或链接，则可认定网络服务提供者有主观过错（故意或过失）。通知的效力绝非使网络服务提供者知晓侵权内容确实存在的事实，通知内容是否属实，仍然有待确定。

---

[1] 参见最高人民法院民事判决书，(2009)民三终字第2号。

2. 不适格通知的效力

不适格通知即网络服务提供者根据通知信息无法有效判断权属信息或定位侵权内容,然不适格通知并非没有任何法律意义。在签署泛亚公司与百度网讯公司、百度在线公司侵犯著作权纠纷案中,最高人民法院还认为,即使泛亚公司的律师公函不符合通知的要求,其也并非毫无意义。百度网讯公司、百度在线公司接到律师公函后毫无行动亦不能认为其积极履行了法律赋予的义务。因此,如通知中列明了明确的权属证明,仅是定位侵权信息有所欠缺时,不应仅因为不符合通知的法定要求就对其视而不见、置之不理。该不适格通知可以作为网络服务提供者意识到其网络或系统中存在特定侵权行为的依据,网络服务提供者应做出适当的反应。如通知中列明了权利人的联系方式,网络服务提供者应与权利人联系,要求权利人补正相关通知信息,以得到符合条件的通知,或者要求权利人补正其他信息,使其能够采取合理的措施停止对侵权内容的链接;如该通知系针对影视作品,相对于文字作品、音乐作品,网络服务提供者应提高注意义务,对其系统中的相关视频进行初步审查。如没有采取任何行动,网络服务提供者对侵权作品继续传播所导致的损失应负有一定的责任。

(四)删除的要求

1. 删除并非一项法定义务,而是免责条件

一方面,有些人可能出于恶意乱发通知,以扰乱竞争对手的正常商业活动;另一方面,即便权利人经过审慎调查之后善意地发出通知,仍然有可能错误地将他人的合法行为指控为侵权行为。故网络服务提供者在收到权利人通知后,认为该通知指控的侵权行为不实,可以拒绝移除相关内容,在这种情况下,权利人一旦证明通知的内容属实,网络服务提供者须为自己的判断失误(过失)承担责任,不能享受"避风港规则"的保护。

2. 删除的及时性判断

最高人民法院《关于审理侵害信息网络传播权民事纠纷案件适用法律

若干问题的规定》第 14 条规定:“人民法院认定网络服务提供者转送通知、采取必要措施是否及时,应当根据权利人提交通知的形式,通知的准确程度,采取措施的难易程度,网络服务的性质,所涉作品、表演、录音录像制品的类型、知名度、数量等因素综合判断。”

在通知内容事后被证明真实准确的情况下,网络服务提供者之前未能在合理期限内删除被指控侵权的内容或断开链接,将被认定为具有主观过错,应为由此扩大的侵权后果承担责任。但我国法律法规并没有对“合理期限”的含义作出界定、予以量化,直接造成了法院审理案件时标准不统一,极易导致同案不同判的现象。在司法实践中,有的以在公证处作出公证前移除的,为“立即移除”;有的以在权利人要求的期限内移除的,为“立即移除”。以上判断标准均有不合理处,因为无论是做出公证的时间还是权利人要求的期限,都是权利人一方以自己的行为或意思表示为网络服务提供者设定的,网络服务提供者只能被动接受,这不仅有违民事主体的平等性,而且难以保证期限设定的合理性,不利于保护网络服务提供者的利益。因此,权威观点认为“合理期限”应取决于具体情况,根据权利人提交的通知的形式、通知的准确性、通知中涉及的文件数量、删除或者断开链接的难易程度、网络服务的性质等因素综合认定。

例如,权利人以电子邮件方式将侵权内容的 URL 地址发给网络服务提供者,同时也完全符合通知的其他法定要件,数量也并不多,网络服务提供者完全可以在较短时间内进行处理。但如果权利人将大量侵权内容的 URL 地址以纸质形式寄给网络服务提供者,同时拒绝提供电子版本,网络服务提供者就必须以人工方式逐一输入 URL 地址,以进行删除或断开链接,此时网络服务提供者当然需要相对较长的处理期限。在前述案例中,百度网讯公司在一审庭审中陈述其接到公函后即断开,并提交公证书表明其已全部断开上述侵权链接。法院认为其上述解释具有合理性,不能要求网络服务提供者对每一次的断开行为都进行公证。泛亚公司并未提出其他相反证据证明百度网讯公司、百度在线公司直到公证时才断开相关链接。而且一审法院查明泛亚公司之后所做第1069号等公证书中载明的侵权链接地址与原先公函中的地址并不相同,亦可佐证百度网讯公司接到泛亚公司9份公函后,已及时断开了侵权链接。

3. 删除措施的合理性判断

网络服务提供者可采取删除、屏蔽、断开链接等必要措施来实现删除效果,既要删除能够合理定位的已经存在的侵权内容,又要适度屏蔽以后可能出现的重复侵权内容。从某种意义上来说,屏蔽是比删除、断链更为有效的技术手段,可以避免重复侵权的发生,从根本上制止侵权行为的新生及扩大,提高权利人发送通知及网络服务提供者删除的效率。如将权利人的作品要素、视频样本存入样本库,禁止对相同的内容设置链接,或禁止他人再上传相同的视频文件。当然,随着版权贸易的不断发展和互联网的日新月异,任何一种屏蔽措施并不能达到完全避免将来侵权的效果,只要网络服务提供者尽到适当的努力,采取了与经济成本相应的合理的措施即可。

三、直接经济利益的判定规则

"避风港规则"的生效条件之一是网络服务提供者并未从服务对象提供的作品、表演、录音录像制品中直接获得经济利益。直接经济利益指的是与侵权行为有直接的、必然的因果关系的经济利益。

(一)美国《数字千年版权法案》中直接经济利益的判定规则

关于直接经济利益的判定,美国《数字千年版权法案》的国会报告提到,在判断经济利益标准是否满足时,法院应根据常识、立足于事实而非根据形式来判断。一般来说,网络服务提供者经营合法业务,其侵权用户和非侵权用户支付相同费用时,不能认为网络服务提供者取得直接归属于侵权行为的经济利益。直接经济利益一般与特定的作品相关联,不包括网络服务提供者从侵权用户处收取的一次性的设立费,提供服务而收取的一般性的、周期性的服务费,以及行业内通常标准的技术服务费,行业内惯有商业模式的服务费、管理费等，也不包括根据信息的长度或连接时间、视频播放时间收取的费用。另外，如仅仅是用户点击量的上升、网站整体吸引力的提升导致的整体价值的提升以及未来可能的广告收入，因缺乏直接性、现实性，不应纳入直接经济利益的范畴。但如网络服务提供者提供服务的价值依赖于提供侵权资料链接服务而收取的费用，则该费用视为直接经济利益。此外，网络服务提供者从侵权行为中获得的单独的费用或者侵权行为增加的费用/收入，则属于直接经济利益。

（二）广告收入与直接经济利益

广告收入目前已成为网络服务提供者的主要营利模式，应区分不同情形判断其是否应纳入直接经济利益。一般来说，广告按照选择的投放位置、投放时段、投放地域，以广告的总点击数来计价，而广告的投放位置与判断广告收入是否为直接经济利益具有较大关联。在投放位置上，可以首页投放、二级页面投放、绑定频道投放、绑定作品投放、绑定播放器投放等，且广告投放具有一定的随机性，往往广告投放量会少于符合条件的用户点击数。如果网络服务提供者采用的广告模式是在其系统中随机投放广告，这类广告收入一般不属于直接经济利益的范畴；如果采用的广告模式为绑定影视频道，而该频道又充斥着大量的侵权作品，尤其表现为侵权作品占据着点击量的前几位，则两者之间的关联性就较大，一般认为这类广告收入属于直接经济利益；如果网络服务提供者采用的广告模式是仅将广告投放于其合作伙伴合法授权上传的版权作品中，侵权作品的存在仅在某种程度上增加用户的访问量，没有增加对合法版权作品界面上的广告的点击率，此处网络服务提供者的广告收入与侵权行为之因果关系就很小，也不应将这类广告收入视为直接经济利益。

（三）直接经济利益的司法裁定规则

直接经济利益作为判定网络服务提供者过错的考量因素，在判断网络服务提供者是否承担相应侵权责任时，认定标准存在较大分歧。既有因用户上传侵权内容而要求网络服务提供者承担相应侵权责任的判例，也有认为服务提供者不知道，也没有合理理由知道用户上传的视频侵犯他人著作权，且没有获得直接经济利益，而不应承担侵权责任的判例。

1. 网络服务提供者因提供网络服务而收取一般性广告费、服务费等，不属于获得直接经济利益。

目前，网络服务提供者收取的费用主要包括会员费、广告收入和销售分成。会员费一般针对为用户提供的服务而收取的费用，基于链接的时间、观看的次数、下载的数量而计算，不区分会员观看链接侵权作品或非侵权作品，一般不视为与直接的侵权作品相挂钩，不视为直接经济利益。

然，网络服务提供者提供的服务如主要被他人用于侵权用途，且服务提供者对其系统或网站上存在的高比例的侵权作品存在主观认知，放任或鼓励用户继续进行侵权使用，并通过会员费等形式从用户侵权使用中获利，该种获利可以作为确定网络服务提供者对其经营模式应尽注意义务的考量因素。

在上海电影公司与千钧公司侵害作品信息网络传播权纠纷案〔1〕中，一审法院认为：千钧公司没有对涉案视频进行推荐、选择、整理，虽然涉案视频在播放过程中显示有广告，但并无证据证明系千钧公司针对涉案视频投放的特定广告且千钧公司从涉案视频中获得了直接的经济利益。此外，上海电影公司只是通过搜索关键字找到涉案视频，该视频并没有被置于首页、其他主要页面或者其他可为服务提供者明显所见的位置，千钧公司在上海电影公司尚未送达权利通知的情况下，无法知道在其网站的海量视频中存在涉案视频，且千钧公司在上海电影公司起诉后已删除了网站上的涉案视频。上海电影公司已履行作为网络服务商的义务，依法可免除赔偿责任。故上海电影公司要求千钧公司赔偿经济损失，不予支持。二审法院认为：虽然涉

〔1〕 参见广东省广州市中级人民法院民事判决书，(2014)穗中法知民终字第53号。

案影视作品视频播放前、播放过程中的界面上显示有不同的广告内容，但上诉人并未举证证明这些广告是针对特定作品进行播放的，也没有证据显示这些广告与涉案影视作品存在特定的关联性，故无法认定被上诉人从播放涉案影视作品中直接获得经济利益。

2. 针对特定交易信息或者交易行为投放广告，提取相应比例收入，或者获取与该特定交易信息或者交易行为存在其他直接联系的经济利益，属于获得直接经济利益。

在中文在线公司与苹果公司、苹果电子公司侵害作品信息网络传播权纠纷案〔1〕中，中文在线公司认为苹果应用商店在应知涉案应用程序无权传播他人享有著作权作品情况下，不采取有效措施，致使侵权应用程序得以顺利上传至应用商店，未尽到合理的注意义务。苹果公司通过应用商店获取的销售分成属于直接经济利益，应当承担较高注意义务。苹果公司作为涉案程序商店的经营者，对涉案程序商店具有很强控制力，且对应用程序进行筛选与分销，通过收费下载业务获取直接经济利益，应当负有较高注意义务，应当知悉涉案应用程序的侵权事实。故苹果公司构成帮助侵权，应承担赔偿责任。苹果公司认为："在先案例已经确定按销售额比例抽取的费用为'一般性广告费、服务费'，不属于直接获得的经济利益。"苹果公司的观点在一审、二审、再审均未获得支持。法院认为，根据最高人民法院《关于审理侵害信息网络传播权民事纠纷案件适用法律若干问题的规定》第 7 条、第 8 条、第 9 条、第 11 条等相关规定，人民法院应当根据网络服务提供者的过错，确定其是否承担教唆、帮助侵权的责任。……如果网络服务提供者从网络用户提供作品、表演、录音录像制品行为中直接获得经济利益，人民法院应当认定其对网络用户侵害信息网络传播权行为负有较高的注意义务。网络服务提供者明知或应知网络用户利用网络服务侵害信息网络传播权，未采取删除、屏蔽、断开链接等必要措施，或者提供技术支持等帮助行为的，人民

〔1〕 参见最高人民法院民事判决书，(2016)最高法民申 1802 号。

法院应当认定其构成帮助侵权行为。经审理查明的事实如下:(1)涉案应用程序开发商为取得开发 iOS 系统下应用程序的资格、获得开发权限和使用开发工具,已向苹果公司支付 99 美元。(2)苹果公司运营的软件商店针对案涉应用程序又另行收取 30% 固定比例的费用。(3)在确定是否分销时,苹果公司采取了极具控制力的协议条款。故,苹果公司以其他网络服务提供商亦从商品或服务销售额中抽取固定比例数额费用的做法,主张其针对涉案应用程序另行收取固定比例费用,性质上属于技术服务费,而非从涉案应用程序中直接获取的经济利益,缺乏事实和法律依据。也就是说,法院认为苹果公司通过收费下载业务获取了可观的直接经济利益,故对于涉案应用程序商店提供下载的应用程序,应负有较高的注意义务。苹果公司未适当地履行其注意义务,且有权力和能力控制侵权行为,故而丧失"避风港规则"保护,应承担相应的法律责任。

四、结语

"避风港规则"是一种限制网络服务提供者侵权责任的制度设计,能够很好地平衡网络服务提供者、著作权人与网络用户三方的利益。但"避风港"不等于"安全港",它有着严格的法律适用条件。首先,适用"避风港规则"需满足一定的前提条件;其次,"通知—删除"规则要求网络服务提供者接到通知后,应当及时将该通知转送相关网络用户,并根据构成侵权的初步证据和服务类型采取必要措施,未及时采取必要措施的,对损害的扩大部分与该网络用户承担连带责任;最后,适用"避风港规则"要求网络服务主体未从中获得直接经济利益。

搜索引擎缩略图在被诉侵权中“实质性替代”的认定标准

郑伟鹏*

搜索引擎利用缩略图增强了网络搜索功能,提升了用户搜索体验。缩略图应用时是否实质性替代了权利作品、损害权利人合法权益,如何平衡搜索引擎平台、权利人、网络用户三方利益,是搜索引擎技术发展中需要解决的法律问题。笔者认为,实质性替代的认定标准主要从两方面进行:首先,审查缩略图与权利作品内容是否相同或近似,这涉及作品表达是否存在相似性以及公众能否通过缩略图清楚识别图片内容;其次,审查搜索引擎是否提供储存功能,即搜索引擎是否超越了链接提供者的角色,直接向用户存储和提供作品。笔者通过具体案例分析,明确了搜索引擎在提供缩略图服务时的法律界限,强调了保护权利人合法权益的重要性。希望通过以上分析,为实现搜索引擎平台、权利人、网络用户三方利益平衡提供有益的法律参考。

一、搜索引擎应用缩略图的现有规定

搜索引擎作为互联网的基础性工具,其利用网页快照、缩略图增强网络

* 郑伟鹏:广东融关律师事务所合伙人、知识产权业务部主任,深圳市律师协会第十一届著作权法律专业委员会委员。

搜索功能。最高人民法院《关于审理侵害信息网络传播权民事纠纷案件适用法律若干问题的规定》第5条规定,网络服务提供者以提供网页快照、缩略图等方式实质替代其他网络服务提供者向公众提供相关作品的,人民法院应当认定其构成提供行为。前款规定的提供行为不影响相关作品的正常使用,且未不合理损害权利人对该作品的合法权益,网络服务提供者主张其未侵害信息网络传播权的,人民法院应予支持。那么司法实务中,是如何界定搜索引擎缩略图是否实质性替代权利作品和损害权利人合法权益的呢?主要从缩略图与权利作品内容是否相同或近似和搜索引擎是否提供储存功能进行判断。

二、审查缩略图与权利作品内容是否相同或近似

著作权法保护表达而不保护思想,一般而言,比对是否近似有两种方法:一是将作品中不受著作权法保护的思想剔除,仅对留存的受著作权法保护的内容进行比对,二是从大众角度对作品整体效果进行比对。

在赵某与北京奇虎公司侵害作品信息网络传播权纠纷案[1]中,用户点击涉案图片的缩略图(该缩略图下方有“广告”标识)即跳转至第三人网站页面。原告主张被告作为网络服务提供者,以向公众提供缩略图的方式,实质替代了原告向公众提供涉案图片,侵害了原告对涉案图片享有的信息网络传播权。被告辩称涉案缩略图源于原告发表的涉案文章,其出现在广告位系被告技术自动抓取,但这是其作为搜索引擎运营者的基础运营功能,属于合理使用范畴,且根据搜索关键词不同,展示的缩略图亦不同,二者之间并非绑定关系,具有随机性。原告、被告均确认:跳转后的第三方网站页面中不含涉案图片;普通缩略图点击后会展示出略大一些的图片,能保存,但点击涉案图片后会直接跳转至第三方。一审法院认为:被告提供涉案缩略图服务不是为了自身使用,而是便于用户快速检索,为用户展示搜索结果;涉

---

〔1〕 参见天津市和平区人民法院民事判决书,(2022)津0101民初2366号。

案缩略图本身在视觉上与涉案图片在尺寸、大小、清晰度上有明显差距，现有证据无法证明涉案缩略图可以复制或下载，加之原告取证时搜索的是涉案文章标题而非涉案图片名称，不应认定其实质替代了原告向公众提供涉案图片。原告提供的证据亦无法证明被告不合理损害了其对涉案图片的合法权益，故主张被告侵害其作品信息网络传播权的诉请未得到支持。

在捷佳公司与北京奇虎公司、上海奇虎公司侵害作品信息网络传播权纠纷案[1]中，捷佳公司为涉案22张体育类图片的著作权人，其主张北京奇虎公司经营的某网站将涉案图片通过预览页形式向公众呈现，预览页存储于上海奇虎公司网络服务器上供用户下载，上述两行为侵犯其信息网络传播权。二被告在庭审过程中主张，其预览页中提供的图片仅为缩略图，不构成对原图片的实质替代。由于涉案作品与缩略图在清晰度、颜色、大小等方面通过肉眼查看并无较大差别，且查看图片"属性"，对应图片分辨率一致、大小一致。法院认为，因分辨率限制，缩略图放大将影响其清晰度。而本案中，被告的预览页上呈现的图片为清晰大图，用户下载后的图片与原告网站提供的原图分辨率完全一致，即被告提供的预览页使用户无须进入原告网站即可直接在用户个人选定的时间、地点获得与原图片分辨率一致的清晰图片，被告提供的不再是简单的搜索服务，而是直接实质替代原网站向用户提供作品，突破"合理使用"的范围。因此，将涉案照片存储在其服务器上并以其所称的预览页的方式提供图片的行为，侵犯了原告对涉案摄影作品享有的信息网络传播权。

著作权侵权判断时一般采用"接触 + 实质性相似"的判断标准，其中"实质性相似"体现于作品表达的相似，且是否相似应当以不同侵权情景来具体判断。当作品公有领域的表达部分较多时，实质性相似的认定应当更加谨慎，否则将会限制创作；相反，当作品公有领域的表达较少或不存在时，实质性相似的判断标准应更低，否则会导致鼓励抄袭的结果。具体到缩略图与

---

〔1〕 参见上海市浦东新区人民法院民事判决书，(2018)沪0115民初94806号；上海知识产权法院民事判决书，(2020)沪73民终102号。

权利作品内容是否相同或近似的判断上，笔者认为，缩略图完全源于权利作品，照搬了权利作品的全部表达，只要复制或下载后的缩略图放大后能够满足普通大众清楚识别图片内容的需求，即可认定为实质性相似且构成侵权。

三、审查搜索引擎是否提供储存功能

我国《信息网络传播权保护条例》第21条规定，网络服务提供者为提高网络传输效率，自动存储从其他网络服务提供者获得的作品、表演、录音录像制品，根据技术安排自动向服务对象提供，并具备下列条件的，不承担赔偿责任：(1)未改变自动存储的作品、表演、录音录像制品；(2)不影响提供作品、表演、录音录像制品的原网络服务提供者掌握服务对象获取该作品、表演、录音录像制品的情况；(3)在原网络服务提供者修改、删除或者屏蔽该作品、表演、录音录像制品时，根据技术安排自动予以修改、删除或者屏蔽。该条中的存储行为便是“系统缓存”，指的是为提高传输速度而设置的，系统根据用户的指令，将信息从目标网站通过中转服务器向用户传输的过程，是将信息数据临时存储于中转服务器系统缓存中的临时性复制行为，系统缓存中的内容为用户访问目标网站时即时形成的，用户在浏览器中浏览的仍然是目标网站的内容。[1]

可见，搜索引擎的本质是提供链接，承担用户与内容之间桥梁的角色，而内容是否生成、修改、删除的决定权在于作品权利人，若自动缓存实际上是搜索引擎对内容进行储存，已经限制了作品权利人删除、屏蔽的权利，那么自动缓存的抗辩无法成立。在捷佳公司与北京奇虎公司、上海奇虎公司侵害作品信息网络传播权纠纷案[2]中，被告主张其提供预览页功能是对搜索结果信息的“自动缓存”，是为了方便用户查看因服务器故障或网速问题

〔1〕 参见北京市大兴区人民法院民事判决书，(2013)大民初字第5749号；北京市第二中级人民法院民事判决书，(2014)二中民终字第00919号。

〔2〕 参见上海市浦东新区人民法院民事判决书，(2018)沪0115民初94806号；上海知识产权法院民事判决书，(2020)沪73民终102号。

无法访问的网页图片的通用模式,应当免责。一审法院认为,从成因上来看,被告的涉案行为是其事先决定把图片内容存储在其网络服务器中供用户访问,而不是被动地、应先前访问服务器的用户的访问要求自动形成的,故不属于《信息网络传播权保护条例》第21条规定的“系统缓存”。被告网站预览页显示的图片与原告主张权利的图片内容一致,用户可以直接从搜索引擎平台的预览页获得涉案图片,且获得的图片与来源网站图片的大小和分辨率都完全一致,使大多数用户在一般情况下无须再进入来源网站以获得图片。因此,被告提供的并非合理使用范围内的搜索引擎服务,被告亦没有提供证据证明其符合法律规定的免责条件。二审法院认为,系统缓存系为提高传输效率而设置,系统根据用户指令,将信息从目标网站通过中转服务器向用户传输的过程,将相关信息数据临时存储于中转服务器中的临时性复制行为,系统缓存中的内容为用户访问目标网站时即时形成,借助于缓存服务器中的数据,提高用户再次访问目标网站的效率。涉案预览页图片系网站经营者事先复制形成,并非用户访问目标网站时形成,被告亦无证据显示其目的是提高访问目标网站的效率,其主张该行为构成系统缓存的免责事由未得到支持。

在三面向公司与盘古公司、铁血公司侵害著作权纠纷案〔1〕中,一审法院认为,网络服务提供者为提高网络传输效率,自动存储从其他网络服务提供者获得的作品,根据技术安排自动向服务对象提供的,应当在原网络服务提供者删除该作品时,根据技术安排自动予以删除。盘古公司在提供搜索服务时以“网页快照”的形式在其服务器上自动存储包含涉案作品的网页并通过信息网络向公众提供,但在铁血公司删除涉案作品后,盘古公司未能及时在其服务器中删除涉案作品,其网页快照仍可完整地呈现涉案作品且盘古公司未举证证明其在技术上安排于原网页被删除时进行自动删除,而仅是声称以6个月为最长周期予以全部更新,据此,原审法院认定盘古公司的

〔1〕 北京市大兴区人民法院民事判决书,(2013)大民初字第5749号;北京市第二中级人民法院民事判决书,(2014)二中民终字第00919号。

行为不符合《信息网络传播权保护条例》规定的免责要求，其应当承担相应的侵权责任。二审法院认为，尽管制作网页快照并最终提供给用户的过程，是搜索引擎系统自动存储从其他网络服务提供者获得的作品，并根据技术安排向服务对象提供的过程，但其工作原理与《信息网络传播权保护条例》第22条所规定的“系统缓存”有本质差别，不属于该条所规定的“系统缓存”，不能依据该条款的免责条件，免除网页快照服务提供者的侵权责任。

结合我国的相关司法解释和上述两案例，如果权利人无法完全行使删除、修改、屏蔽作品的权利，或搜索引擎绕过权利人向用户直接提供缩略图，则搜索引擎超出了“系统缓存”的免责范围，应认定构成侵权。

四、结语

可见，搜索引擎缩略图对权利作品是否构成“实质性替代”、损害了权利人利益可从两个方面进行判断：

一是缩略图与权利作品在内容上是否相同或近似。两者在分辨率、大小等参数或肉眼观察是否有明显差异；缩略图是否可通过放大或下载等方式与权利作品达到相同或近似。尽管实质性相似存在一定程度的主观性，但考虑到缩略图完全源于原图，从保护权利人角度出发，只要缩略图能够让公众清楚识别图片内容，即应认定缩略图与权利作品相似，此时，搜索引擎实质替代了权利人向公众提供相关作品。

二是搜索引擎提供的是链接功能而非储存功能，在权利作品或其对应网页被修改、删除、屏蔽等不可访问情形下，若用户仍能通过搜索引擎获得缩略图，甚至绕开权利人直接向用户提供缩略图，则搜索引擎属于超出权利人意愿传播作品，也构成了实质性替代了权利人向公众提供相关作品。

“一件代发”模式下的合法来源抗辩探讨

高加攀*

在当今电子商务迅猛发展的背景下，“一件代发”模式作为一种新兴的商业运作方式，已经在市场上占据了重要地位。该模式允许商家无须囤积大量库存，即可通过供应链上游的合作伙伴按需为消费者发货。然而，随着这种模式的普及，其合法性问题也逐渐成为法律实践中的焦点。特别是在知识产权保护日益严格的今天，如何界定“一件代发”模式下产品来源的合法性，成为一个亟待解决的问题。本文旨在探讨在“一件代发”模式下，商家如何进行合法来源抗辩，以及责任的承担。通过分析现行法律框架、司法实践，本文试图为商家提供操作性的建议，以期在保护知识产权的同时，促进电子商务的健康发展。

一、“一件代发”模式简介

传统的零售模式下，厂家负责生产，商家负责销售，即由生产者负责生产产品，再由商家在生产商已生产的产品中进行挑选，决定采购哪些产品，然后将采购的产品转卖给消费者。在该种模式下商家不仅需要事先花钱采

---

* 高加攀：广东折桂律师事务所负责人，深圳市律师协会第十一届著作权法律专业委员会委员，硕士研究生。从事律师业务十多年，业务领域主要集中在知识产权诉讼、民商事诉讼等，执业至今代理4000多起知识产权诉讼，具备丰富的知识产权诉讼工作经验。

购产品承担销售风险，并且还需要提供仓库进行储存。但"一件代发"模式的出现改变了上述模式，帮助商家规避了上述风险。具体来说"一件代发"具有以下特点：第一，一般存在于中小卖家；第二，卖家在决定销售哪款产品前，会事先到各个平台销售同款产品的网店进行考察，选择"爆款"产品（销量火爆的产品）作为自己网店的销售对象；第三，确定好"爆款"产品后，卖家会通过一些软件将"爆款"产品的销售页面一键"搬迁"至其经营的店铺作为销售页面使用（也有部分卖家会参考爆款产品的销售页面自行设计销售页面）；第四，卖家到阿里巴巴或多鸿等平台寻找可以提供代发产品服务的批发商或厂家（以下统称供货商），并将爆款产品的图片发给平台上的供货商，供货商确定可以提供该款产品代发服务后，二者即建立合作关系，在消费者在卖家店铺下单后，由卖家将订单信息转给供货商，再由供货商按照订单信息直接将产品发给消费者。在该种模式下，供货商基本上是依据商家提供的爆款产品信息进行生产或委托他人根据商家提供的爆款产品信息进行生产。

二、合法来源认定标准

根据我国《著作权法》第59条第1款的规定，合法来源抗辩在主体上仅适用于复制品的发行者或者视听作品、计算机软件、录音录像制品的复制品的出租者，关于这一点在实务中基本上无争议，故本文对于合法来源抗辩主体不再赘述。接下来笔者将结合相关案例着重从主观和客观方面去分析合法来源的认定标准。

（一）主观方面

1. 主观方面的认定标准

《著作权法》第59条虽然未就商家主张合法来源抗辩的主观状态问题进行明确，但《商标法》第64条、《专利法》第77条均明确规定了商家主张合法来源抗辩的主观状态须为"不知道"，即主观上应为"善意"，且合法来源抗辩制度设计根源于民法中保护善意第三人的信赖保护制度[1]。另,在著作权司法实践中的很多判决也明确指出商家主张合法来源抗辩的主观状态须为“不知道”,如北京市西城区人民法院在新创华公司与梦妮梦阳公司、京东公司、德尔瑞斯公司著作权权属、侵权纠纷案[2]中指出,一般而言,合法来源抗辩是否成立需要考量四个方面,其中第二点是行为人应当满足“不知道其销售的商品侵犯了他人的著作权”的要件。故结合上述规定和司法实践,笔者认为商家主张合法来源抗辩的主观状态须为“不知道”。对于“不知道”笔者认为可以从以下几个方面予以分析。

第一,商家是否是善意的。首先应当审查产品是否为“三无产品”,即无中文厂名、无中文厂址、无许可证号等信息,这些内容是产品流通的最基本信息,如果产品连这些信息都不具备,原则上不予认定其为善意。[3] 商家在售卖一款产品的时候应当对于产品的情况非常了解,明知来历不明的产品侵权风险极高,还进行售卖的,不仅没有尽到合理注意义务,还说明商家放任侵权行为的发生,对消费者不负责任,没有诚实守信经营,存在过错。同时商家也清楚对于产品的侵权行为需要自行承担责任,尽管其确实来源于他人,但并不“合法”,可以认定商家对于销售侵权产品存在过错,不应适用合法来源抗辩。[4]

第二,商家是否清楚供货商信息。商家对于“一件代发”模式下的供货商信息不清楚,可以认定其进货渠道存在瑕疵。作为商家了解产品的供货商是其应尽的合理义务,如果商家不核实产品的出处即进行售卖,就没有尽到任何注意义务,同时也说明商家对于销售侵权产品存在过错。

第三,侵权的作品是否系知名作品。若系知名 IP 作品,作为商家在进货

---

〔1〕 参见陈中山:《合法来源抗辩的审查认定》,载《人民司法》2019 年第 28 期。

〔2〕 参见北京市西城区人民法院民事判决书,(2021)京 0102 民初 4310 号。

〔3〕 参见郭翔峰、陈倪加:《著作权法上合法来源的认定——浙江义乌法院判决咏声公司诉珂艳公司、佰尚辰公司侵害著作权案》,载《人民法院报》2018 年 11 月 1 日,第 6 版。

〔4〕 参见修雪静:《德权视角|论“一件代发”专利侵权的合法来源抗辩》,载微信公众号“德权知识产权”2020 年 6 月 5 日,https://mp.weixin.qq.com/s/1oleFuQebRk2uautK2driA。

时应提高其注意义务,核实相关供货商的授权文件,否则不能证明其主观上“不知道”。如北京市西城区人民法院在新创华公司与梦妮梦阳公司、京东公司、德尔瑞斯公司著作权权属、侵权纠纷案中指出,“梦妮梦阳公司作为儿童玩具销售商,理应对儿童玩具市场上相应的玩具类型、样式等情况有所了解,‘奥特曼’系列美术作品经动漫演绎具有一定知名度,作为销售者在进货时应提高其注意义务,核实相关经销商的授权文件,但梦妮梦阳公司长期大量销售载有该系列美术作品形象的商品,并未举证证明其已经尽到应尽的合理注意义务。因此,对于梦妮梦阳公司关于合法来源的辩称,本院不予采信”〔1〕。

第四,是否重复侵权或多次侵权。如果是在商家已经重复或多次实施侵权行为的情况下,则无须再考虑是否“善意”了。

第五,商家(侵权人)与权利人之间是否存在密切联系。如果商家明知权利人的存在,也知悉其享有法律赋予的合法权益,仍旧实施侵权行为的话,则无“善意”可言。

第六,基于“一件代发”模式的特殊性,即使商家销售的产品具备完整的信息,亦能提供供货商的有效信息,并且系非知名 IP 作品,价格也合理,但商家的主观状态依然应推定其为“知道或应当知道”的情形。这是因为商家在选择那些爆款产品作为销售对象时,就已经清楚其要销售的爆款产品上的作品是其他人通过在平台投入大量人力和资金进行推广才打造出来的(此时商家的侵权行为完全与供货商无关),但其仍然选择作为其自己店铺的销售对象,主观上具备傍“爆款”、不劳而获的状态,难谓善意。此外在这种模式下,系因商家的要求,供货商才会去生产侵权产品或委托他人生产侵权产品,在某种程度上可以说系商家的要求才导致供货商产生侵权行为,商家的侵权行为是因,供货商的侵权行为则是果。传统商业模式下的侵权源头在于生产企业,而“一件代发”模式下的侵权源头却是商家。

---

〔1〕 北京市西城区人民法院民事判决书,(2021)京 0102 民初 4310 号。

合法来源抗辩制度的立法本意系保障正常商业交易安全，而在“一件代发”模式下，那些商家如果只注重交易便捷而放任销售可能侵犯他人著作权产品的潜在侵权行为，实在难谓善意，不应在著作权法的保障之列。

2. 主观方面的举证分配

实践中，就商家主观过错的证明责任，虽然在相关裁判案例中在证明责任分配逻辑上不尽相同，但终是殊途同归，最终落脚于由权利人来提供证据证明商家存在主观过错。如果权利人不能证明商家存在主观过错，而商家又能够证明涉案产品具有合法来源，那么商家的合法来源抗辩大概率会得到法院支持。[1] 最高人民法院在雅洁公司诉杨某某、卢某某侵害外观设计专利权纠纷再审案中也明确确认上述举证责任的分配规则，即“对于主观要件这一消极事实，根据消极事实的证明规则，一般应由权利人证明侵权者知道或者应当知道其所使用、许诺销售或者销售的是侵权产品，从而否定合法来源抗辩的成立；若权利人无法证明侵权者知道或者应当知道，则一般可以推定侵权者不知道其使用、许诺销售或者销售的是侵权产品，从而认定该侵权产品使用者、商家是善意的”[2]。

（二）客观方面

在著作权纠纷中，合法来源抗辩的客观认定标准主要包括产品合法、来源合法、来源明确。

第一，产品合法。产品合法即指产品合格，合法来源抗辩的前提是销售的产品是合格的，具体来说合格的产品是指产品符合我国《产品质量法》的规定，产品必须有中文产品名称中文厂名、中文厂址、电话、许可证号、产品标志、生产日期、中文产品说明书。如有必要，还需要有限定性或提示性说明等等。凡是缺少上述要素的均视为不合格产品。

---

〔1〕 参见蔡伟、陈颖：《知识产权侵权诉讼中销售者合法来源抗辩的审查》，载《人民法院报》2023年4月6日，第7版。

〔2〕 最高人民法院民事判决书，(2013)民提字第187号。

第二,来源合法。侵权产品的进货渠道必须合法。这意味着商家必须是通过正规的、合法的商业渠道获取商品,而非通过非法途径或者从非正规渠道获得。这需要商家提供证明其进货渠道合法的证据,这些证据通常包括购买合同、发票、收据等,以证明商家确实从合法渠道购买了侵权产品。

第三,来源明确。在晨宇文具用品公司与简荣电子商务公司、天瑜手袋公司、鲁某某、李某某著作权权属、侵权纠纷案[1]中,义乌市人民法院明确表示,虽然被告提供了200件被诉侵权产品的供应证据,但即便考虑到被告自称的销售总量为100,440件,并且扣除了超过10万件的所谓刷单数量,仍有一部分销售量没有对应的供应商信息。因此,被告关于其销售的所有被诉侵权产品都有合法来源的辩护缺乏充足的证据。通过该判决内容可知,商家必须提供完整且明确的证据来证明其进货来源,确保所提供的进货渠道信息与涉案侵权产品的数量和名称等信息完全对应,这样才能作为证明商家销售的所有侵权产品具有合法来源的条件之一。

三、合法来源抗辩成立的情况下的法律责任

合法来源抗辩成立后发行者免除赔偿责任在实践中已无争议,但对于是否存在侵害作品信息网络传播权以及是否需要承担对应的赔偿责任,在实践中处理并不一致。故本文仅结合相关案例对是否认定侵害作品信息网络传播权以及是否需要承担赔偿责任做分析。

(一)认为商家在销售页面中未经他人同意使用他人美术作品的行为不另行构成侵害作品信息网络传播权

广州互联网法院在文某某与李某豪、李某银侵害其他著作财产权纠纷案[2]的民事判决书中指出,被告虽然实施了两种侵权行为,即将印有涉案权利作品的侵权产品的图片在网络进行展示的行为及销售侵权产品的行

---

[1] 参见浙江省义乌市人民法院民事判决书,(2022)浙0782民初529号。

[2] 参见广州互联网法院民事判决书,(2020)粤0192民初29276号。

为,但作为商家,被告符合合法来源抗辩的主体资格。原因在于:首先,对于信息网络传播行为,其本身并不符合法律规定的可以援引合法来源进行抗辩的事由。但本案中,被告实施的网络展示行为并非为了传播美术作品,而是在网络平台销售产品所必须采取的手段,该行为与传播作品的行为具有明显区别。其次,对于在网络平台涉及产品的销售问题,传播行为与发行行为两者不可分割,已然构成手段与目的的关系,应作为整体行为进行统一评价。故对于被告侵害作品信息网络传播权的行为不应单独进行评价。

(二)认为商家在销售页面中未经他人同意使用他人美术作品的行为构成侵害作品信息网络传播权依法应承担赔偿责任

北京知识产权法院在沈阳治图公司与张家大院公司著作权权属纠纷案[1]的判决书中明确指出,张家大院公司所主张的合法来源抗辩仅适用于免除承担发行权侵权的赔偿责任,不能免除其侵害沈阳治图公司信息网络传播权赔偿责任的承担。因为按照《著作权法》第 59 条的规定,合法来源抗辩仅适用于复制品的出版者、制作者,复制品的发行者或者视听作品、计算机软件、录音录像制品的复制品的出租者及其所实施的被控侵权行为,实施信息网络传播行为的被控侵权人并无适用合法来源抗辩,免除赔偿责任承担的法律依据。故此,张家大院公司的行为构成侵害权利人作品信息网络传播权,其仍应就其侵害沈阳治图公司信息网络传播权的行为承担赔偿责任。

笔者认为,至少在"一件代发"模式下,依法应对商家侵害发行权和信息网络传播权的行为进行单独评价,理由如下。

第一,应依法遵循法定原则,不应对《著作权法》第 59 条第 1 款的适用对象做扩大解释。第二,商家在网店销售页面中未经同意使用他人美术作品虽然目的是销售产品,二者虽有所联系,但二者是两个独立的行为,商家

---

〔1〕 参见北京知识产权法院民事判决书,(2021)京 73 民终 3898 号。

的销售行为不能吸收商家在销售页面中使用他人美术作品的行为。而且如将二者作为一个整体行为评价其不构成侵害信息网络传播权,会出现这样一种情况:如果商家没有实际销售产品,则商家会被认定侵害作品信息网络传播权;如有实际销售则不构成侵害作品信息网络传播权。换言之,针对商家的同一行为可能出现两种不同的结果。第三,商家本身系基于"傍爆款"的想法选择侵权产品,并将他人网店的销售页面通过软件"一键搬迁"至商家自己经营的网店,或以所傍"爆款"的产品为基础制作销售页面,其主观上就具有侵权故意。第四,在网店销售页面中,如果商家未经授权擅自使用他人的美术作品,这一行为应被视为商家个人的违法行为。由于该行为是商家自主决定并执行的,因此与供货商无直接关联。如果因此对商家和供货商进行不加区分的统一评价,将不可避免地导致供货商承担原本不应负责的责任。这种做法不仅对供货商不公平,因为他们被迫承担了与自己无关的后果,而且还对商家的违法行为构成了一种纵容,因为商家没有为其不当行为承担相应的责任。因此,应当明确区分两者的责任,确保责任归属的准确性和公正性。

四、结语

在探讨"一件代发"模式下合法来源抗辩认定标准及法律责任的问题时,必须在保护知识产权的前提下,平衡好创新商业模式的发展与权利人利益的保护。通过本文的分析,笔者认识到,确立一套明确的合法来源抗辩认定标准对于"一件代发"模式的健康发展至关重要。这不仅有助于"一件代发"平台和参与者明确自身的法律义务,而且也有助于权利人有效地维护自己的权益。

法律的完善和实践的深入将不断推动"一件代发"模式下合法来源抗辩认定标准的明晰化和法律责任的合理化。这不仅需要立法者的智慧,更需要全社会的共同努力。通过不断地探索和实践,我们有理由相信,可以在促进电子商务发展的同时,更好地保护知识产权,实现多方共赢的局面。

信息存储空间免责抗辩失效原因之探析

高加攀[*]

随着互联网的普及(尤其是网盘/云盘)的兴起,大量网络用户通过将视频上传到网盘/云盘,并向不特定的公众进行分享,此种情形下网络用户的上传行为极有可能涉嫌侵权,那么作为网络服务提供者如何避免成为共同侵权人,避免承担赔偿责任?我国最高人民法院《关于审理侵害信息网络传播权民事纠纷案件适用法律若干问题的规定》第 4 条规定:……网络服务提供者如果能够证明其仅提供自动接入、自动传输、信息存储空间、搜索、链接、文件分享技术等网络服务,则其可以不用承担赔偿责任。然而,在实践中,该免责抗辩并非总有效,其失效往往会给网络服务提供者带来重大的法律风险和经济损失,本文将结合案例对免责抗辩失效的原因进行分析。

一、网络服务提供者、信息存储空间相关含义

(一)网络服务提供者

根据我国最高人民法院、最高人民检察院《关于办理非法利用信息网络、帮助信息网络犯罪活动等刑事案件适用法律若干问题的解释》第 1 条第

* 高加攀:广东折桂律师事务所负责人,深圳市律师协会第十一届著作权法律专业委员会委员,硕士研究生。从事律师业务十多年,业务领域主要集中在知识产权诉讼、民商事诉讼等,执业至今代理 4000 多起知识产权诉讼,具备丰富的知识产权诉讼工作经验。

1 项和第 3 项的规定，网络服务提供者是指提供网络接入、域名注册解析等信息网络接入、计算、存储、传输服务等信息网络应用服务，提供利用信息网络提供的电子政务、通信等公共服务的单位和个人。

（二）信息存储空间

虽然目前没有相关法律专门给出信息存储空间的定义，但顾名思义，此种网络服务是为服务对象（网络用户）提供作品、表演、录音录像制品在网络中存储并传播功能的服务。[1] 互联网早期涉及网络服务提供者的网络视频侵权纠纷集中在与视频分享网站相关的著作权案件中，近年随着短视频、云存储等兴起，其已成为网络侵权纠纷发生的集中地。

二、“信息存储空间”免责抗辩失效的原因分析

虽然最高人民法院《关于审理侵害信息网络传播权民事纠纷案件适用法律若干问题的规定》第 4 条规定如果能够证明网络服务提供者仅提供信息存储空间网络服务，则可以不用承担赔偿责任。但网络服务提供者如果有以下行为，其关于信息存储空间免责之抗辩极有可能不被法院采纳，仍将可能承担赔偿义务，本文将结合相关案例进行说明。

（一）拒不提供视频上传用户的有效信息

在司法实践中，有些网络服务提供者虽然抗辩被诉视频由用户上传，其仅是信息存储空间的提供者，但只提交用户昵称、电子邮箱、手机号等信息，对于身份信息却不肯提交。笔者认为，网络服务提供者之所以不提交上传用户的身份信息主要是因为以下几种情况。

（1）客观不能。在视频分享网站发展初期，大部分视频网站都实行极为宽松的用户注册规则，且当时我国网络实名制管理尚不规范，故而会出现无

---

〔1〕 参见布鲁斯：《签名版赠书|曹丽萍：〈视频著作权纠纷实务要点与案例评析〉》，载微信公众号“知产力”2022 年 9 月 19 日，https://mp.weixin.qq.com/s/4V7IbkgCd41oPPBbmBkxtw。

法提供完整有效的用户信息之情形。

(2)主观不愿。网络服务提供者为了自身发展,提高用户信任度以此吸引并留住用户,故而愿意替用户保密,因此不愿意提供。

(3)不存在真实的用户。有些网络服务提供者在热门影视剧热播期间,即有用户上传至其平台,但作为一般用户怎么可能会有该影视剧的播放资源,且受益最大的也是网络服务提供者,所以唯一合理解释就是网络服务提供者以用户之名上传该影视剧。

无论网络服务提供者是基于上述何种理由拒不提交上传用户的身份信息,其都极有可能会被认定为构成侵权并被判定应当承担赔偿责任。正如北京华视聚合公司与弹幕公司侵害作品信息网络传播权纠纷案〔1〕中,虽然被告弹幕公司述称其能够根据账号身份属性区分内容稿件的上传者,但被告弹幕公司提供的用户名为"笑某某"的"UP"主信息未显示该网络用户的真实姓名等身份信息及弹幕公司对该网络用户身份验证的情况,仅凭网络用户自行登记的电话号码、用户邮箱不能排除网络用户填写虚假身份信息的可能性。该案审理过程中,弹幕公司为说明其为网络用户提供信息存储空间服务,陈述其在相关页面多处设置侵权举报提醒,并提供了《AcFun 弹幕视频网 - 用户协议》,但《AcFun 弹幕视频网 - 用户协议》第 5.4 条规定,"根据国家相关法律法规规定,为使用 AcFun 软件及相关服务,您需要填写真实的身份信息并根据法律规定完成实名认证;您应保证注册及实名认证时使用真实、准确、合法、有效的身份证明材料及必要信息,当您使用的信息发生变更时,您应及时向 AcFun 申请更新,以保证您能更好地享受 AcFun 提供的服务"。可见,平台的经营行为具有过失,因而法院并未采纳被告弹幕公司主张其仅为信息存储空间提供者的抗辩理由。

(二)平台存在与他人分工合作

在短视频平台中有些视频内容确实系第三方,但平台与视频上传者存

---

〔1〕 参见北京市西城区人民法院民事判决书,(2019)京 0102 民初 5727 号。

在分工合作的情形,即由第三方负责上传视频,平台负责商业推广,此时即使平台方提供了真实有效的上传者身份信息,仍然需要承担侵权责任。例如,在阳光文化公司与深圳腾讯、优视公司侵害作品信息网络传播权纠纷案〔1〕中,阳光文化公司以"阳光文化公司对涉案用户发布的视频是否侵犯深圳腾讯著作权并不构成明知或应知,对用户发布的视频内容并不负有较高注意义务,且无对用户上传内容进行主动审查的义务。阳光文化公司作为平台不具有主观过错,不构成侵权"等内容进行抗辩,并提供了涉案 16 个视频的用户真实身份信息。但广州知识产权法院认为:根据《著作权法》第 10 条第 1 款第 12 项规定,信息网络传播权,即以有线或者无线方式向公众提供作品,使公众可以在其个人选定的时间和地点获得作品的权利。虽然阳光文化公司不是视频上传者,但是阳光文化公司与游戏用户签订《游戏类视频节目合作协议》约定,一方负责制作视频,另一方负责商业运营,双方共享收益。显然,阳光文化公司与上传视频的游戏用户属于以分工合作的方式共同提供涉案视频。我国最高人民法院《关于审理侵害信息网络传播权民事纠纷案件适用法律若干问题的规定》第 4 条规定,有证据证明网络服务提供者与他人以分工合作等方式共同提供作品、表演、录音录像制品,构成共同侵权行为的,人民法院应当判令其承担连带责任……阳光文化公司构成直接侵权。

(三)为上传的视频提供向不特定公众分享服务

近年来,随着网盘/云盘和短视频平台的飞速发展,很多用户转而通过网盘/云盘平台上传视频,同时有部分网络服务提供者(网盘经营者)为增强用户吸引力和用户黏性,在用户上传视频时向用户提供了选择分享功能。一旦该类网络服务提供者提供了向不特定公众分享的服务,网络服务提供者关于仅系信息存储空间的抗辩就将极难被法院采纳。正如优酷公司与百

---

〔1〕 参见广州知识产权法院民事判决书,(2020)粤 73 民终 574 - 589 号。

度公司侵害作品信息网络传播权纠纷案[1]中,法院认为原告提交的公证书等证据证明,公众可以通过公开渠道获得源自被告网盘的涉案链接,进而实现在线播放、下载涉案视频文件。发生这一侵权结果的前提,是被告网盘的用户通过创建和分享链接的方式向不特定的公众传播了涉案作品。尽管被告百度公司辩称被告网盘的分享功能,其实是向用户提供的一种私密分享,但相关证据已充分证明涉案链接可以在被告网盘用户与不特定公众之间进行传播,被告网盘所提供的分享功能显然不仅是该公司所称的“私密分享”。本不熟识的网络用户之间即使加为“好友”或“关注”、“订阅”,也与现实生活中范围较小、关系密切、私密度高的亲友关系存在本质不同,故无论涉案链接的分享是否以上述“好友”“订阅”等名义进行,均不会改变其公开、向不特定公众进行传播的性质。故最终法院对被告与此有关的抗辩不予采信。

(四)为用户上传的视频提供推荐服务

网盘经营者涉及侵权的主要情形为:用户上传相关影片并设置可公开分享的模式,通过网盘设置机制将侵权视频推荐至不特定网盘用户,实质上使相关影片处于公开传播状态。正如在乐视天津公司与百度公司侵害作品信息网络传播权纠纷案[2]中,法院所认为的:用户的页面提供了大量专业制作、内容完整的影视资源供他人免费下载,此种情况下,被告作为涉案平台的经营管理方,理应意识到该网友本身作为数部作品的权利人传播作品或在已获得权利人许可的情况下传播作品的可能性极小,相反,却存在极大的侵权可能性。然而,在用户涉嫌侵权传播涉案作品如此显而易见的情况下,被告仍对其进行达人推荐,表面看来被告是对网友进行的推荐,而实际上,被告是对涉案影视作品进行了推荐。被告的上述行为,在客观上帮助了网络用户传播涉案作品,主观上具有明显的过错,理应承担侵权责任。

---

〔1〕 参见北京市海淀区人民法院民事判决书,(2017)京0108民初15648号。

〔2〕 参见北京市海淀区人民法院民事判决书,(2015)海民(知)初字第8413号。

三、结语

笔者认为，最高人民法院《关于审理侵害信息网络传播权民事纠纷案件适用法律若干问题的规定》等赋予网络服务提供者可以将提供信息存储空间服务作为免责抗辩的事由，那么作为网络服务提供者在出现侵害信息网络传播权纠纷时，应积极按照要求提供用户的信息，举证证明未对上传的视频向不特定公众提供分享或推荐服务。在运营过程中应主动落实用户实名注册的规定，尊重他人著作权，如此方能防止侵权纠纷的出现。

第六章 其他类型作品实务要点与案例评析

在《著作权法》的丰富内涵中，既有文字作品、美术作品、视听作品等常见作品类型，也有建筑作品、舞蹈作品等相对“冷门”的类型。而随着时代的演进和技术的发展，通过人工智能技术生成的各种形式的内容（AIGC）、非同质化代币（NFT）等新型创作产物的出现，更是为《著作权法》带来了前所未有的机遇和挑战。此外，演绎作品等依托原作却又有新意的创作，更是犹如站在巨人的肩膀上，将创新推向了新的高度。

这些作品各自在可版权性及保护路径上展现出独特的特点，本章作者便将带领读者一一领略与深入探讨。但无论针对何种作品，在对作品可版权性问题进行分析的时候，都需追根溯源、抽丝剥茧，深入挖掘作品的创作过程和表达形式，判断其是否具有独创性，进而确定其是否具备可版权性。同时，还需要根据作品的特点和实际情况，选择合适的保护路径，确保作者的权益得到有效维护。

天行有常。在这个信息爆炸的时代，作品的种类和具体表现形式层出不穷。但无论作品表现形式如何变化，基于现有法律，对作品可版权性的分析方法和保护原则始终是不变的，即所谓法律的技术中立原则，法律不应该对不同技术手段表达的相同内容作出差异化的评价。如果说法律人是在“法律与事实之间”来回穿梭，那么知识产权律师便是在“法律与技术之间”来回穿梭。汽车大王亨利·福特曾说过，买汽车的人只是想要一匹跑得更快的马。在新技术层出不穷的时代，知识产权律师应当擅长使用“旧概念拆解新技术”，充分运用演绎、类推等法律论证手段阐明法律适用的疑难问题。深圳律师们用审慎的态度、专业的精神，仰望星空，脚踏实地，让《著作权法》成为推动文化创新和发展的有力武器，为文化的繁荣与进步贡献着自己的力量。

论建筑作品的著作权保护

韩岳峰*

我国《著作权法实施条例》第4条第9项中明确了建筑作品的定义，即“建筑作品，是指以建筑物或者构筑物形式表现的有审美意义的作品”。可见，构成建筑作品需要有两个要件：一是建筑作品的基本客体，必须是建筑物或构筑物；二是要构成建筑作品，相应的建筑物或者构筑物必须要具有审美意义。北京市高级人民法院发布的《侵害著作权案件审理指南（中文版）》第2.7条也规定：“建筑物本身或者建筑物的外部附加装饰具有美感的独创性设计，可以作为建筑作品受著作权法的保护。建筑材料、建筑方法、功能性设计等不受著作权法保护。体现建筑作品外观美感的建筑设计图，可以作为美术作品予以保护。”然而，一项复杂的建设工程设计的不同阶段，按照设计规律会输出各种设计成果，哪些设计成果会得到著作权法的保护，得到著作权法保护的作品无论是属于美术建筑作品，还是属于图形作品，抑或属于模型作品，需要进一步从理论上和司法实务中进行探讨分析的。

一、建设工程各个阶段设计单位输出的设计成果的《著作权法》保护

一般建设工程项目按三个阶段来进行设计，即方案设计、初步设计和施

---

* 韩岳峰：国浩律师（深圳）事务所合伙人，国浩知识产权业务委员会委员。曾经担任深圳市律师协会第八届、第九届、第十届知识产权法律专业委员会委员，现任深圳市律师协会第十一届著作权法律专业委员会副主任。毕业于北京科技大学，专注于知识产权、民商事诉讼、刑事辩护等领域的法律服务。

某雪公司对《魔兽世界》中的一位游戏角色“术士”的技能“生命虹吸”予以删除调整。在与某雪公司沟通要求还原技能无果后，一位叫维塔利克·布特林（VitalikButerin）的16岁少年愤怒地删除了这款大型多人在线网络游戏的客户端。从此，在这位少年玩家的心中便萌生了要从大型中心化的游戏厂商手中夺回游戏资产控制权的念头。很快在19岁那一年，他发布了以太坊区块链协议的初版白皮书，这位少年玩家也成为现在大家称呼的“V神”。2017年，一款名为迷恋猫（Crypto Kitties）的游戏基于以太坊ERC－721协议将游戏中的宠物猫铸造为NFT，使玩家在真正意义上“拥有”了游戏道具，开启了数字资产的新纪元。2021年3月，美国艺术家迈克·温科尔曼（Beeple，本名Mike Winkelman）的作品《每一天：前5000天》（*Every－days：The First 5000 Days*）的NFT在佳士得拍卖行以近7000万美元的价格成交，其后系列天价NFT不断吸引着各界注目，NFT在游戏、艺术、社交、体育、时尚等领域迎来爆发式增长，呈现“万物皆可NFT”之势态。2021年11月，Facebook改名为“Meta”，元宇宙的图景进入大众视野，NFT被进一步理解为“通往元宇宙的入场券”。

目前的主流观点认为，元宇宙是互联网的下一形态“Web 3.0”。元宇宙是融合5G通信、物联网、云计算、扩展现实、数字孪生、人工智能、区块链等技术，由无数个高沉浸、低延迟、虚实结合、相互融通的数字空间构成的数字宇宙。[1] 元宇宙与传统虚拟现实的最为核心的差别和特质是存在争议的。但在“Web 3.0”的认知范畴下，元宇宙最重要的特征并不在于虚拟现实或扩展现实，而在于用户掌握了数据的所有权并在其掌控下数据可以跨平台、跨应用进行全域流通。这样的元宇宙图景，就不再是“Web 2.0”范畴下各自封闭孤立的虚拟空间，不论这个虚拟空间有多么庞大或有多么逼真。不难理

〔1〕 参见管筱璞、李云舒：《深度关注丨元宇宙如何改写人类社会生活》，载中央纪委国家监委网，https://www.ccdi.gov.cn/toutiaon/202112/t20211223_160087.html；腾讯新闻、复旦大学：《2021－2022元宇宙报告：化身与智造　元宇宙座标解析》，载网经社2022年1月18日，https://www.100ec.cn/detail--6606446.html。

至于在设计阶段根据需要制作输出的建筑模型，包括建筑物落成前的施工模型，以及建筑物落成后的缩影模型。根据我国《著作权法实施条例》第 4 条第 13 项对于模型作品的定义，“模型作品，是指为展示、试验或者观测等用途，根据物体的形状和结构，按照一定比例制成的立体作品”，建筑模型可作为模型作品，受到《著作权法》的保护。当然，如果是按照标准制式设计出来的普通住宅，不属于《著作权法》意义上的建筑作品。

二、建筑作品的司法认定原则

建筑物或构筑物能够作为作品受到保护是因为它们具有独立于其实用功能的艺术美感，设计者通过对建筑物或者构筑物的点、线、面等几何结构的组合，反映了建筑设计师独特的建筑美学观点与创造力。缺乏独创性或者没有任何艺术美感的建筑物或者构筑物并不是建筑作品。下文将从几个案例尝试探寻一下在司法实践中法院对原告主张的需要保护的客体是否构成建筑作品的认定原则。

在艾美公司与微狗公司、山展公司著作权侵权及不正当竞争纠纷案〔1〕中，广州市南沙区人民法院经审理认为，建筑作品中的构筑物，一般仅指外观、装饰或设计上含有独创性成分的构筑物，而不包含该构筑物的内部结构在内。构筑物的审美意义应当是整体性的，不能进行内外切分。“咪哒 minik”小型练歌房系用玻璃、金属等材料建造的封闭可移动式歌咏亭，属于构筑物，其主要系通过提供自助式练歌房服务的方式吸引消费者，而非以其内部结构的艺术美感吸引消费者，故内部结构不能作为其主张建筑作品独创性或艺术美感的组成部分。“咪哒 minik”小型练歌房主要目的是供消费者进行唱歌消费，在设计时其实用性功能更加明显，其亭式长方体形状的设计属于该类产品较为通用的设计，虽然其外观亦有进行美化装饰，但其艺术美感明显并未达到“建筑作品”所应具备的审美意义，不符合《著作权法》所

〔1〕 参见广东省广州市南沙区人民法院民事判决书，(2017)粤 0115 民初 3327 号；广州知识产权法院民事判决书，(2018)粤 73 民终 2162 号。

规定的"建筑作品"的条件,依法不应作为"建筑作品"进行保护。一审法院对艾美公司主张"咪哒 minik"小型练歌房为建筑作品不予支持。一审宣判后,双方均不服一审判决提出上诉。广州知识产权法院二审认同一审法院的裁判理由及结果,二审判决驳回各方上诉,维持原判。

在博德维公司诉中德膜公司著作权权属、侵权纠纷案〔1〕中,法院裁判认为,建筑作品是指以建筑物或构筑物形式表现的具有审美意义的作品,不包括平面建筑设计图和建筑模型,而是指三维的建筑物或构建物,因此,涉案平面建筑设计图不属著作权法意义上的建筑作品,被诉侵权人未侵犯建筑作品著作权。

在国家体育场公司与熊猫集团公司、浏阳熊猫公司、北京熊猫公司、关迅达商店侵害著作权纠纷案〔2〕中,法院认为,对建筑作品著作权的保护,主要是对建筑作品所体现出的独立于其实用功能之外的艺术美感的保护,只要未经权利人许可,以剽窃、复制、发行等方式对建筑作品所体现出的艺术美感加以不当使用,即构成对建筑作品著作权的侵犯,而无论此种使用是在著作权法意义上的作品中,还是在工业产品中,亦即不受所使用载体的限制。涉案国家体育场属于建筑作品,被诉侵权产品高度模仿国家体育场建筑作品,两者构成实质性相似,对被诉侵权产品的制造和销售构成对国家体育场建筑作品的复制和发行,因此,被诉侵权人应当承担停止侵权和赔偿损失的责任。

从以上案例可以看出,在司法实践中,对于建筑作品的判断,人民法院一般采用"两步法"的判定方法:首先,应当审查一件建筑作品是否以确定有独创性的审美设计因素呈现。其次,如果有这类设计因素存在,再判断这些要素在功能上是否是必要的。如果设计因素不是功能上所必要的,那么作品就是可受保护的。著作权法的基本原则是不保护任何技术方案和实用功能,故建筑作品的保护范围只能及于建筑物本身具有审美意义的表达形式,

---

〔1〕 参见广东省深圳市宝安区人民法院民事判决书,(2015)深宝法知民初字第181号。

〔2〕 参见北京市第一中级人民法院民事判决书,(2009)一中民初字第4476号。

不包括建筑材料（无论是否新颖，无论在技术上是否属于独创）、技术方案（无论怎样先进）；另外，在司法实践中，对建筑作品的保护只涉及建筑物的外观，并不涉及建筑物的内部特征和装潢。

三、结语

因此，建筑作品的著作权保护既需要法律条文的明确规定，也需要司法实践中的细致分析和审慎判断。通过对建筑作品独创性和审美价值的认定，可以确保创作者的智力成果得到合理保护，同时也促进了建筑行业的创新与发展。

建筑工程设计图构成著作权侵权之判断要素

王子川*

随着我国基础设施建设、房地产项目建设的蓬勃发展，建筑工程设计图的重要性被凸显出来，建筑工程设计图作为图片版权领域较为特别的存在，其表达独创性受设计指标、性能、规划、地形等要求的限制，作者在功能布局设计上存在一定限制，应重点比对各自在功能布局的具体设计、表达是否相似，厘清该表达是独创性的表达还是已进入公共领域的设计元素，而不能单纯以存在某功能区或某功能区位置相同而作为认定两者设计手法相同或相似的依据。

一、建筑工程设计图构成作品的判断要素

（一）如何认定建筑工程设计图构成作品

在建设工程领域中，建设工程设计图属于我国《著作权法》所保护的权利客体，该法第3条规定："本法所称的作品，是指文学、艺术和科学领域内具有独创性并能以一定形式表现的智力成果，包括……（七）工程设计图、产品设计图、地图、示意图等图形作品和模型作品……"因此，毫无疑问，建设

* 王子川：广东广悦（深圳）律师事务所律师、知名作家，广东省作家协会理事、广东省网络作家协会理事及法律顾问、深圳市版权纠纷调委会特邀调解员。擅长知识产权、药械合规、资本市场及公司治理等法律业务。

工程设计图纸必须符合第 3 条所有要件才能成为《著作权法》定义中的作品。

建筑工程设计图是指在工厂、矿山、铁路、桥梁等建筑工程建设之前，所创作的能为建设施工提供依据的设计图纸及其说明，一般包括初步设计、技术设计和施工图设计的图纸及说明，结合《建筑工程设计文件编制深度规定（2016 版）》的规定，建筑工程的设计一般分为方案设计、初步设计以及施工图设计三个阶段，对应立法者对著作权法中对工程设计图的定义，属于《著作权法》保护对象的是可供施工的设计图。但是在方案设计阶段，方案设计或初步设计的设计指标、设计性能、设计规范等内容还属于设计思想的范畴，而不是建筑工程设计图在说明事物原理或者是设计建筑结构方面的具体表达，因此这个阶段的设计图还不构成《著作权法》意义上的“作品”。

我国《著作权法》所称作品，是指文学、艺术和科学领域内具有独创性并能以某种有形形式复制的智力成果。著作权法保护的对象非抽象的思想，而是以文字、音乐、图形等可复制的有形形式表达的思想。因此，符合《著作权法》下作品定义的建筑工程设计图应当是可供施工的设计图，即具备独创性且能够以有形形式复制的智力成果，尤其应当可以从平面到立体进行复制，也就是在传统建设工程领域具备可施工性。

（二）建筑工程设计图的独创性要素

建筑设计作品的规范性、规律性和科学性在于建筑设计图形作品的独创性，而不在于建筑设计图形的美感。根据《著作权法》对图形作品的定义，图形作品的表达在于设计者通过特定的设计符号和设计语言，表达设计项目的逻辑性和科学性。

通常委托设计一方会向设计方提交详细的设计要求、文件、数据、标准和相关参考文件，这些文件都是作为设计方进行绘制建筑工程设计图的基础和前提，尚属于设计抽象部分（如设计范围、设计内容、设计要求、设计理念等）。这些抽象的设计思想必须通过采用建筑专业领域内通常使用的文字、符号、线条、图案等建筑设计语言绘制表达,才能展现出建筑项目设计的规范性、科学性和可操作性。

工程设计图的独创性并不体现在设计方案本身,而是设计者对于设计方案的图形化表达。不同的设计者在设计图纸整体布局、图示标注、设计要点的选择等都会做出不同的考虑和设计。比如,同样的技术原理下,对相同的设计对象,采取不同的视角,视图最终都会体现出不同的表达。而对整体构图的排列,对某些部分放大或缩小的选择,对某些细节突出或省略的取舍,也会最终影响对整幅构图的表达。[1]

笔者认为,根据建筑工程设计图的特性,其独创性要素可以概括为下列三个:一是建筑工程设计图对于设计标的建筑的整体排列、布局。建筑工程设计图包含大量不同建筑构造细节、建筑配套、设计指引等细节图。不同细节图如何排列组合、整体如何布局能够更好地体现"科学之美",都离不开设计者的独特构思、选择和编排。二是具体设计的标注和绘制方式。建筑工程设计图在方案设计到施工设计过程中,通常需要按照建筑工程设计文件,对不同建筑部位、方位、构造等采用不同颜色、形状、比例的标识进行标注和区分,也可以通过不同的绘制方式进行设计。三是对设计要点、设计排布、设计细节的选择和取舍。选择和取舍往往凝结了设计者独特的智力创造。这些都是据建筑工程设计图独创性表达的特点。

二、建筑工程设计图构成著作权侵权的判断要素

(一)建设工程设计图的实质性相似比对要点

实质性相似判断在确认建筑工程设计图是否侵犯著作权的过程中起着关键作用,这一环节要求我们从多个维度进行深入分析和比对。为了更好地说明这一点,本文以深圳设计总院与深圳市交通运输委员会、深圳市政设

---

[1] 参见童海超:《如何认定建筑工程设计图图形作品的独创性?——评深圳建筑设计院诉中辰公司、湖北建筑设计院侵犯著作权纠纷案》,载《中国知识产权报》2017 年 10 月 11 日,第 8 版。

计院著作权侵权纠纷案[1]为例，进一步详细阐述建设工程设计图实质性相似比对的要点。

在该案中，深圳市交通运输委员会于2003年5月对外发布《深圳福田交通综合枢纽换乘中心建筑设计方案征集报告》，总设计费800万元总包，向入围的4~6家设计单位（中标单位除外）每家支付设计方案落标费10万元。深圳设计总院与深圳市政设计院报名参与投标，同月深圳市交通运输委员会发布《深圳市交通综合枢纽换乘中心建筑设计方案征集招标文件》，同年7月深圳设计总院与深圳市政设计院等设计单位向深圳市交通运输委员会交付设计文件。经评定深圳设计总院未入围，深圳市政设计院设计方案为六个入围设计方案之一，并于同年8月经投票为得票最多的入围设计方案。

2004年经投标委员会最终审议，深圳市政设计院为预中标单位并收到“中标通知书”，深圳市政府采购中心确定深圳市政设计院为中标单位，中标方案为蝴蝶型方案。同年7月深圳市发展改革委指出中标方案不能满足有关部门关于设计要点的要求，深圳市交通运输委员会要求深圳市政设计院重新设计，由此深圳市政设计院重新提交7个设计方案，后最终实施的设计方案与中标方案各方面大相径庭。2013年10月深圳市政设计院网站显示其设计作品有案涉交通枢纽换乘中心，该作品外观造型为蝴蝶。

深圳设计总院认为交通综合枢纽换乘中心实施方案与其投标方案在诸多方面构成高度相似乃至相同，是深圳市政设计院重新设计的方案剽窃了其最初投标的方案，深圳市交通运输委员会将深圳设计总院的设计方案交付深圳市政设计院，合谋实施了剽窃行为，侵犯了其著作权。故深圳设计总院于2013年向法院提起诉讼，要求深圳市交通运输委员会、深圳市政设计院停止侵害原告在案涉交通枢纽换乘中心建筑方案享有的署名权、复制权、修改权和保护作品完整权，赔礼道歉、消除影响，并赔偿相应损失。

---

〔1〕 参见广东省深圳市中级人民法院民事判决书，(2017)粤03民初1455号。

该案的争议焦点就在于原告主张保护的作品与被诉侵权作品是否构成实质性相似。法院认为，该案涉及的方案设计图尚处设计初步环节，相对缺少局部的、细节化的表达，兼顾制图辅助软件工具因素，故对方案设计图的比对，重点在于建筑外形结构的设计，内部空间的布局、排列、组合所体现出来的作者独创性安排，也即作者以点、线、面、几何图形等方式对其构思、欲实现空间方案的艺术性具体表达。虽然深圳市设计总院、深圳市政设计院所设计的案涉设计图两者发车区、候车区、换乘区布局位置顺序相似，但经比对两者上述功能区的整体形状、空间组织、具体的设计，及其所体现表达的线条，深圳设计总院主张保护的作品与被诉侵权作品既不相同，也不构成实质性相似。因此判决驳回深圳设计总院全部诉讼请求。

（二）建筑工程设计图构成著作权侵权的判断要素

建筑工程设计图在构成《著作权法》中作品定义的前提下，结合上述判例综合总结建筑工程设计图构成著作权侵权的判断要素有以下几点。

1. 建筑工程设计图是否体现了作者的独创性安排

上述案件涉及的是建筑工程设计图中的方案设计图，方案设计由于尚处建筑设计的初步环节，是设计者在外形结构与功能布局、空间组织上有序结合图形、线条、标注等形式的平面体现，因相对缺少局部的、细节化的表达，兼顾制图辅助软件工具因素，故对方案设计图的比对，重点在于建筑外形结构的设计，内部空间的布局、排列、组合所体现出来的作者独创性安排，也即作者以点、线、面、几何图形等方式对其构思、欲实现空间方案的艺术性具体表达。

原告主张保护的《深圳市福田交通综合枢纽换乘中心方案设计》，为原告组织设计团队就福田交通综合枢纽换乘中心建筑设计方案招标所创作的工程设计图，该工程设计图以点、线、面、几何图形，空间组合方式体现了一定的科学、严谨、和谐的美感，系作者选择、取舍、组合、设计的结果，具有一定的独创性，符合著作权法关于图形作品的规定，应受著作权法的保护。在上述案件中，尽管深圳设计总院与深圳市政设计院的设计方案在某些功能区布局上存在相似之处，但在建筑外形结构设计、内部空间布局及艺术性表达上并无实质性相似，因此法院未支持深圳设计总院的主张。

2. **建筑工程设计图在实现特定建筑功能的具体表达上是否构成实质性相似**

在该案当中，法院认为，建筑的形式离不开三个密切关联的因素：功能要求、审美要求与技术手段。在现实中，这三方面的因素又是紧密相连，相互依存的，如大多数的建筑艺术性设计均同时实现一定的功能性要求，而功能性、艺术性的设计也脱离不了技术条件支撑。在著作权侵权比对中，有必要对这三方面进行一定的剥离和区分。建筑作品与建筑工程设计图，虽然作品种类不同，但著作权法保护仍应围绕建筑艺术性方面的独创表达，不应是建筑的实用性功能和科学性手段，两者的区别主要在于建筑工程设计图是以图形、构造、施工步骤说明等形式对建筑艺术性的表达，而非体现在实体建筑物上的表达。

其中《司法鉴定意见书》中列举的原、被告的设计方案在功能布局、交通组织、环保理念上的相似点，均不属著作权法保护的范围，而两者在实现上述功能的具体表达上并不构成相似。如《司法鉴定意见书》根据引证的图，认为两者整体建筑功能布局框架相似。实际上，虽然两者发车区、候车区、换乘区布局位置顺序相似，但两者上述功能区的整体形状、空间组织、具体的设计，及其所体现表达的线条、图案均不同，体现了作者不同的选择和取舍。

三、结语

建筑工程设计图的著作权保护问题在司法实践中是一个复杂且具有挑战性的议题。深圳设计总院与深圳市交通运输委员会、深圳市政设计院之间的纠纷，凸显了在建筑工程设计领域确认著作权侵权时所需考虑的多个维度。

根据法院的判决和案件分析，建筑工程设计图要构成《著作权法》意义上的作品，必须具备独创性并能以有形形式表现。设计图的独创性不仅体现在整体的排列布局，还包括设计标注、绘制方式以及对设计要点的选择和取舍。

在判断建筑工程设计图是否构成侵权时，法院强调需要重点比对设计在功能布局上的具体表达，区分独创性表达与公共领域设计元素的差异。著作权法旨在保护建筑艺术性的独创表达，而非其实用性功能或科学性手段。

因此，在建筑工程设计图的著作权保护中，必须综合考虑设计的独创性、艺术性与实用性的界限，以及设计图在不同设计阶段的保护程度。同时，在著作权侵权判断中，需要对设计方案的艺术性与功能性进行细致的剥离和区分，确保著作权法的合理适用，既保护创作者的合法权益，又促进建筑行业和科学技术的健康发展。

论游戏地图的作品属性与侵权认定方式

丁君影[*]　张　韵[**]

近年来,伴随游戏产业迅速、激烈的竞争与发展,抄袭问题也成了游戏行业屡见不鲜但又令无数人深恶痛绝的毒瘤。为了遏制抄袭之风的蔓延,与之相关的保护话题也被提上了日程。抄袭的重灾区之一便是作为游戏产业核心价值之一的游戏地图,而其兼具文化艺术与科学实用双重属性的特征,也使得与之相关的著作权保护问题变得复杂、多样,备受产业界、学术界以及实务界的关注。本文将以游戏地图为主题,从其分类与定义出发,分析与之相关的作品属性与侵权认定方式。

一、游戏地图的分类与定义

按照不同的分类标准,可以对游戏地图进行多种分类,而不同的地图类型对应的作品属性以及侵权认定方式也不尽相同。为了便于后续的分析讨论,下文将主要介绍两种在司法实践中常见的分类方式。

其一,以游戏类型为标准对游戏地图进行分类,可以将其分为动作、冒

* 丁君影:广东良马律师事务所律师,深圳市律师协会第十一届著作权法律专业委员会委员、现代时尚产业法律服务团团员。毕业于华东政法大学,专注著作权、商标权、反不正当竞争诉讼与非诉业务。

** 张韵:广东良马律师事务所合伙人,深圳市律师协会第十一届著作权法律专业委员会副主任,广东省律师协会第十二届著作权法律专业委员会委员,深圳市版权纠纷调委会特邀调解员,华东政法大学知识产权人才高级研习班授课导师。

险、模拟、角色扮演、休闲和其他这六类。不过游戏地图在前述不同类型的游戏中所呈现的价值并不相同。通常来说,在动作类、冒险类、模拟类、角色扮演类的游戏中,由于需要借助游戏地图进行故事情节推动、环境背景烘托、玩家所处位置提示,或设置障碍物、通道、关卡等来实现游戏的可玩性,游戏地图属于该类游戏的核心价值;而在一些益智类、棋牌类的游戏中,游戏地图这一元素往往是可有可无的存在,故而其对应价值并不高。

其二,以地图的表现形式为标准对游戏地图进行分类,通常来说可以分为游戏场景地图和平面缩略图这两类。游戏场景地图,又称"大地图",是指供玩家进行游戏的整体空间以及空间中设计的通道路径、建筑物、障碍物、遮掩体等构成元素组合形成的空间布局结构;而游戏平面缩略图,又称"小地图",是指在游戏场景地图创作完成之后,由计算机程序按照一定的映射关系和示意方法以俯视视角单纯运用线条绘制出的反映游戏场景地图整体轮廓、内部构成元素形状和布局结构的平面示意图。在司法实践中,法院在对游戏地图的属性进行分析时,往往就会适用该种分类方式。

二、游戏地图是否构成作品

根据《著作权法》第 3 条的规定可知,作品是指文学、艺术和科学领域内具有独创性并能以一定形式表现的智力成果。作品的构成包含以下四个要件:(1)作品必须是人类的智力成果;(2)作品必须是文学、艺术和科学领域的智力成果;(3)作品必须是以一定形式表现,能够被他人客观感知的外在表达,不能是单纯停留在内心世界的思想感情或者"腹稿";(4)作品必须是具有独创性的外在表达。[1]

在司法实践中,对于游戏地图满足前三个要件并无过多争议,因此本文主要针对游戏地图是否具有"独创性"展开探讨。

《著作权法》意义上的独创性通常会被分解为"独"和"创"两个方面来

〔1〕 参见王迁:《知识产权法教程》(第 7 版),中国人民大学出版社 2021 年版,第 54 ~57 页。

进行理解:(1)"独"是指的劳动成果源于劳动者本人,而非抄袭的结果。通常来说,游戏地图只要是由游戏开发团队独立创作完成,而非抄袭所得,就能满足关于"独"的标准。(2)"创"是指智力创造性,即能够体现作者独特的智力判断与选择,展示作者的个性并达到最基本的创造性要求。[1] 由于我国立法上并未对独创性的高低标准进行界定,因此,在多数情况下,法院对于创造性的要求并不高,只要满足最低限度的创造性要求,即视为满足"创"的要求,符合作品的构成要件,从而可以受到著作权法的保护。

就游戏缩略图而言,该类地图一般由点、线条、各种几何图形、不同色彩搭配及背景色彩组合而成。不同地图制作者在选择上述线条、图形、色彩及背景时均有不同,只要包含制作者个性的选择与取舍,具有一定的艺术性,且不属于公有领域,则应视为达到了最低限度的创造性要求。

就游戏场景地图而言,该类地图一般包括艺术加工化的道路走向,不同区域、野怪、草丛、河流、障碍物等具体的色彩、造型及数量、位置、布局安排等,在整体造型及内部构成元素的色彩、形状、布局上具有审美意义。该类地图只要具有最低限度的审美意义,且不属于公有领域的造型艺术,则应视为满足了最低限度的创造性要求。

在爱九游公司与魔伴公司、敬游公司、腾讯公司著作权权属、侵权纠纷案[2](以下简称爱九游公司案)中,法院认为,该案游戏缩略图整体的色彩搭配,对线路、河道的线条、形状设计,野区内障碍物的形状、布局,水晶和防御塔的形状等,均体现了作者有个性化地选择和判断,满足著作权法对"创"的要求;该案游戏场景地图在整体构图、色彩搭配、线条设计等方面的结合上呈现出一定的视觉美感,同样满足了最低限度的创造性要求。因此,该案游戏缩略图、游戏场景地图均可以受到著作权法的保护。

---

〔1〕 参见王迁:《知识产权法教程》(第7版),中国人民大学出版社2021年版,第66页。

〔2〕 参见广州知识产权法院民事判决书,(2020)粤73民终5293号。

三、游戏地图的作品类型归属

鉴于游戏地图兼具艺术审美属性与表明事物原理的功能属性两大特征,其最有可能落入的作品类型范畴应是美术作品以及图形作品这两类。根据《著作权法实施条例》第 4 条第 8 项、第 12 项的规定可知,美术作品,是指绘画、书法、雕塑等以线条、色彩或者其他方式构成的有审美意义的平面或者立体的造型艺术作品;图形作品,是指为施工、生产绘制的工程设计图、产品设计图,以及反映地理现象、说明事物原理或者结构的地图、示意图等作品。

在司法实践中,法院通常以游戏地图的核心表达为标准,结合游戏的类型、地图创作过程等元素综合确认游戏地图的具体作品类型归属。

首先,如果游戏地图的核心表达并非纯粹的美学欣赏,而是在于说明事物原理或者结构,则通常会被归属于图形作品,例如各类游戏中游戏平面缩略图、第一人称射击游戏(first – person shooter,FPS)中的游戏场景地图等。

在上述爱九游公司案中,法院认为,多人在线战术竞技游戏(Multiplayer Online Battle Arena,MOBA)缩略图的主要目的是以简明的方式反映游戏场景地图的整体轮廓及内部构成元素的基本布局结构特征,起到提示玩家所处位置、通道、障碍物等信息的作用,是对游戏场景图的说明,符合图形作品的构成要件。

在腾讯公司与畅游云端公司、英雄互娱公司、天津英雄互娱公司、北京卓越晨星公司、四三九九公司著作权权属、侵权纠纷案[1](以下简称腾讯公司案)中,法院认为,FPS 游戏缩略图主要服务于为玩家指示其在整张游戏地图中所处的位置这一实用性功能,故应属于图形作品。而对于 FPS 游戏场景地图,法院认为,应当从创作过程、核心表达等多个方面综合判断其作品类型属性。FPS 游戏场景地图的创作过程大致包含 7 个阶段,分别为:

---

〔1〕 参见广东省高级人民法院民事判决书,(2020)粤民终 763 号。

(1)确定游戏地图场景风格、主体构成元素和核心玩法;(2)制作地图2D平面设计图;(3)制作“白盒”模型[1];(4)“白盒”调试迭代;(5)“白盒”美化;(6)玩家测试;(7)美术效果的最终优化。其中,“白盒”模型的设计与搭建,是开发者投入大量智力劳动的阶段,也是FPS类游戏地图设计的关键环节。此外,由于FPS游戏属于战术竞技游戏,游戏开发者的表达侧重点以及玩家的核心关注点并非纯粹的美学欣赏,而是战斗竞技的体验,因此,美术表皮下的空间布局结构才是游戏场景地图的核心表达、实质特征以及核心竞争力。正是基于前述因素的综合考量,法院认为,FPS游戏场景地图更符合图形作品的特征。

其次,如果游戏地图的核心表达在于美学艺术,给玩家带去美学体验与享受,则通常会被归属于美术作品,例如MOBA游戏中的游戏场景地图等。

在爱九游公司案中,法院认为,MOBA游戏场景地图虽然也能够起到提示作用,但为了给玩家带来沉浸式体验,其更加强调装饰和美化,通过运用色彩、特效等艺术处理手法,使场景图能够具备一定的审美意义,因此将其作为美术作品予以保护。

在“王者荣耀”vs“英雄血战”游戏地图著作权及不正当竞争案中,一审法院认为,MOBA游戏场景地图通过对路线、空间、障碍物、距离、高低等具体游戏元素,采用搭建、修改、装饰、美化等方法,使之更为美观、艺术化,其主要是为了吸引游戏玩家并传达美感,故应属美术作品。[2]

四、游戏地图的实质性相似判断标准与方式

“接触+实质性相似”的侵权认定标准在游戏地图领域同样适用,鉴于

[1] 根据广东省高级人民法院(2020)粤民终763号民事判决书可知,在“白盒”模型设计阶段,设计师需要将抽象的游戏地图总体结构以及设计中各空间与构成要素的安排和布局以可被感知的方式具体化,重点就要放在视线、路线、空间、距离、高低、掩体位置等非常具象和客观的方面。

[2] 参见安赫:《首例游戏地图著作权侵权案一审有果》,载微信公众号“知产力”2019年9月6日,https://mp.weixin.qq.com/s/zrlUXQMeEtmYfu7OMX_3Ug。

接触的认定方式相较通常的认定方式并无特殊之处，故下文不再赘述，而是主要围绕实质性相似的判断标准与方式展开讨论。

1. 实质性相似比对是针对著作权法保护的具有独创性的表达部分的比对。因此，在进行比对时，应当区分侵权比对的考虑要素，将无独创性的内容以及不受著作权法保护的处于公有领域内的要素、功能性要素予以排除。

在爱九游公司案中，法院认为，在进行侵权比对时，首先应当排除MOBA游戏中"三条线路、中路与河道十字交叉"、以红蓝色区分对战双方等属于公有领域的表达或者通用的元素设计，然后再对防御塔、水晶、大小龙、野怪等游戏元素，野区内障碍物的数量、位置布局及形状进行具体比对。

在腾讯公司案中，法院认为，视场角（Field of View，FOV）差异导致的画面差异、量化数字坐标导致的尺寸差异、遮掩体对子弹穿透减伤、移动端游戏特殊操控方法等机制设计属于功能性要素，而《著作权法》不保护任何技术方案和实用功能，故均不应纳入侵权比对的范围。

2. 在进行实质性相似比对时，还需结合实际情况，确认合理的侵权对比方法。通常来说，在进行实质性相似比对时，应采取逐一比对的方式，但这种方式也并不适用于所有游戏地图。一些特殊的游戏地图，如FPS游戏地图，它们无法将场景画面一次性直观呈现在玩家眼前，而是会以玩家第一人称视角观察到的局部场景画面方式呈现，然后随着玩家操控角色的不断移动，最终展示出完整的内容。基于这一特征，在进行侵权比对时，很难穷尽每一帧画面。对于这种类型的游戏地图，司法实践中通常会放弃逐一对比的方式，转而采取随机抽样对比的方式。例如，在腾讯公司案中，法院在对FPS游戏场景地图进行实质性相似比对时，出于必要性和可行性角度考虑，是通过随机选取若干对应位置区域的游戏场景局部画面，并结合游戏平面缩略图示意的游戏场景地图整体轮廓和基本布局结构的方式，来对是否构成实质性相似进行综合判断的。

五、结语

基于目前司法实践中的相关案例可知，通常来说，游戏场景地图以及游戏平面缩略图均符合《著作权法》意义上的作品构成要件，可以受到《著作权法》的保护。至于其具体的作品类型归属，则主要由其核心表达决定：对于核心表达在于说明事物原理或者结构的游戏地图，通常会被归属于图形作品；对于核心表达在于带来美学艺术享受的游戏地图，则通常会被归属于美术作品。在确认完毕作品类型，进行后续侵权比对时：首先，应当区分侵权比对的考虑要素，排除无独创性的要素以及不受《著作权法》保护的公有领域内的要素、功能性要素等；其次，不能一概而论地适用逐一比对的方式，对于难以穷尽每一帧画面的游戏地图类型，应当从必要性和可行性角度考虑，选择随机抽样比对的方式，并结合其他因素共同判断最终的对比结果。

图形用户界面的知识产权维权路径探析

——以著作权与外观设计专利权为视角

丁君影[*]　张　韵[**]

随着科技与通信技术的高速发展,手机、电脑、平板等智能设备逐渐成了与人们日常生活密不可分的存在。在这种时代背景下,作为信息传达与沟通的重要介质,图形用户界面的价值和重要性也日益得以凸显,逐渐成为吸引用户的重要手段以及企业的核心竞争力。有鉴于此,与图形用户界面相关的知识产权保护需求也相伴而生,企业纷纷希望通过著作权、专利权等多种渠道为其提供更为全面的保护。本文将就前述保护可能性予以探讨,以期为相关企业提供一定的维权与救济思路。

一、图形用户界面的概念以及维权现状

图形用户界面(Graphical User Interface,GUI),是指采用图形方式显示的计算机操作用户界面,是一种人与计算机通信的界面显示格式。用户通

---

* 丁君影:广东良马律师事务所律师,深圳市律师协会第十一届著作权法律专业委员会委员、现代时尚产业法律服务团团员。毕业于华东政法大学,专注著作权、商标权、反不正当竞争诉讼与非诉业务。

** 张韵:广东良马律师事务所合伙人,深圳市律师协会第十一届著作权法律专业委员会副主任,广东省律师协会第十二届著作权法律专业委员会委员,深圳市版权纠纷调委会特邀调解员,华东政法大学知识产权人才高级研习班授课导师。

过窗口、按键、菜单等图形对象向计算机等电子设备发出指令，其接收指令后，通过图形反馈操作的结果。科学技术的发展，使各类通信、电子产品应运而生，图形用户界面也广泛应用于智能手机、家用电器等具有信息交换、储存、处理功能的电子信息产品。

鉴于图形用户界面兼具美学与实用的双重属性，故在司法实践中，既有权利人选择向《著作权法》寻求保护，也有权利人选择向《专利法》寻求保护。在与《著作权法》相关的维权案例中，权利人一般会基于图形用户界面具备美学属性或者是包含诸多组成元素这一特性，而主张图形用户界面属于美术作品或汇编作品，进而寻求著作权领域的保护。在与《专利法》相关的维权案例中，鉴于《专利审查指南》已经将“涉及图形用户界面的产品外观设计”，即“产品设计要点包括图形用户界面的设计”纳入了外观设计专利的授权范围，故权利人通常将图形用户界面作为外观设计专利主张保护。不过，就目前我国司法实践现状来看，无论是在《著作权法》还是《专利法》的相关维权过程中，图形用户界面的保护均面临一定的阻碍。

二、图形用户界面是否可以通过著作权维权方式获得保护

根据《著作权法》第 3 条的规定，该法所称的作品，是指文学、艺术和科学领域内具有独创性并能以一定形式表现的智力成果。

在司法实践中，在对图形用户界面是否构成作品进行具体分析时，法院一般会结合具体构成要素、整体界面的组成与布局设计、设计目的与立法目的等多个方面综合进行考量判断。因图形用户界面在上述方面均难以达到《著作权法》对于“独创性”的要求，无法满足作品的构成要件，故而无法受到《著作权法》的保护。

（一）具体构成要素

通常来说，图形用户界面是由文字、简单的图形、菜单栏、对话框、窗口、滚动条等基本元素组成的。

就文字内容部分，通常都是常识性、普遍性的知识概念，或仅是简单的功能解释，因隶属于公有领域或表达方式有限，故而不受《著作权法》的保护。例如，在倍思公司与太平洋公司侵害作品信息网络传播权纠纷案[1]中，法院认为，微信小程序页面中关于3~36个月儿童的体温参考值，属于公有领域的知识概念，不受《著作权法》的保护；在北京九其公司与上海天臣公司著作权侵权纠纷案[2]中，法院认为，《久其软件》用户界面中，有关按钮功能的文字说明是对按钮功能的简单解释，表达方式有限，故而不受《著作权法》的保护。

就简单的图形、菜单栏、对话框、窗口、滚动条等部分，一般都是生活中常见的标识或属于用户界面通用的要素，不具有独创性。在前述倍思公司与太平洋公司侵害作品信息网络传播权纠纷案中，法院认为，微信小程序页面中的体温计图案及色彩与生活中常见的标识相似，并未达到一定的创作性高度，不满足独创性的要求；在网易雷火公司与海南元游公司广州分公司、海南元游公司、箭塔互娱公司、爱之星公司著作权权属、侵权纠纷、商业贿赂不正当竞争纠纷案[3]中，法院认为，游戏界面中的菜单栏、对话框、窗口以及经验条等属于用户界面通用的要素，不具有独创性，不受《著作权法》的保护。

基于此，在司法实践中，法院通常认为，从具体要素构成上看，图形用户界面不具有独创性，不构成《著作权法》意义上的作品。

（二）整体界面的组成与布局设计

结合市面上常见的图形用户界面来看，在整体布局上，一般包括表格式布局、按键式布局、分栏式布局等几大类型；在设计思路上，通常都会将重要信息放置在较为显著的位置，同时，将与主题相关的照片平铺于整个界面，

---

[1] 参见广州互联网法院民事判决书，(2022)粤0192民初3704号。
[2] 参见上海市高级人民法院民事判决书，(2005)沪高民三(知)终字第38号。
[3] 参见广东省广州市天河区人民法院民事判决书，(2018)粤0106民初1296号。

并将其他信息载于照片之上。总的来说，在设计编排上具有一定的共通性。此外，相同领域、相同行业的用户界面也会应其特定行业需求而有一些独属于该行业的设计习惯。例如，在与天气相关的用户界面中，一般中下部为一周天气情况，且采用折线图的方式简单明了地展示天气变化；在与城市介绍相关的用户界面中，通常以城市图片为主，辅以小图标表示关于该城市不同类别的情况；在与影视作品相关的用户界面中，一般上方为影视作品剧照，下方为剧集选择，并以方格式列开每集的播放列表。

基于此可知，受用户习惯、行业特性等因素的影响，通常情况下，图形用户界面各构成要素的选择、编排、布局并无明显区别于一般图形用户界面的独特之处，仅是一种简单的、有限范围内的排列组合，存在高度的通用性与相似性，很难满足独创性的标准。

例如，在神马移动公司与北京奇虎公司著作权权属、侵权纠纷案[1]中，法院认为，八种手机搜索结果界面的排列布局，均在其他公司的同类界面中有所体现，设计者不需要付出创造性劳动，不构成独创性的表达。

（三）设计目的与立法目的

图形用户界面的实用性要求其设计必须根据用户的具体需求，并尽可能借鉴已有用户界面的共同要素，以符合用户的使用习惯，因此，图形用户界面在编排方面具有普遍性和有限性。在这种情况下，如对简单的排列组合予以著作权法保护，将使其被少数人独占，会对图形用户界面的发展造成阻碍，进而违背了著作权法促进文化和科学事业发展与繁荣的立法目的，故而在司法实践中，法院普遍认为，图形用户界面不构成受著作权法保护的作品。

例如，在前述北京九其公司与上海天臣公司著作权侵权纠纷案中，法院认为，上诉人的《久其软件》与被上诉人的《天臣软件》均属于财务报表管理

---

〔1〕 参见广东省广州市天河区人民法院民事判决书，(2017)粤0106民初11928号。

软件,两者的功能相似,用户需求亦相似,而软件的用户界面是按照用户需求进行设计的,并要求尽可能地方便用户使用,这必然导致两个软件的用户界面具有一定的相似性。不能仅因为《天臣软件》用户界面与《久其软件》用户界面具有相似性,就认定被上诉人构成侵权。上诉人并不能禁止他人在设计软件用户界面时使用属于公有领域的表达,否则会违背《著作权法》鼓励作品创作和传播的立法目的,从而损害公众的利益。

三、图形用户界面是否可以通过外观设计专利权维权方式获得保护

《专利法》第 11 条第 2 款规定,“外观设计专利权被授予后,任何单位或者个人未经专利权人许可,都不得实施其专利,即不得为生产经营目的制造、许诺销售、销售、进口其外观设计专利产品”。因此,如未经许可,制造、许诺销售、销售或进口带有图形用户界面的产品,如手机、平板等,均可能构成侵权,权利人可以寻求《专利法》的保护。

但由于《专利法》对外观设计专利进行了“产品”的限制,因此对于一类特殊的行为类型,即开发、提供包含图形用户界面的软件,是否构成专利权侵权,无论是在司法实践抑或在理论学术领域,均存在较大的争议。

在中国 GUI 外观设计专利侵权第一案中,法院对于提供包含图形用户界面的软件构成专利权侵权持否定态度。在奇虎公司、奇智公司与江民公司侵害外观设计专利权纠纷案[1]中,法院认为,外观设计专利权保护范围的确定需要同时考虑产品及设计两要素。在该案中,涉案专利视图中所显示的产品为电脑,因此,“电脑”这一产品对于涉案专利的权利保护范围具有限定作用。被诉侵权行为是被告向用户提供被诉侵权软件的行为,因被诉侵权软件并不属于外观设计产品的范畴,故不构成专利权侵权。该案判决一出便引发了广泛讨论,不少观点认为法院对于图形用户界面外观设计专利侵权判断标准过于严苛,将阻碍图形用户界面所涉相关行业的发展积

[1] 参见北京知识产权法院民事判决书,(2016)京 73 民初 276 号。

极性。

在前述背景下，上海市高级人民法院在上海萌家公司与北京金山公司侵害外观设计专利权纠纷案[1]中对图形用户界面外观设计专利的保护标准作出了突破性的解释，为图形用户界面提供了充分的保护。在该案中，法院认为，对于已经被授权的图形用户界面外观设计专利的实施，要结合图形用户界面的自身特点进行判断。采用与制造实质相同的方式（开发并提供经运行即能呈现图形用户界面的软件），将图形用户界面设计应用于产品上，即可认定为实施了图形用户界面外观设计专利。尽管该判决在一定程度上解决了图形用户界面在外观设计专利领域的常见保护问题，但这种扩大化解释是否符合法律的规定以及是否能够在司法实践中被广泛适用，仍然是未知数。作为对比，我国《专利法》并未像日本、韩国一样以立法形式取消在图形用户界面外观设计专利中对"产品"的限定。[2]

总之，虽然在大部分情况下，图形用户界面都可以通过外观设计专利得以保护，但对于上述提及的特殊行为类型是否可以通过外观设计专利维权进行限制，仍存在很大的不确定性。

四、结语

结合目前的司法实践来看，由于图形用户界面具有较强的实用性与功能性，很难满足著作权法领域的独创性要求，故而很难获得《著作权法》的有效保护；而在专利法领域，由于外观设计专利受"产品"限定，图形用户界面在寻求保护时也可能遇到一定的阻碍。不过目前部分法院已经对前述限定进行了突破，一定程度上解决了图形用户界面的权利人在专利法领域的维权难题。鉴于此，对身处于相关行业的权利人而言，最优的选择必然是申请外观设计专利，并在专利法领域寻求保护。不过，在立法尚未清除外观设计

---

〔1〕 参见上海市高级人民法院民事判决书，（2022）沪民终281号。

〔2〕 参见王迁、闻天吉：《〈专利法〉保护图形用户界面外观设计的界限——兼评金山诉萌家案》，载《知识产权》2023年第9期。

专利维权可能遇到的障碍前，也建议权利人在设计完成后同步进行时间戳等形式的存证，并做好底稿留存。因为关于独创性的最终判断只能依靠个案决定，无法预先作出百分百准确的定论，如遇外观设计专利维权碰壁，《著作权法》未尝不是一条可以尝试的维权途径。

从《月光》舞蹈作品案，看单一舞蹈动作的静态使用

谢　涛*

2022 年 10 月 9 日，北京知识产权法院对原告杨某某公司与被告云某肴公司等著作权权属、侵权及不正当竞争纠纷案[1]作出二审判决。该终审判决对于单一舞蹈动作静态使用的著作权保护问题，与一审判决及既往司法判例的观点大相径庭。基于该终审判例，本文拟结合对相关理论及司法实践的梳理，就单一舞蹈动作静态使用的法律定性问题进行思考和探究。

一、案例回顾

涉案舞蹈作品《月光》由我国著名舞蹈艺术家杨某某创作、表演、投资制作，创作完成于 2003 年。云某肴公司将涉案作品中，杨某某部分经典舞蹈动作复制成剪影墙画、隔断等作为餐厅主体装潢的一部分，置于餐厅显眼位置进行展览。对此，杨某某公司认为云某肴公司严重侵害了其享有的舞蹈作品著作权，由此引发诉争。

---

* 谢涛：北京德恒（深圳）律师事务所律师，深圳市律师协会第十一届著作权法律专业委员会委员，知识产权工程师。拥有法律、对外经济贸易跨学科背景，为深圳多家政企服务，专注政企法律顾问、知识产权、科技金融等领域，在知识产权诉讼与非诉领域经验丰富。

[1] 参见北京市高级人民法院民事裁定书，（2023）京民申 215 号。

该案一审由北京市石景山区人民法院审理,二审由北京知识产权法院审理,就单一舞蹈动作的静态使用问题,二审法院对一审判决的相关重要法律认定作出了不同的阐释及认定。

简言之,一审法院认为被诉装饰图案与《月光》舞蹈作品具有独创性的静态舞蹈动作高度近似,被诉装饰图案使用了《月光》舞蹈作品具有独创性的内容,侵害了该舞蹈作品享有的复制权。也就是说,一审法院认定单一舞蹈动作即每个舞蹈动作的静态画面也是舞蹈作品独创性表达的重要组成部分,属于《著作权法》意义上舞蹈作品的保护范围。而二审法院认为单人单一舞蹈动作并不足以达到舞蹈作品的独创性要求,不能作为舞蹈作品获得保护,最终以具有"特定联系的混淆"而认定构成不正当竞争对被诉使用行为予以规制。

二、提出问题

基于北京知识产权法院前述截然不同的二审判决,本文拟提出如下问题:单一舞蹈动作的静态使用是否构成侵权?而讨论"单一舞蹈动作静态使用的法律定性"问题,需要进一步明确:舞蹈作品是什么?舞蹈作品保护的客体范围是什么?如何界定舞蹈作品的独创性表达?

三、类似判例(部分)检索和分析

为厘清前述问题,笔者尝试借助法律工具,输入"舞蹈作品""著作权""不正当竞争"关键词,对相关判例进行检索,并针对该案关于舞蹈作品的独创性、舞蹈作品的保护客体范围、单一舞蹈动作静态使用的性质认定,以及类似判例的相关问题和侵权比对方式进行了一些浅显的分析比对,具体如表6.1~表6.3所示。

表 6.1 杨某某公司与云某肴公司等著作权权属、侵权及不正当竞争纠纷案一审、二审法院认定

对比项	一审法院认定[1]	二审法院认定[2]
舞蹈作品的独创性	舞蹈作品的独创性不仅可以体现为静态的舞蹈姿势，亦体现在动态的舞蹈动作的连接、编排、组合中，已属公有领域的传统舞蹈动作不应为个人所独占	舞蹈作品所保护的用于传递思想感情的独创性表达，应当体现在肢体的连续“动作”“姿态”“表情”等方面，通常以舞谱为载体，也可以体现为其他形式的舞蹈设计，甚至不需要其他载体直接通过舞蹈表演体现出来。 虽然《著作权法实施条例》在连续的“动作”“姿态”“表情”之外规定了“等”作为补充，但是按照法律解释的一般规则，这里的“等”中包括的内容应当限于与已经明确列举的“动作”“姿态”“表情”性质相同或者相似的方面，应当是对舞者肢体语言的设计。 《著作权法实施条例》在对舞蹈作品进行定义时，明确规定了通过“连续”的动作、姿态、表情等表现思想感情，其中“连续”的要件实际上体现了对舞蹈作品独创性来源的要求，即舞蹈作品的独创性应当基于动作、姿态、表情等的连续变化而产生
舞蹈作品的保护客体范围	“舞蹈动作”（通过摆动身躯以及手、臂、腰、臀、腿、膝等部位展现）+“风格化的肢体语言”+在“灯光、舞美、服装、音乐等元素”的相互配合下，艺术化地展现了月光的皎洁与女性的柔美，独创性程度较高，且具有较高的艺术价值，构成著作权法规定的舞蹈作品	明确舞蹈作品保护的客体范围需要区分舞蹈作品和对舞蹈作品的表演。 相对于舞蹈作品的设计者而言，舞者的贡献主要体现在艺术性的呈现和传播作品，而非形成新的独创性表达。 舞者妆容、背景灯光、音乐等主要用于烘托舞台呈现的氛围，服务于表演的需要，同样不属于舞蹈“动作”“姿态”“表情”等方面的创造性设计，不能作为舞蹈作品保护的客体
是否构成著作权侵权	“接触”+“被诉装饰图案与《月光》舞蹈作品中的独创性内容构成实质性相似”	从舞蹈作品保护客体的角度，单人的单一舞蹈动作，并不足以达到舞蹈作品的独创性要求，不能作为舞蹈作品获得保护

续表

对比项	一审法院认定	二审法院认定
单一舞蹈动作静态使用的性质认定	舞蹈作品展现的是人体连续的舞蹈动作，被诉装饰图案虽为静态图案，两者表现形式确有不同，但问题的关键在于被诉装饰图案是否使用了涉案舞蹈作品的独创性表达。 被诉装饰图案与《月光》舞蹈作品具有独创性的静态舞蹈动作高度近似	《著作权法》所保护的作品需要具有独创性，在对作品的某一局部抽取出来单独使用时，应当依据被抽取的局部内容是否符合作品独创性的要求来确定其是否可以获得该类型作品的保护。 该案并不涉及六个连续舞蹈动作的串联是否构成舞蹈作品保护的内容，而是需要判断六个单人舞蹈动作分别是否符合舞蹈作品的独创性要求，是否可以作为舞蹈作品获得保护。 该案被诉侵权行为并非对《月光》舞蹈整体的使用，而是单独使用了其中的六个单人舞蹈动作，并且这六个舞蹈动作在《月光》舞蹈中并非连续串联的关系，而是处于《月光》舞蹈不同部分的六个独立的单独动作。 舞蹈作品的保护客体排除了“妆容”“灯光”“音效”等内容，仅限于舞蹈“动作”“姿态”“表情”等方面的独创性设计，人类在舞蹈创作中，所能够设计出的单人动作是有限的，作为舞蹈创作的最基本元素，单人舞蹈动作也不应被任何人垄断，排除他人使用

[1]参见北京市石景山区人民法院民事判决书，(2021)京0107民初10427号。
[2]参见北京知识产权法院民事判决书，(2022)京73民终2161号。

表6.2 杨某某公司与云某肴公司等著作权权属、侵权纠纷案法院认定

对比项	法院认定[1]
舞蹈作品的独创性	舞蹈作品的独创性不仅可以体现为静态的舞蹈姿势，亦体现在动态的舞蹈动作的连接、编排、组合中，当然，已属公有领域的传统舞蹈动作不应为个人所独占
舞蹈作品的保护客体	“舞蹈动作”（通过手、臂、腰、臀、腿、膝等部位作出展现）+“抽象、多变的肢体语言”（连续的舞蹈动作转化）+在“灯光、舞美、服装、音乐等元素”的配合下，艺术化地表现月光的圣洁以及月光下女子的柔美……体现了较高的独创性和艺术价值，属于《著作权法》规定的舞蹈作品

续表

对比项	法院认定
是否构成著作权侵权	“接触”+“被诉装饰图案与《月光》舞蹈作品中的独创性内容构成实质性相似”,构成著作权侵权
单个舞蹈动作的静态使用的性质认定	舞蹈作品展现的是人体连续的舞蹈动作,被诉装饰图案为静态图案,两者客观表现形式确有不同,但是该种区别并不意味着改变了舞蹈作品的形态,就当然不存在使用舞蹈作品的行为。 舞蹈作品的独创性在于每个静态舞蹈动作的连接设计和集合,故每个静态的舞蹈动作亦是舞蹈作品独创性体现的重要组成部分。因此,判断是否存在侵害舞蹈作品著作权的行为,关键在于判断被诉装饰图案是否使用了涉案舞蹈作品的独创性表达

[1]参见北京海淀区人民法院民事判决书,(2018)京0108民初32020号。

表6.3 吕某与杨某、李某某等著作权权属、侵权纠纷案法院认定

比对项	法院认定[1]
关于舞蹈作品的独创性	涉案《碇步桥水清悠悠》舞蹈以碇步桥作为背景,从舞蹈的编排、舞蹈所用服装及道具,通过连续的舞蹈动作在灯光、舞美、服装、音乐等元素的配合下……展现江南特色文化,表达温润婉约情感的社会生活,体现出较高的独创性和艺术价值,属于《著作权法》规定的舞蹈作品
关于著作权归属	舞蹈编导负责设计、编排舞蹈动作,通常情况下,编导是著作权人。即便涉案《碇步桥水清悠悠》作品属于职务作品,涉案作品的著作权也应由编导李某某、杨某享有
舞蹈作品的保护客体	舞蹈作品的构成要素,内容包括题材、主题、人物、情节和环境;形式包括舞蹈结构、舞蹈语言、舞蹈形象以及舞蹈的辅助因素。舞蹈语言、舞蹈结构和舞蹈形象是舞蹈作品的外在的呈现,即表达形式,它们是判断一个舞蹈作品异同的重要标准
是否构成著作权侵权	“接触”+“实质性相似”(思想情感表达特征方面实质相似),构成著作权侵权
比对方式	舞蹈结构、舞段、舞句、舞蹈辅助手段(演员造型、服饰、舞美、灯光、音乐、舞蹈道具等)整体比对和审查

[1]参见江苏省苏州市中级人民法院民事判决书,(2020)苏民终99号。

从前述判例梳理可知,相较于杨某某公司与云某肴公司等著作权权属、侵权及不正当竞争案终审判决,在先判例大多是将舞蹈编排、舞蹈动作、灯光、舞美、服装、音乐等元素,整体纳入舞蹈作品的保护客体范围进行审查比对。而北京知识产权法院的该判决,在认定《月光》是整体极具美感艺术效果的舞蹈作品的同时,基于对舞蹈作品保护客体范围的不同观点,认为"从舞蹈作品保护客体的角度,单人的单一舞蹈动作,并不足以达到舞蹈作品的独创性要求,不能作为舞蹈作品获得保护"。同时,该判决认为"在对作品的某一局部抽取出来单独使用时,应当依据被抽取的局部内容是否符合作品独创性的要求来确定其是否可以获得该类型作品的保护"。该观点与在先裁判的惯常思路不同,值得我们思考。

四、相关思考

基于以上梳理,针对前述问题,本文拟做以下探究。

(一)关于舞蹈作品的定义

对于什么是舞蹈作品,法学界与舞蹈界的认知存有差异。

我国当代舞蹈家中,吴晓邦在其1952年出版的《新舞蹈艺术概论》中最早提出舞蹈的定义。几经修改后,在其1982年出版的《新舞蹈艺术概论》中将舞蹈的定义修改为:"舞蹈是一种人体动作的艺术。凡是借着人体有组织和有规律的动作,通过作者对自然或社会生活的观察、体验和分析,然后用精炼的形式和技巧,集中地反映了某些形象鲜明的人物和故事,表现个人或多数人的生活、思想和感情的都可称为舞蹈。"[1]这种修改,把原来对于舞蹈定义中一些比较抽象的、含义比较宽泛的、不易被理解的概念,如"动的艺术""动的现象"等,具体化、明确化了。

李泽厚在《略论艺术种类》一文中认为:"舞蹈是以人体姿态、表情、造型而特别是动作过程为手段,表现人们主观情感为特性的……"舞蹈理论家胡果刚说:"舞蹈艺术是通过人体优美的动作和造型、节奏和情节对人们一个

[1] 隆荫培、徐尔充:《舞蹈艺术概论》(第2版)(修订版),上海音乐出版社2009年版,第7页。

时代生活中的美的理想和愿望、感情和幻想的反映和体现。”[1]

根据以上舞蹈界对舞蹈艺术的定义可知，舞蹈是综合性艺术的一种。人体本身是舞蹈的物质载体，是以经过提炼（典型化）、组织（节奏化）、美化（造型化）的人体动作为主要艺术表现手段。为此，隆荫培、徐尔充在《舞蹈艺术概论》中提出：“舞蹈在一定的空间和时间内，通过连线的舞蹈动作过程、凝练的姿态表情和不断流动的地位图形（不断变化的画面），结合音乐、舞台美术（服装、布景、灯光、道具）等艺术手段来塑造舞蹈的艺术形象。舞蹈是一种空间性、时间性、综合性的动态造型艺术。”[2]

相比舞蹈界的理论，法学理论界对于舞蹈作品的定义并不一致且内存争议。例如，有学界学者认为，“舞蹈作品是通过躯体的具有艺术感染力的活动来表现思想、感情的作品。舞蹈作品不是指舞台上的表演，而是指被表演的舞蹈动作的设计。对舞蹈动作的设计一般是以文字描述、动作标记、绘图示意或录制下的舞蹈画面加以体现的……”[3]而其他学者则认为，“舞蹈往往综合了音乐、诗歌、戏剧、绘画等手段而成为独立的艺术门类。舞蹈有自己独特的表现形式和特点。舞蹈作品含有舞蹈表情、舞蹈节奏和舞蹈构图三个基本要素……”[4]舞蹈作品将这三个要素统一于舞蹈艺术形态之中，因此，单纯地将舞蹈设计等同于舞蹈艺术作品是不准确的。

尽管前述各观点对舞蹈作品的定义均有差异，但并非完全对立。综合来看，舞蹈作品是一种以舞蹈动作为基础构成的综合性艺术。

（二）关于舞蹈作品的独创性

比对舞蹈界与法学界关于舞蹈作品的定义可知，我国著作权法意义上的舞蹈作品概念吸收了舞蹈界的观点，肯定了舞蹈的本体。但是不可忽略

---

[1] 隆荫培、徐尔充：《舞蹈艺术概论》（第2版）（修订版），上海音乐出版社2009年版，第6~7页。

[2] 隆荫培、徐尔充：《舞蹈艺术概论》（第2版）（修订版），上海音乐出版社2009年版，第8页。

[3] 王迁：《知识产权法教程》（第7版），中国人民大学出版社2021年版，第107~108页。

[4] 刘春田主编：《知识产权法》（第3版），高等教育出版社2007年版，第63~64页。

的是,本文所指“舞蹈作品”及“舞蹈作品的独创性”,是《著作权法》意义上的法律概念。因此,我们应在现有法律语境下,穷尽现行有效的法律规定的相关释义。

《著作权法》第3条规定:“本法所称的作品,是指文学、艺术和科学领域内具有独创性并能以一定形式表现的智力成果,包括:(一)文字作品;(二)口述作品;(三)音乐、戏剧、曲艺、舞蹈、杂技艺术作品;……(九)符合作品特征的其他智力成果。”

《著作权法实施条例》第4条第6项规定:“舞蹈作品,是指通过连续的动作、姿势、表情等表现思想情感的作品。”

全国人大常委会法工委的《著作权法释义》解释:“舞蹈作品是指以舞谱形式或未以舞谱形式出现的仅可通过经提炼、组织和艺术加工的人体动作、姿态、节奏、表情来表达思想感情的作品,如秧歌舞、芭蕾舞、迪斯科等。”

《著作权法》第3条第3项对于“舞蹈作品”没有进行明确的定义,但依据该条款可知:受《著作权法》保护的舞蹈作品,应当同时具备“文学、艺术和科学领域内”“独创性”“能以一定形式表现的智力成果”的条件。同时,结合前述立法层面来看,并非所有动作都能受到《著作权法》的保护,当某一“动作”符合“连续”“经提炼、组织和艺术加工”“可以表达思想感情”的要件,才可以成为《著作权法》意义上的舞蹈动作。

综上所述,我国《著作权法》中,舞蹈作品的法律定义是“通过连续的动作、姿势、表情等表现思想情感的作品”。

然而,舞蹈作品是综合性艺术。其构成的复杂性,使舞蹈作品的独创性和侵权认定可能存在不同的结论。

对于舞蹈作品的独创性,杨某某公司与云某肴公司等著作权权属、侵权及不正当竞争纠纷案二审法院认为:舞蹈作品所保护的用于传递思想感情的独创性表达,应当体现在肢体的连续“动作”“姿态”“表情”等方面,通常以舞谱为载体,也可以体现为其他形式的舞蹈设计,甚至不需要其他载体直接通过舞蹈表演体现出来。同时,该案认为:虽然《著作权法实施条例》在连续的"动作""姿态""表情"之外规定了"等"作为补充，按照法律解释的一般规则，这里的"等"中包括的内容应当限于与已经明确列举的"动作""姿态""表情"性质相同或者相似的方面，应当是对舞者肢体语言的设计。

与之相比，吕某与杨某、李某某等著作权权属、侵权纠纷案中，法院对于舞蹈作品的独创性认为：舞蹈作品的独创性体现在舞蹈动作的编排、舞蹈所用服装及道具，通过连续的舞蹈动作在灯光、舞美、服装、音乐等元素的配合下，整体表达和体现出的较高独创性和艺术价值。北京市海淀区人民法院在杨某某公司与云某肴公司等著作权权属、侵权纠纷案中则认为：舞蹈作品的独创性不仅可以体现为静态的舞蹈姿势，也可以体现在动态的舞蹈动作的连接、编排、组合中，当然，已属公有领域的传统舞蹈动作不应为个人所独占。

从前述立法层面的分析来看，著作权法意义上的舞蹈作品是以舞蹈动作为基础的，法律定义只明确列举了"动作""姿势""表情"等舞蹈构成要素，但对于诸如音乐、灯光、服装、文字说明等都没有涉及。但正是因为舞蹈作品构成的复杂性，将舞蹈动作设计等同于舞蹈作品，既不符合客观事实，也存在理论上的逻辑矛盾。因此，在杨某某公司与云某肴公司等著作权权属、侵权及不正当竞争纠纷案终审判决之前，大多数司法判例往往对法律定义中的"等"做扩大化解释。

舞蹈作品独创性的"独"要求作者独立完成舞蹈作品的编排、创作。"创"则要求创作者富有个性的判断和选择，但此处的"创"并不同于专利法中的"创造性"，并不要求创新性或具备高度艺术和美学价值。

舞蹈作品的独创性体现在整个作品的编排设计，通过多种舞蹈元素的有机结合，呈现对自然、社会、生活等思想情感的独创性表达。舞蹈作品的独创性不是单个舞蹈动作的独创。当某一舞蹈作品具备独创性，并不意味着单一舞蹈动作或舞蹈动作组合都符合舞蹈作品的独创性要求。反之，单一舞蹈动作不具备独创性，并不意味着整个舞蹈作品不具备独创性，因此也不应影响整个舞蹈作品的独创性认定。

（三）关于单一舞蹈动作

就单一舞蹈动作，曾有学者论点认为："发现动作而非创造动作。单个动作在版权法语境下应当属于某种静待他人察觉而预先存在的客观事实，即发现客观事实不受著作权法保护。"

司法实践中，对于舞蹈作品的侵权认定，大多是将舞蹈编排、舞蹈动作、灯光、舞美、服装、音乐等舞蹈元素整体纳入舞蹈作品的保护客体范围进行整体分析，并综合考虑相似部分在作品中所占的比例、重要程度等，从而综合判断被控侵权作品是否构成实质性近似，而非从单个舞蹈动作和造型的相同认定实质性近似。

杨某某公司与云某肴公司等著作权权属、侵权及不正当竞争纠纷案终审判决认为：舞蹈作品的保护客体排除了"妆容""灯光""音效"等内容，仅限于舞蹈"动作""姿态""表情"等方面的独创性设计，人类在舞蹈创作中，所能够设计出的单人动作是有限的，作为舞蹈创作的最基本元素，单人动作也不应被任何人垄断，排除他人使用。不应有哪个身体动作是其他舞者及社会公众需要经过许可才可以作出或者使用的。

结合前述"发现动作而非创造动作""发现客观事实不受著作权保护"的观点来看，北京知识产权法院认为"单一的舞蹈动作不具有独创性，不能单独获得保护"的观点不无道理。

（四）笔者观点

首先，不保护思想，只保护思想的表达，是《著作权法》的基本原则。舞蹈表演中的舞蹈题材，如爱情题材、军事题材等属于思想范畴，不受《著作权法》保护。结合前述分析可知，舞蹈作品是以舞蹈动作为基础，结合舞蹈姿势（舞蹈姿态或舞蹈形态）、舞蹈表情、舞蹈节奏和舞蹈构图等，在服装、美术、布景道具以及灯光等舞美元素的共同作用下的独创性表达，具独创性表达的舞蹈元素应属于《著作权法》保护的客体。

其次，从单一舞蹈动作的静态使用方式来看，单一舞蹈动作实质上是对舞蹈作品中的某一瞬间的舞蹈动作、舞蹈姿势或舞蹈造型的静态呈现。该案的单一舞蹈动作的静态使用方式，就是将《月光》舞蹈作品的某一或某几个画面以图片的形式进行固定后，直接作为装饰图案静态呈现并使用。

我国《著作权法》第三次修正前，受保护的作品类型限于列举的八种作品类型及法律、行政法规规定的其他作品。随着科技的发展，原有的作品分类模式已经不足以涵盖新出现的作品形式，也使很多作品难以受到法律的有效保护。为此，2020 年修正的《著作权法》将第 3 条第 9 款由“法律、行政法规规定的其他作品”修改为“符合作品特征的其他智力成果”。该兜底条款对作品定义进行了修改和扩大，即只要“符合作品特征的其他智力成果”，都会受到《著作权法》的保护。基于此，笔者认为，从是否受保护的角度来看，此处必须将某种舞蹈元素归入独立的具名作品类型的意义不大。

舞蹈作品的独创性不是单个舞蹈动作的独创，当某个舞蹈作品具备独创性，并不意味着单一舞蹈动作或舞蹈动作组合都符合舞蹈作品的独创性要求。北京知识产权法院在认定《月光》舞蹈作品整体具有独创性，且受到《著作权法》保护的前提下，在判断该案是否构成著作权侵权时，则应判断被控使用行为所提取的多个单一舞蹈动作的静态画面是否来源于权利作品的独创性表达，而无须单独考虑与独创性表达实质性相似部分是否分别构成舞蹈作品，或单独具备舞蹈作品的独创性。因此，该案中北京知识产权法院认为“需要判断六个单人舞蹈动作分别是否符合舞蹈作品的独创性要求，是否可以作为舞蹈作品获得保护”，以及“在作品的某一局部抽取出来单独使用时，应当依据被抽取的局部内容是否符合作品独创性的要求来确定其是否可以获得该类型作品的保护”的观点，值得商榷。

从该案调查的相关事实可知，被诉餐厅的装饰图案包含了《月光》舞蹈中的舞蹈姿势、舞蹈造型、月光背景、灯光明暗等舞蹈元素，这些元素均来源于《月光》舞蹈的独创性表达，则应当认定构成侵权，如此才更有利于保护舞蹈作品的法益。

对于如何理解《著作权法实施条例》第 4 条第 6 项的“姿势”，法律并无明确的规定。结合舞蹈艺术理论，舞蹈最重要的艺术特性就是舞蹈形象，舞蹈形象是一种直观的动态性形象。而舞蹈的“动态性”形象即包括了舞蹈的直觉性、动作性、节奏性和造型性，其中舞蹈的造型性是重要的舞蹈艺术特性之一。舞蹈队形、画面的造型，即舞蹈的构图，是舞蹈作品构成的重要因素，不管是独舞还是群舞……舞者总是在舞台上的空间按一定的方向和路线进行运动。根据所表现的各种不同情绪和内容的需要，就产生了各种类型的舞台空间运动线和画面造型。[1] 因此，从理解舞蹈艺术特性的角度，笔者认为，舞蹈动作造型应包括舞蹈动作的静态画面，云某肴公司对于《月光》舞蹈动作造型画面的静态使用，符合对舞蹈作品中具有艺术特征的舞蹈动作造型的使用。

舞蹈构图是舞蹈在时间、空间中的动态结构，一般是舞蹈者在舞台空间的运动线（不断变化、流动的舞蹈路线或队形）和画面造型，是舞蹈作品的重要表达手段之一。从其基本原理来看，舞蹈构图是以人体动作姿态的发展变化，结合舞台空间运动线所形成的不同舞蹈画面的组接，因此舞蹈构图应当是舞蹈动作和姿态的动与静的统一。前述《月光》舞蹈动作造型画面的静态性使用，在此理论基础上，可以理解为是连续运动路线中的某个舞蹈造型，是相对静止的“点”。而连续的舞蹈动作本身就是连续运动的“线”与相对静止的“点”的有机结合。因此，依此角度亦不难理解《月光》舞蹈作品侵权案的一审法院关于“舞蹈作品的独创性不仅可以体现为静态的舞蹈姿势，也体现在动态的舞蹈动作的连接、编排、组合中”相关认定的初衷。

当然，基于《月光》舞蹈表演形象在全国范围内具有较高的知名度和辨识度，北京知识产权法院最终认为，杨某某在《月光》舞蹈中的剪影式的表演形象不仅因为可以与杨某某本人相联系而具有人身权属性，而且随着权利人对《月光》舞蹈进行商业推广使用，《月光》舞蹈的表演形象同时也蕴含了

---

〔1〕 参见隆荫培、徐尔充：《舞蹈艺术概论》（第 2 版）（修订版），上海音乐出版社 2009 年版，第16～32 页。

较高的商业价值,成为对《月光》舞蹈作品乃至杨某某舞蹈形象进行商业推广使用中的典型商业标识,并具有一定影响,形成了可以依据反不正当竞争法予以保护的权益。从《反不正当竞争法》的角度,对于不具有独创性的单人单一舞蹈动作,也给出了另一种保护路径。

五、结语

基于不同的理论基础,可能得出对单一舞蹈动作静态使用法律定性的不同结论。以上仅是笔者个人的一些浅显体会和理解,相关内容可共同探讨和交流,并不涉及对生效判决的驳斥意见。参考现有法律规定及北京知识产权法院的最新终审判决,我们亦看到,对于单人单一舞蹈动作是否属于舞蹈作品的保护客体,以及对于单一舞蹈动作静态使用的法律定性问题有了新的司法动向。该裁判思路在后续的司法实践中,是否会进一步得到确认,需继续观察,并待后续司法判例予以印证。

浅析舞蹈作品的知识产权保护维度

谢 涛*

舞蹈创作者通过对特定的人物、事件、情绪和情感的概括,运用一定的舞蹈语言和舞蹈结构表达其主观审美意识,从而构成了舞蹈作品。对于舞蹈作品多数更关注其审美价值,却忽视了对舞蹈作品知识产权保护的专门探索。本文基于此立足点,并基于我国现行有效法律法规,尝试探究舞蹈作品的知识产权结构和保护维度。

一、舞蹈作品的知识产权结构

在我国现有法律语境下,穷尽现行有效的法律规定,关于舞蹈作品的相关释义如下:

《著作权法》第3条第3项对舞蹈作品进行了规定。

《著作权法实施条例》第4条第6项规定:"舞蹈作品,是指通过连续的动作、姿势、表情等表现思想情感的作品。"

全国人大常委会法工委的《著作权法释义》则解释:"舞蹈作品是指以舞谱形式或未以舞谱形式出现的仅可通过经提炼、组织和艺术加工的人体动

* 谢涛:北京德恒(深圳)律师事务所律师,深圳市律师协会第十一届著作权法律专业委员会委员,知识产权工程师。拥有法律、对外经济贸易跨学科背景,为深圳多家政企服务,专注政企法律顾问、知识产权、科技金融等领域,在知识产权诉讼与非诉领域经验丰富。

作、姿态、节奏、表情来表达思想感情的作品，如秧歌舞、芭蕾舞、迪斯科等。"[1]

《著作权法》第3条第3项对于"舞蹈作品"没有进行明确的定义，但依据该条款可知：受《著作权法》保护的舞蹈作品，应当同时具备"文学、艺术和科学领域内""独创性""能以一定形式表现的智力成果"的条件。结合前述立法层面来看，并非所有动作都能受到著作权法的保护，当某一"动作"符合"连续""经提炼、组织和艺术加工""可以表达思想感情"的要件，才可以成为著作权法意义上的舞蹈动作。

因此，从前述立法层面的分析可知，著作权法意义上的舞蹈作品是以舞蹈动作为基础的，法律定义只明确列举了"动作""姿势""表情"等舞蹈构成要素，但对于诸如音乐、灯光、服装、文字说明等舞蹈元素都没有涉及。

然而，舞蹈作品是综合性艺术，由于其构成复杂，舞蹈作品的知识产权结构存在不同论点。

例如，有学者认为："舞蹈作品不是指舞台上的表演，而是指被表演的舞蹈动作的设计。"[2]也有学者则认为："舞蹈往往综合了音乐、诗歌、戏剧、绘画等手段而成为独立的艺术门类。舞蹈有自己独特的表现形式和特点。舞蹈作品含有舞蹈表情、舞蹈节奏和舞蹈构图三个基本要素……"[3]舞蹈作品将这三个基本要素统一于舞蹈艺术形态之中，因此，单纯地将舞蹈设计等同于舞蹈艺术作品是不准确的。

司法实践中，杨某某公司与云某肴公司等著作权权属、侵权及不正当竞争纠纷案[4]，吕某与杨某、李某某等著作权权属、侵权纠纷案[5]等的诸多判例对法律定义中的"等"做了扩大化解释，即将舞蹈编排、舞蹈动作、灯光、

[1] 《中华人民共和国著作权法释义》，载中国人大网，http://www.npc.gov.cn/zgrdw/npc/flsyywd/minshang/2002-07/15/content_297588.htm。

[2] 王迁：《知识产权法教程》（第7版），中国人民大学出版社2021年版，第107~108页。

[3] 刘春田主编：《知识产权法》，中国人民大学出版社2000年版，第63~64页。

[4] 参见北京市石景山区人民法院民事判决书，(2021)京0107民初10427号。

[5] 参见江苏省苏州市中级人民法院民事判决书，(2020)苏民终99号。

舞美、服装、音乐等元素，整体纳入舞蹈作品的保护客体范围进行审查比对。但是，在杨某某公司与云某肴公司等著作权权属、侵权及不正当竞争纠纷案中，北京知识产权法院认为，虽然《著作权法实施条例》在连续的“动作”“姿态”“表情”之外规定了“等”作为补充，按照法律解释的一般规则，这里的“等”中包括的内容应当限于与已经明确列举的“动作”“姿态”“表情”性质相同或者相似的方面，应当是对舞者肢体语言的设计。自此，司法判例对舞蹈作品的知识产权结构发生了截然不同的变化。

为此，在确定舞蹈作品的知识产权结构之前，有必要研究舞蹈作品的内容和形式。

（一）舞蹈作品的内容和形式

舞蹈作品主要通过舞蹈作品的结构布局、舞蹈动作和舞蹈语言的设计、编排等结构形式，表达人物、事件、情绪和情感。因此，对于舞蹈艺术而言，内容和形式相互依存、相互转化，两者不可分割。

除舞蹈动作、姿态和表情的变化之外，为塑造人物形象、营造舞蹈情节等所需，在舞蹈艺术舞台上一般会结合使用各种背景、布景、灯光、色彩或声音等辅助元素，营造舞蹈情节事件所发生的环境和氛围。

（二）“思想与表达二分法”之下的舞蹈作品

版权的保护仅延伸至表达方式，而不延伸至思想、程序、操作方法或数学概念本身。[1] 我国《著作权法》第 3 条对享有著作权作品的范围界定为“文学、艺术和科学领域内具有独创性并能以一定形式表现的智力成果”。尽管该定义对著作权保护的客体予以了明确，但如何确定“思想”和“表达”二者的划分界线却是《著作权法》实践中极具争议的难题。结合前述舞蹈作品的内容和形式，分解如图 6.1 所示。

---

〔1〕 参见《与贸易有关的知识产权协议》第 9 条第 2 款之规定。

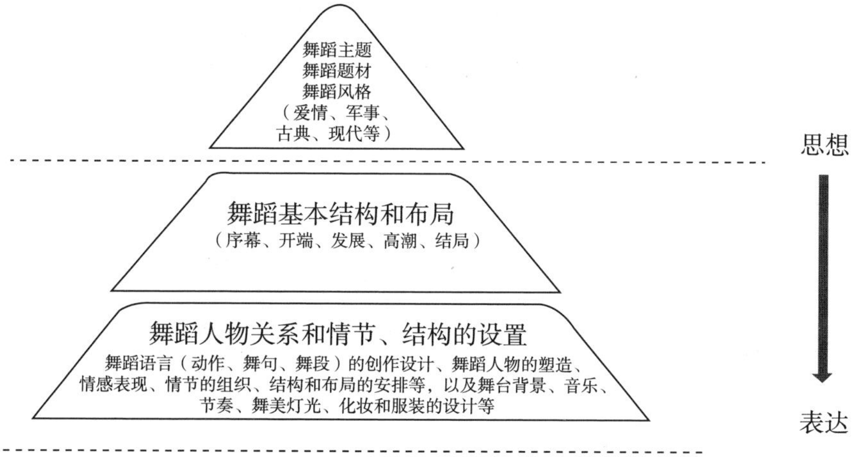

图 6.1　舞蹈作品"思想与表达二分法"金字塔结构示意

首先，金字塔结构图最顶端的舞蹈主题、题材、风格等属于思想层面，不应被垄断，不应予以保护，否则势必造成对舞蹈作品自由创作的阻碍。其次，由塔尖往下，从舞蹈作品的舞蹈基本结构和布局的设置，到舞蹈人物关系和舞蹈情节、结构的设置，如舞蹈语言（动作、舞句、舞段）的编排设计，以及舞蹈人物的塑造、情感表现、舞蹈情节的组织和安排等，甚至是舞台、舞美、灯光、舞台化妆和服装的设计等，都是一个完整、统一的创作和表达的推进过程。

二、舞蹈作品的版权保护维度

基于前述分解，并结合舞蹈作品的内容和结构，笔者从我国《著作权法》角度对舞蹈作品的版权保护维度作了归纳，如图 6.2 所示。

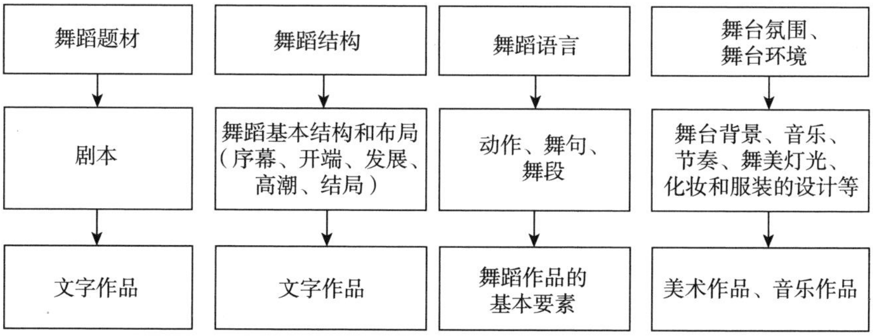

图 6.2　舞蹈作品的版权保护维度

可见，当舞蹈作品的题材、舞蹈结构、舞蹈语言，甚至包括舞台氛围、舞台环境等属于独创性表达时，则均具备受《著作权法》保护的条件。

三、舞蹈作品的其他知识产权保护维度

（一）《商标法》角度

以著名舞蹈艺术家杨某某的《云南映象》舞剧作品为例，该作品取材于云南原生态的古朴民族舞蹈元素，是杨某某出于对舞蹈的热爱和基于与生俱来的民族特质，耗时长达 1 年多进行创作编排和设计而得，该作品的独创性表达，以其独特崭新的舞台艺术风格深入人心。

从《商标法》的角度来看，该舞剧具有显著特征，便于公众识别，而该舞剧自 2003 年公演至今，演出 5000 多场，在国内外多个国家和城市进行演出，先后也荣获了中国舞蹈"荷花奖"作品、编导、女主角、表演和服装设计等多项业内奖项。此后，延续创作的《雀之灵》《云南的响声》《孔雀》等多部大型舞台作品，也均获得国内外舞蹈艺术界的多项大奖。

因此，笔者认为，以杨某某为代表创作的舞剧，已经形成了品牌效应，其舞蹈表演形象在全国范围内具有较高的知名度和辨识度，消费者通过"雀之灵"等各种文字和图形即可识别和区分商品或服务的提供者。

经查，该舞剧的运营主体也早在 2012 年就已申请"孔雀舞 PEACOCK-DANCE""孔雀精灵""孔雀仙子""雀之恋"等文字商标，以及杨某某经典手势、舞姿等图形商标，其中多数商标也已注册成功。

（二）不正当竞争角度

前述杨某某公司与云某肴公司等著作权权属、侵权及不正当竞争纠纷案的终审判决中，基于《月光》舞蹈表演形象在全国范围内具有较高的知名度和辨识度，法院最终认定，杨某某在《月光》舞蹈中的剪影式的表演形象不仅因为可以与杨某某本人相联系而具有人身权属性，并且随着权利人对《月光》舞蹈进行商业推广使用，《月光》舞蹈的表演形象同时也蕴含了较高的商

业价值，成为对《月光》舞蹈作品乃至杨某某舞蹈形象进行商业推广使用中的典型商业标识，并具有一定影响，形成了可以依据《反不正当竞争法》予以保护的权益。从《反不正当竞争法》的角度，对于不具有独创性的单人单一舞蹈动作，也给出了另一种保护路径。

（三）商业秘密角度

舞蹈作品最基础的创作核心，即故事情节核心点，往往很难直接适用《著作权法》予以保护。此种情形之下，笔者认为，在舞蹈作品的创作过程至作品公开发表之前，舞蹈创作者可以与相关人员签署保密协议，以保护其作品的机密性。

四、舞蹈作品知识产权保护维度的几点思考

（一）区分舞蹈作品的独创性与艺术价值

舞蹈作品的独创性，指该作品由作者独立创作完成，且并非抄袭他人。但是，如果将舞蹈作品的独创性等同于创新性，则势必使一部分“创新性不太显著，艺术价值不高，但确属作者原创的舞蹈作品”得不到著作权法的保护。

当然，此处并不代表笔者对“舞蹈作品中处于公有领域的舞蹈要素，不具备原创性而不受著作权保护”观点的否定。例如，在茅某某与张某某、艺术团侵犯著作权纠纷案中，法院认定：“顺风旗、商羊腿是我国传统舞蹈动作，大佛的形象亦属于公有领域的信息，据此创作出的舞蹈静态动作不可避免地会出现相同或相近似的情况，但这种公有领域的思想内容不应为个人所独占。”[1]因此，笔者拟表达的拙见，意指“过分强调对舞蹈作品的创新性和艺术价值高低”可能导致没有显著创新、但确属作者独立原创的舞蹈作品保护力度低下。

---

〔1〕 北京市海淀区人民法院民事判决书，(2006)海民初字第26765号。

(二)舞蹈作品的邻接权保护

舞蹈作品经过舞蹈表演者的演绎,进而完成了艺术形象的塑造和转化。然而,大量的舞蹈作品演出视频被肆意上传至视频网站,既未标明舞蹈作品的名称、作者以及表演者等作品信息,也未注明出处和来源。大量舞蹈表演视频未获得权利人许可的传播行为,严重损害了舞蹈作品著作权和表演者权。

尽管我国立法对于网络传播平台提供者设置了"避风港规则",但对于知情后没有及时采取有效制止措施而产生的侵权损害,网络传播平台提供者则可能与上传信息者承担连带责任。

因此,舞蹈表演者,在进行向观众收取费用的公开表演前,应当获得著作权人的授权许可。舞蹈作品的录制亦应当获得著作权和肖像权的授权许可。

五、结语

总而言之,舞蹈作品的知识产权保护是一个复杂的问题,需要从舞蹈作品的创作、表演、录制、传播等多方面进行保护。舞蹈作品的知识产权,除著作权保护之外,可以结合《商标法》、不正当竞争、商业秘密等多维度予以保护。舞蹈创作者可以通过登记版权、注册商标、签署保密协议等多种方式建立作品的知识产权保护架构。总而言之,舞蹈作品的知识产权保护涉及舞蹈作品的创作、表演、录制、传播等多方面的权益保护,任重道远,加强对舞蹈作品知识产权的保护意识和力度,是促进舞蹈艺术创新的基石。

关于演绎作品的构成要件的研究

武亚萍*

作为一种独立的作品类型,演绎作品出现于19世纪后半叶。19世纪末至今,在已有文学艺术科学作品基础上进行新创作的文化形式发展日益蓬勃。为适应社会文化生活之变迁,世界各主要国家和地区逐渐在著作权法中规定演绎作品制度。时至今日,演绎作品在国内外已受到普遍保护,如德国《著作权法与邻接权法》第3条和美国《版权法》(1976年)第103条等。

我国现行《著作权法》并无"演绎作品"的术语,而是规定了改编、翻译、注释、整理、汇编作者与原作者之间的权利义务关系。然而,我国《著作权法》有关演绎作品的规定尚不完善。如演绎作品的构成、演绎作品的独创性及演绎作品著作权限制等问题。据此,本文拟对演绎作品的构成要件方面展开讨论,梳理演绎作品与原作品之间的关系。

一、演绎作品的基本内涵与构成要件

"演绎作品"是对英文词汇"derivative work"的翻译。"derivative"源自拉丁文"derivare",由"de"(从……来)与rivus(流)两词复合而生。因此,

* 武亚萍:广东知恒律师事务所律师,兼任该所知产中心版权委秘书长,深圳市律师协会第十一届著作权法律专业委员会干事、软件与信息服务团团员。法学硕士,深耕知识产权领域,代理经办知名个人艺术家著作权、知名商标、专利、商业秘密及不正当竞争等案件百余件,经验丰富。

“derivative”具有“发展于”的意思。所以，演绎作品在词源学的意义上，就是根据已有作品产生的新作品。

在法学意义上，著作权学者对演绎作品做出多种不同但又存在共通之处的定义。例如，联合国教科文组织的《著作权与邻接权》中定义演绎作品是“在以前存在的一部作品的基础上通过改造创作的作品”[1]，又如，美国法学家兰德斯(William M. Landes)与波斯纳(Richard Allen Posner)认为，“演绎作品是对不同语言的一种翻译，或者对不同载体的一种转换或者改编”[2]。在我国，李明德、许超认为，“演绎作品是基于现有的作品，通过重新创作或改编而形成的作品”[3]，有学界学者认为，“演绎作品，又称派生作品，是指在保持原有作品基本表达的基础上，增加符合独创性要求的新表达而形成的作品”[4]。

从前述界定的共通之处上可以看到：其一，演绎作品须建立在原作品基础之上，与原作品存在依存关系；其二，演绎作品对原作品作出了一定程度的改变，而非简单的复制。可见，演绎作品在词源的角度和法学的角度，都已被认为是一种特殊类型的作品。“演绎作品”在学术研究和司法实践中，已是著作权领域被广泛使用的通用术语。

从现有立法例和国际公约来看，虽然具体措辞存在差异，且未有具体的构成要求与标准，但仍然可以归结出演绎作品的构成要件。在美国和英国，演绎作品的构成要件包括三项内容：利用性、独创性和固定性。在法国、德国、日本和我国，演绎作品的构成要件则包括两项内容：利用性和独创性。已有论者指出，两种构成模式之区别是英美法系与大陆法系在著作权法上区别的体现——大陆法系注重作者的精神权利，只要作品具有独创性，就以最大限度保护作者权利；英美法系则注重著作权人的经济利益，而作品固定

---

〔1〕［西］德利娅·利普希克：《著作权与邻接权》，中国对外出版翻译公司2000年版，第80页。

〔2〕［美］兰德斯、波斯纳：《知识产权法的经济结构》，金海军译，北京大学出版社2005年版，第137页。

〔3〕李明德、许超：《著作权法》(第2版)，法律出版社2009年版，第40页。

〔4〕王迁：《知识产权法教程》(第3版)，中国人民大学出版社2011年版，第170页。

于某载体是进行商业交易获得经济利益的前提，因而要求固定性。[1]

虽然立法例与国际公约对演绎作品的构成基本结论一致，但两要件的具体要求却并没有详细说明。同时，“在司法界与理论界，对于演绎作品的构成存在多种认识。不仅各位学者与法官对这两项条件的具体要求采取不同甚至截然相反的看法，而且有观点还提出了立法分析差异极大的构成学说”[2]。这也就意味着，法官和学者将会依据完全不同的构成学说来判断一件作品是否构成演绎作品，同一件基于原作创作的新作品，二者完全有可能会作出截然不同的性质认定。

可见，演绎作品在构成及认定方面的分歧业已影响人们预期具体行为的法律后果。所以，对演绎作品的构成研究具有重要意义。

二、演绎作品的利用性

所谓利用性，即演绎作品利用了已有作品，在已有作品的基础上产生。演绎作品之所以作为一种独立的作品类型，原因之一就在于这种利用性。因此，作为演绎作品构成要件之利用性，则必然有自身独特的规定性。笔者认为，演绎作品的利用性认定应该采用“独创表达标准”。

在立法例及国际公约中，对“已有作品”的内涵未有明确说明。基于法律的体系性和统一性可以推知，“已有作品”须是受著作权法保护的已有文化成果。

然而，这并不意味着演绎作品只要利用了“已有作品”即符合利用性的要求。有论者认为，演绎作品应当利用已有作品的“独创内容”。[3] 笔者认为，对“已有作品”的内涵，同样应该结合著作权法的统一性进行综合理解：其一，受著作权法保护的作品，在“思想表达二分”理论的意义上，应该属于

---

〔1〕 参见吴汉东等：《西方诸国著作权制度研究》，中国政法大学出版社 1998 年版，第 43 ~ 45 页。

〔2〕 郭斯伦：《演绎作品构成研究》，中国政法大学 2008 年博士学位论文。

〔3〕 参见［美］兰德斯、波斯纳：《知识产权法的经济结构》，金海军译，北京大学出版社 2005 年版，第 81 页。

表达;其二,受著作权法保护的作品,应具有独创性。因此,既然演绎作品所利用之对象是著作权法意义上的作品,那么演绎作品利用之内容也应是著作权法所保护的内容。从这个意义上来说,演绎作品的利用性应该界定为利用已有作品的"独创表达"。

将演绎作品的利用性界定在"已有独创表达"的范围内,可以避免著作权介入对利用"已有思想"或"无独创性表达"行为的调整,在尊重已有作品权利人利益的基础上,也防止了著作权的专有性干扰思想与文化的传播,较为完整地契合著作权法保护创作热情、促进社会文化发展的立法精神。

在演绎作品对已有作品的利用程度方面,学界有观点认为已有作品应充满演绎作品,亦有观点认为少量利用也可构成演绎作品。[1] 在这一问题上,本文依然从《著作权法》整体分析,认为应当适用"独创表达"的标准。就法律体系性与统一性而言,《著作权法》保护对象的本质是"独创表达",这是一种"质"的规定而非"量"的规定。进而,演绎作品无须在"量"的意义上利用已有作品,而只需在"质"的意义,也就是两作品的独创性表达形成依存关系,即可构成演绎作品。就著作权法的立法精神而言,量化的标准会促使创作者和演绎者为迎合或规避标准而扭曲创作或演绎的内容和方式,不利于社会文化的繁荣发展。

三、演绎作品的独创性

演绎作品是作品范畴内的一种作品类型,因而也应该满足作品的独创性条件。但如前所述,演绎作品的含义内在包括了对已有作品的利用,所以演绎作品的独创性要求具有特殊之处。

在演绎作品独创性的认定标准上,本文赞同学界学者"在保持原有作品基本表达的基础上,增加符合独创性要求的新表达而形成的作品"[2] 的观点。也就是说,演绎作品的独创性应该是一种"增量"意义上的独创性。从

---

〔1〕 See Melville B. Nimmer, *Nimmer on Copyright*, Lexis Nexis Matthew Bender, 1981, p. 137.

〔2〕 吴汉东等:《西方诸国著作权制度研究》,中国政法大学出版社 1998 年版,第 43～45 页。

这个意义上来说，在认定演绎作品独创性时，应首先排除前文所说的已有作品的“独创表达”的部分，在所剩余的部分中认定独创性的有无。

在具体标准方面，司法判例和理论研究主要存在三种观点。一是可识别差异理论。这种理论认为，演绎作品与原作品之间仅需存在可识别的、而非仅仅微不足道的差异就符合独创性要求。二是实质性差异理论。该理论认为，演绎作品与原作之间必须具有实质性的、重大的差异，才能符合独创性要求。三是一定原创性理论。该理论则认为，演绎作品必须具有一定的原创性水平才能符合要求。

本文倾向于第二种观点，即演绎作品与原作之间必须具有实质性的、重大的差异，才能符合独创性的要求，原因有三：其一，从法律的统一性来说，演绎作品是作品类型中的独立类型，因而演绎作品应与其他作品类型适用相同的独创性标准；其二，从法律原则来说，原作者与演绎者应投入同等意义上的智力投入，才能在著作权利益的方面处于平等地位，获得平等保护；其三，从立法精神来说，如果演绎作品的独创性标准相对宽松，可能会“造成授予少数人著作权保护而阻碍了其他潜在的大多数创作”[1]，不利于社会文化的发展。

四、结语

因此，演绎作品的构成要件包括利用性和独创性。其中，利用性是指利用已有作品的“独创表达”，从而与已有作品存在某种相似性。独创性是指演绎作品运用某种演绎手法，与原作存在本质性的、重大的差异，并据此在整体上具备一定独创性。演绎作品与原作品是存在联系又有区别的作品，两者都是社会文化繁荣不可或缺的组成部分。著作权制度的立法精神在于促进文化发展，应尽可能促进两种作品的繁荣发展。

---

〔1〕［美］兰德斯、波斯纳：《知识产权法的经济结构》，金海军译，北京大学出版社 2005 年版，第 81 页。

论非法改编作品的可版权性

何美华*

改编作品,是指通过改编方式对已有作品进行再创作产生的新作品,该新作品既包含原作品的基本表达,也包含改编人的新的具有独创性的表达。非法改编作品,是指未经原作品著作权人的许可,擅自改编原作品产生的新作品。违法改编者对于违法改编的作品是否享有著作权即可版权性,我国《著作权法》没有明确规定,司法实践中没有统一认识。有观点认为,侵权行为本身并不能产生合法之利益,进而不能获得法律上的任何保护,[1]可称为全部否定说。也有观点认为,未经许可演绎人毕竟付出了创造性劳动,因此非法改编作品可以享有与合法演绎作品同等的法律地位,可称为全部认可说。还有观点认为,《著作权法》阻止他人未经许可使用作品,给予未经许可演绎者以著作权保护,绝不意味着该演绎者可以随意使用该演绎作品,而是禁止他人随意使用该演绎作品,[2]称为有限认可说。在实践中,有不少法院的裁判观点认同第三种观点,也有认同第一种观点的,未见有支持全部认可说的,但总体莫衷一是。

---

* 何美华:广东卓建律师事务所合伙人,深圳市律师协会第十一届著作权法律专业委员会副主任,专利代理师。2006 年起专注知识产权法律事务,秉持"法律驱动创造"理念,助力客户成长、推动社会创新。熟悉动漫、电子、通信等多行业,服务多家世界 500 强企业及 A 股上市公司。

〔1〕 参见王先林:《知识产权滥用及其法律规制》,载《法学》2004 年第 3 期。

〔2〕 参见王迁:《知识产权法教程》(第 7 版),中国人民大学出版社 2021 年版,第 226 页。

笔者认为,著作权法对于作品的定义,并未排除合法性要件,非法改编作品已侵犯原作品著作权人的法定权利,认可非法改编作品人享有著作权将实质否定改编权,反而不利于鼓励创作和文化繁荣,更是与民法诚实信用原则和保护合法权益的立法宗旨相悖,有损法律尊严。

一、从现行法律体系看非法改编作品的可版权性

《民法典》第 3 条规定:“民事主体的人身权利、财产权利以及其他合法权益受法律保护,任何组织或者个人不得侵犯。”换言之,“非法权益”不受法律保护。《民法典》第 8 条又规定:“民事主体从事民事活动,不得违反法律,不得违背公序良俗。”

著作权是一项民事权利,创设于作品创作完成之时,作品创作过程即为权利创设过程。权利创设行为不合法的,则不产生民事权利,著作权自无例外。例如,以特定的姿势将他人钉上十字架,虽然是一种创作行为,也满足独创性的要求,但因其创作行为非法侵害他人人身权,因此不受《著作权法》保护。同理,改编作品的权利创设于改编行为完成时,改编行为不合法的,则改编作品不产生著作权,不受保护。

《著作权法》第 10 条第 1 款规定著作权人享有改编权,第 52 条又规定:“有下列侵权行为的,应当根据情况,承担停止侵害、消除影响、赔礼道歉、赔偿损失等民事责任:……(六)未经著作权人许可,以展览、摄制视听作品的方法使用作品,或者以改编、翻译、注释等方式使用作品的,本法另有规定的除外……”由此可见,未经许可改编他人作品违反了《著作权法》的禁止性规定,且属于损害他人合法权益的行为,显然不属于《民法典》第 3 条规定的合法权益,不产生创设民事权益的效果,不受法律保护。

有人认为,从《著作权法》第 13 条的规定看,非法改编作品虽有权利瑕疵,但不妨碍享有禁用权。例如,北京市海淀区人民法院在汇智公司歌词翻译案中认为,原告汇智公司对歌词进行翻译虽然未经相关著作权人的许可,是建立在侵犯他人著作权的基础上的,存在权利上的瑕疵,但仍是创作活动

的产物，本身有一定的原创性……汇智公司可以被动行使著作权。[1] 对此，笔者认为，首先，从文义来看，《著作权法》第 13 条并没有附加未经许可的条件，不能得出非法改编可以享有著作权的结论。从著作权法体系解释的角度看，第 13 条是对第 10 条第 1 款第 14 项的补充而非否定，综合考虑《著作权法》第 52 条规定的侵害改编权的责任承担方式，第 13 条所称的"改编"应系经合法授权或满足如《著作权法》第 24 条第 1 款第 6 项规定的为学校课堂教学或者科学研究而改编的合理使用条件的改编行为，否则《著作权法》第 10 条第 1 款第 14 项规定的改编权将失去意义，《著作权法》第 52 条规定的停止侵害以及《民法典》第 3 条也将失去意义。其次，将原创性或独创性作为认定作品的唯一条件，背离民事法律的基本原则。

综上，笔者认为，从现行法律体系看，非法改编作品不具有可版权性。

二、从社会价值角度看非法改编作品的可版权性

有观点认为，演绎作品虽源于原作品，但演绎人在演绎作品的二次创作中也凝结了其诸多的独创性思考。演绎人未经原作品著作权人许可形成新的创作结果，该创作结果在符合独创性的情况下，也能构成著作权法意义上的作品，应受著作权法保护。[2] 该观点的要点在于对非法改编作品中蕴含的改编人独创性创作成果的保护必要性的判断，即对该成果社会价值肯定与否的判断。对此持肯定意见的观点，大多受"比例原则"的影响。例如在林某某与联某公司等著作权侵权及不正当竞争案[3]中，二审法院判决认定构成改编权侵权但不判决停止侵权，原因在于"著作权法保护作品和著作权人的著作权利，不仅是为了保护著作权本身的合法权益，更重要的是要考虑文化的发展和繁荣。所以，虽然一般情况下判决停止侵权是合理的，但个案中还是应当综合考量判断停止侵权后对社会的整体效益问题"，"需要考虑

---

〔1〕 参见北京市海淀区人民法院民事判决书，(2007)海民初字第 22050 号。

〔2〕 参见陆凤玉、张宗滨：《未经许可创作的演绎作品之司法保护》，载《中国知识产权》第 189 期。

〔3〕 参见广州知识产权法院民事判决书，(2018)粤 73 民终 3169 号。

比例原则”[1]。

比例原则源于行政法领域，其基本理念是，只有符合以下情况，才能对个人自由及私法自治进行干预：此种干预相对于一个更高的利益而言是必要的；干预必须适合达成所欲求之目的；要采用最和缓的手段来实现此目的。比例原则包含三个子原则：“适当性”、“必要性”和“均衡性”。比例原则一般适用于公权对私权的干预场景，但在民事审判领域，也有一些案件适用了该原则，不过由于民事审判领域的特性，比例原则中的三个子原则中，“适当性”没有适用的空间，而主要考虑“必要性”和“均衡性”。在著作权法领域，其基本思路是，相对于原作品著作权人的禁用权，非法改编作品继续传播具有更高价值，并可通过经济补偿填补侵权后果，故从“必要性”和“均衡性”角度考虑，予以容忍。

笔者认为，比例原则仅适用于公权力对个人自由及私法自治进行干预的场景，是对公权力的限制，不适用于对私人权利的限制。同时，著作权是法定权利，对其限制仅能由法律明确作出，人民法院在民事审判中适用比例原则对原作品著作权人的改编权进行限制，是较为不妥的。更重要的是，由于改编行为难以控制，若认可非法改编作品具有版权性，其后果是无法对非法改编行为予以事后惩罚，这显然会助长非法改编行为，甚至促使非法改编人扩大侵权规模，以便让非法改编作品获得更高的市场价值，进而反向迫使司法机关对原作品予以强制许可，反而抑制了创作动机，不利于满足读者的多元需求及文化事业的发展与繁荣。因此，笔者认为，从社会价值的角度分析，相对于著作权法法律的权威性和社会秩序的稳定性，具体作品无论其影响力达到何种程度，其价值都是不值一提，从比例原则考虑，更不应认可非法改编作品的可版权性。

---

[1] 黎炽森：《“同人作品案”的裁判逻辑与司法保护》，载微信公众号“知产财经”2023年6月8日，https://mp.weixin.qq.com/s/Mve2Q8EWR9L7Lccn1UvxBA。

三、从改编权的控制范围看非法改编作品的可版权性

认可非法改编作品的可版权性，从一些案例来看，其原因之一是认为改编权的控制范围可以包括对改编作品的后续传播，即使被非法改编，原作品的权利人也能够实现救济。例如，在菲狐公司与霍尔果斯侠之谷公司、深圳侠之谷公司、柏际公司等著作权权属、侵权纠纷案中，二审法院认为，“改编权作为著作权人的财产权，不仅控制改编行为，而且还规制改编作品的后续财产性利用行为，被诉侵权人未经许可，对改编作品的后续使用包括复制权、发行权和信息网络传播权均被改编权所吸收而不再成为后续作品独立的权利类型”[1]。

但笔者认为，《著作权法》第 10 条第 1 款第 14 项及第 52 条对改编权及侵害改编权的行为后果规定得明确且具体，不存在模糊之处；同时，对改编作品的后续利用行为，《著作权法》第 13 条已有明确的规定，并非不能由原作品权利人控制；《著作权法》规定的各项权能相互独立，构成要件各不相同，不存在相互吸收的可能。因此，将改编权的范围扩展到对改编作品的后续利用，没有法律依据。而由此产生的改编权对改编行为的控制可有可无的认识，不应存在。

四、结语

法律不保护非法权益，这是民事法律的基础。非法改编的作品，无论其独创性有多高，抑或具有何种价值和多少积极意义，都不改变其违反法律禁止性规定并损害他人合法权益的性质，不能受到法律的保护。认可非法改编人对非法改编作品享有著作权，损害的不仅是原作品著作权人的民事权利，还背离了《著作权法》的立法本义，并违背公序良俗，应予旗帜鲜明的否定。

---

〔1〕 广州知识产权法院民事判决书，(2021)粤 73 民终 1245 号。

改编作品“独创性”的认定标准

张　勇[*]　刘　榕[**]

我国《著作权法》第 3 条对受保护的作品作了定义，即“本法所称的作品，是指文学、艺术和科学领域内具有独创性并能以一定形式表现的智力成果”，其明确规定作品的构成要件包括：作品必须是人类智力成果的体现；能够以一定形式予以呈现，具备为他人客观感知的外在表达；该外在表达必须具有“独创性”。一部作品只有在上述要求全部满足的情况下才能认定为“受著作权法保护的作品”。同时《著作权法》第 10 条第 1 款第 14 项的“改编权”及第 15 条的“汇编作品”中，也有对“独创性”要求的规定。独创性具体所指如何，以及怎样在实务中认定某一作品是否具备独创性，是司法实践中最为关键的一环，不仅涉及原告是否有权主张著作权的保护，也是赔偿金额认定的重要参考因素。在构成作品的情况下，行为人未经著作权人的许可，采用复制行为使用该作品和采用改编形式在作品原有基础上进行再创作形成改编作品的行为，会产生不同的结果，在赔偿金额的判定上也存在较大的差异。本文拟从上述角度出发，结合司法实践案例对独创性的认定标

* 张勇：北京大成（深圳）律师事务所律师，深圳市律师协会第十一届著作权法律专业委员会主任，广东省律师协会第十二届著作权法律专业委员会副主任，，中国（深圳）知保中心海外维权专家库优秀专家、深圳市知识产权局专家库专家。

** 刘榕：北京大成（深圳）律师事务所律师，深圳市律师协会第十一届著作权法律专业委员会干事、软件与信息服务产业法律服务团团员。华东政法大学知识产权法学硕士，专注知识产权法律服务。

准进行论述，以期为实务人员提供些许指引。

一、独创性的相关含义及认定方式

“独创性”一词源于英文 originality，可以解释为“原创性、创造力”，包含两层意思。在中文的释义中也可以将其拆分解读为“独”和“创”两个方面的要求，即需要同时满足“独立创作”与“创造结果具有最低限度的创造性”。

（一）独立创作

独立创作，是指创作者独立完成作品，没有对他人已有的作品内容进行抄袭。《著作权法》对于“独”的要求不如《专利法》中对于“新颖性”的要求，作者既可以从无到有进行独立创作，也可以在已有的作品内容的基础上进行再创作。

最高人民法院《关于审理著作权民事纠纷案件适用法律若干问题的解释》第 15 条规定：“由不同作者就同一题材创作的作品，作品的表达系独立完成并且有创作性的，应当认定作者各自享有独立著作权。”这里似乎暗示，即便作品的表达相似，也不妨碍各自享有著作权。[1]

在对侵权作品进行认定时，遵循的是长久以来国际上公认的公式：“接触 + 实质性相似”[2]，这意味着“独立创作”一定是在不接触他人作品相关内容的前提下，包括但不限于在他人同一题材的作品问世前，双方没有对于作品情节等内容进行的详细探讨，以及创作者没有通过合法或不合法等方式对他人同一题材创作过程所生内容进行获取等的情况下，由创作者本人完成的创作，才有可能按照上述解释的规定，享有独立的著作权。

需要注意的是，作者对于自己“独立创作”的行为需要承担相应的举证责任，若主张用著作权进行保护，而无法自行举证证明该内容是自己独立创作得出的，则需要承担不受《著作权法》保护的后果。在“顾某诉虞某（百合

---

〔1〕 参见崔国斌：《著作权法：原理与案例》，北京大学出版社 2014 年版，第 70 页。

〔2〕 王迁：《知识产权法教程》（第 6 版），中国人民大学出版社 2019 年版，第 41 页。

花)”案[1]中,原告顾某委托他人创作的“百合花”图案的底纹与他人在先图案的底纹在布局、形状、格调等方面基本相同或说存在实质性相似,交叉小花也模仿了他人在先花型图案,因原告无法举证证明涉争图案是在未接触的情况下自行创作而得,故涉争图案不能成为受《著作权法》保护的作品。

(二)创造结果具有最低限度的创造性

独创性的另一要求是作品应当具有最低限度的创造性,但不同于《专利法》中对于独创性的严格标准,在对“最低限度创造性”进行评估时,并不需要穷尽公共领域中的任意现有作品,而是针对创作者在创作过程中实际参考的现有作品而言,作品具备了个性化的表达,且这一表达的实现并非普通人均能面对相同现有作品即可完成,即便创作过程需要投入大量的人力或物力。[2]

这一要求的提出在一定程度上限制了构成要素比较简单的作品,比如根据简单的图形所绘制的图画、简短字词汇成的标题等,即便是独立创作出的朗朗上口的短词,基于难以辨认其中具体的表达,也无法主张获得《著作权法》意义上的保护。如马莫、肖某与光某日报、凤凰联动公司、某电视台著作权权属纠纷、侵权纠纷案[3]中,马某等出版了图书《舌尖上的中国》,而后中央电视台制作了与马某图书同名的纪录片《舌尖上的中国》,且二者均以饮食为题材,马某等认为中央电视台未经许可擅自出版同名作品侵犯了其著作权。在该案中法院认定,该书名仅仅是两个通用名词的简单组合,且仅6个字的“表达”缺乏相应的长度和必要的深度,无法充分表达和反映作者个性化的思想感情或研究成果,不具备独创性的要件,不能认定为著作权法意义上的作品。

---

〔1〕 参见孙南申主编:《知识产权典型案例精析》,人民法院出版社2004年版,第166~169页。

〔2〕 参见崔国斌:《著作权法:原理与案例》,北京大学出版社2014年版,第73页。

〔3〕 参见北京市东城区人民法院民事判决书,(2012)东民初字第09636号。

二、从独创性的角度区分复制行为和改编行为

从司法实践的案例可以发现,在《著作权法》第10条规定的诸多权利中,有关复制权和发行权的侵权纠纷案件,最多涉及独创性程度高低的认定问题。若他人对作品的使用行为仅仅是对他人原有作品表达进行再现,所做的修改幅度并不大,无法认定为含有个性化表达,则只能认定为对复制权的侵权,既无法对自己改动的作品享有独立的著作权,同时还可能需要承担较为高昂的赔偿费用。

(一)改编行为的认定

改编权是著作权人规制他人未经许可"改变作品,创作出具有独创性的新作品的权利",[1]其中会涉及对独创性的认定,若演绎者基于在先作品,在进行创作时投入了创造性的智力劳动,注入了新的个性化表达,则可以对改编作品享有独立的著作权。只不过如改进发明一样,改编作品的产生离不开已有的在先作品,若没有经过权利人的同意擅自改编作品,同时还未经许可以非合理使用的方式进行使用的,则需要承担侵犯改编权的责任,只不过相对于侵犯复制权的情况,法院在认定赔偿责任时会适当降低金额。

例如,在濮某某与曹某某著作权权属、侵权纠纷案[2]中,曹某某通过北京工艺美术出版社出版了《曹雪枫画集》,该画集收藏了其多幅山水画和工笔画,其中包括工笔画《华清浴妃图》。濮某某据此绣制140厘米×360厘米的《华清浴妃图》苏绣(价格170万元),另外创作的70厘米×170厘米的《华清浴妃图》单面细平绣曾获得金奖(价格86万元,最终以80万元成交)。

从两位老师的成品画作可以看出,画中12位女子的样态、所处的位置及相对间距、举手投足的动作、手上拿放的物品、所处环境前后摆放的物品及

[1] 《著作权法》第10条第1款第14项规定:"改编权,即改变作品,创作出具有独创性的新作品的权利。"

[2] 参见江苏省高级人民法院民事判决书,(2019)苏民终1410号。

相应的位置等,都存在高度的一致,只是基于工笔画的特殊性,曹某某的在先作品清晰度不如濮某某的绣制品。在认定在后作品是否构成改编作品时,通常会比对两内容所采用的表达方式是否存在差异,例如同一份曲谱通过钢琴演奏的效果会不同于萨克斯演奏的效果,其中也是因为不同的乐器有其自身的特殊性,所生成品会产生差异性,由此也丰富了人们的艺术文化生活。

而在该案中,苏绣和绘画是两种不同领域、不同载体的表达方式,前者需要通过画稿、图案、造型、针法、绣工、色彩、技艺、装裱等多方面进行综合呈现。[1] 可以认定,即便濮某某根据曹某某的工笔画作为底稿,其也需要对人物进行加工、细化,同时对于画作中的人物的造型、物品的色彩、使用何种针法等因素进行选择和创作,在这个过程中投入了很多的个性化表达,足以认定为具备独创性,属于艺术的再创作,构成改编作品。即使与在先作品之间仍然存在"实质性相似"的情形,但是改编作品给予普通受众所呈现出的欣赏体验和感受并不完全等同于在先作品,亦不属于对在先作品原样或基本原样的"再现"。因此在该案中,法院认定濮某某未经同意使用曹某某底稿的行为,构成改编权而非复制权侵权,酌情确定濮某某赔偿曹某某经济损失及合理开支共计 22 万元,二审法院也予以了维持。

(二)复制行为的认定

在判断某种行为是否构成对受保护的在先作品复制时,重点在于判断新的载体中是否保留了原作品的基本表达,以及有无通过发展原作品的表达而形成新作品。若最终表达的载体再现了在先作品或其具有独创性的特征并加以固定,且没有形成新的作品,就应当属于《著作权法》规定的复制行为。法院一般会根据行为人对权利人作品运用程度的高低,如构成实质性

---

〔1〕 参见江苏省高级人民法院民事判决书,(2019)苏民终 1410 号。濮某某称:"一根丝线可以分解为'绒、丝、毛',1 根等于 2 绒,1 绒等于 8 丝,1 丝等于 22 毛,最细的 1 根丝线劈成 352 毛。刺绣一幅《华清浴妃图》,大致估算需要赤橙黄绿青蓝紫等 20 多大类颜色,每一类颜色又由浅到深十几种。"

相似的部分占原作品整体的比例大小，来确定具体赔偿金额，比例越高，判处的赔偿金额将越高。

以盟世奇公司与泽安商贸公司侵犯著作权纠纷案[1]为例，“熊大”动漫美术作品是为华强公司发行的三维喜剧动画片《熊出没》开发的角色形象，该角色形象的绘制方法是以线条、色彩手绘创作初稿，然后以 Maya 三维软件进行角色最终造型渲染图的制作，该渲染图是以平面方式表达的艺术造型。这一专门为动画片开发的动漫角色形象是华强公司独立创作完成，并采用线条、色彩、手法和具体形象设计的独特的美学选择和判断，赋予动漫角色以审美意义，并且可以复制的平面造型艺术作品，应当认定为《著作权法》所称的美术作品。华强公司授权盟世奇公司生产并销售“熊大”毛绒玩具（立体造型），授权范围是中国（不含港、澳、台地区）独占性（专有）使用上述形象生产、销售毛绒玩具，并有权就未经许可使用上述形象生产、销售毛绒玩具的行为进行维权。泽安商贸公司生产的产品对比盟世奇公司的产品：前者酒红色鼻子呈凸起的倒心形，后者呈椭圆形；前者双唇微张呈月牙形，双唇中间为黑色月牙形，后者双唇凸起，双唇中间颜色不明显。除以上区别外，其他设计特征均相同。因此，可以认定为泽安商贸公司的生产、复制、销售的行为，构成了对权利人复制权和发行权的侵犯。

三、结语

因此，具备独创性是作品可以享有著作权的关键因素，应从“独立创作”和“创造结果具有最低限度的创造性”两个角度进行考量，只有满足两个要素的情况下才能认定为具备独创性，可能构成作品。而在侵权纠纷案中，判断被诉侵权作品是否基于在先作品而具备独创性也是重要的一环，若其构成改编作品而非简单的复制再现，则其侵犯的是改编权而非复制权。法院往往会根据在先作品在改编过程中的重要性高低确定赔偿金额，大多数情况下会低于复制权侵权的判赔数额。

---

[1] 参见天津市高级人民法院民事判决书，(2015)津高民三终字第 0018 号。

对动漫形象未经授权的演绎作品的独创性认定

高加攀*

《著作权法》第 3 条规定:“本法所称的作品,是指文学、艺术和科学领域内具有独创性并能以一定形式表现的智力成果……”第 13 条规定:“改编、翻译、注释、整理已有作品而产生的作品,其著作权由改编、翻译、注释、整理人享有,但行使著作权时不得侵犯原作品的著作权。”可以看出,对演绎作品的保护并未以取得原权利人的授权为前提,只要演绎作品具备独创性即应依法予以保护,但行使权利时不得侵犯原作品的著作权。然而,对于如何认定演绎作品的独创性却没有明确的规定。因此,对已生效裁判文书中关于演绎作品独创性部分的说理进行归纳与总结显得尤为重要。本文将通过对部分未经授权动漫形象演绎作品的维权案例进行分析,探寻司法实践中法院对于未经授权的演绎作品独创性的认定标准。

一、概念辨析

根据《著作权法》第 13 条以及第 3 条的规定可知,演绎作品系指改编、翻译、注释、整理已有作品而产生的且具有独创性并能以一定形式表现的智力成果。由此可知,未经授权的演绎作品系指未经原作品权利人合法授权

---

* 高加攀:广东折桂律师事务所负责人,深圳市律师协会第十一届著作权法律专业委员会委员,硕士研究生。从事律师业务十多年,业务领域主要集中在知识产权诉讼、民商事诉讼等,执业至今代理 4000 多起知识产权诉讼,具备丰富的知识产权诉讼工作经验。

也无其他合法理由改编、翻译、注释、整理他人已有作品而产生的并具有独创性的新作品。

在《著作权法》中，演绎和复制是两个具有特定含义的术语，它们分别指代了与作品相关的不同行为。演绎与复制二者区别在于演绎者在改编他人作品时是否具有独创性表达。正如明河社、完美世界公司与火谷网、昆仑乐享公司、昆仑万维公司等著作权权属、侵权纠纷案的判决书中所认定的："改编行为与复制行为的区别在于，改编是在原作品基础上进行的再创作，改编是对原作品的改变，但这种再创作受制于原作品，改编形成的新作品不是完全独立于原作品的新作品，而是使用了原作品的表达；改编的形式不以作品体裁、类型的变化为要件，既可以在原作品的基础上对作品进行同一文学、艺术形式范畴内的再创作，也可以采用不同的文学、艺术形式进行再创作，只要在利用原作品表达的基础上，创作出不同原作品的新作品，且这种改动体现了改编者的独创性，均属于改编行为。"[1] 而复制行为仅是对原作品的简单临摹，不体现独创性，不属于受《著作权法》保护的新作品。

二、未经授权的演绎作品司法实践中关于独创性的认定标准

我国《著作权法》第 3 条规定："本法所称的作品，是指文学、艺术和科学领域内具有独创性并能以一定形式表现的智力成果，包括……（四）美术、建筑作品……"《著作权法实施条例》第 4 条第 8 项规定："美术作品，是指绘画、书法、雕塑等以线条、色彩或者其他方式构成的有审美意义的平面或者立体的造型艺术作品。"

因此演绎作品仅在具备独创性前提下，才可以作为新的美术作品获得保护，否则仅属于简单的复制作品。动漫形象是最常见的美术作品之一，现实生活中存在大量以动漫形象为原作品进行二次创作的作品，其中大部分都是未经授权。本文拟结合以下相关案例对司法实践中法院对于演绎作品

〔1〕 北京市高级人民法院民事判决书，(2018)京民终 226 号。

独创性是如何认定的做初步分析。

第一，对动漫作品进行演绎，演绎作品与原作品相比，必须具有美学领域的独特创造力和观念，或者对原作品最具显著性和识别特征的部分进行了改变，才可以认定演绎作品具有独创性，构成新作品。[1]

例如，在刘某某与晓鸣公司侵害作品信息网络传播权纠纷案[2]中，原告刘某某以“皮卡丘”动漫形象为基础创作了9幅作品，被告未经许可在其经营的天猫店铺所展示售卖的平板电脑保护套上使用涉案9幅演绎作品，经比对，被告所使用的9幅作品与原告主张的作品完全一致。深圳市龙华区人民法院审理认为，“原告诉请保护的9个图案是基于‘皮卡丘’形象和主题绘制，但整体构图、色彩搭配、图案元素、面部表情、衣着配置和展示比例等均体现了作者的选择、判断和取舍，属于个性化表达，展现了一定程度的美感，具有独创性，应当认定为‘皮卡丘’动漫形象的演绎作品”。该案中刘某某演绎的新作品与原作品的差异具体体现为：原皮卡丘形象为“一只电气鼠，全身黄色，背上两条褐色的条纹，尾巴是像锯齿状的闪电，小小的嘴巴，一双黑色的眼睛，脸颊上有着红色的电力袋，耳朵长长的且尖端是黑色的。前爪短而粗，有五趾，后爪则只有三趾，无脚掌（至少看不出来），未穿衣服、写字，未戴帽子”。上述皮卡丘形象系区别于其他动漫形象的重要特征，属于皮卡丘独有的识别性特征，具有极高的识别度。而该案中原告刘某某虽然是以皮卡丘形象创作的，但其所创作的皮卡丘形象虽然一眼望去仍是皮卡丘，但却是此前从未出现过的形象，简言之“皮卡丘仍然是皮卡丘，但已不是以前的皮卡丘了”，具体体现在：（1）在整体上不再是以简笔画和黄色色彩为主，而是通过复杂的线条和多彩的颜色为皮卡丘的形象增添（穿上）了各种款式的衣服、帽子、鞋子等。（2）原告刘某某创作的皮卡丘形象皆穿上了衣服，戴上帽子，该部分形象占整体形象3/4左右。（3）皮卡丘有类似于人的腿与脚，并穿上了鞋子。（4）原告刘某某对皮卡丘穿戴的衣服、帽子、鞋子并非随意

---

〔1〕 参见牟丹、陈翀翊：《非法演绎动漫形象之作品的独创性》，载《人民司法》2018年第11期。

〔2〕 参见广东省深圳市龙华区人民法院民事判决书，（2021）粤0309民初3011号。

搭配,而是根据一定的审美观进行择取,具有明显的美感。原告刘某某通过对皮卡丘上述多方面的改动,大幅度地改变了皮卡丘的原有形象和风格,且系《宝可梦》作品中从未出现过的皮卡丘形象和风格,也与《宝可梦》中皮卡丘形象(风格)截然不同,具有高识别度的显著特征。上述演绎部分充分体现了原告刘某某独特的判断和选择,具备了美术作品独创性的要求,故原告刘某某的案涉演绎作品属于新作品而非临摹作品。

第二,如果仅是对原作品在一些动作和场景配图上进行一定的改动或仅是对极其简单的常见配饰、道具或者文字进行添加的,虽然付出了一定的劳动,但是由于其与原作品形象差异不明显,这种改编行为并未达到独创性的高度,不属于受《著作权法》保护的新的美术作品。

正如在黄某某与赛动启星公司、天猫公司著作权权属、侵权纠纷案[1]中所认定的,将涉案图案与原作品相比较,涉案图案中的"大白"与原作品在整体构图、组成要素方面基本相同,两者均表现了"大白"的呆萌形象。且"大白"均为五幅涉案图案的主要部分,其差异性仅体现在人物的身体比例、动作上,原告黄某某主张权利的作品一添加了配饰帽子及文字"嗯",作品三添加了电脑桌、椅及文字"不想动",作品四添加了饼干及文字"吃我",作品五添加了蝴蝶,此种差异并不明显。故原告黄某某主张权利的五个作品构成与原作品的实质性相似。因此,原告黄某某制作的涉案图案不构成独创性表达,不属于受《著作权法》保护的新的作品。

三、司法建议:应适当提高对未经授权的演绎作品的独创性认定标准

笔者观察到,司法实务中各地法院对演绎作品独创性的认定标准并不统一。同时,未经授权的演绎作品系在未取得原权利授权的基础上进行改编,甚至有些未经授权的演绎作品的名称包含原动漫形象的名称,其本身属于一种违法行为,因此对该类作品的独创性认定相较于普通作品应适当提

---

〔1〕 参见浙江省杭州市余杭区人民法院民事判决书,(2017)浙0110民初10734号。

高认定标准。

第一,虽然《著作权法》规定对未经授权的演绎作品的著作权也应给予保护,但是考虑到未经授权演绎作品行为本身属于侵犯原权利人对作品的改编权,属违法行为。而《著作权法》的目的是保护作品权利人的各项合法权利,而非鼓励或者至少不应提倡这种未经原权利人许可擅自改编作品的行为。因此,至少从为了减少或限制该类行为,鼓励尊重他人知识产权的角度而言,在对动漫形象未经授权的演绎作品进行独创性认定时,应提高独创性的认定标准,只有在达到一定独创性高度时,才认定其为具有独创性的新作品,依法对其进行保护。

第二,在如今互联网时代,存在各种绘图修图软件,利用这些软件对知名的动漫形象进行简单的改动是一件非常简单的事情。因此出现一批人员借助这些绘图修图软件对大众知晓的动漫形象进行简单的改动(甚至以这些经典的动漫形象的名字来定义作品名称),以这些未经授权演绎的动漫作品为权利基础进行大量的维权诉讼,并以此获取不正当利益。所以,如果不对该类型的作品的独创性认定标准进行提高,无疑会给予这些不法分子以可乘之机,同时会对著作权保护带来极为严重的负面影响,严重打击那些真正创作者的创作热情,不利于鼓励原创和传播原创精神。

四、结语

《著作权法》的宗旨在于保护著作权人的利益、鼓励创作,同时注重社会公众利益的平衡,以促进作品传播和文化的传承[1]。但司法实践中已出现一些人员通过绘图修图软件对一些知名动漫形象进行简单的改动并以此提起大量维权诉讼获取不正当利益,因此笔者认为关于未经授权的演绎作品的保护应限于具有较高独创性的作品,即应具有较为明显的差异性,尤其是对原作品最具显著性和识别特征的部分进行改变,对于简单的改动,如增加

---

〔1〕 参见冯刚:《陈喆诉余征等侵害著作权纠纷案——侵害小说剧本著作权纠纷中接触加实质性相似原则的适用及侵权责任的承担》,载《人民法院案例选》2016 年第 7 辑。

文字或简单常见的配饰则不应予以保护,否则可能助长抄袭之风,违背《著作权法》的立法目的。在当前的版权保护环境中,未经授权的演绎作品问题日益突出,这不仅涉及法律层面的挑战,也关系到文化创新和知识产权保护的长远发展。通过深入分析相关案例,我们认识到,提高对此类作品独创性认定的标准,是维护版权秩序、鼓励原创精神的重要举措。

提高独创性认定标准,有助于区分真正的创新与简单的复制或模仿;可以有效地遏制未经授权的演绎行为,减少版权纠纷;有助于激发创作者的创作热情,促进文化创新,同时也是实现《著作权法》立法宗旨的重要途径。《著作权法》旨在保护创作者的合法权益,鼓励文化创新,促进社会进步。通过提高对未经授权的演绎作品独创性的认定标准,可以更好地实现这些目标,为文化创新和知识产权保护提供坚实的法律基础。

综上所述,提高对未经授权的演绎作品独创性认定的标准,不仅是对法律的尊重,也是对创新精神的鼓励,对文化发展的促进。这需要法律界、文化界以及社会各界的共同努力,通过完善法律制度、加强版权教育、提高公众意识等措施,共同构建一个尊重知识产权、鼓励创新创造的良好环境。

论 AIGC 是否具有可版权性

张　勇[*]　刘　榕[**]

AIGC(人工智能生成内容,英文全称为 AI - Generated Content),是指基于生成对抗网络(GAN)、大型预训练模型等人工智能技术的方法,通过对已有数据进行学习和模式识别,以适当的泛化能力生成的相关内容。近年来,随着人工智能(AI)技术的发展,以 AlphaGo、ChatGPT、文心一言为代表的生成式人工智能,在文学、艺术、科学等领域取得了重大突破,通过训练模型和学习大量数据,AIGC 可以根据输入的条件或指令,生成与之相关的内容,甚至完成"智能洗稿",将搜索的内容通过同义词替换等形式,采用不同的文字组合、遣词造句表达相同的观点。从作品的表现形式看,其可以满足法律对分类作品的要求,如由"创意机器"(Creative Machine)自动算法生成的《天堂最近的入口》(*A Recent Entrance to Paradise*)图画,能够满足我国《著作权法实施条例》对美术作品规定的"以线条、色彩或者其他方式构成的有审美意义的平面或者立体的造型艺术设计"的要件。基于此,本文拟围绕形式上已符合作品表达方式的人工智能生成内容,讨论其是否具备可版权性。依

---

* 张勇:北京大成(深圳)律师事务所律师,深圳市律师协会第十一届著作权法律专业委员会主任,广东省律师协会第十二届著作权法律专业委员会副主任,中国(深圳)知保中心海外维权专家库优秀专家、深圳市知识产权局专家库专家。

** 刘榕:北京大成(深圳)律师事务所律师,深圳市律师协会第十一届著作权法律专业委员会干事、软件与信息服务产业法律服务团团员。华东政法大学知识产权法学硕士,专注知识产权法律服务。

据《著作权法实施条例》对于作品和创作活动的定义,本文围绕以下两个问题展开:其一,人工智能生成的内容是否包含作者个性化表达;其二,人工智能是否能够成为创作活动的主体。

一、依据既定规则、算法、模板产生的内容不具备独创性

根据我国《著作权法实施条例》第 2 条"著作权法所称作品,是指文学、艺术和科学领域内具有独创性并能以某种有形形式复制的智力成果"的规定,独创性是构成作品必不可少的要件。其中,"独"是指"独立创作、源于本人",可以表现为两种情形:其一,从无到有进行独立创作;其二,对已有作品进行再创作。而"创"是指作品必须是智力创作成果,不要求达到艺术创作的高度,但是应当给予作者智力创作的空间,体现作者个性化的表达。[1] 现阶段,虽然就"人工智能生产内容"这一单一过程来看,其仅涉及某种算法、规则和模板的直接应用,其中没有作者个性化表达的介入;但人工智能算法、规则和模板的开发与确定是有个性化表达参与的。以上文提及的 *A Recent Entrance to Paradise* 图画的生成路径为例,泰勒(Steven Thaler)开发了嵌有人工智能技术、能够产生创造性输出的计算机系统"Creative Machine",在用户输入指令后生成了图画。计算机系统的生成包含了作者的个性化表达,例如希望生成的是什么类型的图画,输入的元素内容有哪些,提供了哪些数据供机器进行学习,让机器在接收到哪些指令后可以生成何种类型的产物……这些都是作者投射了个人编排与选择的内容,但是机器所带有的算法、规则、模板一旦形成,无论是谁输入了相同的指令,所生成的表达内容都是有限的。这就好像,摄影师让拍摄对象在镜头前摆好姿势,选择和安排照片中的服饰、窗帘和其他各种配件,安排拍摄对象呈现出优美的轮廓,处理好光线及阴影后,调整好照相机的位置,那么不管是谁摁下了开关,都可以拍摄出表达形式较为相似的照片。因此,算法、规则和模板是否为智

---

〔1〕 参见王迁:《知识产权法教程》(第 6 版),中国人民大学出版社 2019 年版,第 24 ~41 页。

力成果，与应用算法、规则和模板的过程是否属于智力创作，产生的结果能否构成作品并无必然联系。如果将它们应用于原始材料之后，只要方法正确，无论由何人实施，获得的结果具有唯一性，就排除了实施者发挥聪明才智的可能性，导致相应的结果无法具有个性化的特征，从而不符合独创性的要求。[1]

二、由人工智能辅助生成的内容或具备独创性

世界知识产权组织发布的《经修订的关于知识产权政策和人工智能问题的议题文件》明确指出："'人工智能生成的'与'人工智能自主创造的'是可以互替使用的术语，系指在没有人类干预的情况下由人工智能生成产出。在这种情况下，人工智能可以在运行期间改变其行为，以应对意料之外的信息或事件。要与'人工智能辅助完成的'产出加以区分，后者需要大量人类干预和/或引导"[2]。如前文所述，"人工智能生成的"因仅为算法、规则和模板直接生成的结果，不符合独创性的要求；"人工智能辅助完成的"相当于人类将人工智能用作工具创作作品，在能够呈现作者创作空间且满足其他要件的情况下可以再认定为作品，受到法律的保护。在判断时依旧要从产生路径入手。

关于 AIGC 是否具有独创性，在司法实务中存在不同理解。以我国产生的一起涉及人工智能生成内容的著作权侵权诉讼案[3]为例，腾讯公司认为他人擅自传播其人工智能写作软件 Dreamwriter 生成的新闻报道，侵犯了其著作权。在该案中，法院将涉案文章的独创性认定与涉案文章的生成过程是否体现了作者的个性化选择、判断及技巧等因素拆分开来认定。首先，法

---

〔1〕 参见王迁：《论人工智能生成的内容在著作权法中的定性》，载《法律科学（西北政法大学学报）》2017 年第 5 期。

〔2〕 王迁：《王迁：ChatGPT 生成物与"猕猴自拍"无异，不应受著作权法保护|争鸣》，载微信公众号"探索与争鸣杂志"2023 年 8 月 4 日，https://mp.weixin.qq.com/s/8hShUOaTHn5-TedaUyMdXA。

〔3〕 参见广东省深圳市南山区人民法院民事判决书，(2019)粤 0305 民初 14010 号。

院认定涉案文章具备了独创性，原因在于腾讯主创团队人员运用 Dreamwriter 软件生成的内容，在外在表现上符合文字作品的形式要求，表现的内容体现出对当天上午相关股市信息、数据的选择、分析、判断，文章结构合理、表达逻辑清晰。其次，在认定涉案文章生成过程是否体现了作者的个性化选择、判断及技巧等因素时，法院认为涉案文章是“人工智能辅助完成的”，“涉案文章的生成过程主要经历数据服务、触发和写作、智能校验和智能分发四个环节。在上述环节中，数据类型的输入与数据格式的处理、触发条件的设定、文章框架模板的选择和语料的设定、智能校验算法模型的训练等均由主创团队相关人员选择与安排。……原告主创团队相关人员的上述选择与安排符合著作权法关于创作的要求，应当将其纳入涉案文章的创作过程。……本院认定涉案文章属于我国《著作权法》所保护的文字作品”。

法院在论述时提及：“如果仅将 Dreamwriter 软件自动运行的过程视为创作过程，这在某种意义上是将计算机软件视为创作的主体，这与客观情况不符，也有失公允。”而为了论证法院在判决书第一部分认定的涉案文章具备的独创性，法院进一步地认为，“在数据输入、触发条件设定、模板和语料风格的取舍上的安排与选择属于与涉案文章的特定表现形式之间具有直接联系的智力活动……该文章的表现形式是由原告主创团队相关人员个性化的安排与选择所决定的，其表现形式并非唯一，具有一定的独创性”。

由前文可以看出，仅从内容生成过程看，Dreamwriter 软件自动生成涉案文章的两分钟就是“创作过程”，没有人的参与，仅仅是计算机软件运行既定的规则、算法和模板的结果。该判决只是为了不将“计算机软件视为‘创作’的主体”，而将创作主体的范围扩大，将人类智力活动的过程也纳入其中。该判决实则混淆了两个问题：一是谁研发了人工智能的算法、规则和模板；二是谁生成了构成涉案新闻报道的文字组合、遣词造句。显然，对第一个问题的回答应当是“腾讯公司的主创团队”，但这并不意味着对第二个问题也应当做出相同的回答。

回到本文观点，涉案文章的生成仅仅是计算机软件运行的结果，这一过程并没有体现作者的智力创造与选择，不存在个性化表达的空间，该结果不具有独创性，该过程也不应当认定为《著作权法》意义上的"创作"行为。因此，应当从人工智能生成结果的产生路径认定实际情况，区分"人工智能生成的"与"人工智能辅助完成的"，不应当因果倒置，为了论证出符合"作品"的构成要件，就将实则仅由"人工智能生成的"结果认定为"人工智能辅助完成的"。

当然，若作品是"人工智能辅助完成的"，则作者可以主张受到著作权法的保护。美国艺术家克里斯蒂娜·卡什塔诺娃（Kristina Kashtanova）最初为漫画《黎明的扎里亚》（*Zarya of the Dawn*）在美国申请版权登记时，并没有区分人工智能生成的部分和艺术家创作的部分，该书在美国获得了版权登记。后来，美国版权局通过艺术家网络发帖发现作者创作时使用 Midjourney 软件生成了已登记作品中的部分内容，随后以该作品缺少人类作者为由拒绝注册，原因是版权法仅保护"人类作者身份的作品"。在作者申请复议后，美国版权局在 2023 年 2 月 21 日发布新的决定，准许 *Zarya of the Dawn* 的整体登记，但同时明确排除人工智能生成部分的可版权性，新的注册范围修改为"作者创作的内容和对人工智能生成的作品的选择、协调和安排"[1]。

三、非自然人或法人创作的作品不能认定为作品的主体

我国《著作权法》第 2 条第 1 款、第 2 款、第 3 款将享有著作权的主体限定为"中国公民、法人或者非法人组织"和符合条件的"外国人、无国籍人"，印证了《著作权法》的立法目的，即文学、艺术作品等由信息构成的成果之所以能够成为法律上的财产，是出于特定公共利益的需要。我国《著作权法》第 1 条开宗明义地明晰了这种公共政策——"为保护文学、艺术和科学作品作者的著作权，以及与著作权有关的权益，鼓励有益于社会主义精神文明、物质文明建设的作品的创作和传播，促进社会主义文化和科学事业的发展与繁荣，根据宪法制定本法"。可见，只有人的行为才可能为著作权法所鼓

〔1〕 United States Copyright Office, *Re*: *Zarya of the Dawn* (*Registration VAu001480196*), Copyright.gov (Feb. 21, 2023), https://www.copyright.gov/docs/zarya-of-the-dawn.pdf.

励。如前文所述,现有的人工智能生成内容的方式还停留在对某种算法、规则和模板的直接应用,不具备独创性;假设人工智能技术真的突破了这一限制,能够在纳入创作者个性化的表达后生成“作品”,根据现有法律的规定,依旧无法将人工智能软件认定为作者。

以猕猴自拍案〔1〕为例,动物当然具备一定的智力,其通过观察游客行为学会了按下照相机的快门拍照,甚至学会了在镜头前龇牙微笑的动作,在其中呈现了其个性化的表达,但正因为猕猴不属于“人”,不具备版权法保护的基础,故不能据此将猕猴认定为“作者”,人工智能软件也是一样的。在菲林律师事务所与百度公司著作权权属、侵权纠纷二审〔2〕案中,法院认为菲林律师事务所利用“威科先行库”软件自动生成的分析报告虽然具有一定的独创性,但由于其并非由自然人或法人创作完成,故不能认定为《著作权法》意义上的作品。在该案中,法院强调了自然人的创作行为对作品的决定作用,排除了非自然人创作作品的可能性。

国内外对于人工智能生成内容的实践案例表明,著作权法保护的作品必须是人类创作完成的智力创造成果,这既是从立法目的出发的结果,也是为了更好地保障权利主体对权利义务的承担,因为只有法律认可的自然人或法人主体才能行使权利、承担义务,也即非人类智力创造成果不具备版权保护的合理性和必要性。

四、结语

随着时代和技术的发展,或许不仅是人工智能生成内容,还有更多新类型的创作成果将会出现。《著作权法》的保护路径并非保护新技术生成内容的唯一方式,但如果要考虑这些内容的可版权性,应当立足于现存法律规定的要件进行判断,即只有在文学、艺术和科学领域内,具备独创性,并能够以某种有形形式复制的人类智力成果,才具备可版权性。

---

〔1〕 See Naruto v. Slater, No. 16 - 15469 (9th Cir. 2018).

〔2〕 参见北京知识产权法院民事判决书,(2019)京73民终2030号。

从创作工具的角度论生成式人工智能作品性质

武亚萍*

人工智能(AI)生成内容的作品性质问题存在已久,相关技术的发展导致该问题在方向和深度上都发生了新的变化,目前认为生成式人工智能的内容可以作为作品受到保护的依据主要有以下几类:(1)“独创性客观说”,即否定“《著作权法》只保护人的作品”,[1]认为《著作权法》应将注意力从智力劳动和创造性上转而集中于其对象本身的价值;[2](2)“拟制作者说”,即建议将人工智能拟制为法律上的人,使其具有法律上的人格;(3)“创作工具说”,即认为所谓人工智能之作品,应认定为人类以人工智能为手段的创作,进而被视为人类的创作;(4)“激励投资说”,即认为将人工智能创作内容予以保护,可以为人工智能发展提供有利法律环境,最终推动整个社会健康发展;(5)“权利与义务统一说”,即认为人工智能有时也会与他人作品实质性相似,研发者可能需要为此承担侵权责任,但如果没有相应的著作权,就会导致权利义务的失衡。本文拟对前述五种观点中的第三种即“创作工具说”进行讨论,分析生成式人工智能创作内容的性质,多角度探讨其与现行《著

---

* 武亚萍:广东知恒律师事务所律师,兼任该所知产中心版权委秘书长,深圳市律师协会第十一届著作权法律专业委员会干事、软件与信息服务团团员。法学硕士,深耕知识产权领域,代理经办知名个人艺术家著作权、知名商标、专利、商业秘密及不正当竞争等案件百余件,经验丰富。

〔1〕 参见王迁:《再论人工智能生成的内容在著作权法中的定性》,载《政法论坛》2023 年第 4 期。

〔2〕 参见孙松:《人工智能创作内容的作品定性与制度因应》,载《科技与出版》2019 年第 4 期。

作权法》的关系问题,以期为理论和实务提供参考。

一、人工智能研究现状

以 ChatGPT 为典型代表的人工智能,已经“表现出强大的任意任务的对话理解、复杂逻辑推理、多风格长文本生成以及程序代码自动生成等能力,初步实现通用认知智能”[1]。这种人工智能“所依赖的神经卷积模型相较于传统算法模型而言更加复杂,对于各种数据要素的分析也更加深入”[2]。这也就意味着,相较此前从既定数据库中机械选取信息进行呈现的“作品”,现有人工智能的“作品”已经与人类的创作的“作品”亦即著作权法意义上的作品相去无几。

有论者指出,“ChatGPT 生成的作品为代表的生成式人工智能作品就是人的智力成果。ChatGPT 与此前传统人工智能的主要区别之一,在于其经历了基于人类反馈强化学习(RLHF)的训练,在 RLHF 的训练过程中,ChatGPT 为每一个人工智能提示词(prompt)生成多个输出,标注者将这些输出从最佳到最差进行排序,从而建立一个新的标签数据集。这些新数据用于训练奖励模型,并根据该模型调整输出结果。这就使得 ChatGPT 生成的内容融入了人类的主观偏好,其理应属于人类的智力成果”[3]。这也就是说,ChatGPT 并非在“人类无涉”的状况下进行内容的生产。相反,人类需要不断地凭借主观偏好进行调试,ChatGPT 是在这种偏好输入的基础上输出结果。

在实务中,亦有判例支持前述观点。在腾讯公司与盈讯公司著作权权属、侵权纠纷、不正当竞争纠纷案[4]中,盈讯公司未经许可,在其运营网站

---

[1] 任文岱:《ChatGPT 热度不减》,载《民主与法制时报》2023 年 3 月 22 日,第 3 版。

[2] 刘艳红:《生成式人工智能的三大安全风险及法律规制——以 ChatGPT 为例》,载《东方法学》2023 年第 4 期。

[3] 丛立先、李泳霖:《生成式 AI 的作品认定与版权归属——以 ChatGPT 的作品应用场景为例》,载《山东大学学报(哲学社会科学版)》2023 年第 4 期。

[4] 参见广东省深圳市南山区人民法院民事判决书,(2019)粤 0305 民初 14010 号。

中发布了腾讯公司机器人 Dreamwriter 自动撰写的标题为《午评：沪指小幅上涨 0.11% 报 2671.93 点　通信运营、石油开采等板块领涨》的文章。在判断此文性质时，法院认定“原告主创团队在数据输入、触发条件设定、模板和语料风格的取舍上的安排与选择属于与涉案文章的特定表现形式之间具有直接联系的智力活动。从整个生成过程来看，如果仅将 Dreamwriter 软件自动生成涉案文章的这两分钟时间视为创作过程，确实没有人的参与，仅仅是计算机软件运行既定的规则、算法和模板的结果，但 Dreamwriter 软件的自动运行并非无缘无故或具有自我意识，其自动运行的方式体现了原告的选择，也是由 Dreamwriter 软件这一技术本身的特性所决定”。据此法院进一步认定“涉案文章属于我国《著作权法》所保护的文字作品。”

然而，有学者对这种观点提出不同意见，认为前述观点忽略了人类智力投入与生成内容之间的关系密切程度，一概而论地将人工智能生成的内容视为《著作权法》意义上的作品。该学者认为，《著作权法》所谓的创作，是“基于自由意志直接决定表达性要素的行为”。其间，关键的部分是“直接”。根据《著作权法实施条例》第 3 条第 1 款，创作是直接产生文学、艺术和科学作品的智力活动。“直接”意味着民事主体必须对表达性要素进行支配，若只是对理念、风格、目标和方法下达指令、进行指导、提出意见或建议则不属于这里所说的“支配”。而“人工智能的研发者或者使用者对人工智能生成的内容仅有间接影响”，其影响力可视作一名老师向学生布置作业，研发者或者使用者就是老师，人工智能就是完成作业的学生。因此，生成式人工智能所生成的内容与人类借助纸笔工具创造的作品不同，不适用《著作权法》的规定和原理。

二、人类在人工智能作品中的智力投入争论

笔者认为，就“创作工具说”的两方面观点，争议焦点主要是：在操作人工智能的过程中，命令的输入对于作品的表达性因素是否具有支配作用。换言之，操作人工智能的人类，究竟是在“设定参数”，还是“提供意见”。

一般而言,"设定参数"与"提供意见"的差别在于前一操作是否与后续成果是否存在"线性相关"的关系,也就是说,作品是否能够与特定命令建立起直接的联系,或作品能否还原成操作人工智能的指令集合。例如,美国版权局在类似案例中指出:"根据 Midjourney 生成图片的过程,并不能保证特定的指令就能生成任何特定的图片。在 Midjourney 中输入的文字指令在功能上更接近于'建议'(suggestion)而非'命令'(order),类似于雇用艺术家作画的雇主对于希望创作何种内容提出的概括性的要求。"[1]

然而,令问题更加复杂的是,虽然人工智能操作者所输入的内容本身与输出内容可能不具有"线性相关"的关系,但一般来说,利用人工智能完成创作的过程是连续性的,操作者可完全根据需要,运用语言调控人工智能的表达,只是由于人工智能技术的发展,操作者未必需要足够具体的"命令",而只需要"建议"。这就为作品定性提供了其他可能。北京互联网法院曾在判决中指出,"设计人物的呈现方式、选择提示词、安排提示词的顺序、设置相关的参数、选定哪个图片符合预期等",导致涉案图片具备"智力成果"的要件。同时,北京互联网法院亦指出"技术的发展过程,就是把人的工作逐渐外包给机器的过程","技术越发展,工具越智能,人的投入就越少"。[2]

三、人工智能作为创作工具的法律思考

笔者认为,是否能将生成式人工智能视为工具,并据此将输出内容版权化,需重点分析现阶段生成式人工智能的工作机制,并结合《著作权法》立法精神进行分析。

首先,生成式人工智能创作内容具有相当大的选择与判断空间,不同的创作内容呈现高度的随机性与自主性,亦即呈现出前文所述操作者不直接决定表达要素的情况。有学者以"基于自由意志直接决定表达性要素的行

---

〔1〕 United States Copyright Office, *Re: Zarya of the Dawn* (*Registration VAu001480196*), Copyright. gov(Feb. 21, 2023), https://www.copyright.gov/docs/zarya-of-the-dawn.pdf.

〔2〕 参见北京互联网法院民事判决书,(2023)京0491民初11279号。

为”为标准,极具启发意义。笔者认为,可以通过反证法确认“创作工具说”,为人工智能输出内容定性提供标准。也就是说,在人工智能输出的内容中,表达性要素究竟受谁支配?显然,该学者认为该要素是受人工智能的支配,故而将对人工智能的信息输入类比成“咨询”或“教师向学生布置作业”。那么接下来的问题是,人工智能以何种方式支配表达性要素?在“咨询”和“教师向学生布置作业”的类比中,支配表达性要素的是其他人类的自由意志,但人工智能显然不存在自由意志(至少现阶段的人工智能还不存在),如此一来人工智就不能成为创作主体。换言之,判断是否构成“直接决定表达要素”,关键不在于“支配的方式”,而在于智力活动的主体性。生成式人工智能的技术核心即 RLHF 方法,本质上所体现的依然是人类价值观的输出。人类基于自身偏好设置期望目标并评判算法输出结果,决定着算法模型的修正与进化方向。就这个角度而言,“创作工具说”得以成立。

从《著作权法》立法精神的角度来说,对作品保护有两种价值观导向:一种是“经济价值观”,而另一种是“人格价值观”,而无论是选择哪一种价值观,最终都是为了激励作品的创作和传播。人工智能生成一定内容形成生成物,该生成物必然具有相应的价值,具有价值就应当有权利义务归属。如果因无法确定人工智能生成物“作者”而将其放入公有领域,显然不利于人工智能的发展,也不利于巨量生成物使用传播的管理。[1] 另外,就“鼓励创新”的角度而言,也有必要对人工智能生成物予以保护。况且,人对表达要素控制的间接化是科技发展的总体趋势,利用生成式人工智能进行创作也已是现代文化工业的组成部分,甚至是重要组成部分。若将生成式人工智能输出内容排除《著作权法》保护范围之外,在不远的将来,《著作权法》恐有被架空之虞。

---

〔1〕 参见许春明、袁玉玲:《论人工智能的法律主体性——以人工智能生成物的著作权保护为视角》,载《科技与法律》2019 年第 2 期。

四、结语

人工智能作为创作工具的兴起引发了有关其输出作品版权保护的重要讨论。笔者认为,人工智能可以被视为创作工具,利用人工智能创作之作品应当受到版权保护。然而,对于人工智能生成的作品如何确立创作者身份和权利归属,以及在版权争议中如何平衡人工智能和人类创作者的权益,仍然是一个亟待解决的问题。未来法学研究需要关注在法律体系中为人工智能创作者确立法律地位的问题,并制定相应的法规来保护其权益。同时,也需要明确在人工智能生成作品的版权争议中如何平衡各方利益,以促进文化创意产业的健康发展。总体而言,人工智能生成的作品应当受到版权保护,但相关法律体系需要进一步完善以适应这一新兴领域的发展。

生成式人工智能数据部分的著作权侵权风险及立法建议

成唐静之*

人工智能具有强大的机器学习、知识分析和知识输出能力。各种以人工智能为技术支持的生成式人工智能服务亦如雨后春笋般层出不穷。生成式人工智能技术是指具有文本、图片、音频、视频等内容生成能力的模型及相关技术。〔1〕生成式人工智能本质上属于一种深度合成技术,是指利用深度学习、虚拟现实等生成合成类算法制作文本、图像、音频、视频、虚拟场景等网络信息的技术。〔2〕

然而,生成式人工智能基于其技术基础和产品模式,很可能触及知识产权保护的领域,故分析其潜在风险并提出防范意见具有实践意义。本文拟分析生成式人工智能在数据输入和内容输出阶段中侵犯他人著作权的风险,并提出相应的建议。

* 成唐静之:北京市炜衡(深圳)律师事务所律师,深圳市律师协会第十一届著作权法律专业委员会委员,深圳市坪山区坪衡商事调解院调解员。擅长知识产权诉讼、民商事争议解决及企业法律顾问服务。

〔1〕 参见《生成式人工智能服务管理暂行办法》第22条第1项。

〔2〕 参见《互联网信息服务深度合成管理规定》第23条。

一、数据输入阶段的著作权侵权风险及立法建议

（一）数据输入阶段的著作权侵权风险

生成式人工智能虽然可以在极短的时间内识别、抓取、处理海量数据，但所涉数据是否受《著作权法》保护，是否属于国家核心重要或不宜被学习使用的数据则不在其识别范围之内。就著作权领域而言，生成式人工智能在机器学习阶段极有可能大规模利用他人享有著作权的作品。如果使用的作品属于公有领域或者是获得授权的内容，自然不构成著作权侵权。主要的著作权侵权风险源于对未授权作品的利用。

但是，现行制度并未给予生成式人工智能大规模利用著作权作品学习的明确权限。一方面，生成式人工智能的此种利用并未规定在《著作权法》第 24 条的合理使用条款之中。是否可以适用该法第 24 条第 1 款第 13 项“法律、行政法规规定的其他情况”，也存在较大争议。另一方面，生成式人工智能无力寻找每一著作权作品的权利人，亦无力寻求作品权利人的授权。对开发者而言，成本过高的授权许可和法定许可制度可能会阻碍生成式人工智能的发展。

生成式人工智能在数据输入阶段利用著作权作品的方式主要是对著作权作品内容的输入和机器学习。内容的输入是对著作权作品进行数字化格式转换、建立数据库；机器学习是一种从大数据训练集中自动分析重要的模式与趋势，并利用该规律对未知数据训练集进行处理的过程。[1] 生成式人工智能对著作权作品的进行内容输入和机器学习，其中合理使用的部分，是现阶段人工智能产业发展所必需的，这一输入和学习也符合我国国家和地方的政策法规导向。引入“转换性使用”这一侵权豁免考量或许有一定的意义。

---

〔1〕 参见王文敏：《人工智能对著作权限制与例外规则的挑战与应对》，载《法律适用》2022 年第 11 期。

（二）应对数据输入阶段的“转换性使用”进行侵权豁免

从技术的角度，生成式人工智能在输入阶段的数字化复制行为并不属于简单复制，而是涵盖多重目标，不能被“一刀切”地认定为复制权侵权，若符合“转换性使用”标准则可豁免对应的侵权责任；若是对事实信息进行利用，则是“转换性使用”。

例如，美国的“合理使用”要求考虑使用的目的、原作品的创作目的、实质性使用的数量和实质、此类使用对潜在市场的影响。在美国司法实践中，是否构成“转换性使用”的关键在于使用目的是否与原作品的创作目的一致：当目的不一致时，可被认定为合理使用。[1] 与此同时，日本在其《著作权法》中规定了“若对作品的利用并非为了自己或他人享受作品所表达的思想或情感时，在使用的必要范围内，可以以任何方式利用作品……2. 用于信息分析的情形……”

笔者认为，生成式人工智能的技术本身是没有国界的，而且世界主要国家均是《保护文学和艺术作品伯尔尼公约》的成员国，知识产权法律的本质是趋同的，是趋向于促进本国文化发展的。其他国家的有益制度也可以为我国所用。生成式人工智能对著作权作品采用了大规模的复制、存储，然而此类行为并没有威胁到著作权人对“潜在市场”的利益。在判定生成式人工智能使用著作权作品这一问题上，可以考虑其使用的目的和性质。

（三）应将“文本与数据挖掘”纳入合理使用情形

《著作权法》虽然规定了作者的“专有权利”，但实际上，其根本目的是促进“有益于社会主义精神文明、物质文明建设的作品的创作和传播，促进社会主义文化和科学事业的发展与繁荣”。

我国制定的《生成式人工智能服务管理暂行办法》对生成式人工智能服

---

〔1〕 参见王文敏：《人工智能对著作权限制与例外规则的挑战与应对》，载《法律适用》2022 年第 11 期。

务提供者提出了著作权合规的要求，但并未明确此类行为是否符合《著作权法》第 24 条的合理使用情形。[1] 因此，有关部门可以对之明确，正面回应人工智能的作品利用问题，进一步促进生成式人工智能的发展。国家亦可以通过相关立法增加一种"合理使用"的法定情形。

二、输出阶段的"产品"著作权侵权风险及其防范

（一）输出阶段的"产品"著作权侵权风险

生成式人工智能经过使用人键入关键词后输出的"产品"，很多时候具备《著作权法》保护作品的表现形式。虽然在创作主体是机器还是关键词输入者，"产品"是否属于"作品"上存在较大的争议。但是，由于使用者行为的不可预测和控制，创作的人工智能的"产品"存在极大的侵权可能。[2]

单就著作权侵权争议方面，生成式人工智能输出的"产品"很可能与著作权"作品"存在较大程度的相似性，可能删除了原著的作者署名权，可能丑化、污名化原著，甚至将输出的"产品"进行作品登记。这均是不被《著作权法》接受的侵权行为。另外，当生成式人工智能可以满足内容转换要求时可构成"转换性使用"，由此被认定为合理使用。因此输出的差异内容并不会侵害著作权。但为避免侵权豁免的泛滥，应严格把握内容转换的认定标准，即输出阶段的生成内容应当增加新内涵，特别是应加入独创性的表述或意义，否则将因被认定为简单的"表达性使用"而被判定为著作权侵权，并受相应规制。

---

〔1〕《生成式人工智能服务管理暂行办法》第 7 条规定："……依法开展预训练、优化训练等训练数据处理活动，遵守以下规定：（一）使用具有合法来源的数据和基础模型；（二）涉及知识产权的，不得侵害他人依法享有的知识产权……"

〔2〕参见陈奕帆等：《知名女星 AI 不雅照疯传，惊动白宫》，载微信公众号"南方都市报"2024 年 2 月 2 日，https://mp.weixin.qq.com/s/AtyhxuMXE194EkMdW4BOuQ。

(二)人工智能生成内容服务的提供者应增加技术手段,防范侵权风险

从技术角度上看,目前生成式人工智能能够通过算法防止受《著作权法》保护的"作品"被重现给用户;[1]如果用户要求生成式人工智能提供某些复制品,那么从技术角度上也可以保留或者以某种方式显示原著的作者署名。

生成式人工智能也可以通过添加服务内容标识的方法,通过统一的隐式或显示的水印标识标记出生成式人工智能生成的"产品",我国已经发布了相关的技术标准,[2]以防止使用者将输出的"产品"登记为自己的作品,也能为后续可能产生的著作权争议提供来源及相关资料。

(三)国家应加强对人工智能的分级管理

世界范围内多国及国际组织都对人工智能的发展进行了监管规定。例如,美国2023年10月通过了《安全、稳定、可信的人工智能行政令》,要求至少百亿参数量级的人工智能模型公司持续向美国联邦政府提供模型相关信息。[3] 欧盟的《人工智能法案(提案)》也提出了对人工智能系统进行分级分类监管。由此区分人工智能的开发、市场投放和在欧盟的使用设定的要求和义务。[4]

---

[1] 参见OpenAI, *OpenAI and Journalism*(Jan. 8, 2024), https://openai.com/blog/openai-and-journalis。OpenAI及其伙伴微软公司遭受《纽约时报》起诉后,发布了一篇声明,其中提到:"我们发现ChatGPT可能以一种非预期的方式复制文本后,我们关闭了这一功能。"

[2] 参见全国信息安全标准化技术委员会秘书处:《关于发布〈网络安全标准实践指南——生成式人工智能服务内容标识方法〉的通知》,载全国信息安全标准化技术委员会官网2023年8月25日,https://www.tc260.org.cn/front/postDetail.html?id=20230825190345。

[3] 参见孙建钢、李青旸:《美国新近人工智能政策对华影响要点》,载威科先行·法律信息库2024年1月24日,https://law.wkinfo.com.cn/professional-articles/detail/NjAwMDAyMjY1OTM%3D?searchId=10fe14e9c8c54919a17d484694d55696q%3D。

[4] 参见张斯佳、蒋虹:《全球首部人工智能法案:人工智能监管新纪元》,载威科先行·法律信息库2023年12月28日,https://law.wkinfo.com.cn/professional-articles/detail/NjAwMDAyMjU2NTY%3D?searchId=3f160b10388f417ba494e158c59f8f2dq%3D。

我国目前通过了《生成式人工智能服务管理暂行办法》《互联网信息服务深度合成管理规定》等部门规章，确立了“包容审慎”和“分级分类”的原则性监管原则。同时，也要求“具有舆论属性或者社会动员能力的生成式人工智能服务”按照前述规定进行备案，变更、注销备案手续。但前述部门规章均是原则性监管原则，仍需要进一步细化监管规则。

三、结语

人工智能给现代社会带来的变革不亚于工业革命。我国的人工智能为实现习近平主席在《全球人工智能治理倡议》里提出的“发展、安全、治理”三方面有序发展，除了从技术层面不断精进，也要考虑到可能存在的各种法律风险。我们要认识到，生成式人工智能涉及数据的著作权侵权风险。为此，可引入国际有益的“转换性使用”标准，考虑增加“合理性使用”的情形；要增加人工智能的技术手段，尽量减少可能产生的著作权侵权争议，并对人工智能进行分级管理，推动生成式人工智能的发展。

论 NFT 与著作权

许秋霞* 陈丽君**

在数字时代，随着区块链技术的兴起，非同质化代币（NFT）作为一种创新的数字资产形式，正在逐渐改变我们对所有权、资产交易和知识产权的理解。NFT 提供了一种独一无二的数字证书，使艺术作品、收藏品、游戏道具等虚拟产品得以在区块链上进行验证、交易和收藏。与此同时，智能合约作为 NFT 的核心技术之一，确保了交易的透明性、安全性和自动执行性，为数字资产的流通提供了新的可能性。然而，NFT 的快速发展也带来了一系列法律和伦理问题，尤其是在著作权领域。NFT 的交易并不总是伴随著作权的转让，这导致了对原创作品商业使用权的不确定性。此外，NFT 的侵权问题也引起了广泛关注，如何在保护创作者权益和促进创新之间找到平衡点，成为一个亟待解决的问题。本文将探讨 NFT 与智能合约的关系、NFT 在不同领域的应用现状，以及 NFT 对著作权许可可能带来的影响。通过分析国内外的 NFT 交易平台、著作权法律法规以及相关案例，本文将尝试为读者提供一个全面的视角，以理解 NFT 在数字时代的意义和挑战。

---

* 许秋霞：北京大成（深圳）律师事务所律师，深圳市律师协会第十一届著作权法律专业委员会委员，承办案例曾被深圳市律师协会评为年度深圳律师承办商标权十大典型案例、年度深圳律师承办著作权十大典型案例。

** 陈丽君：香港大学法学硕士（科技及知识产权法方向），曾就职于北京大成（深圳）律师事务所。

一、NFT

（一）关于 NFT 与智能合约

NFT，全称为 Non – Fungible Token，即非同质化权益凭证，是标记特定数字内容的区块链上的元数据，其唯一且不变地指向存储于网络空间某个位置的某个数字文件。[1] 作为虚拟产品所有权的电子认证，NFT 的每一次交易都会被记录，流转记录可被完整追踪，是一种可信数字权益凭证。

NFT 的交易可追踪化是通过"智能合约"实现的。智能合约是一种计算机程序，会根据协议条款自动执行、控制或记录相关事项。智能合约的出现是为了减少对可信中介的需求，降低交易成本，减少因欺诈、恶意和意外异常带来的损失。在区块链上铸造一个 NFT 时，智能合约会随之生成并存储于区块链中，智能合约会自动记录关于这个 NFT 的信息，包括发布方、数字文件地址、交易信息等。[2]

（二）关于 NFT 应用

正是由于具备唯一性、易交换且可追溯等特点，NFT 可以作为"任何内容"交易的所有权证明，为众多内容创作者带来了便捷高效、可信赖的、经济的内容交易模式。NFT 的唯一性也使它具备稀缺性，成为一种受欢迎的新型投资产品。目前，NFT 现在主要被应用在艺术作品、游戏、IP 衍生等领域。例如，2017 年 11 月在以太坊（Ethereum）推出的虚拟猫（Cryptokitties）游戏，用户可以拥有、出售、繁育虚拟猫，虚拟猫售价有的高达数百美金甚至更高，总体售价过千万美元。同年，幼虫实验室（Larva Labs）在以太坊推出的加密朋克（CryptoPunks）系列数字收藏品也引起了 NFT 购买热潮，时至今日加密

---

〔1〕 参见杭州互联网法院民事判决书，（2022）浙 0192 民初 1008 号。

〔2〕 See Rakhee Dullabh & Naledi Ramoabi, *ENSafrica: What you Need to Know about NFTs and Smart Contracts*, ENS News (Feb. 12, 2022), https://www.ensafrica.com/news/detail/5258/what – you – need – to – know – about – nfts – and – smart – co.

朋克仍然是备受追捧的 NFT 产品之一。

NFT 的交易需要通过区块链交易平台进行。艺术创作者可以将自己的作品上传到平台的区块链上，铸造成一个或多个 NFT 进行售卖。国内外的 NFT 交易平台发展各有特点。

国外比较主流的 NFT 交易平台如 OpenSea、SuperRare、Rarible 等大多是建立在以太坊上，以虚拟货币匿名交易。以太坊属于公链（public blockchain），公链对访问者不设限制，任何人都可以交易，去中心化程度比较高。

国内的 NFT 交易平台大多数属于联盟链，联盟链一般对访问者设有准入机制，稳定性、安全性更高，但去中心化程度相对低。例如，腾讯旗下的幻核建立在至信链上，蚂蚁集团旗下的鲸探建立在蚂蚁链上，迅雷旗下的非同数以则是建立在迅雷链上的。NFT 中国是国内首家建立在公链（以太链）的 NFT 交易平台。另外，国内的结算方式一般是人民币实名交易。

二、NFT 与著作权

（一）NFT 交易与著作权许可

NFT 交易是关于所有权凭证的所有权交换，所有权凭证唯一且不变地指向某个数字作品（原作品）。但 NFT 所有权交易不必然意味着原作品著作权的转让，也不必然意味着 NFT 受让方可以对原作品进行任何形式的商业性使用。

例如国外主流 NFT 交易市场 SuperRare 的《用户协议》约定：收藏者有权售卖、交换、转让、使用他们的 SuperRare 产品，但是不允许收藏者商业性使用原作品。[1] 但也有一些例外，虚拟猫就允许用户商业性使用原作品，但由此所获的年收益不得超过 10 万美元，[2] 无聊猿游艇俱乐部（Bored Ape

〔1〕 See SuperRare Terms of Service, https://www.notion.so/SuperRare-Terms-of-Service-075a82773af34aab99dde323f5aa044e.

〔2〕 See CryptoKitties, *What Can I do with My CryptoKitty?*, https://www.cryptokitties.co/blog/post/when-you-purchase-a-cryptokitty-you-get-both-the-kitty-and-its-art/.

Yacht Club)发布的无聊猿系列数字收藏品也允许 NFT 受让者对原作品进行商业性使用。[1]

国内大多数的 NFT 平台都是不支持 NFT 购买者对原作品进行商业性使用的。但如果所购产品是 NFT 中国平台的"数字许可作品","用户将获得该数字许可作品进行占有、使用、转让、处分的权利,同时取得著作权人全球范围内永久性的著作权使用许可授权,该许可为非排他性的,可转让的、不可转许可的权利"[2]。

(二)NFT 侵权规制

虽然每一个 NFT 交易平台都会要求创作者对其上传的内容作出知识产权承诺,但现实中未经许可将他人的作品铸造成 NFT 的情况是存在的。例如,2022 年 1 月,法国知名奢侈品品牌爱马仕起诉了艺术家梅森·罗斯柴尔德(Mason Rothschild),因他未经许可推出了"元宇宙铂金包"(MetaBirkins)的 NFT 系列产品。同年 2 月,著名运动品牌耐克对知名大型运动商品转卖平台 StockX 发起诉讼,因其未经许可将铸造了耐克宝库的 NFT。由于公链的开放程度和公众参与程度都比较高,以及 NFT 作为一种风险投资方式,可得利益较为可观,国外 NFT 交易平台出现此类侵权现象相对多一些。但在美国法下,一般而言,NFT 平台只要遵循"DMCA 法案"(Digital Millennium Copyright Act,《数字千年版权法案》)所规定的"通知—删除"程序就可以免责,这就是所谓的"避风港规则"。

由于国内平台对创作者的准入门槛设置得较高,一般是平台主动邀请艺术家进驻,以及 NFT 更多的是作为个人的数字藏品而不是具备投资性质的产品,NFT 交易整体而言还是比较小众,故而目前国内 NFT 侵权的情况暂

---

〔1〕 See BAYC TERMS & CONDITION, https://bayc.uk/Terms.html.

〔2〕《NFTCN 平台服务协议》,载 Bigvene 官网 2022 年 4 月 2 日,https://www.nftcn.com/pc/#/Notice_deta_user_f。

不多见。但通过国内的 NFT 第一案——“胖虎打疫苗”案[1]可以看出,国内 NFT 交易平台可能需要承担比“通知—移除”义务更高的法律责任。在该案中,杭州互联网法院认为:第一,被告作为 NFT 数字作品交易服务平台,明知可能会出现侵权情形,故应负有对原作品事前审查的义务;第二,NFT 数字作品交易属于信息网络传播权行为,源头侵权可能会动摇 NFT 商业模式的信任基础;第三,目前而言该平台需审核的作品数量不多,对原作品是具有较强的控制力的;第四,平台从 NFT 交易中直接获益,应负有较高的注意义务。基于上述四点,法院认为被告未尽到审查注意义务,存在主观过错,其行为已构成帮助侵权。故,如按照此判决,NFT 平台对于创作者上传的原作品应负有更高的知识产权审查义务,仅履行事后的“通知—删除”义务可能不足以免责。

(三)NFT 对著作权许可能带来的影响

当前大多数 NFT 交易都不包括原作品著作权商业性使用许可或者转让,虽然像无聊猿系列数字收藏品等带有著作权许可的 NFT 项目还是少数,但它们却证明了 NFT 也许会带来一种革新的著作权许可形式——去中心化的著作权许可。

现在著作权许可呈现的是以 IP 所有权为中心的中心辐射型许可模式,IP 所有者对 IP 许可的控制强,IP 所有者对许可方式、许可内容、合作形式、IP 衍生品设计等具体内容都可以有较高的把控能力。[2] 以无聊猿模式为例,可以看出,通过 NFT 进行著作权许可,因为流转十分便利,一个 NFT 可以短时间内无数次易手,故而 IP 所有者无法把控 IP 许可的链条,甚至可能会失去对 IP 许可的控制权。这种去中心化模式的利弊很明显:一方面可以基于 NFT 的唯一性,无须进行著作权登记,自动执行转让和收取版税,降低

---

〔1〕 参见杭州互联网法院民事判决书,(2022)浙 0192 民初 1008 号。

〔2〕 See Edward Lee, *The Bored Ape Business Model: Decentralized Collaboration Via Blockchain and NFTs*, SSRN (Nov. 15, 2021), https://ssrn.com/abstract=3963881.

交易成本以及提高交易效率。另一方面由于 IP 所有者对 IP 许可失去强控制,可能会出现一些负面的衍生品从而影响到 IP 本身。[1]

值得一提的是,通过 NFT 进行著作权许可也许可以鼓励更多国家加入支持虚拟艺术作品转售权的队伍。虚拟艺术家不能像文字、音乐创作者一样可以从流媒体中直接获得经济利益,虚拟艺术家希望通过他们的虚拟艺术作品的每一次转售来收取版税,目前约有 80 个国家采纳了这一提议,但是中国和美国均不在此列。[2] NFT 技术是实现虚拟艺术转售的好选择,可以轻易追溯每一笔交易并实现每一次转售自动收取版税。[3]

三、结语

NFT 作为一种新兴产品,目前多应用在数字作品交易领域,从某种程度上也促进了虚拟艺术创作的发展。而针对 NFT 作品知识产权侵权问题如何进行规制,尤其是作为显名的平台方应当承担何种责任,国内外目前采取的评判标准稍有不同。另外,NFT 的出现也是对传统以 IP 所有者为中心的著作权许可模式的一种冲击,也许会引发去中心化著作权许可的热潮。

---

[1] See Edward Lee, *The Bored Ape Business Model: Decentralized Collaboration Via Blockchain and NFTs*, SSRN (Nov. 15, 2021), https://ssrn.com/abstract=3963881.

[2] See Catherine Jewell, *The Artist's Resale Right: A Fair Deal for Visual Artists* (Jun. 28, 2017), https://www.wipo.int/wipo_magazine/en/2017/03/article_0001.html.

[3] See Edward Lee, *NFTs As Decentralized Intellectual Property*, SSRN (Feb. 1, 2022), https://ssrn.com/abstract=4023736.

科技向善与技术中立：NFT 的法律性质与知识产权合规应用

钟炜健[*]　崔　军[**]

一、从 NFT 到数字藏品，合规路漫漫

不同于 FT（Fungible Token，如比特币、以太币等虚拟货币）同质化、强金融的特征，NFT（Non – Fungible Token，非同质化通证）锚定的是非同质化的数字资产，其根本性质取决于其底层资产，并不必然等同于代币、证券等金融工具。一个字母的差异使得 NFT 在境内的监管环境下获得了完全不同于 FT 的生存空间。2021 年 6 月，支付宝在国内首发第一批 NFT 付款码皮肤"敦煌飞天"，于是 NFT 化身为"数字藏品"，开启了在境内的合规探索之路。数字藏品目前主要围绕两大场景探索着自身的定位：一个场景是强调数字藏品在版权保护、确权、衍生利用以及文化传播方面的功能，推动创作者经济，盘活各类 IP、艺术品以及馆藏文物资源；另一个场景则是从品牌升级和数字营销的角度切入，形成流量新入口，任何企业都有机会打造自己的数字形象或者同步发售实体孪生的数字藏品，打通实物与虚拟的消费场景，重构品牌与消费者之间的关系。

---

* 钟炜健：北京德恒（深圳）律师事务所知识产权律师，精通英德双语，擅长为互联网、文创、芯片、人工智能等创新领域的企业提供风险评估、合规与争议解决方案。

** 崔军：北京德恒（深圳）律师事务所知识产权律师，一级律师，浙江大学博士。执业 30 余年，长期专注于知识产权争议解决领域的前沿问题，代理案件多次入选全国典型案例和指导案例。

从"数字藏品"这一概念本身即可一窥 NFT 尝试在中国合规落地的基本逻辑。大部分数字藏品的发行方或平台皆禁止或限制数字藏品在二级市场的流通,强调数字藏品用于个人收藏与欣赏的价值,以显示数字藏品与境外 NFT 不同的业务逻辑,弱化 NFT 的金融属性,划清其与 FT 的界限,以期降低合规的风险与难度。因此 NFT 在境内更名为"数字藏品"而非"数字资产"或"数字产品"。在一级市场方面,大部分数字藏品的平台也通过白名单的机制限制数字藏品的铸造权限,并未向普通用户全面开放,同时限制数字藏品的发行数量或份额,防止数字藏品"非同质化"的特征被削弱,并且平台自身也努力遵循与满足有关资质、牌照方面的监管要求。

2021 年 4 月 13 日,中国互联网金融协会、中国银行业协会、中国证券业协会联合共同发起《关于防范 NFT 相关金融风险倡议》,明确划清了 NFT 与虚拟货币、代币融资发行(ICO)的界限,坚决遏制 NFT 金融化证券化,提出了"六条行为底线",并同时肯定了 NFT 对建设数字经济、促进文创产业发展方面的价值,鼓励 NFT 发挥推动产业数字化、数字产业化、赋能实体经济方面的正面作用。"去金融化""去币存链""建设数字经济""赋能实体经济"的合规要义,已经逐渐成为业界的共识。至此,NFT 有望彻底摆脱其诞生于 FT 中的"原罪",不再被"一刀切",有了更为健康开阔的成长环境,有了超越"仅供个人收藏欣赏",进一步探索与想象的空间。

虽然 NFT 不再一概被视为金融工具而纳入金融监管的框架,但仍旧面临其他法律领域或监管框架内的疑难与挑战,这些疑难与挑战足以阻碍 NFT 在境内进一步合规落地与健康发展。一是消费者权益保护。NFT 的消费者根本不清楚其买到的究竟是什么又有何价值的,并不在少数。部分 NFT 的交易平台或者没解释清楚,或者有关表述游走在法律的边缘,将面临欺诈甚至诈骗的法律责任。二是来自知识产权方面的挑战。目前 NFT 并没有能力验证底层资产上链前初始权利的来源,因此 NFT 助力确权的同时,也可能会作为侵权的新手段,甚至造成更为严重的盗版现象。众多 IP 资源既有的权利或授权格局可能会因为 NFT 被打破,NFT 的发行方将面临如何获得充分的授权许可、如何确保权利链条清晰的疑问而卷入“铸造权”的争夺战中;NFT 交易的平台方将面临如何注意审查侵权内容和采取合理必要措施的难题;对于购买 NFT 的消费者而言,也可能因为 NFT 内容存在权利瑕疵而不能正常持有、交易或利用 NFT。

2022 年 4 月 22 日,杭州互联网法院宣判中国 NFT 侵权第一案——奇策公司与原与宙公司侵害作品信息网络传播权纠纷案[1]。一方面,法院认可 NFT 是对其所指向的数据文件的财产权益凭证,NFT 的交易是将 NFT 指向的数据文件作为商品来交易的买卖合同,NFT 的消费者可以获得一项对于数据文件类似物权的财产权益,并充分肯定 NFT 在推动产业数字化、数字产业化方面的积极正向作用。另一方面,法院也给 NFT 盗版侵权问题敲响了警钟,为 NFT 交易平台课以了更高的审查注意义务。其中法院有关不适用“权利用尽原则”、将内容侵权的 NFT 打入“地址黑洞”的观点,势必给 NFT 的交易利用带来新的疑难。

基于上述背景与认识,本文将首先介绍 NFT 数据确权的原理,解释 NFT 何以被理解为“通往元宇宙的入场券”,说明 NFT 在推动产业数字化、数字产业化方面的积极正向作用;其次探讨 NFT 法律性质,分析 NFT 的购买者实际上购买到了什么,有关发行和交易平台如何保障消费者权益、合规表述其 NFT 产品;最后分析 NFT 铸造交易面临的知识产权问题,以期为实务中大量涉及 NFT 的 IP 授权许可交易提供参考。文章内容较长,读者可以选择阅读,希望有助于对新生事物的共同认识。

二、NFT 数据确权的原理:太阳底下无新鲜事

NFT 目前主要被理解为数据的确权工具和权益凭证,通过 NFT 也可以对其他类型的资产或权利客体进行确权。NFT 的技术原理其实并不复杂:将原始数据的哈希值上链记录在区块链中,留下指向原始数据的接口,绑定

---

[1] 参见杭州互联网法院民事判决书,(2022)浙 0192 民初 1008 号。

持有人的地址。

首先,需要区分链上数据和链下数据两部分来观察 NFT 的构成及其确权效果。对于目前绝大多数 NFT 而言,区块链上主要记录了原始数据的哈希值、时间戳、通往这个原始数据的链接(统一资源标识符,Uniform Resource Identifier,URI)和持有人的地址(公钥)。而原始数据通常需要较大的存储空间(如一部电影),难以直接存储记录在区块链中,所以一般存放在链下地址,而区块链中只会留下指向这个原始数据存储地址的接口以供调用。比如原始数据源于某个网页,区块里就只会存储这个网页的地址,通过这个地址即可调用原始数据。其次,也需要注意区分数据文件本身和数据内容或信息两个层面来评价 NFT 的确权效果。[1] 此处信息指的是具有内容含义的知识,而数据则是信息的体现形式或符号介质,例如 0 与 1 构成的符号。一方面,NFT 更多侧重于数据文件本身的确权。另一方面,得到确权的数据文件,其内容若承载其他类型的资产信息(如内容版权、个人信息、身份以及实物资产等),那么 NFT 也可能作为内容层面的权利凭证。例如,作为版权的凭证便是目前 NFT 的一大用例。这两个方面的区分相信可以帮助我们后续厘清很多问题。

"太阳底下无新鲜事",其实 NFT 涉及核心技术手段和逻辑比我们想象要悠久和普遍,无须夸大 NFT 确权的效果和革命意义。为了更好地分析 NFT 在何种意义上实现了数据确权的效果,下面将通过回顾传统无形财产(如版权、专利、商标等)的确权方式,围绕权利的三个基础问题来进行具体分析,供大家讨论批评。

(一)权利客体如何特定化

数据具有高度易篡改性的特征,不易特定,相互无法区分,是其能够成

---

〔1〕 有关从法律的角度对数据在不同层面上进行区分,进一步参见纪海龙:《数据的私法定位与保护》,载《法学研究》2018 年第 6 期;王镭:《电子数据财产利益的侵权法保护——以侵害数据完整性为视角》,载《法律科学(西北政法大学学报)》2019 年第 1 期;Herbert Zech, *Information als Schutzgegenstand*, Mohr Siebeck 130(2012)。

为权利客体的一大阻碍。专利、商标同样作为无形财产,是通过登记注册制度来解决其权利客体的特定化问题。例如技术方案作为一种思想,必须通过权利要求书的明确记载和限定才能受到专利权保护,即所谓"公开换保护"。作品若未登记备案,往往只能通过原始载体来确认其受到保护的范围。即使版权登记备案,对于类型多样的作品也难以做到作品内容全部登记。

NFT 涉及原始数据文件的哈希值上链,通过哈希校验、时间锁定和节点印证,首先就解决了数据的特定化难题。[1] 所谓哈希值,是一个长度固定、由字母和数字构成的字符串。通过哈希算法可以将任意长度的原始数据转换成唯一一个固定长度的字符串,这种字符串被广泛运用于数据传输过程中,来校验数据的完整性。一旦原始数据发生缺损或更改,其哈希值也会改变,因此哈希值被称为是数据文件的"数字指纹"(也称为"数字摘要")。但哈希值本身也可能一并与原始数据被篡改,导致无法验证原始数据究竟还是不是原来的数据。并且没有时间维度的验证,我们也不知道两份哈希值一样的原始数据究竟谁先谁后,原始数据究竟最早在哪个时间点即已存在。在区块链中,如果每个区块的数据都记录着前一个区块数据的哈希值,且加盖时间戳,并通过分布式的节点进行记录,便可以确保某区块的数据在某时间点即存在且无法篡改。那么当原始数据的哈希值记录在区块链中的某区块中,原始数据是何时上链存在的、上链后是否被篡改,就有了可信的验证方式。原始数据也得以和非原始数据或经篡改的数据区分开来,被特定化。当然链上数据更是毫无疑问地被特定化了。原始数据由于储存在链下,有被复制成多份的可能,而且上链前的状态仍然无从验证,可能上链前或上链的过程中发生了篡改,因此只是相对特定的。但链上的 NFT 本身确实无法再被复制,则可以是唯一特定的。

除特定化的难题,数据还有容易毁损丢失的问题。数据如果像脑海里

---

〔1〕 有关区块链证据的原理参见刘品新:《论区块链证据》,载《法学研究》2021 年第 6 期。

唯一的珍贵的转瞬即逝的记忆,那也难以作为权利的客体。这个问题则由去中心化加密存储技术加以解决,以实现数据的永久存储。区块链作为去中心化的账本,本身就搭载了这个技术,只要有节点存在且不遭受51%的节点攻击,那么NFT就永远存在。而对于链下数据的存储,这个技术的基本逻辑可以形象地理解成:将数据文件划分加密为10,000块饼,分派给不同的保管人,需要调用数据的时候再返还回1块完整的饼,而不是把这1块完整的饼直接交给一个保管人保管。这样的存储技术以IPFS(Inter Planetary File System,星际文件系统)和Arweave为代表。

(二)权利主体如何确定识别

传统无形财产主要依靠登记公示制度来确定权利主体,当然也包括不动产和部分特殊的动产。一方面,版权由于难以适用登记公示制度来确定权利主体,也不要求强制备案,所以,采取了署名推定的方法来解决这一问题,即谁最先在最原始的作品载体上署名,就推定谁是作品的作者。类似的做法还包括给作品例如图片打上水印,以主张作品的权属。另一方面,权利主体的识别除了涉及如何确定什么东西是源于"我的",还涉及什么东西并非源于"我",即防伪的作用。可以看到,NFT确权的背后还是延续了登记公示、署名、水印、防伪标记的传统逻辑,只不过变成了在无法篡改的去中心化账本里进行这些操作。

NFT通过在区块中写入持有人的地址(公钥),简单说来就是持有人的一个账号,来确定原始数据的归属。NFT的持有人最终通过类似账号的密码(私钥)来控制NFT的交易流转,即有权限在NFT上重新写上别人的地址。这和电子合同领域中通过数字签名来确认合同的来源身份的逻辑也是一致的。写入区块链的持有人地址同样不可篡改,区块链中能公开查询到每个NFT的持有人地址以及交易历史中的新旧持有人的地址,因此实现了权利链的可追溯性,进一步强化了权利主体的识别或防伪的能力。

然而,我们应当注意区分"数据文件的权利来源"和"数据内容的权利来源”两个问题。可以联想建筑物通过不动产登记其物权归属于物权人 A,但建筑物作为建筑作品其版权归属于作者 B。NFT 在本质上更多是数据文件层面的确权工具,而非数据内容(或信息)层面。对于 NFT 所指向的原始数据在内容层面的初始或在先权利来源,目前 NFT 无法提供任何绝对的承诺,仅能展示数据文件的流转过程。杭州互联网法院审理的 NFT 侵权第一案中擅自抢先将他人作品上链铸成 NFT 的现象并不是个例。因此 NFT 在确定数据内容的权利主体这一块,最多还是起到一种署名推定或占有推定的效果,背后的逻辑是:真正的权利人一般是最早接触到第一份内容载体的人,若无更早的相反证据推翻,推定 NFT 的第一位持有人同样系 NFT 所指向的原始数据内容的权利主体。

(三)如何实现排他性支配利用

数据要成为权利客体尤其是绝对权的客体最大障碍在于数据文件本身利用上的非排他性、非竞争性,即任何人都可以完美地无限地复制数据加以利用并且不会相互影响,导致数据难以被主体所控制与独占。知识产权的客体作为一种信息层面的内容,同样具有利用上的非排他性、非竞争性,例如人人都可以观赏一部电影而互不影响。而所谓知识产权其实是通过规范的手段为部分特殊的信息内容设置了“规范上的排他性”:虽然知识产权的权利主体事实上无法排他性地直接占有与使用知识产权的权利客体(除非控制他人思想),但可以通过法律途径禁止他人未经许可的使用与获益,即所谓“客体共享,利益排他”。知识产权可以看作对数据内容的一种排他性保护。对于数据文件本身,如邮箱、网络账号、游戏道具、电子书、软件以及大数据,无论是本地存储还是云存储的,通过技术手段限制访问获取和下载复制,已经是相当成熟的做法。尤其是单体数据例如网络账号的使用,无疑存在明显的竞争性。大多数网站服务器也有相应限制爬虫的技术,不允许爬虫随意抓取数据,以保证网站数据能被合法用户正常访问利用。因此在原先互联网的媒介环境下,数据文件早已具有了相对有限的排他性和竞争性,也早就作为交易的客体。[1] 如何打击以不正当手段爬取利用他人数据、明晰数据产权也成为当下数字社会的核心法律议题。

NFT 则试图通过技术手段令数据具有绝对的排他性和竞争性。但这个数据目前严格来说仅指链上数据,即 NFT 本身。掌握私钥的 NFT 持有人排他地占有了该 NFT,通过智能合约可以排他地交易该 NFT,并获得收益,基本实现了对一份特定的数据文件的排他性支配和利用。而对于链下的原始数据则需要具体分析,视存储、加密、访问限制等情况而定,除非将原始数据也直接写入 NFT 里。目前广泛用于存储原始数据的 IPFS,其重点是解决数据丢失毁损的问题,以期实现数据的永久储存利用,而一般未有访问上的限制。IPFS 采取了一种叫“内容寻址”的技术,即任何人只要在 IPFS 的浏览器中输入某数据文件的哈希值(这个哈希值在 NFT 上是公开的,且 NFT 也公开了访问原始数据的链接 URI),就能直接搜得该数据文件,并且可以随意下载和复制。因此目前大多数 NFT 锚定的原始数据无疑是缺乏排他性和竞争性的。这也导致了对 NFT 的广泛疑义与争议。

笔者发现,NFT 确权的方式凝聚了很多传统的逻辑和思路,很多技术手段其实原来就有,或许 NFT 确立的数据权利属于权利史上一起演变而非革命事件。

此外,NFT 的链上数据和链下数据所达到的确权效果是存在差异的。要注意区分所谓稀缺性、唯一性、不可篡改性和可追溯性是针对哪一层面的数据,是链上数据还是链下数据,是 NFT 本身还是其所锚定的原始数据。目前普遍的操作是,原始数据保存在 NFT 链下的一个地方,而 NFT 链上仅登记所有权信息,就类似于单纯记录了“谁拥有这个链接里的什么内容”。因此 NFT 的链上数据获得的是强确权的效果,具有强排他性,相比之下链下数据获得的确权效果则相对有限,但可以通过存储、加密、访问上的限制手段来进行加强与优化。

---

〔1〕 关于数据的有限排他权理论,参见崔国斌:《大数据有限排他权的基础理论》,载《法学研究》2019 年第 5 期。

我们也需要区分数据文件和数据内容两个层面来评价 NFT 的确权效果。NFT 本质上是数据文件层面的确权工具，对于数据内容层面的初始或在先权利来源并不能提供绝对的承诺。因此 NFT 在数据内容层面实现的是弱确权的效果，本质上是一种证据推定的效果，要看是否存在更早的相反证据来推翻它，但该确权效果可以通过在上链前审查初始或在先权利来源的方式或者随着上链普及率的提高等进行优化。

三、NFT 的愿景："通往元宇宙的入场券"

虽然 NFT 在确权的效果上并非完美，所谓的稀缺性和唯一性也引起了诸多误解与争议，导致了盲目炒作和泡沫。但必须承认，NFT 在数据资产化的路程上迈出了意义深远的一步，数据作为"第五要素"的产权明晰难题有了更具可操作性的解决方案。大体而言，数据资产化的传统手段包括保护数据物理载体的物权（如计算机设备）、保护数据信息内容层面的知识产权以及限制破坏市场竞争秩序的行为等间接的方式。NFT 的出现改变了这一局面，利用区块链技术直接赋予数据本身以类似物权保护的效果，极大地促进了数据的资产化。NFT 的革命性，体现在它试图把"原子世界"的"物权"体系搬到"比特世界"里。对于当下热议的元宇宙话题而言，NFT 被进一步理解为元宇宙的核心基础设施之一。不仅是元宇宙中的虚拟物体、虚拟商品、虚拟资产等虚拟客体，也包括虚拟主体或我们在元宇宙中的"数字化身"，也将通过 NFT 的形式得以确认，因此 NFT 被理解为元宇宙中物种存在的基本形式，[1]"NFT 能够让持有者带着他们的虚拟财富和虚拟身份，不再受限于任何平台，任意带到任何一个虚拟空间"[2]。

在某种程度上，NFT 的起源可以追溯到一位游戏玩家的愤怒。2010 年，

---

〔1〕"存在是 NFT 的基础，NFT 是存在的一种表达"，参见朱嘉明：《朱嘉明：数字经济和非同质时代——NFT，虚拟需求和虚拟供给》，载微信公众号"数字资产研究 CIDA"2022 年 3 月 27 日，https://mp.weixin.qq.com/s/Z-sOIiNjqOuRjxSVboiocw。

〔2〕司晓：《区块链非同质化通证（NFT）的财产法律问题探析》，载《版权理论与实务》2021 年第 7 期。

某雪公司对《魔兽世界》中的一位游戏角色“术士”的技能“生命虹吸”予以删除调整。在与某雪公司沟通要求还原技能无果后，一位叫维塔利克·布特林(VitalikButerin)的16岁少年愤怒地删除了这款大型多人在线网络游戏的客户端。从此，在这位少年玩家的心中便萌生了要从大型中心化的游戏厂商手中夺回游戏资产控制权的念头。很快在19岁那一年，他发布了以太坊区块链协议的初版白皮书，这位少年玩家也成为现在大家称呼的“V神”。2017年，一款名为迷恋猫(Crypto Kitties)的游戏基于以太坊ERC-721协议将游戏中的宠物猫铸造为NFT，使玩家在真正意义上“拥有”了游戏道具，开启了数字资产的新纪元。2021年3月，美国艺术家迈克·温科尔曼(Beeple，本名Mike Winkelman)的作品《每一天：前5000天》(*Every-days：The First 5000 Days*)的NFT在佳士得拍卖行以近7000万美元的价格成交，其后系列天价NFT不断吸引着各界注目，NFT在游戏、艺术、社交、体育、时尚等领域迎来爆发式增长，呈现“万物皆可NFT”之势态。2021年11月，Facebook改名为“Meta”，元宇宙的图景进入大众视野，NFT被进一步理解为“通往元宇宙的入场券”。

目前的主流观点认为，元宇宙是互联网的下一形态“Web 3.0”。元宇宙是融合5G通信、物联网、云计算、扩展现实、数字孪生、人工智能、区块链等技术，由无数个高沉浸、低延迟、虚实结合、相互融通的数字空间构成的数字宇宙。[1] 元宇宙与传统虚拟现实的最为核心的差别和特质是存在争议的。但在“Web 3.0”的认知范畴下，元宇宙最重要的特征并不在于虚拟现实或扩展现实，而在于用户掌握了数据的所有权并在其掌控下数据可以跨平台、跨应用进行全域流通。这样的元宇宙图景，就不再是“Web 2.0”范畴下各自封闭孤立的虚拟空间，不论这个虚拟空间有多么庞大或有多么逼真。不难理

---

〔1〕 参见管筱璞、李云舒：《深度关注|元宇宙如何改写人类社会生活》，载中央纪委国家监委网，https://www.ccdi.gov.cn/toutiaon/202112/t20211223_160087.html；腾讯新闻、复旦大学：《2021-2022元宇宙报告：化身与智造　元宇宙座标解析》，载网经社2022年1月18日，http://www.100ec.cn/detail--6606446.html。

解,元宇宙正需要 NFT 来实现其愿景。

一方面,数字原生的事物凭借 NFT 获得其在元宇宙中的真实性和稀缺性;另一方面,现实世界的事物通过数字孪生技术进入元宇宙后,也需要依靠 NFT 来映射和传递其价值。NFT 化后的资产或身份可以在不同的宇宙不同的世界观不同的应用场景进行传输,不限定在某一个游戏或者某个社交应用领域。我们知道,数据因信息不对称、难追溯验证、隐私保护、数据安全隐患、数据垄断等问题而难以安全地跨域流动和二次利用。促进数据流动的传统手段主要是大型头部企业来主导构建生态与开放平台,代价是个体与小型企业失去数据的控制权。NFT、隐私计算以及"Web 3.0"概念的出现有望改变这一局面,将数据交回到个人用户手上,把游戏道具交到玩家手上,甚至可以把品牌符号交付到消费者手上,打破数据孤岛,使数据在不同的平台、不同的应用场景进行全域流动。依靠 NFT 可编程性的特点,数据甚至可以作为元宇宙的新物种"生长演化",可能还会颠覆传统的生命概念,导致人们重新思考关乎存在、价值等一系列基本的哲学问题。[1]

著名的经济学家朱嘉明认为,说 NFT 是稀缺的,实则具有误导性。他区分了 NFT 的两种稀缺性:一是每一个具体的 NFT 产品很可能是唯一的,具有稀缺性;二是 NFT 作为一种资源,不仅不是稀缺的,而且是极大丰富的,是可以持续再生产的,是能够与民众生活结合、实现大众化的。只是 NFT 目前处于总需求远远大于总供给的早期发展阶段(国内主流平台的数字藏品的现状是一上线发售就立即被抢空),市场规模十分有限,才导致诸多炒作与泡沫。[2]

---

〔1〕 参见《朱嘉明:"元宇宙"和"后人类社会"》,载微信公众号"数字资产研究 CIDA"2021 年 6 月 20 日,https://mp.weixin.qq.com/s/Q66sfvTL1MWI3vKha4PifA。

〔2〕 参见《朱嘉明:数字经济和非同质时代——NFT,虚拟需求和虚拟供给》,载微信公众号"数字资产研究 CIDA"2022 年 3 月 27 日,https://mp.weixin.qq.com/s/Z-sOIiNjqOuRjxSVbo-i。

四、NFT 的法律性质:“显摆权”

元宇宙的全景距离我们仍旧十分遥远,NFT 仅仅只是其中的一环,且可能是最容易、门槛最低的一环。脱离硬件和算力条件来谈 NFT 交易,可能犹如“月球卖地”,但也无法阻挡一批冒险家试图抢先“跑马圈地”。有的数字藏品交易平台称,消费者购买的远非一份电子图片,而是一份“在元宇宙中的无限可能”。法律尊重勇于探索、大胆创新的企业家精神,允许适当的广告宣传,但过度“画饼”的行为将涉嫌侵害消费者权益。NFT 要在境内健康发展,必须把握好合规的叙事模式,有关 NFT 的产品功能或应用场景、交易规则、用户协议等也都应当得到合规的法律表述。当然,目前 NFT 的法律性质本身就充满争议,如何描述消费者购买 NFT 后获得的权益、保障消费者的知情权是一大挑战。不少平台的做法是在消费者购买 NFT 前干脆直接告知 NFT 存在诸多法律上的不确定性,让消费者自行承担相关风险。但是,如果一个平台并没有向消费者提供私钥,NFT 在链上无法查询甚至根本没有上链,此时还宣称消费者购买到的(尤其是高价购买到的)是 NFT,那就涉嫌欺诈甚至诈骗。按照杭州互联网法院的看法,NFT 交易属于数字商品买卖合同,那么交易平台就不能再试图把风险完全转嫁给消费者,将面临作为电商平台的一系列合规义务,也需要考虑数字商品买卖的违约救济问题。

就现阶段而言,对于“NFT 的消费者究竟购买到了什么”这一问题,笔者从消费者可能享有的请求权基础出发,区分并总结了以下几个不同层面的小问题,初步检视 NFT 可能的法律性质:

(1)NFT 持有人就 NFT 本身可以主张何种权利?

(2)NFT 持有人就 NFT 指向的原始数据文件可以主张何种权利?

(3)NFT 持有人就 NFT 指向的原始数据内容(或者其映射的实物资产)可以主张何种权利?

(4)NFT 交易属于何种法律性质的交易,交易尤其是二级交易是否合法?NFT 的消费者因 NFT 交易可以主张何种合同权利?

由于NFT本身也是一种数据文件，为了避免歧义，下文将NFT指向的数据文件称为“原始数据文件”；若称“数据文件”，则包括NFT本身及其指向的原始数据文件等一切可机器读写的代码符号；数据文件所承载或显示的信息内容称为“数据内容”，原始数据文件承载的信息内容称为“原始数据内容”；若数据内容构成受著作权法保护的独创性的作品，承载该内容的数据文件则称为“作品文件”或“作品数字件”。

（一）NFT持有人就NFT本身可以主张的权利

笔者曾经论述，NFT催生了一种数字所有权，即对数据文件本身的一种财产权益。这样的数字所有权本质上超出了既有的传统权利或权益的范畴，应属于一种新型的财产权益，基本内涵应当包括对数据文件的排他性占有、访问、控制、使用、收益与处分等，性质上与传统的物权更为接近，而与保护数据内容层的知识产权则存在较大差异，可以考虑纳入涉及直接保护数据文件层面的财产权益的《民法典》第127条的数据、网络虚拟财产的框架中。[1]

但鉴于当前NFT所锚定的原始数据文件大多是链下存储，链上仅存储原始数据文件的哈希值与时间戳，除有特定的使用场景或访问限制，这些被NFT锚定的原始数据文件皆存在被他人无限复制与分发的可能，远没有达到可排他支配的要求。尤其是通过IPFS（Inter Planetary File System，星际文件系统）方式存储，任何人都可以通过输入哈希值访问获取原始数据文件。如果每个人都能无限完美复制某数据文件，空有该数据文件的权利凭证，是没有意义的。因此不少批评意见认为，NFT的购买者所获得的其实只是一项“显摆权”。[2]

---

〔1〕 参见崔军、钟炜健：《万物皆可NFT？——初探NFT中的著作权与数字所有权|法律研究》，载微信公众号“德恒深圳”2021年5月25日，https://mp.weixin.qq.com/s/0oEqT2mNS2jP_K2ijNhKHA。

〔2〕 参见孙远钊：《孙远钊|区块链交易、非同质化代币（NFT）与知识产权》，载微信公众号“知产前言”2021年5月7日，https://mp.weixin.qq.com/s/xEfIJLoRT834VePcDdiviQ。

此种情况下,需要再次强调区分 NFT 本身作为区块链上的数据具有唯一性、不可复制、可排他支配,与其所锚定的原始数据文件可以被完美地无限复制、难以排他支配,这是两回事情。笔者认为,NFT 虽然作为一种指向原始数据文件的权益凭证或登记证书,其本身也是一种可以被排他性占有、支配、使用和交易的数据文件,完全可以作为财产权益的客体(正如纸质合同和证书显然能成立物权一样)。因此,NFT 的持有者无疑对于 NFT 本身可以主张财产权益。尤其是对链上直接存储原始数据文件的 NFT,不能再单纯将其理解为“显摆权”。有的学者甚至认为 NFT 已经实现了物权的效果,对于 NFT 上的数据完全可以成立物权。〔1〕

由于 NFT 最终通过私钥来实现持有人对 NFT 的排他性控制、支配与交易,判断有无私钥以及私钥在谁手上尤为关键。部分数字藏品 NFT 的交易平台会替 NFT 的持有人托管私钥(尤其是基于境外公链的 NFT,平台为了限制 NFT 炒作、兑换虚拟货币、洗钱而尽可能满足境内的监管要求),持有人并不直接掌控私钥,此时 NFT 的所有权人是谁就容易引起争议。

而在杭州互联网法院的 NFT 侵权第一案中,法院似乎并没有直接定义 NFT 本身的财产权益。可能考虑到 NFT 这个名称始终暗示着其作为“Token”的属性,即作为代币或证券的属性,考虑到比特币、以太坊一类的同质化代币受到的严格监管、其民事法律性质尚未止息的争议,所以杭州互联网法院在 NFT 侵权第一案中并没有直接承认 NFT 本身的财产权益,进而去尝试承认 NFT 指向的原始数据文件可以成立财产权益。

(二)NFT 持有人就 NFT 指向的原始数据文件可以主张的权利

对于 NFT 指向的原始数据文件能否成立财产权益,就 NFT 的现状而言,需要考虑原始数据文件的存储、加密、访问限制等具体情况具体分析。

杭州互联网法院在 NFT 侵权第一案判决中认为:“NFT 交易实质上是

〔1〕 参见司晓:《区块链非同质化通证(NFT)的财产法律问题探析》,载《版权理论与实务》2021 年第 7 期。

'数字商品'所有权转移……对于数字作品而言,当其复制件存储于网络空间,通过一个 NFT 唯一指向而成为一件可流通的商品时,就产生了一项受法律保护的财产权益。NFT 数字作品持有人对其所享有的权利包括排他性占有、使用、处分、收益等。NFT 交易模式本质上属于以数字化内容为交易内容的买卖关系,购买者所获得的是一项财产权益,并非对一项数字财产的使用许可,亦非对一项知识产权的转让或许可授权。"可见杭州互联网法院同样认可了数据文件本身具有的一种财产权益,该权益从内容上看很接近物权,而有别于知识产权,只是没有归入《民法典》第 127 条的框架中,笼统称为"财产权益"。

然而,杭州互联网法院赋予被 NFT 指向的原始数据文件——杭州互联网法院时而称为"数字作品的复制件"时而称为"数字作品文件"——以财产权益保护的理由却令人疑惑,并未充分论证涉案数字作品的复制件是如何获得唯一性、稀缺性、可支配性的。杭州互联网法院认为 NFT 本身是一种权益凭证,是对其所指向的原始数据文件的财产权益凭证,并认为每一个 NFT 都是独一无二的,是一串无法篡改的代码,但同时也指出 NFT 本身并未存储涉案图片文件(涉案数字作品的复制件),"NFT 不存储数字作品文件……NFT 本身不具备任何直接转变为画面的数据,不能'观赏',只是一个抽象的信息记录",涉案图片文件系存储在某平台的服务器当中,对其存储、加密和访问的情况则无进一步认定。杭州互联网法院之所以认为涉案数字作品的复制件也具备一定的独立性、特定性和可支配性,貌似是因为"通过一个 NFT 的唯一指向"和"在 NFT 交易模式下,每个数字文件均有唯一的标记,一部数字作品的每一个复制件均被一串独一无二的元数据指代,产生'唯一性'和'稀缺性'等效果"。但单纯来自 NFT 的"唯一指向"和"标记",并不足以使得原始数据文件就此获得独立性、特定性和可支配性。杭州互联网法院认为,"NFT 数字作品持有人对其所享有的权利包括排他性占有、使用、处分、收益等",试问持有人怎么去主张和实现这些权利呢?因此笔者认为,就该案法院查明的事实而言,产生财产权益的只是 NFT 本身,交易的也是

NFT 本身。若查明涉案图片文件系加密存储，未经授权或验证的一般公众无法获得和随意复制该文件，该文件即具备一定的独立性、特定性和可支配性，才有成立财产权益的可能。

此外，我们注意到，法院似乎认为 NFT 指向的原始数据文件的地位属于“复制件”，否认了数字环境下存在“数字原件”的可能。从著作权法角度来讲，所谓原件，是作品首次被固定在有形物质载体上形成的。那么作品首次被数字化形成的“数字件”，尤其是在原生性的数字创作中，是否可以被视为一种原件？区块链中的哈希值与时间戳使初始形成的数据文件的锚定与防伪成为可能，催生了“数字原件”的概念。不少艺术品的 NFT 以“数字原件”的身份，不断创下惊人的高价。NFT 的狂热爱好者甚至烧毁实体原件，欲以此确保“数字原件”的独一无二性，挑战着现实与虚拟的关系。但是，实体原件是难以被无差别地完美复制的，尤其是字画，即使是作者本人也难以创作出前后一模一样的作品，原件与复制件势必带来观赏与体验上的显著差别。而作品数字件则是可以被完美复制的，数字环境中的原件与复制件原则上（如同一存储格式、同一输出设备）并不会带来观赏与体验上的差别。并且严格来说，上传作品文件铸造 NFT，或者使作品文件成为最终屏幕上可感知的内容，技术上来讲本身也需要经过多道复制的工作，界定原件的问题是否仍有意义？但从证据法的角度来讲，“原件”一般比“复制件”具有更高的证明力，受到 NFT 指向的原始数据文件（即使缺乏可排他支配性）可供区块校验，显然比其他电子数据具有更高的证明力，甚至比打印出来盖章的纸质原件更有证明力。此时是否可以认可“数字原件”的存在呢？

进一步的疑问是，如何理解就同一原始数据文件在不同的区块链上铸造发行 NFT 这样的事情？2022 年 4 月，国内某两家数字藏品平台就发生了一次“撞车”事件：两家数字平台同时上架了法门寺博物馆名为“唐鎏金双蛾团花纹银香囊”的数字藏品。又如何理解就同一原始数据文件在同一区块链上铸造发行多份 NFT？是可以理解为一种“共有所有权”，还是破坏了原始数据文件的独立性、特定性和可支配性，尚存在争议。

（三）NFT持有人对NFT指向的数据内容（或者其映射的实物资产）可以主张的权利

大多数NFT的交易平台在向消费者告知NFT在数据文件权益上存在的法律风险和不确定性的同时，还会明确排除NFT内容层面知识产权的转让和许可，并限制NFT用于商业用途。这意味着，除个人合理使用外，不少NFT的持有人对NFT指向的数据内容并无可以主张的权利，对NFT的利用也受到严重的限制。

如前文分析，若无更早的相反证据（杭州互联网法院NFT侵权第一案中，原告是拿出了更早时期在微博发布涉案作品的证据），NFT的铸造者或首位持有人在证据法上完全可以被视为该NFT指向的内容层面的权利人，此时NFT就可以作为内容权益的凭证，可以起到一种接近署名推定的作用。[1] 这也是NFT作为版权凭证这一大用例的原因（当然前提是内容要构成具有独创性的作品）。版权人还可以通过事先的书面转让协议或者把转让条款写入智能合约，令版权伴随NFT本身的交易转让同步交易转让，使得NFT也作为后续持有人的版权凭证。值得注意的是，不少版权人还会通过智能合约设置追续权机制，使版权人或NFT的原始持有人在后续每一次交易中都能获益。相关NFT交易平台也因此有两大NFT的发行模式，一是搭载版权发行，二是单纯数字藏品的发行。

进一步地，笔者通过个人观察，发现NFT还可能涉及下列权利和应用场景：

（1）作为身份凭证，涉及身份信息、身份认证的内容，或者荣誉证书、资格证书，此时NFT的持有人可以主张数据内容上的人格权或个人信息保护；

（2）作为会员资格、俱乐部成员、品牌粉丝等类似社员权利的凭证，例如

---

〔1〕 关于NFT能否适用署名推定，存在争议，相反观点，参见白帆：《NFT与数字版权实践》，载微信公众号“知产力”2022年1月5日，https://mp.weixin.qq.com/s/MngLMeQ6m--6soHuOO9GSg。

某俱乐部、组织、社区或 DAO（Decentralized Autonomous Organization，去中心化自治组织）的成员身份的证明，此时 NFT 持有人可以主张享有社区治理、投票等一系列权益；

（3）作为 NFT 映射的实物商品的所有权凭证、防伪凭证，或者有关实物商品的兑换凭证、交易凭证，NFT 持有人可以凭借 NFT 主张对实物的物权或买卖合同上的债权；

（4）作为某种服务的兑换凭证，例如入场券、门票、VIP 会员入场资格等等，NFT 持有人此时可以主张的也是一种债权。

与此相应，相关 NFT 交易平台便有了第三大 NFT 的发行模式，即绑定实物商品或线上、线下服务的 NFT 发行模式，使 NFT 获得赋能实体经济的巨大空间。

笔者发现，由于 NFT 本质上也属于一种智能合同，NFT 原则上便可以作为不同类型和性质的合同权益凭证。甚至，考虑到 NFT 还属于一种区块链证据，对其指向的内容皆有一定的证明力，还可供 NFT 的持有人进一步主张。因此，NFT 就不仅仅只是一份（纯供炒作的）数据文件的权益凭证，根据其指向的不同数据内容，NFT 实则是多元性的权益凭证，甚至是权益束凭证，存在广泛多样的应用场景与叙事模式。尤其是 NFT 可作为实物商品和服务的兑换凭证，使 NFT 具有强大的“赋能实体”的能力。在超出数据文件权益凭证的范围和意义上，把 NFT 称为 NFR（Non – Fungible Rights，非同质化权益）似乎更为准确和全面。当然，正是因为 NFT 存在不同的应用场景，NFT 也将面临各个不同场景的法律可行性、合规性等疑难与挑战。

（四）NFT 交易的法律性质及有关合同义务

杭州互联网法院认为，NFT 交易模式本质上属于以数字化内容为交易内容的买卖关系，NFT 买卖实质是“数字商品”所有权的转移，并非对一项数字财产的使用许可，亦非对一项知识产权的转让或许可授权。可以看到，杭州互联网法院在承认数据文件本身成立所有权的基础上认为 NFT 的买卖是该所有权的买卖,以买卖合同论肯定了 NFT 交易涉及对数字商品买卖行为的合法性。抛开该案的具体案情不论,笔者想对 NFT 交易的法律性质及有关合同义务作出几点补充论述。

第一,应当注意到在 NFT 交易中,NFT 本身的所有权也发生转移,NFT 交易也涉及买卖 NFT 本身。根据杭州互联网法院查明的事实,涉案平台采用的是以太坊侧链,NFT 持有人的私钥可能由涉案平台代持,NFT 的所有权转让可能通过以太坊侧链的代币(如 Polygon 链的 MATIC)进行,涉及可以用虚拟货币计价结算的问题,可能导致 NFT 本身的所有权及其买卖的合法性没有得到法院的直接承认。

第二,NFT 交易若以数字商品的买卖合同论,还需要特别解释数字商品买卖合同的义务履行、解除、违约救济以及电子商务经营者的责任等方面的问题。NFT 本身通过写上受让人的地址完成交付,但 NFT 指向的原始数据文件,可能并不发生交付或改变占有(原始数据的统一资源标识符不变),例如,存储在 IPFS 中的原始数据文件,因此和有体物的买卖有相当大的差异。受让人可能无权要求出让人向其直接发送原始数据文件,而有权要求出让人为其提供原始数据文件的访问、获得、展示以及查询等的一个接口。出让人并未交付 NFT 或并未提供接口,数据文件有损坏,数据内容权利有瑕疵,都可能构成违约行为,受让人则有权要求退款和主张承担违约责任,这将与大多数 NFT 交易平台声明“NFT 一经售出就不支持退换”的政策产生冲突。关于 NFT 能否享受“七天无理由退换”,则并无明确的法律规定。

第三,若无额外的明确授权,数据文件的所有权交易原则上不发生数据内容层面权益的交易,这也是目前大多数 NFT 交易的实际情况,结合具体的平台规则或交易情形可能有合理使用或默示许可的空间。如前文分析,实践中不少 NFT 的交易已经完全超出单纯的数据文件所有权的交易或数字商品的买卖,可能涉及对一项知识产权的转让或许可授权(如版权转让或许可),对数字内容的使用许可(如个人信息的使用许可),实物买卖合同(NFT 兑换实物)、服务合同(NFT 兑换服务)及其债权的转让等传统实体行业的交易业务,当然也还涉及 NFT 交易过程中交易平台收取的服务费、手续费等平台提供的服务的方面。因此 NFT 交易完全有可能涉及多种不同性质、不同类型的合同,其合法性的判断以及合同义务的履行、合同解除和违约救济等问题,需要逐一具体判断,也涉及不同法律领域和监管规则的适用。比如 NFT 的首次发行,可能涉及利用信息网络提供新闻信息、音视频节目、出版以及文化产品等内容方面的服务,发行人还需要注意是否获得了有关资质许可等合规问题。

目前,主流的数字藏品交易平台为去金融化和打击炒作,严格限制了数字藏品的二级交易。消费者购买这些数字藏品获得的一般是这些数字藏品的收藏、鉴赏、学习和无偿转赠的权利,私下转售可能还会被平台永久关闭数字藏品账户转赠功能,或永久封禁其注册使用的平台账号。笔者认为,交易平台缺乏提供集中竞价、二级交易市场的资质,与消费者之间的转让交易是否合法,是两个问题。平台对于消费者之间相互转让交易行为的一概禁止和处罚,涉嫌侵害消费者的合法权益。一方面,根据《数据安全法》、地方性数据条例(如《深圳经济特区数据条例》),对合法处理数据形成的数据产品和服务,可以依法自主使用,取得收益,进行处分。另一方面,数字藏品二级交易除了数字藏品本身的二次买卖,广义上还可以是知识产权的交易、知识产权的衍生利用、对应实物商品的二手交易等。二次交易并非一概都会触碰违规炒作和非法金融的红线。因此,NFT 交易在既有法律框架内,本身就有除供"个人收藏欣赏"外进一步应用和成长的探索空间。

综上所述,NFT 的法律性质远非"显摆权"。总体而言,NFT 的法律性质可以形象地理解为一个"二层多维"的权益结构:"二层"是指数据文件层与数据内容层;"多维"是指数据文件层中的链上数据文件和链下原始数据文件两维,以及数据内容层中可能涉及的知识产权、人格权和个人信息权益、身份权、社员权、物权、债权等维度。因此 NFT 的交易也是多维复合的交易行为。在此意义上,似乎把 NFT 称为 NFR 更为准确和全面。

在 NFT 指向的数据内容层面,NFT 存在广泛不同的应用场景和用途,使

NFT具备强大的"赋能实体"的功能。对于某一特定的NFT的法律性质及其交易行为合法性的判断,需要回归不同的应用场景具体情况具体判断,不能一概理解为就是一份数据文件的交易甚至炒作。对于不少NFT交易平台而言,背后实际从事的都是传统既有业务的交易合同,不能因为借助了不一样的媒介和技术手段,就导致不一样的法律结果或面临额外的合规义务。当然正是因为存在不同的应用场景,NFT也将面临不同的合规问题与疑难。国内目前法律并没有出台直接针对NFT的监管规则,但对于NFT可能锚定的底层资产或权益及其分发流转的环境却存在细致的法律规范。这涉及既有法律规则对新技术领域业务的回应能力,以及在多大程度上需要对既有法律规则本身进行重新理解、填补漏洞甚至重构与立法。尤其是考虑到NFT涉及多维度的权益结构,法律的解释或重构将可能是全面性的,对法律人也是重大考验。

五、NFT境内合规面临的知识产权问题:铸造权的争夺战

非同质化通证(Non-Fungible Token,NFT)在境内化身为数字藏品,目前大体集中在文创版权和品牌运营两大场景中探索自身的合规路径。一方面,NFT为创作者提供了收取版税的新途径,激发了文创市场,也盘活了各类艺术品以及馆藏文物资源;另一方面,NFT为实体企业的产品提供了营销新路径和流量新入口,企业通过NFT将消费者"邀请至元宇宙"以期获得消费者对品牌更多的黏度和忠诚度,消费者通过持有品牌的NFT也可以获得正品保障、享受有关会员权益或其他增值服务。

数字藏品由此划清了与虚拟货币、代币融资发行(ICO)的界限,走上了与境外NFT迥异的发展路径,也因此首先遭遇到了一场关乎NFT"铸造权"的争夺战。2021年11月,著名导演昆汀·塔伦蒂诺将电影《低俗小说》中的7个场景片段铸造成NFT交给全球最大的NFT交易平台OpenSea拍卖,遭到该电影的制作公司米拉麦克斯电影公司的起诉。昆汀·塔伦蒂诺的律师回应称,昆汀·塔伦蒂诺曾保留了"剧本出版"的权利,因此有权铸造拍卖上

述 NFT。2022 年 2 月,耐克公司在纽约联邦法院对美国运动鞋交易平台 StockX 提起诉讼,指控其未经授权将耐克运动鞋的图片铸造成 NFT 向消费者出售。StockX 回应称,其铸造 NFT 并非单纯为了出售该 NFT 本身,而是为了与实物球鞋配对以验证其真实性并防止假冒商品,确保消费者在二级交易市场上不会买到假冒的球鞋,因此铸造 NFT 只是用来防伪,并没有侵害耐克公司的商标权。而在此之前,耐克公司曾向美国专利商标局提交了四项商标注册申请,要求保护它在"可下载虚拟商品"领域、"零售门店虚拟商品服务"领域,以及"不可下载的线上娱乐服务"领域的商标,涉及的虚拟商品包括鞋子、服装、头饰、眼镜、手袋、背包、运动器材、艺术品、玩具、配饰。[1] 可见,NFT 的发行方将面临如何获得充分的授权许可、如何确保权利链条清晰的疑问,NFT 交易的平台方将面临如何注意审查侵权内容和采取合理必要措施的难题。对于购买 NFT 的消费者而言,也可能因为 NFT 内容存在权利瑕疵而不能正常持有、交易或利用 NFT。

因此,下文将先从在先权利人的请求权基础出发,初步检视 NFT 铸造交易过程中可能发生的侵害知识产权的情形,供 NFT 有关交易主体在交易前审查权利链作参考。然后谈谈 NFT 交易的平台方如何履行审查义务和采取制止侵权的合理必要措施。

(一)NFT 铸造交易侵犯知识产权的表现形态

NFT 虽然在狭义上是数据文件的权益凭证,但整体上牵扯到链上链下数据文件和不同类型数据内容的"二层多维"权益结构。考虑到 NFT 无法绝对承诺与保障 NFT 的持有人同样系数据内容层面的权利人,目前大多数 NFT 的交易也仅仅局限于数据文件层面的权益交易,明确排除了内容层面的权益许可或转让。因此对于数据文件层面的利用行为,就难免与数据内容层面的权益保护发生激烈冲突。因此 NFT 侵犯知识产权表现在铸造、发

---

〔1〕 参见金黛茜:《Nike 申请为虚拟商品注册商标》,载微信公众号"华丽志"2021 年 11 月 4 日,https://mp.weixin.qq.com/s/pas2XnW1d3nXt2FIh51Xzg。

行、转让、持有 NFT 等有关行为过程中，涉及对 NFT 指向的数据内容的直接利用，落入了相关知识产权控制的专有权范围内，且未获得权利人的充分授权许可。但应该同样明确，若不涉及对数据内容的直接利用，NFT 铸造、发行、转让、持有等有关行为过程原则上就不会发生知识产权侵权。因此在 NFT 铸造交易过程中，需要具体区分各个行为主体实施的行为进行具体分析判断。同时也需要注意各个行为主体是否存在合作分工、提供和接受帮助等共同的行为，进一步做整体评价。

1. NFT 铸造行为侵害知识产权的表现

若铸造 NFT 时将作品文件（如文字作品、图片作品）写入 NFT 本身即直接存储在链上，则涉及将作品文件上传到区块链网络中形成永久复制件，且任何人都可以随时随地查询到该 NFT 的链上信息并观赏作品的内容，涉嫌侵害作品的信息网络传播权（侵害作品复制权的行为被吸收）。当然更多情况下是将作品文件存储在链下的位置，主要是在传统的中心化服务器和星际文件系统（Inter Planetary File System，IPFS）中，前者涉嫌侵害作品的复制权，后者则涉嫌侵害作品的信息网络传播权。NFT 侵权第一案中的被告即是将作品文件上传到某平台服务器中，杭州互联网法院认定该行为侵害作品的复制权，只是由于被告后续发行行为导致不特定公众能在其选定的时空获得作品内容，从而整体认定被告铸造发行 NFT 的行为侵害作品的信息网络传播权（侵害作品复制权的行为同样被吸收）。我们可以发现，其实只要认定作品被上传到链上或 IPFS，就可以直接认定 NFT 铸造环节即已经侵犯了作品的信息网络传播权。这一点需要提醒版权人注意，铸造 NFT 时若将作品上传到链上或 IPFS 中，可能导致版权人对于作品的信息网络传播权被架空，尤其是上传到 IPFS 中，任何人都可以根据作品文件的哈希值在 IPFS 浏览器上搜索获得作品内容甚至复制、二次传播作品文件，将导致版权人彻底失去对其作品在信息网络中的控制权。毫无疑问的是，对作品文件进行哈希运算生成数字摘要，本身并不属于复制行为。如果作品文件始终是本地存储或原本就存在网络空间中，仅仅是数字摘要上链，NFT 指向的是本地存储或原来存储的网络位置，该 NFT 的铸造过程也不涉及作品的复制行为。容易联想到，NFT 的铸造行为还可能涉及侵犯作者的发表权、署名权等人身权利，涉及改编、二创的还可能涉及侵犯改编权，此处不再展开分析。

比较有争议的是，铸造 NFT 时生成一件数字商品，例如铸造一个带有耐克品牌标识的虚拟运动鞋的 NFT，是否需要经过耐克公司的商标授权？具体又需要哪一商品类别的商标授权？未获授权是否侵害耐克公司的商标权，可否有援引描述性使用等正当使用理由的空间？与版权保护不局限于具体商品不同，商标权作为一种对商业标识符号的专用权，则要受到核定使用商品范围的限制，主要是防止相关公众对商品的来源发生混淆。那么，铸造一个耐克品牌虚拟运动鞋的 NFT，是否涉及将耐克商标使用在运动鞋一类商品上，足以误导相关公众，破坏耐克商标识别运动鞋一类商品来源的作用？与此相关疑问是，在数字孪生的过程中形成的虚拟商品为确保逼真的用户体验完整映射了对应的实物商品及其商标，是否属于对商标的描述性使用？

笔者认为，铸造数字原生的虚拟商品的 NFT 的行为本身（如无实物对应的纯虚拟的 3D 球鞋 NFT）难以侵犯实物商品的商标权。一方面，数字原生的虚拟商品可能没有对应的实物商品类别。另一方面，虚拟商品与其能够映射的实物商品二者在用途和功能上皆存在较大差距，难以构成相同或类似商品。就该虚拟商品以及 NFT 本身的来源指示，可能超出了实物商品商标的保护范围。但如果系通过该 NFT 进行相关实物商品交易或提供服务，该 NFT 实际上用于实物商品或服务的广告宣传和流量截取，或者是作为实物商品买卖、提供服务的合同凭证，就可能导致相关公众对实物商品或服务的来源产生误认，就涉嫌侵犯实物商品或服务的商标权。这也可以联系到通过域名侵害商标权的情形。

基于正品实物商品铸造成 NFT 的行为本身，例如正品销售商把正品实物的照片铸造成 NFT，也不侵害该实物商品的商标权。从这个过程可以联想到网络用户拍摄其购买到的正品商品后分享上传照片至网络空间的情形。因为这个过程并没有破坏商标识别商品来源的作用,相关公众根据该商标依旧能正确识别实物商品的来源。该图片文件或 NFT 本身的来源指示,如前所述,可能超出了实物商品商标的保护范围。对于后续利用该 NFT 来服务于实物商品的销售,则需要具体分析是否属于正当使用情况,例如正品销售商是否超出合理的范围使用商标,以及需要分析涉及侵害相关的服务商标。

而若把假冒实物商品铸造成 NFT,则毫无疑问是侵害实物商品的商标权的,铸造人不能抗辩说其并非将商标使用在实物商品上,因为此时的 NFT 实为一种对实物商品的广告宣传,商标使用在了实物商品的广告宣传上,足以导致消费者误认实物商品的来源。此时的 NFT 也作为一种侵权的证据,证明假冒商品的存在。

将他人品牌 NFT 化是否导致商标淡化或构成"攀附商誉""搭便车""其他足以引人误认为是他人商品或者与他人存在特定联系的混淆行为"的不正当竞争行为,则需要结合品牌的显著性、知名度和影响力进行具体判断了。法理上讲,商业标识的保护力度最终依赖其具体的使用力度,目前一大批知名品牌纷纷抢先布局元宇宙,其品牌在元宇宙中也理应得到延伸保护。例如耐克公司如果早在 StockX 之前就已经大量布局发行耐克球鞋 NFT,已经形成一定的影响力,相信其起诉的请求就更容易获得支持。

2. NFT 发行、转让行为侵害知识产权的表现

NFT 的铸造人往往也是首次发行人,如果铸造行为本身就已经侵权了,似乎没有必要单独评价发行转让行为。但对于后续 NFT 的二次销售流转,就有必要单独评价了。考虑版权人可能只授予铸造人有限范围内的复制权和信息网络传播权,铸造人的铸造行为虽不侵权,但后续转让的行为还是有可能侵权,也有必要单独评价。

狭义上看,NFT 的转让仅涉及写上新的持有人地址形成新的区块数据,仅仅是所有权信息的变更登记或所有权凭证本身的转移,这个过程不涉及原始数据文件本身的复制、传输等交付,没有形成新的作品复制件或产生新的作品传播源(作品文件还在链上或 IPFS 等 NFT 指向的存储位置,二次转

让也不涉及再次上传作品文件至网络空间),原则上并不侵犯作品的复制权和信息网络传播权。

需要特别解释的是作品的发行权:作品数字件所有权的转移并不符合国内目前著作权法对于作品发行行为“向不特定公众提供作品的有形物质载体”的定义。一是数据文件根据现行《著作权法》不被视为有形物质载体,存储介质如光盘、硬盘等才属于有形物质载体,因此作品数字件的所有权转移不被视为作品发行;二是只要私下把 NFT 转到某特定地址,也不构成向不特定公众的作品发行。因此杭州互联网法院认为,所谓 NFT 的“发行”严格来说无法落入作品发行权控制的范畴。存在疑问的是,作品数字件的所有权转移是否能落入刑法中侵犯著作权罪的“发行”中?笔者认为,知识产权犯罪是典型的二次性违法,刑法不能抢先于著作权法对“发行权”作扩张解释,因此作品数字件的所有权转移也不属于刑法意义上的“发行”。[1] 而根据杭州互联网法院的判决观点,NFT 发行交易之所以侵害版权,原因是在交易过程中涉及把作品内容通过交易平台展现给了不特定的公众:由于涉案 NFT 是图片 NFT,法院认为在交易平台上挂售该 NFT 时就直接呈现了图片内容,在图片被呈现的情况下,该展示行为导致公众可以在选定的时间和地点获得图片,因而侵害了该图片的信息网络传播权。由此可以推论,即使 NFT 在交易平台上公开挂售,只要其指向的作品内容未被展示,例如只留下作品(小说、音乐、电影)的简介摘要、封面或者链接,以及 NFT 非公开的转让,就不涉嫌侵害版权。容易忽略的是,不少 NFT 交易平台在发行 NFT 的同时也出售或赠送版权的实物衍生品,因此在 NFT 发行、转让行为过程中涉及向公众转让实物衍生品所有权的,也可能涉嫌侵害作品的发行权。

由于不涉及销售侵犯他人注册商标或品牌的商品,NFT 的发行转让行为本身也难谓侵犯商标权或构成不正当竞争行为。NFT 发行转让侵害商标权的表现也主要在于借助 NFT 的交易来实现实物商品或服务交易,导致相

---

[1] 参见崔军、钟炜健:《知识产权犯罪是否以民事侵权为前提?》,载微信公众号“知产力”2020 年 11 月 4 日,https://mp.weixin.qq.com/s/R7zIDcSJ-t0nYpLwIwHdRw。

关公众对实物商品或服务的来源产生混淆。如前文对 NFT 交易法律性质的分析,NFT 交易理论上可以涉及不同类型的交易合同,可以作为不同种类的实物商品买卖和服务提供的交易凭证。因此对于 NFT 交易,可能不仅是“数字商品”的交易,还需要进一步审查是否涉及其他不同性质的交易行为,这些交易行为又是否获得充分的授权,是否涉嫌侵害他人知识产权,在此不再展开论述。

3. NFT 的购买、持有或其他使用行为侵害知识产权的表现

那么,购买、持有、欣赏侵害版权的 NFT 的行为本身是否会侵害版权?版权人是否可以向持有指向侵权内容的 NFT 的持有人主张权利?笔者看到,虽然杭州互联网法院并没有直接认定持有 NFT 的行为侵害版权,但仍判令将侵权的 NFT 打入地址黑洞(所谓地址黑洞,是指私钥丢失的持有人地址,NFT 一旦被打入地址黑洞,便无人再可支配和交易)。根据相关规定,购买、持有作品复制件和欣赏作品内容的行为并不侵害著作权,例如消费者购买、持有和欣赏盗版书籍本身并不侵害著作权。但有一个例外:持有盗版软件的复制件的,视持有人的主观过错情况可能需要承担停止使用、销毁该盗版复制品和赔偿的责任。因此笔者认为,由于涉案 NFT 并非计算机软件作品,杭州互联网法院该项判决其实缺乏法律依据。如下文分析,把 NFT 本身打入地址黑洞的做法,也实现不了停止侵权的效果,已经超过了著作权保护的范围。因此,购买、持有 NFT 和欣赏 NFT 指向的作品内容的行为并不侵害著作权。

而 NFT 的持有人侵害知识产权的表现在于未经充分授权直接利用 NFT 指向的数据内容的行为。例如,大部分 NFT 的发行人或交易平台明确声明保留 NFT 指向的作品的著作权并限制其他商业用途,但不少持有人购买 NFT 后以为持有期间有权随意复制传播作品内容。当然也存在不少发行人或交易平台许可 NFT 持有人在一定范围内利用作品内容的权利。

综上所述,NFT 的愿景是赋予 NFT 持有人控制数据流通的权利,NFT 数据文件和数据内容权益的二分的局面将严重限制 NFT 持有人对数据的实际控制能力,也难以实现数据跨域流通利用的效果。但鉴于目前主流的

NFT 铸造发行都保留甚至缺乏内容层面的权益,NFT 数据文件和数据内容权益的二分将仍是常态,也是基于现行法律的判断。因此,目前大多数 NFT 的持有人应当清醒认识到自己购买到的是什么,注意审查自己究竟有无利用数据内容的权限。

(二)NFT 铸造交易是否适用权利用尽

所谓权利用尽,是指基于物权对知识产权的一种限制,前提是知识产权与其物理载体的不可分性。物权人有权占有、使用、收益和处分其所有物,即使该所有物上承载着他人的智力成果。但该对于知识产权的限制是非常有限的且特定的,一般仅限制知识产权的权利人对于承载其知识产权的实物商品二次销售的控制。

在著作权法领域,权利用尽仅指发行权的用尽,指著作权人不能阻止合法出售的作品的有形物质载体的二次出售,但对于作品的复制和公开传播,仍然需要得到版权人的许可。NFT 的铸造交易涉及作品的复制和公开传播,而不涉及发行,因此权利用尽并无适用的余地。这里需要强调两层意思,一是合法取得作品有形载体例如原画的,并无铸造交易该原画 NFT 的权利,除非得到著作权人的额外授权,不能主张权利用尽。这尤其需要引起众多作品原件持有者的注意。二是转让交易 NFT 的,由于不涉及发行作品,也不涉及形成新的作品复制件、制造新的作品传播源,原则上不会侵害版权,也无须援引权利用尽。

需要特别解释的是 NFT 的二次交易。这与早些年电子书、软件二次交易是否适用权利用尽的有关争议情况不尽相同。电子书和软件的转售过程涉及产生新的复制件或新的作品传播源,涉及作品的复制和信息网络传播,转售人往往难以主张这是作品的发行行为。有趣的是欧盟法院曾对电子书的二级交易和软件的二级交易是否适用发行权用尽作出了不同的判决。[1]

---

〔1〕 参见唐艾斯:《权利用尽原则在数字作品转售中的适用》,载微信公众号“IPRdaily”2020 年 4 月 30 日,https://mp. weixin. qq. com/s/Lu89lVeX3TU5PAoZ8e73zw。

但NFT的二次交易,如前所言,可以做到既不涉及作品复制也不涉及制造新的作品传播源,加之按既有法律不属于作品发行,已经属于著作权控制范围外的行为,于是并无适用权利用尽的必要。即使需要扩充解释发行权至包括作品数字载体的所有权转移,那么结果也只是赋予了著作权人对NFT首次发行的控制权,后续NFT的流转依然可以援引发行权权利用尽。因此,实践中许多著作权人都利用NFT设置了追续权机制,使NFT后续每一次流转,著作权人都能自动获得收益。因此笔者认为,在NFT的机制下,数据流通与著作权保护具有高度的融洽性,实际上能为著作权人带来更多的版税。

商标法领域的权利用尽和著作权法领域的权利用尽二者原理是一致的。基于正品实物商品铸造NFT的行为本身,不侵害该实物商品的商标权,无须援引权利用尽。后续利用该NFT来服务于实物商品的销售,如果属于正当使用情况,正品销售商并未超出合理的范围使用商标,也无须援引权利用尽;若NFT的使用超出了服务于正品二次转售的范畴,则需要商标权人的额外许可,那么权利用尽也无适用余地(当然在这过程中的实物商品销售本身可以援引权利用尽)。

(三)NFT交易平台的帮助侵权与审查注意义务

根据杭州互联网法院的观点,NFT交易平台若不存在与他人以分工合作等方式参与NFT的交易,交易的NFT系由平台用户提供,那么交易平台属于网络服务提供者而非网络内容提供者,基本上排除了运营交易平台的行为构成直接侵权的可能。[1] NFT交易平台是否构成帮助侵权,视其是否履行了必要范围内的审查注意义务、是否采取了有效制止侵权的合理必要

〔1〕 笔者注意到,杭州互联网法院认为,涉案NFT交易平台的运营者不属于"提供自动接入、自动传输、信息存储空间、搜索、链接、文件分享技术等网络服务的提供者"。目前大多数的NFT交易平台大体上是为NFT链上、链下数据提供一个入口或展示平台。我们知道,NFT的链上数据存储在铸造NFT的区块链上,NFT指向的原始数据文件一般存储在IPFS中,因此NFT交易平台原则上并不存储NFT的链上、链下数据,大体上提供的应该是链接(包括深度链接,可能涉及直接侵权行为了)服务。当NFT交易平台涉及存储了展示NFT有关内容的数据时,也可能涉及提供信息存储空间的服务。因此杭州互联网法院的观点可能只有个案意义,难以具有普遍性。

措施而定。当然，如果平台用户的行为根本不构成侵权，那么 NFT 交易平台也不可能成立帮助侵权。

杭州互联网法院通过分析涉案 NFT 的交易模式、技术特点、涉案平台的控制能力、营利方式进行了综合判断，对涉案交易平台课以了高度的注意义务，为境内 NFT 交易平台的合规运营与整改提供了重要参考。其中法院认为，NFT 交易平台需要建立一套有效的知识产权审查机制，对平台上交易的 NFT 的知识产权做初步的审查。尤其考虑到目前许多交易平台其实并不是以定向开放“白名单”的形式提供铸造 NFT 的入口，对铸造人是有选择和审查权限的，并非任何普通注册用户都能在平台铸造 NFT，该类交易平台显然需要承担更高的审查义务。

另外，交易平台的审查义务并非毫无边界。由于铸造交易 NFT 所需要的知识产权权限仍有一定的争议，目前不能苛求平台方对授权的充分性审查作太高的要求。例如，铸造人向平台提供一份授权书载明其有权“铸造交易 NFT”，那么平台有理由相信铸造人有充分的权限铸造作品的 NFT，即使后期著作权人认为其当时仅仅授权了复制权而铸造交易 NFT 的行为超过了复制权的范围。对交易平台的审查义务要求太高，也将会转嫁到著作权人身上，导致著作权人需要拿出更多的证明手段证明自己的版权，最终导致 NFT 越来越稀缺，难以大众化，违背了 NFT 赋能创作者经济的初衷。吊诡的是，NFT 原本就是著作权人证明自己著作权的绝佳手段。杭州互联网法院认为，交易平台除了要在“全国作品登记信息公示系统”中查询版权信息，还要审查线下有形作品以及互联网上公开发表、传播的作品。试问对于数字原生的作品，何来底稿和原件？从纯粹的技术角度来讲，链上的数据和微博上有关作品首次发表的数据，何者更有证明力？按照证据法的法理，纸质媒介的证明力是否必然高于数字媒介？数字媒介是否皆为复制件不可能取得原件地位？如何理解原告方使用区块链证据来证明原本就在区块链中的数据？笔者认为，可能随着 NFT 进一步地健康成长和得到更为广泛的应用，有关权利链审查以及证明的难题终将得到解决。

（四）NFT 侵犯知识产权的救济措施

交易平台在为 NFT 的铸造交易提供入口和展示服务的同时，尤其是不少交易平台搭载虚拟画廊、虚拟空间展示平台，自身服务器可能直接存储了内容侵权的数据，并提供给公众获取，或者涉及为侵权内容提供深度链接。此时权利人有权要求删除、屏蔽有关数据和链接，停止再为侵权内容提供入口和展示的服务。交易平台也应当注意设置有效的通知举报机制，及时作出合理必要的措施。

而 NFT 及其交易的相关数据存储在链上，无论是交易平台还是区块链各节点都无法直接删除。因此权利人请求直接删除 NFT 及其交易数据的，从技术上无法实现。杭州互联网法院开创性地通过将侵权 NFT 打入地址黑洞，以期最大限度地实现停止侵权的法律效果，也引起了巨大的争议。

主要的批评意见认为，杭州互联网法院此举于法无据。但笔者认为，虽未明确援引，杭州互联网法院此举是类推适用《著作权法》第 54 条第 5 款关于“销毁侵权复制品”的民事责任规定、第 53 条关于主管著作权的部门“没收侵权复制品”的行政处罚规定以及第 58 条关于人民法院“没收侵权复制品”的民事制裁规定。然而笔者认为，杭州互联网法院即使类推适用上述规定也值得商榷。

首先，需要明确法院通过将 NFT 打入地址黑洞，是想制止什么侵权行为？能实现的是什么权利侵害的停止？根据前文的分析，NFT 铸造交易侵害著作权的表现在于，在铸造 NFT 时将作品文件上传到网络空间形成侵权复制件的行为，以及交易 NFT 时对作品内容进行展示形成侵权传播源的行为。不管作品文件是链上存储还是链下存储，将 NFT 打入地址黑洞，都无法实现销毁侵权复制件或屏蔽侵权作品传播源的效果。尤其是作品文件存储在 IPFS 的情况，作品文件在 NFT 被打入地址黑洞后仍存在于信息网络空间中可被继续复制与传播。作品文件链下存储、完全不呈现作品内容的 NFT 也不属于“侵权复制品”。因此，将 NFT 打入地址黑洞，并不能起到制止侵权的效果,已经超出了著作权人的权利基础范围,也超出了行政处罚和民事制裁的必要。因此,著作权人并无权利要求将 NFT 本身打入地址黑洞,二审法院将如何判决值得期待。

其次,将 NFT 一概打入地址黑洞,涉嫌侵害第三人合法权益。如上所言,购买 NFT、持有 NFT 和欣赏 NFT 指向的作品内容的行为并不侵害著作权,NFT 的持有人对 NFT 本身也享有合法的财产权益。若 NFT 系第三人持有,那么将 NFT 打入地址黑洞的做法,与销毁消费者购买到的盗版书籍无异,将严重侵害消费者的合法权益。对于可以证明有合法来源的销售者,法律要求一般也是责令停止销售。

《商标法》也有类似的规定,如第 63 条第 4 款"销毁假冒注册商标的商品";第 60 条第 2 款工商行政管理部门"没收、销毁侵权商品和主要用于制造侵权商品、伪造注册商标标识的工具"。NFT 可能难以构成"假冒注册商标的商品",但有无可能属于"伪造注册商标标识的工具"?

从立法精神来看,对于侵权复制品或商品的销毁,是为了将处于侵权状态下的物品排除商业渠道。考虑到 NFT 的技术愿景与实质是服务于元宇宙中的数字商品的流通,通过将 NFT 打入地址黑洞阻止侵权数字商品的流通的做法显然具有一定的合理性。不少替用户代持私钥的交易平台也往往会在用户协议中约定,在必要的时候有权按照法律要求对用户的 NFT 进行冻结、作废、收回、提取、换链等处理。因此最终的法律风险还是转移到了 NFT 的消费者身上。

六、结语

NFT 虽然不再和 FT(Fungible Token)一样被"一刀切",有了在境内进一步合规落地与健康发展的空间,但仍旧面临金融监管外其他法律领域或监管框架内的重大疑难问题。国内目前法律并没有出台直接针对 NFT 的监管规则,对于 NFT 可能锚定的底层资产或权益及其分发流转的环境却存在细致的法律规范。这也涉及既有法律规则的回应能力,以及在多大程度上需要对既有法律规则本身进行重新理解、填补漏洞甚至重构与立法。尤其是考虑到NFT涉及多维度的权益结构，法律的解释或重构将可能是全面性的，对法律人也是重大考验。

NFT导向的元宇宙被理解为互联网的下一形态，即从“Web 2.0”向“Web 3.0”的演化。对于NFT、元宇宙的监管治理问题，从整体上可能应当首先考虑尽量纳入原有互联网监管的整体框架下。技术有变，法理有常。按理想的立法状态，法律应当是技术中立的，不因技术手段上差异而对实质相同的事物作出不同的评价。针对新技术采取打补丁式的立法，可能会导致无穷尽地制造出新的法律漏洞，徒增监管难度。不妨剥开技术外壳，回归传统的业务场景，找到监管与合规的落脚点，搭建合规的商业模式。探寻NFT的合规发展模式，首先涉及主动地、动态地探寻NFT如何做到与各个领域既有的监管规则或框架的衔接适用。在此过程中，笔者也希望法律自身体系性的特征能得到进一步的重视，尤其是法典化时代下《民法典》所奠定的完整私权体系，应摒弃重刑轻民的观念，维持法律秩序的一致性和可预期性，让合规创新的企业家可以专心创业、放心投资、安心经营。[1] 当然，最理想的法律体系也不能满足与适应所有的技术变革，新的现实与技术纠纷并不能被纳入现有的法律范畴与类别的时候，“体系思维”就要让位于“问题思维”，需要推动与完善有关立法，探寻元宇宙中的“元规则”。[2] 回顾著作权法的立法史，就是一部不断回应新的媒介技术的立法史。如何实现“代码的法律化”或“法律的代码化”可能是未来面临的核心议题。因此相关领域的企业家不仅需要“合规创新”，更需要“守正创新”。探寻NFT的合规发展模式便需要进一步把握NFT的本质规律与赋能愿景，坚守科技向善的正道。

---

〔1〕 参见王利明：《论〈民法典〉实施中的思维转化——从单行法思维到法典化思维》，载《中国社会科学》2022年第3期。

〔2〕 参见[美]格雷戈里·N.曼德尔：《回应技术变革的法律演进》，张欣译，载[英]罗杰·布朗斯沃德等主编：《牛津法律、规制和技术手册》，中国社会科学出版社2021年版，第185页。

第七章 著作权保护的实务要点与案例评析

作品独创性认定问题往往被认为著作权保护的第一道难题。相比之下，权属认定问题因为“署名推定规则”的适用，其重要性往往容易被忽略。实际上“署名推定规则”有其严格的适用条件。例如，权利归属声明、水印、商标或商号是否属于一种署名？本章节中《署名推定规则的现实意义及其在司法实践中的应用》一文首先重新审视了“署名推定规则”的适用条件。若当事人一方主张构成职务作品时，权属认定问题就变得更加棘手复杂。职务作品的认定是否要求存在劳动合同？雇佣关系下产生的作品是否属于职务作品？主要利用单位的物质技术条件构成特殊职务作品的，具体包括哪些情形？《职务作品认定的实务简析》一文即系统分析了这些有关职务作品的认定问题。

同一信息内容可能成立不同类型的知识产权，内容总要通过一定的形式加以表达，而著作权保护的就是特定信息内容的表达层面，具备良好的“兼容性”，存在与其他类型知识产权并存的可能。例如商标标识在音、形、义上能够起到区分商品来源的作用，具有显著性，也可能在色彩、线条、造型上具有一定的审美意义，同时构成美术作品或者图形作品。而著作权的保护能够突破商标权保护的类别限制,具有独创性的商标标识可能也更具备显著性。本章《建立著作权及商标权交叉保护壁垒的实操方法》一文便带领我们一览著作权与商标权交叉保护的实操方法。

所谓“过犹不及”,一方面权利人想方设法扩充自己的权利保护范围,另一方面被诉侵权一方也往往以“权利用尽”甚至提起“恶意诉讼”之反诉来对抗著作权人滥用诉权的行为。《权利用尽原则在著作权领域的适用——发行权的一次性用尽》一文从被诉一方的视角探讨了防守和反制的策略。同时,《修改权在司法实践中的具体适用范围与侵权法律后果》等文章从不同角度丰富了著作权保护的攻防视角,这些探讨为我们带来了富有参考性的意见。

署名推定规则的现实意义及其在司法实践中的应用

谢红新[*]

根据《著作权法》第3条的规定，作品是指文学、艺术和科学领域内具有独创性并能以一定形式表现的智力成果。《著作权法》第11条第1款、第2款规定，作者是指创作作品的自然人，作品的著作权属于作者，除非《著作权法》另有规定，如特殊职务作品。作品权属的判断与该作品作者身份的认定密不可分，只有准确认定作品的作者，才能判定作品的权属，确定作品真正的著作权人。实践中，一般通过署名推定、初步证明等规则认定作品的作者及著作权人。但是，如有相反证据足以推翻通过上述规则认定的作者或著作权人时，主张该作品作者或著作权的权利人对自己的主张具有进一步举证的义务。准确判定作品的权属，对于作品的繁荣发展以及维护作者的合法权益具有重要意义。

一、概念辨析

（一）署名推定规则的概念：作者和著作权人之争

《著作权法》第9条规定："著作权人包括：（一）作者；（二）其他依照本

* 谢红新：广东公佑律师事务所合伙人，深圳市律师协会第十一届著作权法律专业委员会委员。

法享有著作权的自然人、法人或者非法人组织。”第 11 条规定:“著作权属于作者,本法另有规定的除外。创作作品的自然人是作者。由法人或者非法人组织主持,代表法人或者非法人组织意志创作,并由法人或者非法人组织承担责任的作品,法人或者非法人组织视为作者。”第 12 条规定:“在作品上署名的自然人、法人或者非法人组织为作者,且该作品上存在相应权利,但有相反证明的除外。作者等著作权人可以向国家著作权主管部门认定的登记机构办理作品登记。与著作权有关的权利参照适用前两款规定。”第 12 条的规定可被称为署名推定规则,由上述法条可知,作品上署名的民事主体即为作者。

一般来说,署名推定规则主要限于表明作者和表演者的身份,其他民事主体的权利声明和标记并不是“署名”,因此不能直接适用“署名推定”。署名推定只能在两种特定情况下准用:一是其他民事主体依法律规定直接原始取得著作权或邻接权;二是在作者或表演者未与其他特定民事主体就权利归属作出约定或约定不明时,由其他特定民事主体原始取得著作权或邻接权。

但是,新修正的《著作权法》将“署名推定作者规则”调整为“署名推定权利人规则”,意味着署名推定不仅可以用于推定作者身份,也可以推定著作权人身份。通过作品上的署名可以直接确定著作权人,这有利于降低使用人的搜寻确认成本,促进著作权交易高效便捷,也有利于减轻权利人在诉讼中的举证责任。《中华人民共和国政府和美利坚合众国政府经济贸易协议》要求的三项“署名推定”意在减轻权利人在诉讼中的举证责任,提高知识产权的保护水平。其中,“作者身份推定”是基础,而“权利存在推定”和“权利归属推定”是后续结果。这意味着署名推定可以用于推定作者身份,同时在一定程度上也推定了著作权人的身份。

从上述规定可以看出,署名推定规则不仅具有推定作者身份的功能,而且还可以通过推定作者身份,进而可以推定作品的权属,即只要通过署名规则推定作者身份,可径行认定作者在该作品上存在相应权利。著作权的作者包括创作作品的自然人,但在特殊情况下,由法人或者非法人组织主持,代表法人或者非法人组织意志创作,并由法人或者非法人组织承担责任的作品,法人或者非法人组织视为作者。[1] 但是,随着著作权人与作者身份逐渐分离的趋势,署名推定规则也需适应这一变化,以确保《著作权法》的相关规定能够满足现实需求,并促进作品的编辑和出版。

(二)署名的类型及方式

署名是表明作品作者身份的一种方式,它在著作权法中具有重要的地位。署名可以以多种形式存在,并且有明确的法律规定哪些情况被视为有效的署名,哪些则不被认可。署名的类型包括:(1)显式署名:作者在作品上直接写上自己的名字或笔名;(2)隐式署名:通过作品的标题、前言、致谢等部分间接表明作者身份;(3)法定署名:根据著作权法的规定,某些作品在发布时必须署名,如出版物;(4)电子署名:在数字作品中,通过电子签名或数字水印等方式表明作者身份。

署名的方式包括:(1)手写签名:作者在作品的实体副本上亲笔签名。(2)印刷署名:在书籍、杂志等印刷品中,作者的名字通常印在封面或版权页。(3)电子签名:在数字文档中,作者可以通过电子签名软件添加签名。(4)数字水印:在图像、视频等数字媒体中,作者可以通过嵌入数字水印来署名。(5)社交媒体署名:作者在社交媒体上发布作品时,通常会在帖子中注明自己的姓名或笔名。

一般不被视为署名的情况主要有:(1)匿名发表:如果作品以匿名形式发布,且作者没有透露自己的身份,这通常不被视为有效的署名。(2)笔名:使用笔名本身并不构成有效的署名,除非作者已经通过其他方式公开了自己与笔名之间的关联。(3)模糊不清的署名:如果署名难以辨认或理解,可能不会被法律视为有效的署名。(4)未经授权的署名:如果某人未经作者许

---

〔1〕 参见田银香:《关于图书编辑服务单位作者的思考》,载《新闻研究导刊》2022 年第 6 期。

可在作品上署名,这通常不被视为有效的署名。

那么水印是否算署名呢? 通常来讲,水印本身并不自动被视为署名。水印可以是版权声明的一部分,也可以用于保护作品不被未经授权地复制或分发。然而,如果水印包含作者的名字或标识,并且能够清晰地表明作者身份,那么在某些情况下,它可能被视为一种署名形式。这取决于水印的可见性、清晰度以及它在作品中的位置等因素。

需要注意的是,不同国家和地区的版权法律可能对署名的要求和解释有所不同。因此,在讨论署名的具体问题时,最好参考当地的法律和规定。

二、署名推定规则的应用及意义

根据《著作权法》第 9 条、第 11 条、第 12 条的规定,著作权属于作者,而作者是指在作品上署名的自然人、法人或者非法人组织。因此,一般情况下,在无相反证据时,作品上署名的作者是著作权人。最高人民法院《关于审理著作权民事纠纷案件适用法律若干问题的解释》第 7 条第 2 款规定:"在作品或者制品上署名的自然人、法人或者非法人组织视为著作权、与著作权有关权益的权利人,但有相反证明的除外。"署名推定规则不仅适用于著作权的判定,也适用于与著作权相关的权利归属的判定。但是,署名推定规则仅仅是法律上的一种推定,如果有相反证据证明在作品上署名的作者并非著作权人,该署名作者应当对自己系著作权人承担进一步的举证责任。

著作权的形成和保护不以作品的发表或登记为前提,作品只要符合《著作权法》第 3 条的规定,即文学、艺术和科学领域内具有独创性并能以一定形式表现的智力成果,该作品自形成之日起作者自动取得著作权,该著作权同时受到法律的保护。由于著作权的形成过程公众无从知晓,加之作品的创作者对作者身份难以举证等问题,通过署名推定方式认定作者身份符合社会大众的一般认知,也符合著作权客体非物质性的特点,同时能够减轻著作权人在发生侵权纠纷时的举证责任,为法庭查明事实、维护著作权人合法权益、鼓励创作、加强知识产权保护起到积极作用。同时,署名推定规则具有一定的局限性，当出现相反证据足以动摇通过署名推定规则认定的著作权人时，应当通过相反证据对真正的著作权人进行实质性审查认定，相反证据规则或称反证规则，在一定程度上弥补了署名推定规则的局限与不足，对于审查认定著作权人同样具有十分重要的现实意义。由于署名权属于作者依法享有的著作人身权，根据《著作权法》第 52 条第 1 款第 3 项之规定，没有参加创作，为谋取个人名利，在他人作品上署名的，属于依法应当承担责任的侵权行为。因此，没有实质参与创作的自然人、法人或非法人组织，无论出于何种动机或目的，均不应当在他人作品上署名，现实当中出现的“挂名”现象，属于典型的侵犯作者署名权的侵权行为。

三、司法实践中对署名推定规则的应用

（一）署名的识别

通过署名推定规则确认作者及著作权人，首先就是要识别作品上的署名是《著作权法》意义上的作者署名，由于作品性质、作品类型、作品表现形式、行业惯例、公众认知等因素的不同，不同作品中的作者署名方式也不尽相同。最为常见的文字类作品，如图书，作者可通过封皮、封底、折页等较为显眼的位置进行署名；通过互联网发布的作品，作者可通过标注用户名、发表权利声明等方式进行署名；雕塑作品、建筑作品可通过能够使公众所知悉的方式进行署名，如设立作品介绍牌并标注作品名称、作品介绍、作者姓名等基本内容。

（二）署名非真实姓名时的审查判断

司法实践中，作者若在作品上署笔名、别名、网名等非真实姓名，此时，主张著作权的人应当对作品中的署名与其真实名称具有对应关系承担举证责任。对于在出版物上署非真实姓名的识别和判断相对比较简单，可通过以往出版物、出版合同、出版社出具的书面证明等材料加以证实，如果通过网络发表的作品署非真实姓名，真正的作者可通过发表作品的网站、博客、

微博客、BBS 等网络平台的登录账号、登录密码、网页中的作者介绍、权利声明等方式加以证明。

(三)署名及署名推定规则在实践中的应用

在李某某与金某某知识产权与竞争纠纷案[1]中，最高人民法院认为，在《卫生软科学》上有金某某署名的情况下，可以确认金某某为其中六篇关联论文的作者。关于金某某是否享有涉案作品《导论》著作权的问题，最高人民法院认为 2006 年版《导论》上的署名以及李某某提交的第 1 版至第 5 版《导论》的编写提纲及正文书稿上的署名均有金某某，根据《著作权法》的规定，在没有相反证据证明的情况下，可以认定金某某是涉案作品《导论》的作者之一，金某某依法对涉案作品《导论》享有著作权。李某某主张金某某仅为涉案作品《导论》的挂名作者，没有参与实际创作，不应享有涉案作品的著作权，因李某某未提交足以推翻金某某为《导论》作者之一的证据，一审、二审法院对其主张未予采信并无不当。

在玄霆公司与简帛公司、简帛图书馆侵害作品信息网络传播权纠纷案[2]中，上海市浦东新区人民法院审理认为，根据我国《著作权法》及其司法解释的相关规定，如无相反证明，在作品上署名的公民、法人或者其他组织为作者。涉案作品中署了作者的笔名，原告提交的作品转让协议、作者身份信息对作者的笔名与真实姓名做了一一对应。在两被告未提交相反证据的情况下，法院对涉案作品的作者以及原告通过授权获得涉案作品信息网络传播权及享有相应的维权权利予以认可。

在文学、艺术和科学领域，使用笔名、别名、艺名等非真实姓名的现象十分常见，作者通过非真实姓名进行署名或通过非真实姓名发表作品后，若出现侵权行为，作者只能通过其真实姓名或真实名称进行诉讼维权，此时需要由作者举证证明署名作者与真实作者之间唯一的对应关系，只有举证证明

---

[1] 参见最高人民法院民事裁定书，(2018)最高法民申 910 号。

[2] 参见上海市浦东新区人民法院民事判决书，(2020)沪 0115 民初 93927 号。

署名作者与真实作者之间具有唯一的对应关系,才能作为著作权人行使诉权等相关权利。

从上述案例可见,司法实践中署名推定规则对于认定作者及著作权人具有十分重要的意义,在没有相反证据或相反证据不足以推翻署名作者为著作权人的,可以认定署名作者为著作权人。

四、结语

作品只要符合《著作权法》的相关规定,自完成创作之日起自动取得著作权,而不以发表或登记为必要条件。准确认定作品的权利人对于维护作者或著作权人的合法权益,鼓励创作有着十分重要的意义,但正是由于著作权的产生机制,著作权权属争议在社会生活中十分常见,而署名推定规则作为判定著作权首要的初步证明规则,在著作权权属认定方面的重要性不容忽视。

实际上,署名推定规则不仅是著作权归属判断的法律基础,也是保护创作者权益、激励创新活动的重要保障。通过这一规则,法律为著作权人提供了一种相对简便的权属证明方式,使著作权的确认和保护更加高效和便捷。在司法实践中,署名推定规则的应用有助于解决著作权归属的争议,确保了著作权人能够及时有效地维护自己的合法权益。同时,这一规则也体现了法律对于创作成果的认可和尊重,为创作者提供了一个稳定和可预期的法律环境,促进了文化和科学的繁荣发展。

此外,署名推定规则还具有一定的灵活性,允许在有充分相反证据的情况下对署名的作者身份进行重新审查。这种灵活性确保了法律的公正性和准确性,避免了因错误署名而可能带来的不公正结果。在全球化和数字化的背景下,署名推定规则的应用也面临新的挑战和机遇,需要法律界、学术界和产业界共同努力,不断探索和完善,以适应不断变化的社会和技术环境。

总之,署名推定规则在著作权法中的应用,不仅体现了法律对于创作者权益的保护,也是推动社会文化进步和科技创新的重要力量。随着社会的发展和技术的进步,这一规则将继续在著作权保护领域发挥其不可替代的作用,为维护创作者的合法权益、促进作品的广泛传播和利用、推动社会整体的和谐发展做出积极贡献。

职务作品认定的实务简析

张　韵[*]　丁君影[**]　邓　琪[***]

职务作品的认定与归属问题作为著作权归属与行使的核心内容之一，对于界定权利主体，推动作品的使用、传播与解决相关纠纷具有不可或缺的重要价值。在司法实践中，基于职务作品形成过程的复杂性、权利归属的特殊性等因素，往往存在职务作品概念划分不明晰、构成要件认定有差异、创作者与单位之间的权利归属较模糊等诸多争议，既影响单位的投资利益，也消解了作者进行智力创作的动力。本文将以有关职务作品的法律规范为依据，结合司法实践中法院在职务作品认定过程中所呈现的裁量标准，对职务作品的一般构成要件进行充分地梳理与剖析，以期为后续有关职务作品认定的实务操作提供一定的参考与借鉴，更好地实现投资者保护与创作者激励之间的有效平衡，促进相关产业的健康有序发展。

一、职务作品的一般构成要件解析

我国《著作权法》第18条第1款规定：自然人为完成法人或者非法人组

---

* 张韵：广东良马律师事务所合伙人，深圳市律师协会第十一届著作权法律专业委员会副主任，广东省律师协会第十二届著作权法律专业委员会委员，深圳市版权纠纷调委会特邀调解员，华东政法大学知识产权人才高级研习班授课导师。

** 丁君影：广东良马律师事务所律师，深圳市律师协会第十一届著作权法律专业委员会委员、现代时尚产业法律服务团团员。毕业于华东政法大学，专注著作权、商标权、反不正当竞争诉讼与非诉业务。

*** 邓琪：华东政法大学硕士研究生，研究方向为知识产权。

织工作任务所创作的作品是职务作品。据此,职务作品的一般构成要件主要有二:一是创作作品的自然人必须是单位的工作人员,与单位有实质意义上的劳动或雇佣关系;二是作品必须因履行职务行为的需要而创作。实践中,职务作品的形成具有一定的复杂性和特殊性,也为职务作品的判断增加了难度。

(一)实务中对"创作者与单位之间关系"的认定

在绝大多数案件中,法院都是通过当事人提交的双方之间的劳动合同来认定双方之间存在劳动关系,从而认定其符合职务作品对于双方关系的要求。但是,即使不存在劳动合同,如果法院结合相关事实认定双方之间存在事实劳动关系,同样也会认定其符合职务作品对于双方关系的要求。例如,在神马好玩公司与青青树公司、青草公司著作权权属、侵权纠纷案[1]中,何某某在2020年12月后未再与青青树公司签订书面劳动合同,但法院结合双方在2011年3月签订的协议中关于"何某某是青青树公司的正式员工"的表述,青青树公司一直在为何某某缴纳社保、何某某系相关动画项目组人员等事实确认何某某与青青树公司在2010年12月至2013年间存在事实劳动关系,并基于此认定何某某在此期间为完成青青树公司的工作任务所创作的作品属于职务作品。

此外,职务作品中的创作者,除了既可以是单位的正式工作人员,也可以是临时招聘的工作人员、实习生或试用人员,创作者和单位之间的关系也可以是劳务关系。例如,在重庆广电公司与腾讯公司侵害作品信息网络传播权纠纷案[2]中,严某某仅是实习生,与单位也并未签署劳动合同或其他文书,但法院最终仍然认定其完成的文章属于职务作品。在正协广告公司、袁某某与九三学社普陀、东方网公司著作权权属、侵权纠纷案[3]中,袁某某

---

〔1〕 参见北京知识产权法院民事判决书,(2019)京73民终1543号。

〔2〕 参见广东省深圳市南山区人民法院民事判决书,(2020)粤0305民初26439、26441、26442号。

〔3〕 参见上海知识产权法院民事判决书,(2018)沪73民终231号。

与单位之间签订的是劳务合同，但法院仍根据相关事实认定袁某某所撰写的文章构成职务作品。

综上所述，在司法实践中，无论创作者与单位之间存在的是劳动关系还是雇佣关系，均符合职务作品对于双方之间关系的要求。

（二）实务中对“履行职务行为”的界定

依据我国《著作权法实施条例》第11条第1款的规定，“工作任务”是指公民在该法人或者该组织中应当履行的职责。原国家版权局版权管理司在《关于〈快乐大本营〉一案给××市××区人民法院的答复》（权司〔1999〕73号）中指出：“作品必须是履行单位工作任务的结果。所谓单位工作任务，指职工根据单位下达的书面或者口头指示创作与本单位工作业务范围有关的作品。也就是说，单位工作任务又可分为两部分：第一，创作的作品必须与单位的业务范围有关；第二，单位应当有明确的工作指示，至少有口头指示。”

结合上述法条与答复内容，在界定是否属于“工作任务”时，主要可以考虑如下三个因素：第一，该工作与创作者所在单位的正常业务活动直接相关，为该单位正常业务活动所需；第二，该工作由单位安排，具有单位的明确工作指示；第三，该工作属于创作者的职责范围，是创作者应当完成的本职工作。在司法实践中，如果单位没有通过相关的规章制度、劳动合同等对创作者的工作职责进行相应规定，或是没有对创作者提出较为明确的工作指示，法院通常将否认其属于“履行职务行为”。

1. 未对创作者的工作职责中包含创作活动进行明确规定

在优乐公司、乐森公司与姜某某、于某某知识产权权属、侵权纠纷案〔1〕中，姜某某在来威公司担任设计员期间，设计了“巴哥狗”和“白虎”等图案，并由该公司生产了相关动物沙包玩具进行销售。姜某某从该公司离职后成

---

〔1〕 参见山东省威海市中级人民法院民事判决书，（2020）鲁10民终1998号。

立乐森公司,并在乐森公司任法定代表人期间,将其之前设计的上述图案作品修改后交由乐森公司使用。在上述背景下,法院认定姜某某是“巴哥狗”和“白虎”美术作品的权利人。法院认为,涉案作品不属于姜某某在乐森公司工作期间的职务作品。其一,姜某某在来威公司工作期间即已创作了“巴哥狗”“白虎”图案,双方未签劳动合同,未约定著作权归属,来威公司对于涉案作品归属姜某某未持异议。其二,姜某某系乐森公司的法定代表人、总经理,乐森公司未明确规定姜某某工作岗位包含作品创作等职责,亦未与姜某某约定就创作作品的使用问题,姜某某对其作品有权决定是否交由乐森公司进入生产环节。

同样地,在笔者代理的深圳某马公司诉广州全某公司等著作权权属纠纷及不正当竞争纠纷案[1]中,法院也作出过类似的认定。在该案中,张某系深圳某马公司的法定代表人、总经理,在2016年完成了一款饼干产品的外包装设计。2017年,张某在对该款包装设计进行修改更新后,将其授权给一家广州全某公司。在授权停止后,该广州全某公司仍在使用,故深圳某马公司提起了对应的维权诉讼。在该案中,因张某并非设计岗位且与深圳某马公司并未对其具体工作职责中是否包含产品包装设计进行约定。因此,法院结合当事人提交的设计底稿、授权文书等证据,并未认定涉案包装设计属于职务作品,而是直接认定张某系包装设计的作者以及权利人,并认为深圳某马公司仅系基于张某的授权方能行使与涉案作品相关的维权权利。

根据上述案件可知,如果创作者在单位担任的职务并非设计类职务,工作内容不包括设计工作,其在职期间创作的作品不能直接认定为职务作品。

2. 未对创作者下达明确的工作指示

在黄某某与金三力公司著作权权属、侵权纠纷案[2]中,黄某某将自己多年工作经验总结后在《水利水电技术》杂志上发表了一篇题为《现场施工中橡胶水封的热粘合法》的文章,金三力公司认为该作品系职务作品,而法

---

〔1〕 参见广东省深圳市南山区人民法院民事判决书,(2020)粤0305民初28777号。

〔2〕 参见江苏省高级人民法院民事判决书,(2013)苏知民终字第0212号。

院认定其为个人作品。在该案中，虽然黄某某所创作的作品与其本职工作有关联，但黄某某并不是在单位的组织、指导下完成该作品，也不是因为单位的工作安排而创作该作品，因此该作品系黄某某个人作品。

同样地，在陈某某与中国电信增值业务中心侵害著作权纠纷案〔1〕中，法院认为，虽然在案证据能够证明陈某某系《羊城晚报》的员工，但是不能因为其有工作单位就推定其创作作品都是为完成本单位的工作任务。在中国电信增值业务中心未证明陈某某创作的涉案作品是为了完成《羊城晚报》交付的工作任务的情况下，就不能证明涉案作品系职务作品。

综合上述案例可见，如果员工创作的作品不属于单位安排或指示的工作任务，该作品即使与员工的本职工作相关，也难以构成职务作品。

基于"履行职务行为"的判断原则，如果创作者因借调等与不同单位存在双重劳动关系，其在任职期间内所创作作品是否属于职务作品，可以通过其创作行为是否系完成该单位交付的工作任务，是否属于履职行为进行判定。如在李某某与云南某出版社、永胜县某事务局著作权权属、侵权纠纷案〔2〕中，法院认为，涉案作品是李某某被借调到永胜县某事务局后，根据永胜县某事务局的要求进行编写的，其间李某某除领取期纳中学发放的工资外，还领取永胜县发放的补贴。因此，法院认定，涉案作品系李某某为完成永胜县某事务局工作任务而参与创作的职务作品，并且认定著作权归属于永胜县民族宗教事务局。

二、特殊职务作品的构成要件解析

《著作权法》第 18 条第 2 款规定了"特殊职务作品"的构成要件，并规定对于特殊职务作品，除署名权外，对应著作权的其他权利由单位享有。该款还将特殊职务作品分为三类，分别为：(1) 主要利用法人或者非法人组织的物质技术条件创作，并由法人或者非法人组织承担责任的工程设计图、产品

〔1〕 参见北京知识产权法院民事判决书，(2018) 京 73 民终 325 号。
〔2〕 参见最高人民法院民事裁定书，(2019) 最高法民申 6095 号。

设计图、地图、示意图、计算机软件等职务作品;(2)报社、期刊社、通讯社、广播电台、电视台的工作人员创作的职务作品;(3)法律、行政法规规定或者合同约定著作权由法人或者非法人组织享有的职务作品。

其中,第二类特殊职务作品是基于我国国情,在2020年《著作权法》修正时新增的一类,因为涉及的行业比较具有针对性,要求也比较明确,故对应的争议不大。鉴于此,下文将主要对第一类以及第三类特殊职务作品进行具体分析。

(一)第一类特殊职务作品

事实上,在司法实务中,最容易引发认定上的争议的就是第一类特殊职务作品,即主要利用单位的物质技术条件创作,并由单位承担责任的工程设计图、产品设计图、地图、示意图、计算机软件等职务作品。在适用该条规定对特殊职务作品进行认定时,需要注意从创作者是否主要利用单位的物质技术条件创作以及单位是否为该作品的责任主体这两个方面进行考量。

1. 对"主要利用单位的物质技术条件"的理解

根据《著作权法实施条例》第11条第2款的解释,"物质技术条件"是指单位为自然人完成创作专门提供的资金、设备或者资料。这里的"专门提供",并非泛指利用了单位特意为创作提供的一切条件,还强调创作者利用的物质技术条件与作品的创作直接相关,且无法从其他地方轻易获得。也就是说,如果单位提供的仅是用于创作作品的通用工具或其他条件,创作者对其的依赖程度较低,则其并不属于该款规定的"物质技术条件"。

(1)因日常工作需要提供的通用设备,不视为为创作专门提供的物质条件

在展育公司与李某某侵害作品发表权、署名权、修改权、复制权、发行权纠纷案[1]中,法院认为,该案三张海报作品中,《风筝海报》是以人物摄影为

[1] 参见上海知识产权法院民事判决书,(2017)沪73民终3号。

主体配以 PS 技术合成的作品;《0－3 左脑右脑海报》《4－6 大树海报》是通过电脑设计创作的作品。从这些作品无法得出其具体表达的创作需要特殊的专门的设备及其他投入,单位所提供的资金、电脑、硬盘等均是通用的,不具有创作作品的不可或缺性和专用性,故而亦不能据此认定该三幅作品为特殊职务作品。

在杨某某与上海某仪表厂计算机软件著作权权属纠纷案〔1〕中,在原告开发涉案软件是否使用了被告的物质技术条件这一问题的认定上,被告证明其向原告提供的物质技术条件主要包括向原告支付的工作报酬以及所购买的设备。法院认为,一方面,原告是被告聘用的兼职技术顾问,被告理应对原告所从事的兼职工作支付合理的报酬,被告仍应就其支付报酬的用途专门用于涉案软件开发进行充分举证。另一方面,虽然被告所购买设备中的长江电脑可以用于软件开发,但被告在向工商行政管理部门办理注册登记时也确认长江电脑是主要生产设备,现有证据不能证明其购买的设备专用于涉案软件的开发。故上述证据均无法证明原告主要利用了被告的物质技术条件。

可见,单位提供的物质技术条件应系为创作本身专门提供,如果单位仅仅为员工提供一些纸张、画笔、电脑等通用条件,抑或一般的数据库权限等,都无法被认定为这里的物质技术条件。

(2)创作所需的物质技术条件,应当对单位具有高度依赖性

在莫某某与航管处、交通局侵害作品复制权纠纷案〔2〕中,涉案作品系原告作为随行人员对相关领导人视察漓江时所拍摄的照片,法院认为,该摄影作品与工程设计、产品设计图纸及其说明、计算机软件等作品相比,其对单位的物质技术条件的依附程度较低,故涉案摄影作品不属于第一类特殊职务作品。

〔1〕 参见上海市第一中级人民法院民事判决书,(2002)沪一中民五(知)初字第115号。
〔2〕 参见广西壮族自治区桂林市叠彩区人民法院民事判决书,(2014)叠民重字第15号。

而在李某某、孟某、孟某彤与人民完公司著作权权属、侵权纠纷案[1]中，涉案作品并非随意取材，而是以抗美援朝战争为拍摄题材的特殊时期的摄影作品，因此，法院认为，根据当时的时代背景、该类作品特殊的拍摄过程、当事人的具体行为以及意思表示，可以认定孟某拍摄涉案作品系履行单位委派的特殊任务，拍摄器材及拍摄条件均由单位提供，应属于第一类特殊职务作品。

同样地，在覃某某与南乡镇政府侵犯著作权纠纷案[2]中，涉案作品为水电站的总体布置示意图，法院认为，此类作品的创作过程对物质技术条件的依赖性较强，单位物质技术条件的投入对这类作品的完成质量、价值有较大程度甚至决定性的影响，从而认定其属于主要利用单位的物质技术条件完成的特殊职务作品。

从上述案例中可以看出，法院在对"物质技术条件"进行认定的过程中，往往会结合创作者对该物质技术条件的依赖程度作出判断。以上述两个摄影作品的案件为例，在第一个案件中，虽然被告在原告拍摄过程中会提供一定的物质技术条件，如提供辅助设备和经费等，但原告对于这些物质技术条件的依赖程度较低，很难说离开这些物质技术条件，相关作品的创作就无法完成或难以完成，故法院不认为原告主要利用了单位的物质技术条件。而在第二个案件中，涉案摄影作品拍摄于抗美援朝战争时期，解放军画报社的战地记者在拍摄与抗美援朝战争相关的摄影作品时，不但离不开报社提供的在当时极其昂贵、个人很少拥有的专业相机，而且如果没有报社的安排，该记者个人也无法奔赴抗美援朝战争一线进行创作。因此，创作者对于单位提供的物质技术条件依赖程度较高，此类摄影作品的创作可以说"主要利用"了单位提供的物质技术条件，属于特殊职务作品。

2. 对"由单位承担责任"的认定

由于特殊职务作品具有复杂性、创作难度比较大，通常情况下，个人无

[1] 参见北京知识产权法院民事判决书，(2018)京73民终2064号。

[2] 参见广西壮族自治区贺州市中级人民法院民事判决书，(2003)贺民初字第23号。

法具备充足的资金、足够的技术储备等条件去完成这类作品的创作。加之,特殊职务作品影响的社会利益较大,在出现相关纠纷时,个人也难以承担责任。因此,为了平衡作者的创作努力和单位投入的巨大成本,立法将除署名权以外的其他著作权赋予单位。

一般而言,根据在作品中明示由单位承担法律责任和在著作权登记明确单位的权利人身份,作品完成后的修改、编辑、发布由单位决定以及将作品用于单位生产经营等行为,可以认定单位为权利作品的责任主体。

如在张某与凯路通公司著作权权属纠纷案〔1〕中,法院通过凯路通公司在涉案作品的开头和结尾部分明示由该公司备案的"Word 联盟"网站承担责任这一行为,认定其属于该职务作品的责任主体。再如,在适康能公司与刘某某著作权权属纠纷案〔2〕中,涉案美术作品上载有原告字号,且原告已将该美术作品应用于日常的生产经营之中,法院据此认定原告属于该职务作品的责任主体。

当然,"由单位承担责任"更多体现一种归责原则,而非判断作品类型的主要方法。因此,在第一类特殊职务作品的认定过程中,更为重要的,仍是从职务作品的一般构成要件以及是否满足"主要利用单位的物质技术条件"这一要求进行综合认定。

(二)第三类特殊职务作品

第三类特殊职务作品其实还可以细分为两类,分别是通过法律、行政法规规定的以及通过合同约定的。前者有明文规定,不太会产生认定上的争议,后者在司法实践中是最为常见的,但只要双方在合同中作出了明确约定,在司法认定中也不会出现太大的争议。

1. 在合同约定模糊时,一般按照不利于单位的标准进行解释

在出现合同对于归属约定不清的情况时,考虑到与归属约定相关的协

〔1〕 参见湖北省武汉市中级人民法院民事判决书,(2017)鄂01民终6368号。
〔2〕 参见浙江省绍兴市柯桥区人民法院民事判决书,(2016)浙0603民初6952号。

议一般为单位的模板文书，故法院通常会从不利于单位的角度来对相关约定进行解读。

例如，在神马好玩公司与青青树公司、青草公司著作权权属、侵权纠纷案[1]中，何某某在2008年12月与青青树公司签订书面劳动合同（合同期限至2010年11月30日）。2008年12月12日，何某某又与青青树公司签订《保密协议》，约定员工在公司任职期间，因履行职务或者主要是利用公司的物质技术条件，而取得的作品著作权属于公司所有。但在2010年12月后，何某某未再与青青树公司签订书面劳动合同以及类似保密协议。基于此，法院认为，对于《保密协议》中"员工在公司任职期间"的理解，应限于在先签订的书面劳动合同的时间范围，而非及于之后的实际劳动关系存续期间。基于此，法院认为，对于何某某在2010年12月以后创作的职务作品，双方未就归属达成合意，著作权由作者何某享有。

2. 合同约定并不能排除法律对于职务作品一般构成要件的要求

需要强调的是，双方的明确约定也不必然构成第三类特殊职务作品，为了避免单位滥用强势地位，无视法律对于职务作品一般构成要件的要求，法院认为，若作品不满足职务作品的一般构成要件，即便存在双方约定，相关作品也不属于第三类特殊职务作品。

例如，在笔者代理的邓某与深圳万某合伙企业等著作权权属纠纷两个案件[2]中，深圳某合伙企业提供了涉案作品的著作权登记证书（载明的著作权人为该合伙企业），并据此主张涉案作品为职务作品，著作权归属于该合伙企业。但著作权登记证书仅能作为初步证据，在有其他相反证明时，并不足以作为认定权属的证据。在这两个关联案件中，法院均认为，根据作品创作底稿、聊天记录等证据可知，涉案作品系由邓某独立创作完成，而邓某与该合伙企业之间并不存在劳动关系，而是合作关系，故而不符合职务作品

---

〔1〕 参见北京知识产权法院民事判决书，(2019)京73民终1543号。

〔2〕 参见广东省深圳市南山区人民法院民事判决书，(2023)粤0305民初1274号；广东省深圳市福田区人民法院民事判决书，(2023)粤0304民初5203号。

的一般构成要件。在这种情况下,无论双方是否存在关于权属的约定(事实上也不存在),涉案作品均不可能构成第三类的特殊职务作品。

三、结语

综上所述,对于职务作品的一般构成要件的判断而言,法院主要从创作者与单位是否存在一定劳动、人事关系,以及创作活动是否属于履行职务行为两大关键要素进行考察。其中,创作者与单位之间的关系并不仅局限于签署了劳动合同的双方主体,只要双方之间存在实质意义上的劳动或雇佣关系均能符合要求。而对于履行职务行为的判断,则应当综合考虑创作活动是否属于创作者的具体工作职责,以及单位是否给出明确工作指示等因素。

对于特殊职务作品的认定而言,针对第一类特殊职务作品,法院通常会对该类作品是否满足"主要利用单位的物质技术条件"这一要件进行重点考量,并从该物质技术条件是否系单位专门提供以及创作者对物质技术条件的依赖程度高低等角度进行重点分析。一般而言,如果单位提供的物质技术条件属于通用条件、常规设备等,创作者对其的依赖程度较低,则难以被认定为满足这一要件。反之,如果单位提供的物质技术条件系专门为创作活动而设,其他人通过常规途径无法轻易获取,且该物质技术条件的投入对作品的完成具有重要乃至决定性影响,则法院通常会认定其满足"主要利用单位的物质技术条件"这一要件。针对第三类特殊职务作品(此处专指合同约定型),最重要的就是审查创作者与单位之间是否存在明确的权属约定。如果双方之间的约定存在歧义,那法院可能会基于文书的提供方为单位,而作出不利于单位的解释。除此之外,需要强调的是,双方之间的约定并不能排除法律对于职务作品一般构成要件的要求,如果作品不符合职务作品的一般构成要件,那么无论双方存在多么明确的约定,都不会构成第三类特殊职务作品。

修改权在司法实践中的具体适用范围与侵权法律后果

丁君影[*]　张　韵[**]

修改权,作为四大著作人身权之一,其存废与适用范围可谓是颇受著作权领域诸多学者、从业人员关注的问题,且存在较大的争议。在理论界,对于修改权的解释,有“一权两面说”“轻重有别说”“狭义解释说”等多种学说;在著作权立法过程中,专家学者们对于修改权的存废也是各执一词,甚至出现过在修改草案中删除修改权相关规定的情形。不过,修改权最终还是被保留在现行《著作权法》中。未被删除即意味着其仍有存在的价值和必要。鉴于此,本文将围绕修改权这一权项,从其定义与相关学说解读出发,以司法实践成果为主要依据,探究修改权的具体适用范围与侵权法律后果,以便法律从业者们能够最大限度发挥修改权在实际运用中的价值。

一、修改权的定义与学说解读

根据《著作权法》第10条第1款第3项的规定,修改权是修改或者授权

---

* 丁君影:广东良马律师事务所律师,深圳市律师协会第十一届著作权法律专业委员会委员、现代时尚产业法律服务团团员。毕业于华东政法大学,专注著作权、商标权、反不正当竞争诉讼与非诉业务。

** 张韵:广东良马律师事务所合伙人,深圳市律师协会第十一届著作权法律专业委员会副主任,广东省律师协会第十二届著作权法律专业委员会委员,深圳市版权纠纷调委会特邀调解员,华东政法大学知识产权人才高级研习班授课导师。

他人修改作品的权利。除此之外,《著作权法》及其对应实施条例、司法解释中均未再给予该权项进一步的解释。正因如此,对于修改权的具体内涵以及外延需要加以解读方才能予以有效运用,这也就导致在理论界逐渐出现了"一权两面说""轻重有别说""狭义解释说"等多种不同的学说解读。

"一权两面说",是将修改权与保护作品完整权视为一项权利的正反两个方面,两项权利所涵盖的保护范围是相同的。修改权是从正面肯定了作者有权修改自己的作品,亦有权授权他人修改自己的作品;而保护作品完整权则是从反面出发,禁止他人歪曲、篡改作者的作品。

"轻重有别说",则是认为修改权与保护作品完整权是针对不同程度的非法修改行为设置的。修改权的适用范围为侵害作品外在表现形式的情形,针对的是程度较轻的改动;而保护作品完整权的适用范围为侵害作品思想、作者原意的情形,针对的是程度较重的改动。

"狭义解释说",是指作者在作品发表以后因为思想、观点发生改变而修改其作品的权利。该学说认为,修改权的功能是保证作者自己修改作品的自由不受妨碍,故而他人无正当理由阻止作者修改作品,才是侵犯修改权的表现。[1]

同样,在司法实践中,各地法院在面对各类修改权侵权案件时,所适用的裁量标准也并不统一。不过不同于理论界中各个学说均有不在少数的支持者的情形,在司法实践中,"轻重有别说"是当之无愧的主流观点。据不完全统计,"轻重有别说"的适用占比高达58.3%,而"一权两面说"以及"狭义解释说"分别仅占8.3%和12.5%。[2] 基于此,下文将以司法实践中的主流观点"轻重有别说"这一学说解读为基础,进一步探讨修改权的具体适用范围以及对应的侵权法律后果。

---

〔1〕 参见北京市海淀区人民法院民事判决书,(2018)京0108民初9163号。

〔2〕 参见王林军:《作品形式修改的侵权问题:保护作品完整权抑或修改权?》,载微信公众号"法大法律评论"2022年11月17日,https://mp.weixin.qq.com/s/iLWofC8Wy_8wDzCs7UvQ4g。

二、修改权的具体适用范围

在司法实践中,修改权的侵权案例主要集中在文字作品以及美术作品两大作品类型中。因此,明确修改权在这两大类作品领域中的具体适用范围将有利于进一步理解和掌握修改权。

(一)文字作品领域

法院通常认为,在文字作品领域,文字性修改、删节(对文字、用语的修改、删节)以及局部的内容性修改均可以落入修改权的控制范围。

例如,在陈某等与实力电传公司、企鹅影视公司、黑龙江电视台侵害文字作品著作权纠纷案[1]中,法院认为:文字性修改、删节,包括对书信字词、短语的增添、修改或删除;内容的局部变更,包括将书信的长句、段落删除、调换段落顺序以及对书信标题的改动,以上均属于对修改权的侵犯。

例如,在张某某与青岛出版社、玄霆公司、当当公司侵害著作权及不正当竞争纠纷案[2]中,法院认为,文字性修改,例如修改错别字、近义词替换、语法或者修辞上的改动、对语序的适当调整,改正事实性、知识性、政治性错误等,以及一些内容性修改,例如对语句的增删、段落的调整,甚至设置或者删去一些不违背作者本意的人物、对话、场景、情节、论述等,均属于修改权的控制范围。

但并非只要存在上述改动情形,就必然能够推出构成修改权侵权的结论。在前述张某某与青岛出版社、玄霆公司、当当公司侵害著作权及不正当竞争纠纷案中,法院认为,若是在长篇小说中仅存在几处文字性修改,则可能出于公平原则或基于对图书出版行业经营管理的考量,不会认定其构成修改权侵权。

此外,修改权在文字作品领域的适用还存在一个例外情况。报社、期刊

---

[1] 参见北京互联网法院民事判决书,(2020)京0491民初2880号。

[2] 参见北京知识产权法院民事判决书,(2018)京73民终425号。

社的出版周期短，如果每个删改都需要获取授权，可能会导致"开天窗"等负面后果，因此《著作权法》第36条第2款特别设有例外规定，即在对作品作文字性修改、删节时，报社、期刊社无须获取作者的许可。鉴于此，就报社、期刊社而言，若其修改系针对作品文字性的修改，则属于为符合国家对出版物的规范性要求而履行其工作职责的行为，在该范围内的修改行为不受修改权的控制，不会构成修改权侵权。

（二）美术作品领域

根据目前检索到的司法判例，修改权在美术作品领域中的适用范围一般包括对其中部分组成元素的删减、方向翻转、添加，对部分元素颜色的改换等细微差异改动。

在华某某、陆某某与联通公司、某某古玩公司侵害作品署名权纠纷、复制权纠纷案〔1〕中，法院认为，将《竹里馆王维》中的人物反转，并删除原画作中的竹林背景，将《望月怀远张九龄》中的人物周边部分背景删除，将《回乡偶书贺知章》中老翁身侧的数名孩童、身后的毛驴和树林等背景删除，并附加梅花和小鸟的行为，属于对原画作进行了部分修改，侵害了作者对其作品享有的修改权。

在季某与华夏九鼎公司、丛鑫金石公司侵犯著作权纠纷案〔2〕中，经比对，镇尺上印刷的5幅脸谱中有4幅与汪某福所创作的曹洪、典韦、窦尔敦、孔宣四幅脸谱在形状、五官布局、线条、颜色等方面基本一致，仅将窦尔敦的脸谱下巴处的颜色由白色更改为黑色。基于此，法院认为，前述对脸谱颜色的修改，构成对作者修改权的侵权。

在克里斯蒂安诉叶某某侵害著作权纠纷案〔3〕中，经比对，被诉侵权画作与涉案权利画作相比，存在画作背景色不同、部分元素的颜色变更、部分

〔1〕 参见上海市徐汇区人民法院民事判决书，(2012)徐民三(知)初字第315号。
〔2〕 参见北京市朝阳区人民法院民事判决书，(2012)朝民初字第00273号。
〔3〕 参见北京知识产权法院民事判决书，(2019)京73民初1376号。

元素的增加与删减等改动,因这些改动相对于涉案权利画作的整体或部分内容而言属于细微差异,故而上述修改行为,构成了对修改权的侵害。

三、修改权的侵权法律后果

根据《著作权法》第52条的规定,在修改权侵权案件中,权利人可以要求被控侵权人承担的法律后果包括停止侵害、消除影响、赔礼道歉、赔偿损失等多项。但并非在所有案件中,前述主张均会得到法院的支持。

(一)停止侵害

由于停止侵害是侵犯著作权首要的和基本的救济方式,通常来说,停止侵害的主张均会得到法院的支持。当然,也存在一个例外情况,即被告停止被诉侵权行为可能有悖公序良俗,或者违反比例原则的,可以不判令停止侵害。[1] 例如,在山人雕塑公司与中鼎雕塑公司、三合镇政府、众和诚农开公司、慧隆建工公司、慧隆建工遵义分公司著作权权属、侵权纠纷案[2]中,法院认为,被控侵权雕塑用于社会公益事业,与整个陵园形成一体,若将其予以拆除必将造成社会资源的较大浪费,且作为大型现代雕塑作品,其载体本身具有较高的价值,从遵循利益平衡原则和有效利用公共资源的效益角度出发,被控侵权雕塑不宜判决拆除。

(二)消除影响、赔礼道歉

一般情况下,法院均会支持作者在修改权案件中所提出的消除影响或赔礼道歉的请求。但在由作者继承人提起的修改权维权案件中,各地法院对于侵权人是否需要承担消除影响、赔礼道歉的法律责任则持不同的意见。

在多数判决中,法院对于继承人提出的赔礼道歉或消除影响的主张会予以支持。例如,在上述季某与华夏九鼎公司、丛鑫金石公司侵犯著作权纠

---

〔1〕 参见北京市高级人民法院《侵害著作权案件审理指南》第8.1条。

〔2〕 参见贵州省高级人民法院民事判决书,(2019)黔民终449号。

纷案中，法院支持了继承人提出的要求侵权人承担赔礼道歉的主张；在华某某、陆某某与汾酒公司、苏宁易购公司著作权权属、侵权纠纷案〔1〕中，法院支持了继承人提出的关于消除影响的请求。

但也存在一些法院对于继承人提出的赔礼道歉的请求并不认可，仅支持关于消除影响的请求。例如，在陈某等与实力电传公司、企鹅影视公司、黑龙江电视台侵害文字作品著作权纠纷案〔2〕中，法院认为，赔礼道歉这种具有人身性质的民事责任方式的履行对象应当仅为受害人本人，他人不宜代为接受履行，故而不予支持；而消除影响是采用一定形式公开消除因侵权行为造成的影响以恢复受害人固有人格形象的民事责任方式。基于此，法院认为，侵权人的修改会破坏作品与作者人格的一致性，这种损害不会因为节目获得好评而得到弥补，故而有必要要求侵权人予以澄清，以便消除影响。

（三）赔偿损失

此外，不同于受到法定保护期限限制的著作财产权，《著作权法》第22条规定，作者的署名权、修改权、保护作品完整权的保护期不受限制。因此，对于在财产权保护期限届满后，被控侵权人是否仍需因人身权侵权而承担损失赔偿责任也是一个值得探讨的问题。

就目前检索到的判决结果来看，并没有完全匹配的案例，但是可以通过参考相关案例对权利人可以提出的请求推测一二。在上述张某某与青岛出版社、玄霆公司、当当公司侵害著作权及不正当竞争纠纷案中，作者因将全部财产性权利转让，而仅享有著作人身权。法院在认定被控侵权人确实侵害了作者的修改权后，支持了作者主张的精神损害抚慰金的请求。在王某某与黄某某侵害著作权纠纷案〔3〕中，法院认定被控侵权人构成对作者署名

---

〔1〕 参见江苏省南京市鼓楼区人民法院民事判决书，(2020)苏0106民初2032号。

〔2〕 参见北京互联网法院民事判决书，(2020)京0491民初2880号。

〔3〕 参见江西省高级人民法院民事判决书，(2020)赣民终138号。

权的侵权。由于权利作品著作权中的财产性权利已超出50年的法定保护期,法院未支持关于经济损失的主张,但支持了继承人提出的关于承担合理维权费用的主张。

由此可推知,即便财产性权利已超出法定保护期限,如确存在人身权被侵犯的情况,权利人仍可在相关案件中要求被控侵权方承担精神损害抚慰金以及权利人因维权产生的相关合理维权费用。

四、结语

因此,虽然理论界关于修改权的解读各有不同,但在目前的司法实践中,"轻重有别说"仍占据着主导地位。在"轻重有别说"的学说理解中,修改权所控制的是程度较轻的改动:在文字作品领域主要表现为文字性修改、删节以及局部的内容性修改;在美术作品领域主要表现为对其中部分组成元素的删减、方向翻转、添加,对部分元素颜色的改换等细微差异改动。如构成对修改权的侵犯,通常需要承担的法律责任包括停止侵害、消除影响、赔礼道歉、赔偿损失等,不过每项法律后果均有其例外情形,在具体适用时须加以特殊处理。

权利用尽原则在著作权领域的适用

——发行权的一次性用尽

张　韵* 　唐　茜**

权利用尽原则是在专利法、著作权法、商标法等知识产权法领域普遍应用的一项基本原则，根据这一原则，知识产权所有权人或经所有权人授权的权利人将知识产权产品第一次发行投入市场以后，就丧失了对知识产权相关产品控制的权利。在著作权领域，权利用尽原则主要应用于权利人发行权领域。发行权的权利用尽，是指当作品或作品的复制件被著作权人或经其许可首次投入市场以后，著作权人便无权限制该作品或复制件的进一步流转。[1] 虽然我国法律并未明文规定著作权的权利用尽，但司法实践中诸多案件会适用此原则认定著作权侵权的相关权利纠纷。著作权发行权权利用尽的适用，不仅需要作品原件或复制件经过著作权人授权或根据法律规定合法制作，还需要该作品原件或合法制作的复制件已经经过著作权人许可向公众销售或赠与，也即其发行权已经合法行使。本文将以发行权权利

---

* 张韵：广东良马律师事务所合伙人，深圳市律师协会第十一届著作权法律专业委员会副主任，广东省律师协会第十二届著作权法律专业委员会委员，深圳市版权纠纷调委会特邀调解员，华东政法大学知识产权人才高级研习班授课导师。

** 唐茜：西南政法大学硕士研究生，研究方向为环境与资源保护法学。

〔1〕 参见王红燕、孙梦玥：《数字藏品合规路径初探（三）——知识产权风险及合规路径》，载微信公众号“中伦视界”2022年6月13日，https://mp.weixin.qq.com/s/mxsvIHzYldSkt7R－vVm9Gw。

用尽的内涵引入,结合法院在司法实践中对发行权权利用尽原则适用的认定标准和认定方式,总结发行权权利用尽原则的适用条件,以期对类似案件的办理作出一些实务指引。

一、发行权用尽原则的内涵及必要性

(一)发行权用尽原则的内涵

权利用尽原则是知识产权法中一个重要的原则,适用于专利、商标、著作权等多领域,它是指在权利人或其许可人售卖或以其他合法方式处理相关产品,购买人合法取得知识产权附着的产品时,购买人有权转售或以其他法律允许的方式处理该产品,知识产权人不再对该产品具有控制权。

权利用尽原则在著作权领域体现为发行权用尽原则。发行权用尽原则的含义在于,尽管著作权人原本享有以所有权转移的方式,向公众提供其作品原件或复制件的专有发行权,但是,一旦这些作品原件或复制件在著作权人的许可下,或者依照法律规定进行了首次销售或赠与,著作权人便失去了对这些原件或特定复制件所有权再次转让的控制权。这意味着,一旦作品的原件或复制件被合法地销售或赠与出去,著作权人的发行权即被视为"穷竭"或"用尽"。换言之,当某个合法获得该作品原件或特定复制件所有权的人想要再次出售或赠与这些作品时,他们不再需要获得原著作权人的许可。

(二)发行权用尽原则的必要性

一方面,发行权用尽原则有利于促进作品流通与市场交易,维护市场秩序。《著作权法》设立发行权的核心目的在于遏制非法复制件的流通,从而保护创作者的合法权益。然而,当作品的原件或复制件经过著作权人的正式授权并在市场上公开流通后,如果著作权人仍然有权限制购买者对其所购买的作品进行转让,那么这将会导致著作权人过度干涉他人的合法财产所有权和商品的正常流通。更为严重的是,这种做法将直接破坏市场经济中合法商品自由流通的基本原则,对市场秩序造成不良影响。[1] 可见,若无发行权用尽原则,著作权人可能对作品的每一次流转都进行控制,这将极大地阻碍市场的正常运转。因此,发行权用尽原则确保了作品在首次合法销售后能够在市场上自由流通,同时有助于维护稳定的市场秩序,防止著作权人对市场的过度干预。

另一方面,发行权用尽原则有助于进一步实现著作权人与公众之间的利益平衡。《著作权法》不仅致力于维护著作权人的创作权益,确保其智力劳动成果得到应有的尊重和回报,而且还兼顾了社会公众对文化作品的合理需求和使用权利。在这一法律框架内,发行权用尽原则起到了至关重要的作用。该原则在保护著作权人对其作品的独占权利的同时,也为公众提供了获取和使用这些作品的合法途径。换句话说,它既确保了著作权人的经济利益不受侵害,同时又不会阻碍文化的传播和知识的共享。通过这种方式,发行权用尽原则有效地在著作权人的私人利益和公众的文化需求之间找到了一个平衡点,既鼓励了创新和创作,又促进了文化的广泛传播和公众的参与。

二、我国司法实践中对发行权用尽原则的认定

我国司法实践中,法院在是否适用发行权用尽原则这一问题上,主要从以下三个方面进行考量。

(一)涉案作品系经著作权人授权的合法出版物或复制品

在高某某、九七八公司、陈某某侵害著作权纠纷案[2]中,法院认为,原告已于 1998 年将该书授权广西师范大学出版社出版发行,该图书早于 1998 年后就已进入市场流通领域进行销售,被告陈某某上传的《桂林山水甲天下——国际旅游的明珠》一书的出版信息与原告提供的样书完全一致,故原

---

〔1〕 参见王迁:《知识产权法教程》(第 7 版),中国人民大学出版社 2021 年版,第 177 页。

〔2〕 参见广西壮族自治区桂林市中级人民法院民事判决书,(2018)桂 03 民终 3201 号。

告对该图书所享有的发行权已一次用尽。据此判定,被告销售涉案图书的行为并未侵犯原告的发行权及获得报酬权。

(二)涉案作品的出版或发行需在有效授权期限内

在刘某某与联合公司、万卷公司、博库公司著作权侵权纠纷案[1]中,法院查明,涉案图书《目标:美男声优 NO.1!》出版时(2013 年 1 月),已经远远超出授权的 2 年期限(2009 年 4 月至 2011 年 4 月),并据此认定,已经出版的 2 万册《声优 MAGIC》图书所包含的除许可期限内的出版、发行权以外的其他著作权仍然属于该图书的著作权人享有,未经著作权人许可进行的再次出版、发行等行为均为侵犯原告著作权的行为。万卷公司这种在许可期限届满后对涉案图书的著作权实施的处分行为,显然侵犯了原告著作权,不适用发行权用尽原则。

与此相对应的是,在星文公司与新月公司、佳视多公司、卓越公司著作权权属、侵权纠纷案[2]中,法院认为,向星文公司购进的被诉专辑全部系于 2013 年 12 月 23 日前购入,即星文公司向敦煌某音像公司销售的被诉专辑均处于上述专辑制品发行合同期内。根据发行权用尽原则,在著作权人或者获得其授权的被许可人出售作品原件或复制件之后,该原件或复制件的受让人后续的发行行为就不再受著作权人发行权的限制,星文公司没有权利回收其已售出的涉案制品,敦煌某音像公司、佳视多公司销售被诉制品的行为亦不再受到新月公司的限制。

可见,如果在作品的有效授权期内出版或发行,则具有著作权人或其授权人的合法授权,适用发行权用尽原则,一旦超出授权期限,在许可期限届满后对涉案作品实施出版、发行等处分行为,则不适用发行权用尽原则。

---

〔1〕 参见浙江省杭州市中级人民法院民事判决书,(2015)浙杭知初字第 220 号。

〔2〕 参见广州知识产权法院民事判决书,(2017)粤 73 民终 161 号。

（三）作品与其有形载体具有不可分性

互联网创新了作品的传播方式，大量作品不仅采用传统的发行方式，也会通过信息网络进行发行与传播，并且其传播的是作品本身，而并非转移作品的物质载体，在此种情况下对作品的原件或复制件进行转移，是否适用发行权用尽原则？对此，在原与宙公司与奇策公司侵害作品信息网络传播权纠纷案〔1〕中，法院作出了认定，并得到了后续诸多法院判决的认可。

在该案中，法院认为著作权领域的权利用尽原则的适用基础是作品与其有形载体的不可分性。法院认为在 NFT（Non－Fungible Token，非同质化通证）数字藏品交易模式下，不特定公众可以在选定的时间和地点获得 NFT 数字作品，这种以信息网络途径传播作品的行为属于信息流动，并不导致作品有形载体所有权或占有权的转移，也就缺乏了适用权利用尽原则的前提和基础，不属于著作权法意义上的发行行为，不受发行权规制。并且 NFT 数字作品出售转让的结果是在不同的民事主体之间发生财产性权益的转移，并非物权的移转，故其虽能产生类似于交付的后果，但尚不能落入发行权的规制范畴。作品复制上传的损害后果被信息网络传播吸收，侵害了作品的信息网络传播权。

在某图书馆、超星公司与北大出版社侵害作品信息网络传播权纠纷案〔2〕中，法院也对数字化作品网络传播不适用发行权用尽进行了论述，认为在当前我国著作权立法状况下，将发行权用尽引入网络传播领域尚存在障碍，即便引入，其也应至少满足“原件或复制件所有权转让”和“受让方向他人网络传输数字化作品文件后要删除其存储的该文件”两个限定条件，否则将导致复制件数量不受控制，严重损害权利人的利益。

---

〔1〕 参见浙江省杭州市中级人民法院民事判决书，（2022）浙01民终5272号。

〔2〕 参见北京知识产权法院民事判决书，（2022）京73民终4225号。

三、发行权用尽原则的适用条件

结合上述法院的裁判观点,笔者认为,目前发行权用尽原则的适用主要包括如下条件。

首先,发行权用尽原则仅适用于作品原件以及合法制作的复制件。这意味着,只有经过著作权人许可或依法律规定制作的合法复制件,在首次销售或赠与后,才能适用该原则。对于非法复制件,发行权用尽原则并不适用。发行权用尽原则的设计初衷,是在保护著作权人合法权益的同时,促进作品的正常流通与传播。然而,这一原则的应用前提是作品的复制或发行必须合法。非法复制件,如盗版书籍、盗版音像制品等,由于其制作和流通均未得到著作权人的许可,并不符合发行权用尽原则的适用条件。

其次,该作品原件或合法复制件已经发生有形载体所有权的转移。随着数字时代的快速发展,数字作品也得以不断涌现。然而,这些数字作品的交易和流转,与传统的实体作品存在显著的差异。特别是在数字作品的交易中,往往并不涉及作品有形载体的实际转移,这使发行权用尽原则在数字作品领域的适用性成为一个颇具争议的问题。

目前,法院对这一问题持否定态度,认为 NFT 等数字作品并不适用于发行权用尽原则。对此,笔者表示赞同。第一,NFT 等数字作品因其独特性以及基于区块链的交易方式,与传统作品的复制件存在根本性的差异。这种差异使得我们不能简单地套用发行权用尽原则于此类数字作品之上。在 NFT 的交易过程中,作品的流转是通过区块链技术实现的,它并不伴随作品有形载体所有权或占有权的实际转移。这与传统发行行为中“作品有形载体所有权或占有权转移”这一核心要素格格不入。换言之,NFT 的交易更像是一种权利的转让,而非实物的交付。

第二,从保护著作权人的角度出发,需对数字作品的复制和传播进行更为严格的控制。在互联网环境下,数字作品可以轻易地被无限制、低成本地复制。如果对具有合法来源的授权作品或复制件的传播不加以限制,那么后续数字作品复制件的数量将会失控,这将严重损害著作权人的合法利益。发行权制度的设立初衷,是保护著作权人的合法权益,防止其作品被无限制地复制和传播。在数字时代背景下,更应该坚守这一原则,对数字作品的复制和传播进行相应的监管和控制,以确保著作权人的利益得到切实保障,同时维护数字作品市场的健康和规范发展。

最后,从数字作品购买方的角度来看,即使不将数字作品的流转行为认定为发行行为,排除发行权用尽原则的适用,数字作品的购买方仍可依据《民法典》向著作权人主张相应的合同权利,追究著作权人的违约责任,故而仍可实现对数字作品购买方的合法权益保护,维护交易的安全性与稳定性。

四、结语

发行权用尽本质上是对于著作权人权利的保护与促进文化传播和市场自由发展的平衡结果。在我国著作权市场领域,对于已经经过合法途径销售和发行的权利作品,法院通常会认定构成权利用尽,对著作权人的权利进行一定限制,从而保证市场流转与市场活力,促进市场的平稳发展。结合当前的司法实践,发行权用尽原则的适用应该针对作品原件以及合法制作的复制件,而不包括非法复制件。同时,该作品原件或合法复制件应当发生有形载体所有权的转移,这既与发行行为的核心要素相衔接,又利于数字时代下著作权人的作品利益保护。

因恶意提起知识产权诉讼损害责任纠纷案件的管辖及“恶意”认定

成唐静之*

近年来,行为人常常利用知识产权诉讼恶意竞争,被诉者花费一定的精力应对诉讼之余,自身的商业价值往往也会受到一定的影响。2011年,最高人民法院在修改《民事案件案由规定》时,将“因恶意提起知识产权诉讼损害责任纠纷”作为三级案由正式写入规定。然而,与此相配套的实体及程序法律规定尚不完备。现行的知识产权法律中并没有关于知识产权恶意诉讼的专门规定;司法实践中对于“因恶意提起知识产权诉讼损害责任纠纷”案件的管辖及“恶意”的认定尚未形成确切统一的意见。遭受恶意提起知识产权诉讼的被诉者在利用此案由维护自身合法权益上存在一定的难度。

一、因恶意提起知识产权诉讼损害责任纠纷的概念和特点

我国对“因恶意提起知识产权诉讼损害责任纠纷”没有专门的法律法规规定,仅在《民事案件案由规定》中将其设置为知识产权与竞争纠纷中的第二级案由“十四、知识产权权属、侵权纠纷”下的三级案由,即将之设定为一

---

* 成唐静之:北京市炜衡(深圳)律师事务所律师,深圳市律师协会第十一届著作权法律专业委员会委员,深圳市坪山区坪衡商事调解院调解员。擅长知识产权诉讼、民商事争议解决及企业法律顾问服务。

种知识产权侵权纠纷。就本质上而言，因恶意提起知识产权诉讼损害责任纠纷属于一种对诉权的滥用。

对知识产权恶意诉讼的概念可以界定为：行为人由于过错，无法律上和事实上的合法合理依据提起、进行知识产权民事诉讼，致使他人财产、人身受到损害的行为，或者出于某种不法目的，进行诉讼程序致人损害的行为，包括知识产权民事恶意诉讼和知识产权滥用诉讼程序。知识产权法律制度本身的特点使知识产权恶意诉讼往往具有很大的隐蔽性，主要表现在三个方面：一是因诉讼提起前进行周密的策划，而具有较强的隐蔽性；二是由于知识产权这一权利性质的无形性、专有性等显著特点，法官很难判断作为权利人的原告，其诉讼行为究竟是维护自身利益还是恶意诉讼；三是知识产权诉讼中的一些特有制度如诉前禁令制度，由于只是进行初步审查，难以对案件真实情况作充分了解，容易成为当事人进行恶意诉讼所借助的手段。[1]

二、因恶意提起知识产权诉讼损害责任纠纷案件的管辖

“因恶意提起知识产权诉讼损害责任纠纷”属于知识产权侵权纠纷，因而适用知识产权侵权纠纷的相关地域和级别管辖的一般规定。就地域管辖而言，可以由侵权行为实施地、侵权行为结果发生地或者被告住所地人民法院管辖。[2]

最高人民法院在思立微电子公司与汇顶公司因恶意提起知识产权诉讼损害责任纠纷案中明确：“对于以专利侵权之诉为由提起的恶意知识产权诉讼损害责任纠纷，其侵权行为实施地应限定为专利侵权之诉管辖法院所在地，不宜将与之关联的其他非诉行为的实施地作为此类案件的侵权行为实施地，无论最终是否可据此非诉行为认定恶意与否。……对于以专利侵权

---

〔1〕 参见蔡伟：《知识产权恶意诉讼行为的认定——福建高院判决恒盛公司诉多棱公司因恶意提起知识产权诉讼损害责任纠纷案》，载《人民法院报》2016年1月21日，第6版。

〔2〕 《民事诉讼法》第29条规定：“因侵权行为提起的诉讼，由侵权行为地或者被告住所地人民法院管辖。”最高人民法院《关于适用〈中华人民共和国民事诉讼法〉的解释》第24条规定：“民事诉讼法第二十九条规定的侵权行为地，包括侵权行为实施地、侵权结果发生地。”

之诉为由提起的恶意知识产权诉讼损害责任纠纷,从管辖角度看,其侵权结果发生地原则上理解为系争专利侵权诉讼的裁判地为妥,不宜包括其他非诉行为地。"[1]在飞骧公司与慧智微公司因恶意提起知识产权诉讼损害责任纠纷案中亦认为:该案由下的侵权行为是"恶意提起知识产权诉讼的行为",前诉的知识产权诉讼的受理法院所在地即该案由侵权行为的实施地。[2]

在本案由下,司法实践已经对如何判断侵权行为实施地和侵权行为结果发生地基本达成一致意见,即侵权行为实施地和侵权行为结果发生地为受理与本案由相关联的知识产权诉讼案件的法院所在地。

三、因恶意提起知识产权诉讼损害责任纠纷案件中"恶意"的构成要件

在最高人民法院公报案例里的比特公司与中讯公司恶意提起知识产权诉讼损害责任纠纷案[3]中,一审法院认为:"认定恶意应考虑如下因素:一是无事实依据和正当理由提起民事诉讼,即原告提起知识产权诉讼并没有合法的权利基础;二是以损害他人合法权益为目的,即主观上具有恶意;三是给他人造成了损害,即给他人造成了经济损失或竞争优势的削弱。"在恶意提起知识产权诉讼损害责任纠纷案件中,前诉的原告因为对被告提出了诉讼请求或者进行了财产保全,对被告自然构成了损害。因而该案由下的案件的审理重点将是判断前诉原告是否具有恶意。这一定程度上取决于审判者的自由心证。

恶意的判断需要综合案件全局,具体个案具体分析。需要注意的是,前诉的原告提起前诉时拥有知识产权,但之后不再拥有知识产权的,不一定构成"恶意"。例如,在恒盛公司诉多棱公司等因恶意提起知识产权诉讼损害责任纠纷案[4]中,法院认为,前诉原告在起诉时拥有发明专利并依法向人

[1] 最高人民法院民事裁定书,(2019)最高法知民辖终282号。
[2] 参见最高人民法院民事裁定书,(2020)最高法知民辖终306号。
[3] 参见江苏省高级人民法院民事判决书,(2017)苏民终1874号。
[4] 参见福建省高级人民法院民事判决书,(2014)闽民终字第236号。

民法院申请财产保全,属于依法行使诉讼权利,并无不当。原告对被告的诉讼行为历经多次反复,但均与其据以主张权利的专利有效性发生变化有关。据以主张权利的专利的有效性变化,系专利行政机关和司法机关的评判存在不一致导致。不应认定前诉原告构成恶意诉讼。

而在比特公司与中讯公司恶意提起知识产权诉讼损害责任纠纷案中,法院认为:行为人在明知系争商标为他人在先使用并具有一定影响力的情况下,抢先注册系争商标并获得的商标权不具有实质上的正当性。行为人据此向在先使用人许可的关联方提起商标侵权诉讼的,该诉讼行为应认定为恶意提起知识产权诉讼,由此造成他人损害的,应当承担损害赔偿责任。[1]

四、因恶意提起知识产权诉讼损害责任纠纷案件,能否在前诉知识产权诉讼中作为反诉提起

若生效的法律文书已经认定被诉者不构成侵权或构成前文分析的"恶意",那么被诉者自然可以提起本案由的诉讼。恶意诉讼往往需要前诉审理结果作出且生效后才能确定是否构成。若知识产权侵权诉讼尚未审理完毕,被诉者能否提起诉讼,甚至能否在前诉中提起反诉?

关于反诉,《民事诉讼法》第143条规定:"原告增加诉讼请求,被告提出反诉,第三人提出与本案有关的诉讼请求,可以合并审理。"最高人民法院《关于适用〈中华人民共和国民事诉讼法〉的解释》第223条第2款规定:"反诉与本诉的诉讼请求基于相同法律关系、诉讼请求之间具有因果关系,或者反诉与本诉的诉讼请求基于相同事实的,人民法院应当合并审理。"在司法实践中,法院通常认为,因恶意提起知识产权诉讼与前诉的知识产权诉讼不是相同的法律关系,且需以前诉的审理结果来认定是否构成恶意诉讼,故通常不会在本诉中受理此类反诉。

---

〔1〕 参见江苏省高级人民法院民事判决书,(2017)苏民终1874号。

笔者认为，因恶意提起知识产权诉讼损害责任的案件与前诉的知识产权案件存在牵连关系，前诉才能引起后诉。通常，人民法院在审理前诉的知识产权案件中，需要认定原告的诉请是否有事实和法律的依据，自然能判断出原告是否有恶意提起诉讼的能力。基于两者的牵连关系合并审理，由审理前诉知识产权侵权关系的审判庭一并审理原告是否构成恶意，更利于查明事实，节省司法资源，避免当事人的诉累。

事实上，最高人民法院《关于知识产权侵权诉讼中被告以原告滥用权利为由请求赔偿合理开支问题的批复》中提出："在知识产权侵权诉讼中，被告提交证据证明原告的起诉构成法律规定的滥用权利损害其合法权益，依法请求原告赔偿其因该诉讼所支付的合理的律师费、交通费、食宿费等开支的，人民法院依法予以支持。被告也可以另行起诉请求原告赔偿上述合理开支。"该批复认可了被告可以因原告滥用诉讼权利获得赔偿。被告要提出其合法权益受损的赔偿，就需要在前诉中作为反诉提起。

在我国知识产权发展过程中，不可避免地会出现知识产权恶意诉讼问题，需要准确辨识知识产权恶意诉讼，以便行为人维护自己的权益。

五、结语

知识产权恶意诉讼损害责任纠纷是知识产权领域一个复杂且敏感的问题。这种行为不仅损害了他人的合法权益，还可能对被诉者的商业价值和市场竞争力造成不利影响。尽管我国已经在《民事案件案由规定》中将恶意提起知识产权诉讼损害责任纠纷列为案由，但相关的实体法和程序法规定尚不完善，导致在司法实践中对于此类案件的处理存在一定的难度和争议。

因恶意提起知识产权诉讼损害责任纠纷具有隐蔽性且本质上属于权利滥用，这要求法律专业人士和法官具备高度的警觉性和判断力。在管辖问题上，一般遵循知识产权侵权纠纷的地域和级别管辖原则，而"恶意"的认定则需要综合考虑多种因素，包括原告是否具有合法的权利基础、是否以损害他人为目的，以及是否给他人造成了实际损害。

在处理恶意诉讼时,法院通常需要等待前诉的审理结果,以确定是否存在恶意。然而,关于因恶意提起知识产权诉讼损害责任纠纷案件是否可以在前诉中作为反诉提起,实践中存在不同看法。有观点认为,基于牵连关系,合并审理有利于查明事实并节省司法资源。亦有观点认为,前诉尚未审结完毕,无法确认前诉原告是否具有恶意。此外,最高人民法院的批复也支持被告在知识产权侵权诉讼中因原告滥用权利而请求赔偿合理开支。

总体而言,我国知识产权法律框架下对恶意诉讼的规制正在逐步完善,但需要进一步加强对恶意诉讼行为的识别和惩处,以保护当事人的合法权益,维护公平竞争的市场秩序。同时,法律专业人士和法官需要不断提升对恶意诉讼的敏感性和处理能力,确保知识产权法律的正确实施和知识产权领域的健康发展。

建立著作权及商标权交叉保护壁垒的实操方法

廖　欢*

若将著作权里有独创性的美术作品、图形作品和模型作品成功申请为商标,那美术作品、图形作品和模型作品在获得《著作权法》保护的同时,也能获得《商标法》的保护。在企业知识产权建设中,往往需要考虑将知识产权的保护范围扩大,以使企业的知识产权保护请求更容易、便捷地得到法院的支持。知识产权领域的交叉竞合保护是全方位的,而本文旨在探讨著作权登记与商标权申请及权利保护竞合问题,使企业能以最小的成本在力所能及的范围之内,获得有效的、最大的保护范围。

一、著作权及商标权的概述

根据我国《著作权法》第 2 条的规定,著作权意义上的作品是指文学、艺术和科学领域内具有独创性并能以一定形式表现的智力成果。按照我国《著作权法》,作品主要类型有九种,本文主要讨论的是其中的美术作品,建筑作品及工程设计图、产品设计图、地图、示意图等图形作品和模型作品,因为该两种作品可能被申请为商标标识。

根据我国《商标法》的规定,商标权是商标所有人对其商标所享有的独

* 廖欢:广东商达律师事务所律师、专利代理师兼知产部主任。从事公司法与知识产权法研究工作 14 年,擅长提供知识产权代理及诉讼综合解决方案,致力于专利、商标、版权三位一体的交叉布局,为企业构建一道坚实的知识产权堡垒。

占的、排他的权利,是民事主体在特定的商品或服务上以区分来源为目的而享有的权利。根据《商标法》第 8 条的规定,任何能够将自然人、法人或者其他组织的商品与他人的商品区别开的标志,包括文字、图形、字母、数字、三维标志、颜色组合和声音等,以及上述要素的组合,均可以作为商标申请注册。

并不是所有的图形商标都可以获得著作权的保护。著作权保护的作品必须具有独创性。如耐克第 25 类商标,由于已经申请了商标并且持久使用,同时该商标知名度也足够大,可以获得《商标法》的保护,但是笔者认为这个商标比较简单,不具有独创性,不能得到《著作权法》的保护。也并不是所有的美术、建筑作品及图形作品和模型作品,都能申请为商标。《商标法》第 10 条、第 11 条等法律规定了不得作为商标使用的标志,但不代表这些被禁止作为商标使用的作品不能得到著作权保护。

本文所讨论的是可以申请为图形商标、三维标志的著作权作品与商标的交叉竞合保护。

二、著作权及商标权保护壁垒的构建

著作权与商标权如何构建保护壁垒,才能让企业在市场竞争过程中获得更充分的保护呢?笔者认为,著作权的登记以及商标注册申请是保护壁垒构建的基石也是关键要素,有权利基础,才有被保护的可能。根据知识产权申请登记的特征,初步建立知识产权保护壁垒及知识产权库大概需要 3 年的时间,企业在运营的过程中,应当有意识地将与产品相关的商标及著作权进行登记申请。

根据我国《著作权法》第 2 条第 1 款规定:“中国公民、法人或者非法人组织的作品,不论是否发表,依照本法享有著作权。”著作权一旦完成就自动获得著作权,无论是否进行著作权的登记。著作权可以向国家登记机构进行登记,同样如果创作者的独创作品发布在微博、朋友圈、抖音等社交媒体上,一样可以证明创作者是著作权人。但只是通过上述渠道发布,如果发生侵权,权利人需要进行大量的取证、举证,相关证据最终是否具有法律效果,还需要考虑所发布的网页时间是否可以篡改等诸多因素。尤其是本文所讨论的作为商标使用的著作权作品,往往会比较简单,如想在诉讼中减轻举证的难度,提高举证效力,降低举证成本,增加举证的可信度,务必对相关著作权进行登记。

商标必须要成功获得商标注册证据才能获得商标法的保护。本文所讨论的图形作品在著作登记的同时,必须向国家知识产权局在经营的指定产品上申请商标注册。商标一共分成45类,每一类有不同的组,每一组上有不同的商品。在商标注册申请时,应当注意将企业经营使用的产品与可能经营使用的产品都进行注册。在实践过程中,人们常会对商标独占、排他的权利有所误会,因此在商标申请选择组别的时候也会造成误会。比如在第30类第3012组"粉丝(条)"上注册"白家"商标,不代表可以直接使用在"方便粉丝"上,如果需要使用在"方便粉丝"产品上,还需在第3009组上进行商标注册,如果没有在该组别上注册便不能将"白家"商标使用在"方便粉丝"上。商标注册申请相当于房屋建设的基石,商标在注册申请时不要遗漏应注册的类别及商品,只有把基石铺垫得足够牢固,在日后的市场搏杀中才能始终屹立不倒。

三、著作权登记及商标注册申请

如何选择著作权保护平台以及商标注册申请平台呢?在实践过程中,成本往往是企业考虑的重要因素。尤其是初创企业及小企业,如果登记成本过高,会给企业造成比较大的负担,不利于知识产权保护壁垒的建立,直接后果便是小企业一直无法建立知识产权屏障。企业在进行著作权登记时,应当结合自身的需要,选择合适的登记机构,降低知识产权建设保护的成本。

(一)关于著作权的登记平台

公众所熟知的登记平台为中国版权登记中心,大家普遍认为该登记机构权威性高。实际上，著作权在哪里登记都一样，不会因为平台大小而影响著作权的权利。推荐的平台还有浙江省版权保护与服务网、贵州省版权登记平台，这两个平台特点是费用低，效率相对中国版权登记中心高，服务周到。贵州省版权登记平台将“最快仅需 1 个工作日获得贵州省版权局官方证书”标注在显著位置，浙江省版权保护与服务网获得登记证书的时间也在 30 天内。在登记费用上，浙江省版权保护与服务网、贵州省版权登记平台这两个平台也有明显的优势。

（二）商标电子申请有全国唯一的电子平台——中国商标网[1]

企业既可以自行申请商标注册，也可以委托代理机构申请，申请前应当先行检索查询近似商标，以免耽误时间。在中国商标网图形检索使用图形编码，根据所需要申请的图形要素编码进行检索比对。代理机构一般使用商业软件，检索起来相对方便，常用的软件有“白兔”“摩知轮”等。美术作品、图形作品和模型作品除了可以申请注册成平面商标，还可以申请注册成三维商标。比如“冰墩墩”图形就以六面正投影的方式申请了三维商标，使该商标获得 360°无死角的保护。

四、著作权与商标权的保护特点及选择

在有独创性的图形商标作品完成，商标申请成功之时，图形商标便同时可以获得《著作权法》及《商标法》的保护，达到保护竞合状态。此后如发生纠纷，权利人可根据实际情况，选择适合的案由诉讼。

（一）著作权救济的特点

著作权作品定义多样，独创性判断困难，判决金额比较低，著作权权利包括 17 项，因此著作权本身就具有很强的迷惑性且对专业要求高，对于未受

---

〔1〕 中国商标网：https://sbj.cnipa.gov.cn/sbj/index.html，主办单位：国家知识产权局商标局。

著作权专业法律教育的权利人来说，操作起来容易出现判断失误。但著作权的优点是权利登记成本较低，不分商品类别，打击面广，保护期限长，排除侵权效果非常好。

（二）商标权救济的特点

采用商标诉讼的优点在于权属易明确，权利清晰，稳定性强，行使权利简单易操作，成本相对比较低，判决金额处于专利与著作权中间位。但商标权又有局限性，权利人只能在注册类别的商品上主张权利，对于未注册的商品，不可以主张侵害商标权。如果是跨类别关联性弱的商标，将无法得到商标法的保护。

（三）商标权救济的案由选择

根据著作权与商标权的特点，在侵权方同时侵犯商标权和著作权的情况下，应当优先选择侵害商标权的案由。商标权侵权案件操作非常简单，只需要企业有商标权利、他人实施了侵权行为方面的证据即可构成一个案件；有权利人在举证的时候会证明企业的知名度等，这些证据有更好，没有也不影响案件的成立。

例如，北京菲某兰装饰设计有限公司 2022 年 7 月 18 日注册了 43 类第 66017079 号麻六记图形“”这枚商标，麻六记主营的业务有饭店餐馆，该图形容易使用在瓷器等上面。如果有人将图形“”制作在陶器上，北京菲某兰装饰设计有限公司选择用 43 类商标权对侵权行为进行打击，是没有办法获得法院支持的，但若北京菲某兰装饰设计有限公司援引《著作权法》进行救济诉讼，申请排除侵权，是可以获得法院支持的。

权利人可以同时以侵害著作权、侵害商标权提起两个诉讼。正常情况下法院是会受理的，但是由于这两个诉讼所侵犯的权利竞合，因此在判决金额上也会加以考虑，两个案件与一个案件判决金额大致相同，因此没有多大必要增加工作量。

五、著作权登记与商标权申请保护研究的意义

我国企业的知识产权建设水平还在初期,实践中存在大量的商标漏注册类别、漏商品注册,权利保护水平低。不少企业辛苦创业,却因忽视知识产权保护而遭受无法挽回的损失。同时,也有诸多企业在知识产权建设之初因为资金限制无法寻求良好的知识产权解决方案,因知识产权限制了企业的成长。本文所提到的著作权登记与商标权申请交叉竞合的保护是知识产权领域内所有的竞合保护中成本最低、效果良好的一种方式。

知识产权所有保护方案最终目的,是在诉讼案件判决中获得法院支持,如果不能达到此目的,所有的申请都将失去意义。知识产权涉及的知识繁杂,尽管宗旨一致,但专利、商标、著作权保护的内容侧重点截然不同,解决方案也不相同,这使知识产权交叉竞合保护研究一直停留在初级状态,进一步影响企业获得良好的知识产权整体的保护方案,笔者借此契机抛砖引玉,以期国内学者对知识产权交叉竞合保护进行更深入的研究,从实践中指导企业完善知识产权建设。

六、结语

在当今企业知识产权建设中,著作权与商标权的交叉竞合保护显得尤为重要。通过著作权登记和商标权申请,企业可以在不同的法律框架下获得保护,从而构建起全方位的知识产权保护壁垒。著作权自动产生,但登记可以增强权利的稳定性和举证的便利性。商标权则必须通过注册来确立,其保护虽具有明确的商品类别限制,但权利行使相对简单且成本较低。

企业在选择著作权登记和商标注册平台时,应考虑成本效益,选择既经济又高效的服务。同时,企业应根据自身产品特点,全面考虑商标注册的类别和组别,避免因类别遗漏而失去保护。在侵权行为发生时,权利人可以根据不同的权利特点选择著作权或商标权进行诉讼,或者同时提起两个诉讼,但需注意判决金额。

此外,知识产权的交叉竞合保护是成本较低且效果良好的保护方式,对于我国企业尤其是初创企业和中小企业来说,具有重要的实践意义。通过深入研究和实践,企业可以更好地完善知识产权保护策略,避免因知识产权保护不足而造成的损失,同时也促进了企业的健康持续发展。希望更多的学者和实践者关注并参与到知识产权交叉竞合保护的研究中,为企业的知识产权建设提供更加全面和深入的指导。